KB083815

공자의
생애와 사상

金學主 著

明文堂

▶ 공자입상(孔子立像)

공자의 언행록이 《논어(論語)》인데 공자가 세상을 떠난 다음 그 제자들의 손에 의해 기록되었다. 공자는 그밖에 《시경(詩經)》과 《역경(易經)》, 춘추(春秋)》 등의 편찬에 힘을 기울이었다. 이 입상은 고궁박물원(故宮博物院)에 소장되어 있다.

▼ 공림(孔林)

산동성(山東省) 곡부(曲阜)에 있는 공자의 묘소로서 지성림(至聖林) 또는 공리(孔里)라고도 한다. 이 공림 안에는 무수한 비석들이 서있다.

▶**공문십철**(孔門十哲)
2천명이 넘는 공자의 제자들 가운데 특별히 그 학덕이 높은 10명의 제자들. 안회(顔回)·민자건(閔子騫)·염백우(冉伯牛)·중궁(仲弓: 이상은 德行), 재여(宰予)·자공(子貢: 이상은 言語), 염유(冉有)·계로(季路: 이상은 政治), 자유(子游)·자하(子夏: 이상은 文學). 당(唐) 오도자(吳道子)가 그린 것이다.

▼**공묘대성전**(孔廟大成殿) 산동성(山東省) 곡부(曲阜)에 있다. 공자를 모시고 제사지내는 공문의 정전(正殿)으로서 명(明)나라 때 재건(再建)했고 청(淸)나라 때 개수(改修)했다. 중국 3대 궁전의 하나로 꼽힐 만큼 웅장한 건축이다.

▶ **역경**(易經) 만상(萬象)을 음양(陰陽) 이원(二元)으로 설명하며 그 으뜸을 태극(太極)이라 하였고, 거기서 64괘(卦)를 만들었는데 이에 맞추어 철학·윤리·정치상의 해석을 덧붙였다. 공자는 만년에 이 《역경》을 좋아하여 《역경》을 읽는 동안에 책을 엮은 가죽끈이 세 번이나 끊어졌다고 한다. 사진은 마왕퇴(馬王堆)에서 발견된 백서(帛書) 《역경》.

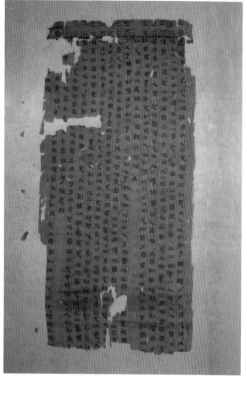

▼ **논어**(論語) 당(唐)나라 경룡(景龍) 4년(710년) 서주(西州) 고창현(高昌縣)에 살던 복천수(卜天壽:당시 12세)가 필사한 〈팔일편(八佾篇)〉 첫머리에서 공자가 계씨(季氏)를 탓하는 구절이 중간쯤에 보인다. 신강성(新疆省) 아스타나 고분에서 1969년도에 발견한 것.

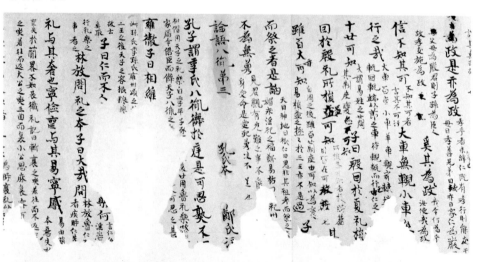

머 리 말

공자는 세계 역사상 예수·석가모니와 함께 3대 성인(聖人)의 한 사람으로 알려져 있다. 그것은 공자의 유교(儒敎)가 서양의 기독교와 인도의 불교와 함께 세계 문화의 형성과 발전에 큰 영향을 끼쳤음을 뜻한다. 지금까지도 중국뿐만 아니라 우리나라의 사회생활 전반에 걸쳐 발견되는 유교문화의 흔적은 동양 사회에 끼친 그 영향의 크기를 웅변적으로 실증해 준다.

따라서 공자의 생애와 사상을 이해한다는 것은 중국을 비롯한 동양문화를 연구하고 이해하는 기본이 된다. 공자의 사상에 대한 올바른 이해 없이 유교를 알 수가 없을 것이고, 유교에 대한 이해 없이 중국문화나 동양문화를 얘기할 수가 없을 것이다. 더욱이 한(漢)나라 무제(武帝, 기원전 140~기원전 87 재위)가 유학을 자기네 정치의 기본 원리를 설명해 주는 학문으로 정립한 이후, 중국의 정치 사회는 2000여 년의 역사를 통하여 유교의 윤리에 바탕을 두고 발전하여 왔다.

따라서 중국의 정치 사회는 물론 문학·예술 등 중국문화 전반에 걸쳐 공자의 사상에 대한 이해 없이는 아무것도 손댈 수가 없다. 공자를 모르고는 중국의 정치나 사회를 얘기할 수 없고, 중국의 사상이나 문학 예술을 이해할 수 없다. 그리고 그것은 중국문화의 영향을 받았던 동양의 여러 나라들에 대하여도 그렇게 말할 수가 있다.

이 때문에 필자는 오래 전부터 공자의 생애와 사상을 정리해 보고 싶었다. 공자에 관한 책은 중국어를 비롯하여 세계 각국어로 쓰인 많은 종류가 이미 출간되었다. 우리나라에도 이미 몇 가지 우수한 저작이 나와 있다. 다만 대부분의 저서들이 공자는 위대한 성인이라는 선입관(先入觀)을 가지고 그 생애와 사상을 다루고 있기 때문에 공자의 참다운 인간으로서의 모습은 잘 드러나지 않고 있는 듯한 불만이 있었다. 뿐만 아니라 중국에 전해 내려온 역대의 공자의 생애와 사상에 관한 자료 자체가 이미 그런 선입관 아래 쓰여지고 정리된 것들이라는 느낌도 든다.

이러한 선입관은 오히려 공자의 위대한 성인으로서의 면모와 위대한 사상을 잘못 전달하는 결과가 된다. 그러기에 이 책에서는 인간으로서의 공자의 생애와 사상을 올바로 쓴다는 데 역점을 두었다. 그러나 앞에서 이미 지적했듯이 여기에 활용한 거의 모든 자료가 공자는 하늘이 낸 지극한 성인이라는 선입관을 바탕으로 한 것이기 때문에, 생생하게 참된 공자의 생애를 되살려 놓는다는 것은 거의 불가능에 가까운 일이었다. 다만 얼마간 인간 공자의 순수한 모습과 사상을 추구하는 데 성과가 있기를 바랄 따름이다.

책의 체제상 공자의 생애와 사상을 뒤섞어 가면서 서술을 하였는데, 그 생애에 관한 기록과 사상에 관한 기록 내용을 서로 연결시키면서 균형을 유지하는 데 무척 고심하였다. 생애에 관한 얘기와 사상을 보통 다른 책들처럼 따로 떼어 놓으면, 그의 사상을 쓴 부분은 너무 딱딱하고 읽기에 따분할 뿐더러, 그 사상의 형성과 발전 과정을 이해하는 데 불편할 것이라 생각되어 이와 같은 체제로 썼다. 혹 무리가 있다면 독자 여러분의 거침없는 가르침이 있기를 빌 따름이다.

본문에 인용된 원문의 경우 《논어(論語)》를 비롯한 주요한 어구의 경우에는 원문을 번역문 뒤에 붙였다. 원문을 붙이지 않은 번역문으로만 쓰인 인용문은 내용이 길고 그다지 중요하지 않다고 생각되는 것들이다. 그리고 독자들의 이해를 돕기 위하여 춘추시대(春秋時代)

지도와 참고도를 삽입하였으니 참고하기 바란다.

끝으로 이 책의 간행을 위하여 애써 주신 명문당(明文堂)의 김동구 (金東求) 사장과 직원 여러분께 감사를 드리며 회사의 무궁한 발전을 아울러 빈다.

金學主 씀

차 례

제 4 장 관리생활

제 5 장 주유열국(周遊列國)

제 6 장 교육생활(敎育生活)

제 *1* 장
시대배경

제1절 주(周)의 건국과 발전

중국의 역사는 반고(盤古)를 필두로 하는 고황(古皇)과 삼황오제
(三皇五帝)의 전설로부터 시작된다. 그런데 《서경(書經)》의 기록은
요(堯)·순(舜)에 관한 기록부터 시작되고 있기 때문에 유가(儒家)에
서는 실제적인 고대의 이상정치가 행해졌던 시대를 대체로 요·순 시
대로부터 잡고 있다. 순임금에 뒤이어 우(禹)가 하(夏)나라를 세우는
데, 이는 중국 최초의 세습왕조(世襲王朝)이지만 역시 전설시대에 속
한다. 하나라 최후의 임금인 걸왕(桀王)이 포악한 정치를 하자 탕(湯)
이 하나라를 쳐부수고 상(商)나라를 세운다. 탕임금 이후로 여러 번
도읍을 옮기다가 제17대 반경(盤庚) 임금이 도읍을 은(殷, 지금의 河
南省 安陽縣)으로 옮긴 뒤 나라 이름도 은이라 부르게 된다.

이 은나라의 옛 도읍터인 안양(安陽)에서는 많은 그 시대의 유물들
과 함께, 이른바 갑골문(甲骨文)이 발견되었다. 갑골문이란 거북 껍질
이나 소 어깻죽지뼈로 점을 친 뒤, 그 점을 친 이유와 점친 결과 등을
간단히 기록해 놓은 것인데, 거기에서는 탕임금으로부터 은나라 각
대(代)의 임금들에 관계되는 기록이 발견되었다. 따라서 중국의 유사

시대(有史時代)는 탕임금의 상나라로부터 시작되는 것이다. 다시 은나라의 마지막 임금인 주왕(紂王)이 포악한 정치를 하자 주(周) 무왕(武王)이 천명(天命)을 받들어 은나라를 쳐부수고 호경(鎬京, 지금의 陝西省 長安 서남쪽)에 도읍하여 천하를 다스리게 된다.

역사학자들은 대략 황제(黃帝)의 개국을 기원전 2698년경이라 보고, 요(堯)는 기원전 2357년부터, 순(舜)은 기원전 2255년부터 천하를 다스리기 시작했고, 하(夏)나라는 기원전 2205년부터 기원전 1767년까지, 상(商)나라는 기원전 1766년부터 기원전 1123년까지라 추정하였다. 따라서 무왕이 은나라를 쳐부수고 주(周)나라를 세운 것은 기원전 1122년이 된다. 유가(儒家)에서는 요·순시대에 이은 하·은·주를 삼대(三代)라 하여 실질적인 이상정치가 행해졌던 시대로 떠받드는데, 이는 요·순시대를 전설적인 이상시대, 삼대를 역사적인 이상시대로 구분하려는 의도가 있었던 것으로 여겨진다.

주나라 무왕의 아버지 문왕(文王)은 서방 제후의 우두머리인 서백(西伯)으로서 이미 국세를 크게 떨쳐 천하의 3분의 2를 차지하고 있었다. 전설에는 주나라가 이미 여러 대에 걸쳐 훌륭한 정치를 해온 결과 문왕 때 천하를 다스리라는 천명(天命)이 내려졌으나 문왕은 뜻을 이루지 못하고 죽었다고 한다. 무왕은 은나라를 쳐부수고 천하를 다스린 지 7년 만에 죽고, 그 뒤를 어린 아들 성왕(成王)이 잇는다.

이때 어린 성왕을 도와 세상을 다스리고, 주나라의 여러 가지 문물제도(文物制度)를 마련한 주공(周公)이라는 위대한 정치가가 나왔다. 주공은 주나라의 봉건제도(封建制度)와 종법제도(宗法制度) 및 관제(官制)를 확정시키는 한편 여러 가지 예의와 음악을 제정하였다고 한다. 이 때문에 공자는 주공을 주나라 문화의 건설자로 높이 받들고 있었다. 공자는 만년에 자기의 이상 실현이 어려워지자,

심히도 내가 노쇠하였구나! 오랫동안 나는 주공을 다시는 꿈에

보지 못하고 있다.

　　甚矣, 吾衰也! 久矣, 吾不復夢見周公. ─《論語》述而

고 말했을 정도이다. 공자는 늘 꿈에서조차도 주공을 이상적인 인물로 그리고 있었던 듯하다.

　주나라는 건국 초기 60여 년간의 태평성대(太平盛代)를 자랑하더니 차차 정치 질서가 어지러워져 가다가 유왕(幽王, 기원전 781~기원전 771 재위)이 극도로 어지러운 정치를 한 끝에 서쪽의 오랑캐인 견융(犬戎)의 침입을 받고 죽음을 당한다.

　유왕의 뒤를 이어 의구(宜臼)가 계승하는데, 그가 평왕(平王, 기원전 770~기원전 720 재위)이다. 평왕은 호경(鎬京)이 크게 파괴되기도 하였거니와 서쪽은 견융(犬戎)의 세력이 강성하므로 도읍을 동쪽의 낙읍(洛邑, 지금의 河南省 洛陽縣 서쪽)으로 옮긴다. 이해(기원전 770)를 기점으로 하여 주나라를 다시 그 이전은 서주(西周), 그 이후는 동주(東周)라 부르게 된다.

　이 동주는 다시 마지막 난왕(赧王)이 진(秦)나라에게 나라 땅을 바치고 굴복하기까지(기원전 256) 지속된다. 따라서 서주가 도합 11세(世) 12군(君)에 약 350년, 동주가 도합 22군(君)에 514년의 역사를 지니고 있다.

　이 동주시대는 다시 대체로 춘추시대(春秋時代)와 전국시대(戰國時代)로 구분한다. '춘추'라는 말은 공자가 직접 편찬한 그의 시대의 노(魯)나라를 중심으로 한 편년체(編年禮)의 역사책인《춘추(春秋)》에서 말미암은 것이다. 실상 공자가 쓴《춘추》는 노나라 은공(隱公) 원년(元年, 周 平王 49년, 기원전 722)에서 시작하여 노나라 애공(哀公) 14년(周 敬王 39년, 기원전 481)에서 끝나고 있다. 그러나 보통 역사적으로는 춘추시대를 평왕이 도읍을 낙읍으로 옮긴 해(平王 元年, 기원전 770)로부터 진(晋)나라가 한(韓)·위(魏)·조(趙)의 세 나라로 갈라지기 전해(威烈王 22년, 기원전 403)까지의 367년간의 기간으로 본다. 그리고 그 다음해(기원전 402)부터 주 말(기원전 256)에 이르는 147년 동안이 전국시대이다.

이 동주시대는 정치적으로 다 같이 혼란한 겸병전쟁(兼倂戰爭)의 시대였지만, 춘추시대와 전국시대는 성격상에 큰 차이가 있다. 춘추시대에는 그래도 제후(諸侯)들이 가장 세력이 강한 패자(覇者, 이른바 春秋五覇가 있었다)를 중심으로 하여 서로 싸우기는 하면서도 주(周)나라 천자(天子)를 받들고 오랑캐들의 침입에 힘을 모아 대비한다는 '존왕양이(尊王攘夷)'의 명분을 잃지 않았던 시대이다. 그러나 전국시대로 들어서면 그러한 명분도 없이 전국칠웅(戰國七雄)이라 불리는 일곱 나라들이 서로 남의 땅을 빼앗고 남의 나라를 쳐부수려고 전쟁만을 일삼던 시대이다. 그러한 전국의 혼란은 결국 진(秦)나라 시황제(始皇帝)의 천하통일(天下統一)에 의하여 종결된다.

제2절   춘추시대

공자(기원전 551~기원전 479)가 살았던 시대는 동주(東周) 중에서도 그 전반부(前半部)인 춘추시대(기원전 770~기원전 403)에 해당한다. 《맹자(孟子)》 만장(萬章) 하편에,

공자는 성인 중에서도 시대에 적절했던 분이다.

고 평하고 있는 것은, 성인도 시대의 산물임을 뜻하는 말일 것이다. 따라서 춘추시대라는 시대적 특징은 공자의 성격형성에 큰 영향을 끼쳤음을 뜻하게 된다.

서주 시기에는 천자(天子)가 천하의 종주(宗主)로서의 권위를 가지

고 세상을 다스리어, 여러 제후(諸侯)들 사이의 공전(攻戰)이 금지되고 있었다. 그리고 제후의 나라들은 천자의 주나라보다 세력은 물론 문화적으로도 훨씬 뒤져 있어 그러한 지배는 자연스러운 것이었다. 그러나 오랫동안의 평화를 통하여 여러 제후들의 나라들은 국력(國力)이 크게 늘어난 반면, 주나라는 견융(犬戎)에게 패하여 평왕(平王) 때 도읍을 낙읍(洛邑)으로 옮긴 뒤로는 국세(國勢)가 날로 쇠약해졌다. 그 결과 천자가 제후들을 통제할 능력을 잃게 되고, 제후들은 멋대로 공전(攻戰)을 일삼게 되어 남의 나라를 침략함으로써 더욱 크고 강대하여진 제후들의 나라들이 연이어 출현하였다. 이것은 봉건질서(封建秩序)의 파괴와 혼란을 의미한다.

그리고 약육강식(弱肉强食)의 싸움은 제후들만이 벌인 게 아니라, 제후들 밑의 대부(大夫)들 사이에도 일어나 결국 남의 집안을 합병시켜 강성해진 대부들이 늘어나서 많은 제후들이 실권 없는 명색뿐인 지위로 밀려나게 되었다. 천자는 천자로서의 권능(權能)을 잃고, 제후들은 제후로서의 권능을 잃었던 것이다. 이 북새통에 서주 이래의 주나라의 여러 가지 예의제도가 파괴되고, 백성들은 날로 혼란 속에 괴로움을 당해야만 하였다.

이때의 가장 큰 사회적인 변화를 몇 가지 들어보자. 우선 이전의 종족제도(宗族制度)가 무너지고 대신 가족제도(家族制度)가 대두되었으며1) 전제(田制)는 공전제(公田制)가 무너져 세묘제(稅畝制)로

---

1) 서주(西周)시대에는 한 종족(宗族)을 단위로 넓은 토지를 그들이 각각 나누어 차지하고 있었다. 곧 경대부(卿大夫)가 채읍(采邑)으로 땅을 봉해 받으면, 그 채읍 안에 족당(族黨)이 모여 살았다. 땅을 받은 맏아들이 종손(宗孫)으로 그 땅을 지배하며, 나머지 자손들과 이성(異姓)의 친척들이 그 땅을 경작하여 족당을 이루어 살아갔다. 이것이 종족제도이다. 가족제도란 지주(地主)나 농민을 막론하고 가장(家長)의 지배 아래 한 가족이 경제단위가 되는 제도이다. 가장이 죽으면 그 아들 형제들은 적당한 시기

변하였다. 그리고 낮은 사(士)의 계급이나 서민들 중에서 새로운 지주(地主)들이 생겨났고, 공상인(工商人)들의 세력도 크게 확장되었다. 이것들은 봉건제도(封建制度)의 파괴를 뜻하는 것이다.

평왕이 도읍을 낙읍으로 옮겼을 때에는 주나라는 그래도 황하(黃河) 양편 가의 땅 600리 사방의 넓이를 차지하고 있었다. 그러나 계속 제후들에게 땅을 떼어 주고 뺏기고 하여 양왕(襄王) 17년(기원전 635) 진(晋)나라에 황하 북쪽 기슭의 땅을 다 내준 뒤로는 주나라 천자가 다스리는 땅은 형편없이 작아져 버렸다.

나머지 땅들은 춘추시대 초기만 하더라도 백수십여 개의 제후들의 나라들이 나누어 차지하고 있었는데, 곧 수많은 작은 나라들이 큰 나라에 먹히거나 예속되어 나라 수는 날로 줄어들었다. 비교적 많은 나라들을 합병시켜 강대해진 나라로는 진(晋)·초(楚)·제(齊)·진(秦)과 비교적 뒤에 일어난 오(吳)·월(越)이 있고, 그 다음으로는 노(魯)·송(宋)·정(鄭)·위(衛) 등이 있으며, 비교적 약한 나라로 진(陳)·채(蔡)·조(曹) 등이 있었다. 비교적 약했던 노나라가 9개국, 송나라가 6개국을 합병시켰었으니, 춘추시대 공전(攻戰)으로 말미암은 합병의 정도는 미루어 짐작이 갈 것이다.

특히 이 시대에 들어와 이전에는 남만(南蠻)의 땅으로 여겨지던 장강(長江) 중류지방에 초(楚)나라가 일어나 급격히 강성해져 한때 진(晋)나라와 쟁패(爭覇)를 벌였고, 다시 동남쪽에는 오(吳)나라와 월(越)나라가 일어나 한때 강성한 국세를 자랑하다가 멸망하였다. 특히 이들 남쪽의 초·오·월의 임금들은 모두 왕(王)을 스스로 참칭(僭稱)했다는 것은 주목할 만한 일이다. 이처럼 겸병전쟁 사이에 오랑캐 지방에 새로운 나라들이 생겨나 중원(中原)의 무대(舞臺) 위로 뛰

에 분가하여 서로 다른 가정을 이룩한다. 종족제도 아래서는 땅의 매매가 불가능했으나 가족제도 아래서는 땅이 자유로이 매매되었다.

어올라 각축(角逐)을 벌이게 되는 한편, 겸병전쟁의 확장은 많은 이
민족(異民族)들이 혼란 속에 한민족(漢民族)들과 뒤섞여 살도록 만들
기도 하였다. 이들 이민족들이 모두 한문화(漢文化)에 동화(同化)되
었다고는 하지만, 또 한문화 자체에 큰 변질을 일으켜 주었다는 사실
도 주목해야만 할 것이다.

춘추시대 초기에는 주나라는 하남(河南)의 정(鄭)나라와 산서(山
西)의 진(晉)나라 힘에 의지하여 왕실을 지켜가고 있었다. 그러나 제
(齊)나라가 환공(桓公)이 즉위하면서(기원전 685) 관중(管仲)이란 명
재상에 힘입어 크게 강성해져, 제나라 환공은 패자로서 '존왕양이(尊
王攘夷)'의 대의명분을 내걸고 나머지 제후들을 규합하여 천하의 질
서를 회복하려 하였다. 환공이 죽은 다음에는 다시 진(晉)나라에 문
공(文公)이 나와 패자로서 제후들을 규합하려 하였다. 이밖에도 '춘추
오패(春秋五覇)'라 하여 진(秦)나라 목공(穆公)·송(宋)나라 양공(襄
公)·초(楚)나라 장왕(莊王) 등을[2] 더 들고 있지만 이들의 패자로서
의 활약은 앞의 두 사람에 비하면 보잘 것이 없다.

제3절 노(魯)나라

이런 중에서도 공자는 국세를 크게 떨치지 못했던 노(魯)나라에
태어났다. 노나라는 지금의 산동지방(山東地方)에 있던 나라로, 주
무왕(武王)이 그의 넷째 아우 주공 단(周公旦)을 봉한 데서 비롯된
주왕실과 같은 희성(姬姓)의 나라이다. 그러나 주공(周公)은 실제로

---

2) 이는《맹자(孟子)》고자(告子)편에 보이는 '오패(五覇)'에 대한 조기(趙
  岐)의 주를 따른 것임.《순자(荀子)》왕패(王覇)편에서는 제나라 환공, 진
  나라 문공과 함께 초(楚)나라 장왕(莊王), 오(吳)나라 합려(闔閭), 월(越)
  나라 구천(句踐)의 다섯을 오패로 들고 있다.

노나라로 가지 못하고 왕실의 일을 돕기에 바빴으며, 처음으로 노공(魯公)으로서 노나라를 다스리기 시작한 이는 그의 맏아들 백금(伯禽)이었다.

이뒤로 노나라는 주나라 왕실을 받드는 제후의 나라로서 발전하였으나, 춘추시대를 지나 34대 경공(頃公) 때에 이르러 초(楚)나라의 공격을 받고 멸망하였다. 춘추시대는 14대 은공(隱公) 원년에 시작하여 25대 애공(哀公) 14년에 끝나고 있다. 춘추 초기만 하더라도 노나라는 강한 몇 나라 다음가는 2등급 정도의 국세를 지닌 나라였으나, 뒤에는 더욱 정치를 그르치어 나라가 날로 쇠약해 갔다.

특히 노나라는 춘추시대에 들어와 삼환씨(三桓氏)³⁾라 부르는 계손씨(季孫氏)·숙손씨(叔孫氏)·맹손씨(孟孫氏)의 세 대부(大夫) 집안의 세력이 커지면서 이들이 나라의 정치를 마음대로 주물렀고 후에는 군권(軍權)조차도 이들 손으로 넘어갔다. 이들 중에서도 특히 계손씨의 권세가 강하여, 양공(襄公)의 뒤를 이은 소공(昭公)을 내쫓아 외국에서 객사하도록 만든 일까지 있었다. 이뒤로 노나라의 정치는 더욱 계손씨를 중심으로 한 삼환씨 집안의 손에서 멋대로 놀아나게 되었다.

그러나 노나라는 주나라 왕실과는 가장 가까운 나라의 하나였고, 또 수도인 곡부(曲阜, 지금의 山東省 曲阜縣)는 주나라 낙읍(洛邑) 다음가는 당시의 문화 중심지로서, 특히 예악(禮樂)에 관한 문물(文物)로 뛰어난 곳이었다. 《좌전(左傳)》을 보면 양공(襄公) 29년(기원전 544)에는 오(吳)나라의 공자(公子) 계찰(季札)이 노나라를 방문하여 여러 가지 주악(周樂)을 감상하는 내용이 기록되어 있고, 소공(昭

---

3) 삼환씨는 15대 환공(桓公)의 아들들인 경보(慶父)·숙아(叔牙)·계우(季友)의 형제들 후손 집안임. 경보의 후손이 맹손씨, 숙아의 후손이 숙손씨, 계우의 후손이 계손씨임.

公) 2년(기원전 541)에는 진(晉)나라의 사신으로 한선자(韓宣子)가 노나라로 와서 왕실의 장서를 구경한 다음 '주나라 예가 모두 노나라에 있다'고 감탄했다는 기록이 있다. 세상은 혼란하였지만 이처럼 문화적인 환경 속에 태어났기 때문에 공자는 뒤에 유가(儒家)라는 위대한 사상체계를 이룩할 수가 있었던 것이다.

이 시대 주왕실과 노나라를 제외한 또 하나의 문화적인 중심지는 은(殷)나라의 전통을 계승 발전시키고 있던 송(宋)나라 수도 상구(商丘, 지금의 河南省 商丘縣)였다. 그런데 기원전 520년(魯 昭公 22년)에 주나라 경왕(景王)이 죽은 것을 계기로 왕자 조(朝)가 반란을 일으켰다 실패하여, 왕자 조는 자신에게 가담하였던 여러 관리들과 종족들을 거느리고, 또 왕실에 있던 모든 전적(典籍)들을 싸가지고 초(楚)나라로 도망하였다. 이것은 주나라의 두뇌와 전적들의 대이동이었다. 이로부터 초나라는 주왕조에 대신하여 노나라·송나라와 함께 동주(東周)의 삼대 문화중심지로 변한다.

이 삼대 문화중심지에는 결국 제각기 다른 위대한 학자가 나와 독특한 학파를 발전시키게 된다. 노나라에는 공자가 나와 유가(儒家)를 이룩하였고, 송(宋)나라에는 묵자(墨子, 기원전 501?~기원전 416?)가 나와 겸애(兼愛)와 근검(勤儉)을 중심사상으로 삼는 묵가(墨家)를 발전시켰고, 초나라에는 노자(老子, 기원전 571~기원전 ?)가 나와 무위자연(無爲自然)을 내세우는 도가(道家)를 발전시켰다. 이 삼대 사상을 바탕으로 하여 전국시대로 들어가서는 제자백가(諸子百家)라 이르는 수많은 유파의 사상이 화려하게 전개되는 것이다.

공자의 생애와 사상을 올바로 이해하기 위하여는 이러한 혼란한 세태와 함께 그 시대의 문화적인 분위기를 참작하여야만 할 것이다. 그리고 이 삼대 사상가 중에서도 노나라의 공자는 서주 초의 문화를 다시 그대로 재현시켜, 새로운 세계 질서를 되찾으려고 노력한 사상가였다고 할 수 있다.

제 **2** 장
공자의 탄생

제1절   탄 생

공자는 기원전 551년(周 靈王 21년, 魯 襄公 22년)[1] 노나라 창평
향(昌平鄕) 추읍(陬邑[2]), 지금의 山東省 曲阜 남쪽 22킬로미터 지점
에 있는 鄒縣)에서 태어났다. 노나라 도성 곡부(曲阜) 가까이 있는
추읍 근처에는 사수(泗水)와 그 지류인 수수(洙水)가 흐르고 있고,
또 이구(尼丘)라는 산이 있어 '수사(洙泗)'와 '이구'는 공자의 별칭으

---

1) 공자의 가장 자세한 전기인 사마천(기원전 145~기원전 86?)의 《사기(史
記)》 공자세가(孔子世家)에는 '노나라 양공(襄公) 22년에 공자가 났다'고
기록되어 있으나 《춘추공양전(春秋公羊傳)》에는 '노 양공 21년 11월 경
자(庚子)에 공자가 출생했다'고 기록되어 있고, 또 《춘추곡량전(春秋穀梁
傳)》에는 '노 양공 21년 10월 경자에 공자가 출생하였다'고 하였다. 《사
기》에는 월일은 기록되어 있지 않다. 이 때문에 예부터 학자들 사이에는
공자의 난 해와 날짜에 대하여 의견이 분분하다. 1952년에 중화민국 교육
부(敎育部)에서는 전국의 저명한 학자들을 총동원하여 고증케 한 결과 공
자의 탄일을 기원전 551년 음력 8월 27일(양력 9월 28일)로 의견을 모았
다. 여기에서는 이 설을 따르기로 한다.
2) 추(陬)는 郰 또는 鄹로도 쓴다.

로 쓰이기도 하였다. 수수와 사수는 곡부를 끼고 흘러 수수가 사수로
합쳐지고, 사수는 다시 회수(淮水)로 합쳐진다. 지금 공자의 유적지로
유명한 공림(孔林, 제9장 제3절 참조) 뒤쪽에 사수가 흐르고 있는데,
수수는 공림을 가로질러 흘러나와 사수로 합쳐진다. 그리고 이구산
(尼丘山)은 곡부현 남쪽 30킬로미터 되는 지점에 있는데, 유명한 태
산(泰山)의 한 지맥(支脈)으로 그 주위엔 수많은 산들이 솟아 있다.
이구산 서쪽에 창평산(昌平山)이 있고, 그 아래쪽이 지금의 창평향
(昌平鄕)인데 그곳의 노원촌(魯原村)이 공자의 출생지라고 한다.

또 공자의 어머니는 공자를 낳기 위하여 이구산에서 기도를 드렸다
고도 한다. 공자의 이름이 구(丘)이고 자가 중니(仲尼)라는 것도 이
산과의 관련 때문이다. 나면서 머리 꼭대기 가운데가 움푹 들어가고
사방이 높은 것이 이구산 모양을 닮고 있어서 이름을 구라 하였다고
도 한다(이상《史記》孔子世家). 보통 공자라 부르는 것은 성인 공
(孔)씨 아래 '선생님'이란 뜻의 '부자(夫子)'와 같은 존칭인 '자(子)'를
붙인 것이다. 그리고 영어로 그를 Confucius라 부르는 것은 공부자
(孔夫子)라는 말의 중국음이 와전된 것이다.

공자는 숙량흘(叔梁紇)3)이라는 나이 많은 남자와 안징재(顔徵在)4)
라는 젊은 여자의 '야합(野合)'의 소산이었다. 이 '야합'이라는 말(《사
기》공자세가에 보임)이 무엇을 뜻하는지 확실히 알 수는 없다. 예부

---

3) 《좌전(左傳)》에는 공자의 아버지에 관한 기록이 두 군데 보이는데, 양공
   (襄公) 10년에는 '추인흘(郰人紇)', 양공 17년에는 '추숙흘(郰叔紇)'로 되
   어 있다. 청(淸)대의 고증학자 최술(崔述)은《수사고신록(洙泗考信錄)》에
   서 '추(郰)'는 노나라 고을 이름이고 숙(叔)은 그의 자이며, 흘(紇)이 그의
   이름'이라고 하면서《좌전》의 호칭이 옳다 하였다. 그러나《사기》의 호칭
   이 더 일반화되어 있으므로 여기서는 '숙량흘'이라 부르기로 한다.
4) 《사기》의 공자세가에서는 공자의 어머니를 안씨(顔氏)라고만 쓰고 있으며,
   징재(徵在)라는 이름은《공자가어(孔子家語)》본성해(本姓解)에 보인다.

터 중국 학자들은 이 말을 되도록 성인의 집안일로서 크게 법도에 어긋나지 않는 범위 내에서 해석하려고 애써 왔으나,5) 어떻든 이것은 비정상적인 남녀의 결합관계를 뜻하는 것으로 봄이 옳을 것이다.

숙량흘은 본시 노나라의 시씨(施氏) 집안에 장가들어 아홉 명의 딸만을 낳았으나, 아들이 없어 다시 첩을 얻어 맹피(孟皮, 자는 伯居)라는 발병신 아들을 낳았고, 그뒤 60여 세의 나이로 어린 안징재와 결합하여 공자를 낳았으니 공자의 부모들이 정상적인 결혼을 한 게 아님이 분명하다(《孔子家語》 本姓解 참조).

공자가 서출(庶出) 또는 사생아(私生兒)였다 하더라도 그것은 성인으로서의 공자의 성격에 조금도 손상이 되는 일은 아니라고 생각한다. 임어당(林語堂) 같은 이는 '사생아는 자연의 성적 인력(引力) 법칙에 따른 격렬한 사랑의 결과'이기 때문에 오히려 보통 아이들보다도 자연스러운 존재라고 역설을 펴고 있다(졸역 《異敎徒에서 基督敎徒로》 제3장 유가에 대하여).

안징재는 안씨(顔氏) 집안의 셋째 딸이었다. 숙량흘이 안씨 집안에 구혼을 하자 그의 아버지는 '숙량흘은 비록 늙었지만 집안이 좋고 건장하며 힘이 세다'고 하면서 딸들에게 출가할 의사가 있는가 물었다. 첫째 둘째 딸들은 늙은 숙량흘에게 출가하는 것을 거부하였으나 셋째 딸 안징재만이 아버지 뜻을 받들어 숙량흘에게 시집가는 것을 동의하

---

5) '야합'에 대한 해석이 《사기》의 주석에 두 가지가 보인다. 하나는 '예에 맞지 않았다'는 뜻이라는 것이다. 옛날에는 남자는 30세 이전, 여자는 20세 이전에 결혼하도록 되어 있었는데, 숙량흘은 너무 늙고 안징재는 너무 젊어 '예에 맞지 않는' 결혼이었음을 뜻한다는 것이다(司馬貞 《史記索隱》). 다른 하나는 남자는 64세에 양도(陽道)가 끊이고 여자는 49세에 음도(陰道)가 끊이어 자손을 생육하지 못하게 되어 있는데, 숙량흘은 64세가 넘어서 결혼했으므로 '야합'이라 말했다는 것이다(張守節 《史記正義》). 그러나 '야합'이란 글뜻으로 보아 불륜(不倫)의 결합이었을 가능성도 많다.

였다고도 한다(《孔子家語》本姓解). 이처럼 어려운 공자의 출생은 혼란한 이 세상을 구원할 성인을 탄생시키는 하나님의 진통(陣痛)을 암시하는 것인지도 모른다.

공자의 탄생에 대하여는 이밖에도 몇 가지 전설이 전해지고 있다. 후세에 공자가 지극한 성인(聖人)으로 숭앙(崇仰)됨에 따라 그의 탄생에 여러 가지 신비스런 전설이 따르게 된 것이라 생각된다. 먼저 지괴소설(志怪小說)의 작자로 알려진 진(晋)나라의 간보(干寶, 317년 전후)가 썼다는 《삼일기(三日記)》에는 다음과 같은 얘기가 적혀 있다.

안징재가 공상(空桑) 땅에서 공자를 낳았는데 지금은 그곳을 공두(空竇)라 부르며, 노나라 남산(南山)의 빈 구덩이 속에 있다. 그곳에는 물이 없었는데, 제사를 드릴 때(곧 갓난아기를 씻어 주는 의식) 깨끗이 소제를 하고 그 사유를 고하니, 곧 맑은 샘물이 돌문에서 솟아나와 물을 쓰기에 넉넉하였다. 제사가 끝나자 샘물은 곧 말라 버렸다. 지금은 그곳을 속명(俗名)으로 여륙산(女陸山)이라 부른다.

이밖에 한(漢)대의 《춘추연공도(春秋演孔圖)》 같은 위서(緯書)들 속에는 더욱 신비스런 얘기가 쓰여 있다. 위서란 유가의 경전을 근거로 하고 거기에 여러 가지 미신적인 이론들을 써놓은 위경(僞經, Apocrypha)이나 같은 성질의 책들이어서, 그런 얘기들이 가장 많이 적혀 있게 마련이다.

숙량흘이 안징재와 이구산에 기도를 드렸는데 흑룡(黑龍)이 정기(精氣)를 느끼게 하여 중니(仲尼, 공자)를 낳게 하였다.
공자의 어머니 안징재가 대택(大澤)의 언덕에 갔었다. 그곳에서

꿈을 꾸었는데, 흑제(黑帝)의 사신이 그녀에게 가자고 하여 따라가 흑제를 뵈니 흑제가 '네 젖은 반드시 공상(空桑) 가운데 있을 것이다'고 말하였다. 꿈에서 깨어나자 감응(感應)이 있는 듯하더니 곧 구(丘, 공자)를 공상 가운데서 낳았다. 머리가 이구산(尼丘山)같이 생겨(머리 꼭대기 한가운데가 움푹 들어간 것을 가리킴), 이름을 구(丘), 자를 중니(仲尼)라고 지었다.

공자가 난 날 밤에 창룡(蒼龍)들이 하늘에서 내려오고, 여신들이 공중에서 향기로운 안개를 손으로 받들어 가지고 그것으로 안징재의 머리를 감겨 주었다. 이에 앞서 다섯 명의 노인이 뜰에 늘어서 있었는데 이들은 동서남북 중앙의 다섯 별의 정령(精靈)이었다. 기린(麒麟)이 궐리(闕里, 공자의 마을)에서 글을 토해냈었는데, 그 글에는 '물의 정령(精靈)의 아들이 은(殷)나라와 주(周)나라를 이어 소왕(素王)으로 나왔다'고 쓰여 있었다.

소왕(素王)이란 실제로 임금 자리에 오르지는 않고도 임금으로서의 덕(德)을 갖추고 왕자(王者)로서의 일을 행하는 사람을 뜻한다. 후세의 유가들은 흔히 공자를 소왕(素王)이라 불렀고, 위 글에서 흑제(黑帝)나 창룡(蒼龍) 같은 것은 모두 오행설(五行說)을 근거로 하여, 공자가 나면서부터 소왕으로서의 덕을 갖추었었음을 증명하려는 뜻에서 끌어다 댄 것이다. 그러나 실제로 날 때의 공자는 남들보다도 훨씬 불우한 환경이었다.

제2절 조상과 부모

공자는 노(魯)나라에서 태어났지만 그의 조상이 은(殷)나라 최후의

임금 주왕(紂王)의 서형(庶兄)이며 그 시대의 어진 신하로 알려진 미
자계(微子啓)에까지 거슬러 올라간다. 주나라 무왕은 은나라를 쳐부
순 뒤 주왕(紂王)의 아들 무경(武庚)을 은나라 옛 땅에 봉하여 조상
의 제사를 받들게 했었다. 그러나 무왕이 죽고 어린 성왕(成王)이 뒤
를 잇자 무경이 반란을 일으켜, 주공(周公)은 이를 정벌하고 나서 다
시 미자(微子)를 송(宋)나라에 봉하여 은나라의 계통을 잇도록 하였
던 것이다. 곧 송나라는 은나라의 후손이며, 송나라 왕실은 공자의 조
상들이었다.

　따라서 공자의 조상들의 계보(系譜)는 은나라 왕계를 더듬어 탕
(湯)임금에게까지 이르고 다시 순(舜)임금의 신하인 설(契)을 거쳐
위로 제곡(帝嚳, 高辛氏)에게로, 다시 더 위로 거슬러 올라가 황제(黃
帝, 軒轅氏)에 이르고 있다. 어떻든 은나라는 동이족(東夷族)으로 중
원 땅을 다스렸던 최후의 왕조이니, 공자도 동이족 계통의 혈통임은
부인할 길이 없는 사실이다. 그러나 이러한 계보는 믿기도 어렵거니
와 따져야 별 뜻도 없는 일이다.

　송나라의 왕실은 미자계(微子啓)에 뒤이어 미중(微仲)→ 송공계(宋
公稽)→ 정공신(丁公申)→ 민공공(湣公共)→ 양공희(煬公熙)로 이어진
다. 그러나 민공공의 아들 방사(鮒祀)는 자기가 왕위를 계승하는 게
옳다고 주장하며, 숙부인 양공희를 죽여 버리고 자기 스스로 왕위에
올라 여공(厲公)이라 부르게 된다. 양공희에게는 아들 불보하(弗父
何)가 있었는데, 불보하는 임금 자리를 다투지 아니하고 물러나 살았
다. 이가 공자의 조상이니, 공자의 조상은 이로부터 왕계(王系)에서
갈라선 것이다.

　왕계로부터 갈라선 불보하의 뒤는 다시 송보주(宋父周)→ 세보승
(世父勝)→ 정고보(正考父)→ 공보가(孔父嘉)→ 자목금보(子木金父)
로 이어진다. 이중 정고보는 송나라의 제10대 대공(戴公)에서 시작하
여 11대 무공(武公), 12대 선공(宣公)의 3대에 걸쳐 재상으로서 임금

을 보좌한 현명한 사람이었다. 그러나 그는 무척 겸손한 사람이어서 공자의 겸양의 사상은 혈통적으로 그의 영향을 많이 받고 있는 것으로 생각되고 있다. 《좌전(左傳)》소공(昭公) 7년에는, 정고보가 세번째 임금으로부터 재상의 자리에 다시 임명된 뒤에 자기가 늘 쓰는 세발 솥인 정(鼎)에 새겼다는 명문(銘文)으로 다음과 같은 글이 적혀 있다.

　　첫번째 임명을 받고는 윗몸을 굽히고, 두번째 임명을 받고는 허리를 굽히고, 세번째 임명을 받고는 엎드리다시피 하여, 담을 의지해서 길을 다니지만 아무도 나를 업신여기지는 아니한다. 여기에 범벅이라도 좋고 죽을 쑤어도 좋다. 내 입에는 풀칠만 하면 그뿐이다.

　　一命而僂, 再命而傴, 三命而俯, 循墻而走, 亦莫敢余侮. 饘於
　　是, 鬻於是, 以餬余口.

뒤에 노나라의 권신인 맹희자(孟僖子)가 자기 자식들에게, 공자는 성인의 후손이라고 말하면서 정고보의 이 명문(銘文)에 대하여 얘기하며, 공자도 뛰어난 인물인 듯하니 그에게 가서 공부하라고 유언을 하고 있다.6) 그러니 그의 명문은 공자 시대까지도 유명하였던 게 분명하다.

또 한 가지 공자와 관계가 깊은 정고보의 사적이 전한다. 《국어(國語)》노어(魯語) 하편의 기록에 의하면 민마보(閔馬父)라는 사람이,

　　옛날에 정고보(正考父)가 상송(商頌) 12편을 주(周) 태사(太師)에게 가서 교정(校正)하였는데 나(那)편을 첫머리에 놓았다.

고 말하고 있다. 상송(商頌)은 지금도 《시경(詩經)》의 송(頌) 속에

─────────────
6) 《사기》 공자세가(孔子世家) 의거.

전하는, 송(宋)나라 조정에서 쓰여지던 악가(樂歌)이다. 뒤에 공자가 《시경》을 편찬 정리하여 만인의 교과서로 삼으려 했다는 것도(제8장 제2절 참조) 혈통과 크게 관련이 있는 일이다.

정고보의 아들 공보가(孔父嘉) 대에 이르러는 온 집안에 큰 변혁을 일으키는 대사건이 일어났다. 송(宋)나라의 12대 임금 선공(宣公)은 왕위를 자기 아들에게 계승시키지 않고 아우인 목공(穆公)에게 물려주었었다. 뒤에 목공도 형에 대한 의리를 생각하여 자기 아들은 정(鄭)나라로 보내고 형의 아들 상공(殤公)에게 임금 자리를 물려주었다. 이때 제10대 대공(戴公)의 손자인 태재(太宰) 벼슬을 하던 화보독(華父督)이 상공을 시해(弑害)하고 정나라에 가 있던 목공의 아들을 맞아다 임금으로 세웠다. 그가 장공(莊公)이다. 그런데 이 화보독의 상공 시해 사건이 바로 공보가(孔父嘉)와 직접 관계가 있었다.

공보가는 송나라의 장군격인 사마(司馬)의 벼슬을 하고 있었는데, 굉장히 아름다운 부인이 있었다. 어느 날 화보독이 길가에서 공보가의 부인을 보고는 반해 버리어, 음모를 꾸민 끝에 군대를 동원하여 공보가를 공격하여 그를 죽이고 부인을 빼앗아 버렸다. 이 얘기를 듣고 임금인 상공이 무척 노하자, 화보독은 처벌을 받게 될까 겁이 나서 먼저 손을 써서 상공을 죽여 버리고 그의 사촌을 데려다 임금 자리에 앉혔던 것이다. 이해는 노나라 환공(桓公) 2년(기원전 710)이다(이상 《左傳》 桓公 2년 의거).

이리하여 송나라의 권세가가 된 화보독은 공보가 집안의 보복을 두려워하여 계속 그들을 박해하였다. 그 결과 공보가의 아들 자목금보(子木金父)는 송나라를 떠나 노나라로 도망와 살게 되었다 한다. 그리고 자목금보의 대부터 자기 아버지의 자(字)인 공보(孔父)에서 공(孔) 자를 따서 정식으로 성으로 삼았다 한다.

자목금보 뒤로는 역이(睪夷, 자 祁父) → 방숙(防叔) → 하숙(夏叔) → 숙량흘(叔梁紇)을 거쳐 공자에 이르게 된다. 《공자가어(孔子家語)》

본성해(本姓解)와 《시경》 상송(商頌)의 공영달(孔穎達, 574~648)의
정의(正義)에서는 모두 공방숙(孔防叔)이 '화보독(華父督)의 난'을 피
하여 송나라로부터 노나라로 옮겨왔다고 적고 있다. 그리고 공영달의
정의(正義)에서는 공보가 죽음을 당한 뒤 그의 아들 자목금보(子木
金父) 대로부터 그 집안 신분이 대부(大夫)로부터 사(士)로 강등되었
다고 쓰여 있다. 그러나 공보가 피살된 뒤에 자목금보가 노나라로
피해 왔다고 보는 게 좋을 것이다.

한편 《사기》의 공자세가(孔子世家)에서는 '공자의 조상은 송나라
사람이었다'고 하면서, 그의 조상으로 공방숙(孔防叔) 이하를 들고 있
다. 실상 공자의 조상들에 관한 계보로서 확실한 것은 공방숙 이하인
듯하다. 공보가 화보독에게 죽음을 당한 뒤 그의 증손(曾孫) 대인
공방숙 때에 노나라로 도망왔다는 기록이 생긴 것도, 공방숙 때부터
노나라에 산 계보가 확실하다는 데서 연유한 것인 듯하다. 따라서 공
방숙 위의 송나라 귀족으로서의 공자의 조상 및 송나라 왕실, 은나라
왕실에 갖다붙여진 그의 족보는 후세에 그럴싸하게 꾸민 것일 가능성
도 있다. 다만 공자의 조상이 송나라에서 왔고, 또 은나라의 유민(遺
民)이었다는 것만은 여러 가지 기록을 종합할 때 틀림없는 것 같다.

공방숙의 방(防)은 노나라 곡부(曲阜) 동쪽에 있던 땅 이름으로,
공자의 부모가 묻힌 곳이다(지금은 그곳을 계성림[啓聖林]이라 부른
다). 공자의 증조부인 공방숙은 그 고장에서 조그만 벼슬을 했던 게
아닌가 생각된다. 공방숙 때에는 방(防)에 살다가 손자인 숙량흘(叔
梁紇) 때에는 추(陬)로 옮겨와 살고 있는 것을 보면 절대로 높은 벼
슬을 했던 것은 아니라고 생각된다.

어떻든 공자는 그의 아버지에게서 남보다 장대(壯大)하고 힘이 센
신체를 물려받았었다. 《공자가어》 본성해(本姓解)편에 공자의 아버지
숙량흘은 '키가 10척(尺)이고 무예와 힘이 뛰어났었다'고 표현하면서
그를 '추(陬)의 대부(大夫)였다'고 말하고 있다. 그 때문에 어떤 사람

은 공자를 '추인의 아들[鄒人之子]'이라고도 불렀었다(예 : 《論語》八佾). 그러나 추라는 조그만 고을의 대부란 대단한 신분이 못 되어(국가의 위치에서 말하면 당시 벼슬을 할 수 있는 신분 중 가장 낮은 계급인 사[士]에 속하였다), 군대에 나가서는 작은 단위의 부대 병력을 거느리는 낮은 계급의 장교 정도의 위치를 차지하였다. 어떻든 숙량흘은 한편 힘이 세고 용감하였기 때문에 《좌전》을 보면 그가 전쟁터에 나가 공을 세운 얘기가 두 군데나 기록되어 있다.

첫번째는 노나라 양공(襄公) 10년(周 靈王 9년, 기원전 563) 여름. 이때 여러 나라 제후들의 맹주(盟主)는 진(晋)나라였는데, 진나라의 여러 장수들은 핍양(偪陽)이란 땅을 정벌하여 송(宋)나라 향수(向戍)에게 주기로 하고는 여러 나라 군대와 연합하여 그곳(지금의 山東省 嶧縣 남쪽)을 포위 공격하였다. 핍양은 조그만 성이었으나 매우 수비가 견고하여 쉽사리 함락되지 않았다. 숙량흘은 노나라 파견군의 장수로서 이 싸움에 참전하고 있었다.

이때 적은 성문을 열고 싸움을 걸어 연합군을 유인하였던 것 같다. 성문이 열린 것을 보자 포위를 하고 있던 여러 나라의 군사들은 일제히 핍양성 안으로 쳐들어 갔다. 그러나 일부분의 군사들만이 성 안으로 들어갔을 때 갑자기 위로부터 내려닫히도록 되어 있는 성문이 닫히기 시작하였다. 그대로 두면 이미 성 안으로 들어간 군사들만이 꼼짝없이 죽음을 당할 판이었다. 이 위험한 순간 한 힘센 장수가 거의 다 닫혀져 가던 성문을 두 팔로 들어올렸다. 그 덕분에 이미 성 안으로 들어갔던 군사들도 무사히 모두 후퇴할 수가 있었다. 이때 두 손으로 성문을 들어올린 힘센 장수가 바로 숙량흘이었다.

두번째는 노나라 양공(襄公) 17년(周 靈王 16년, 기원전 556) 가을. 제(齊)나라는 전에(기원전 589, 魯 成公 2년) 노나라와 진(晋)나라의 연합군에게 크게 패한 데 대한 앙심을 품고 두 갈래로 나누어 노나라를 공격하여 왔다. 곧 한 갈래는 제나라 영공(靈公)이 직접 군

대를 지휘하고 노나라 북쪽 지방을 공격하여 도(桃)라는 고을을 포위
공격하였고, 다른 한 갈래는 제나라 장수 고후(高厚)의 인솔 아래 쳐
들어와 방(防)이라는 고을을 포위 공격했었다. 방은 숙량흘의 할아버
지 공방숙과 관계가 있는 고장이다. 방 고을에는 노나라 국경(國卿)
인 장흘(臧紇)이 포위당해 있었는데, 장흘을 구원하러 온 노나라의
군대가 이미 방 가까운 여송(旅松)에 도착해 있었으나 포위망을 뚫지
못해 손을 못 쓰고 있었다.

　이때 방 고을에 있던 숙량흘은 장주(臧疇)·장가(臧賈)의 두 장수
와 함께 300명의 용사를 거느리고 장흘을 호위하여 밤중에 제나라의
포위망을 뚫고 나가 장흘을 구원군이 있는 여송으로 호송한 다음 다
시 되돌아와 방 고을을 수비했다고 한다. 이런 공로로 말미암아 숙량
흘은 그때 상당히 유명한 인물로 널리 알려졌을 것 같다. 이 싸움이
있은 지 5년 뒤에 숙량흘은 공자를 낳았다.

제3절　용　모

　《사기》 공자세가에는 공자가 '자란 뒤 키가 9척(尺) 6촌(寸)이어서,
사람들이 모두 키다리라 부르며 그를 이상하게 생각하였다'하였고, 또
앞에서도 말했지만 태어나면서 그는 '머리 위가 움푹 들어갔었기 때
문에 이름을 구(丘)라 하였다'하였으니, 그는 본시 용모나 몸집이 보
통 사람과는 다른 특수한 모습이었던 것 같다. 또《사기》에는 그가
정(鄭)나라에 가서 제자들을 잃고 어려운 처지에 놓였을 적의 모습을
정나라 사람의 입을 빌어 다음과 같이 묘사하고 있다.

　　그의 이마는 요임금 같고, 그의 목은 고요(皋陶, 요임금의 현신)
　　와 같고, 그의 어깨는 자산(子産, 정나라 재상)과 같으나, 허리 아

래편은 우(禹)임금보다 3촌이 모자라며, 초상난 집의 개처럼 축 처
져 있더라.

다시 《공자가어》 곤서(困誓)편에서는 위와 같은 기록에 앞서 '키는
9척 6촌이며, 눈두덩이 평평하고 꼬리가 긴 눈에 툭 불거진 이마'였다
고 형용을 보태고 있다. 한(漢)대 공부(孔鮒)가 지었다고 전하는(후세
인의 가탁임이 거의 확실함) 《공총자(孔叢子)》 첫머리 가언(嘉言)편
에는 또 주나라에 간 공자를 만나보고 장홍(萇弘)이 그 인상을 다음
과 같이 묘사하고 있다.

눈두덩이 평평하고 꼬리가 긴 눈과 툭 불거진 이마는 황제(黃帝)
의 모습이요, 긴 팔에 거북이 같은 등을 하고 9척 6촌의 키를 지니
고 있는 것은 탕(湯)임금의 용모이다.

이밖에도 한(漢)대의 위서(緯書)들의 기록에는 또 여러 가지 공자
의 특이한 용모들이 적혀 있다. '공자는 소 입술에 혀 무늬가 일곱 겹
있었다'(《太平御覽》 367, 368引《孝經鉤命訣》), 공자는 '앉으면 틀임
한 용 같고, 서면 끌려가는 소 같고, 큰 입, 소 입술, 호랑이 손바닥,
거북이 등, 두 겹 진 목, 두 줄 진 이빨을 지녔고, 얼굴은 방상시(方
相氏) 가면(假面)[7]을 뒤집어쓴 것 같았다'(《春秋演孔圖》)는 기록 등
이다.

이처럼 여러 가지 공자의 용모에 대한 기이한 기록과 전설이 있는
것은, 비단 공자가 다시 없는 성인이었을 뿐만 아니라 본시 그의 용

---

7) 《후한서(後漢書)》 예악지(禮樂志)를 보면 연말 구역행사(毆疫行事)인 대
나(大儺) 때 쓰던 방상시(方相氏)의 가면은 '황금사목(黃金四目)이었다'하
였다. 이 방상시 가면은 후세에 기(俱)·기(魌) 또는 피기(皮俱)·기두(魌
頭) 등으로도 불리었다.

모가 보통 사람들과는 아주 다른 특징이 많았기 때문일 것이다. 대체로 그의 큰 키와 당당한 체구는 그의 아버지 숙량흘에게서 물려받은 것으로 생각된다. 사람들은 공자의 비범한 용모만 보고서도 외경(畏敬)의 뜻을 지녔던 것 같다. 그 때문에 《공총자(孔叢子)》 같은 데서는 장홍(萇弘)이 공자는 '성인의 의표(儀表)를 지녔다'고 하면서 그의 모습을 황제와 탕임금에게 비겼고, 《사기》 공자세가에서도 정(鄭)나라 사람이 요(堯)·고요(皐陶)·자산(子産)·우(禹) 같은 성현들에게 비겼을 것이다.

예부터 중국에서는 후세에 공자의 모습을 가장 잘 그린 것으로 당(唐)대의 화가인 오도자(吳道子)의 '선사공자행교상(先師孔子行敎像)'을 꼽는다. 진(晋)나라 고개지(顧愷之)가 그린 공자상도 무척 잘된 것이라 생각하나, 중국에서는 앞의 것을 거의 표준으로 삼을 정도이다.

제4절 신분 — 사(士)와 군자(君子)

공자의 자(字)인 중니(仲尼)의 '중'이 백(伯, 형)·중(仲, 둘째)·숙(叔, 아우)에 있어서는 중간을 뜻하는 '중'이므로 그에게는 틀림없이 형이 있었을 것이다. 《논어》 공야장(公冶長)편을 보면 남용(南容)이란 사람의 행실이 훌륭한 것을 보고 공자는 '그에게 형의 딸을 시집보냈다'는 기록이 있다. 그 형이란 앞에서 이미 언급한 숙량흘의 첩이 낳은 맹피(孟皮)일 것이다. 《공자가어(孔子家語)》 자로초견(子路初見)편에 보이는 공멸(孔篾)은 맹피의 아들인데, 맹피는 공멸이 어렸을 때 죽어 주로 공자에게 의지하여 성장하였다 한다.

이런 정도 이외에는 옛날 전적에 공자의 친족에 관한 기록이란 전혀 보이지 않는다.

따라서 공자는 대체로 집안에서 외롭게 자랐던 것 같다. 더욱이 공자가 세 살 되던 해(기원전 549)에 아버지 숙량흘이 돌아가셨다니, 그뒤로는 외로움에 가난까지 겹친 생활을 하였었을 것이다.[8] 그런데 공자의 어머니는 숙량흘을 곡부(曲阜)의 동쪽에 있는 방(防) 땅에 장사지내 놓고도 공자에게 아버지의 무덤을 감춰두고 가르쳐 주지 않았다고 한다(《史記》 孔子世家). 그것은 어린 공자에게 아버지의 죽음을 일깨워 주지 않으려는 어머니의 배려 때문이었다고 해석할 수도 있겠지만, 공자가 장성한 뒤에도 계속 가르쳐 주지 않았고, 또 그의 집안이 예(禮)를 숭상하는 분위기였음(다음에 설명하겠음)는 것을 아울러 생각하면, 가난하여 제대로 장사를 지내지 못한데다가 무덤을 다시 돌볼 여유조차 없었기 때문이라 할 수 있다.

공자가 24세(기원전 528) 무렵에 어머니가 돌아가셨는데,[9] 공자는 임시로 오부지구(五父之衢)에 장사를 지냈다가 뒤에 추(陬) 땅에 사는 그의 아버지 상여를 메었던 사람의 어머니가 아버지 숙량흘의 무덤을 가르쳐 주어 비로소 방(防) 땅에 부모님을 합장(合葬)할 수가 있었다 한다(《史記》 孔子世家). 방이라는 고장은 공자의 증조 할아버지인 공방숙(孔防叔)과 관계가 있으니, 공씨 집안과는 인연이 있던 곳이다.

어떻든 공자가 태어났을 적에는 공자의 집안은 가난하고 보잘것없는 그때의 사회에서 벼슬할 수 있는 계급 중 가장 낮은 신분인 사(士)에 속하는 계급이었다. 사라는 계급은 위로는 귀족 대부(大夫)들이 있고 아래로는 서민과 상공 계급들이 있는 중간 계층이었다. 스스

---

8) 《논어》 자한(子罕)편을 보면 '나는 젊어서 미천했기 때문에 비천한 일을 많이 할 줄 알게 되었다'(吾少也賤, 故多能鄙事)고 공자 자신이 말하고 있고, 《사기》 공자세가에는 '공자는 가난하고 천했었다'(孔子貧且賤)고 쓰고 있다.

9) 명(明) 진호(陳鎬)의 《궐리지(闕里誌)》 연보(年譜)의 설.

로 노력하고 운도 좋으면 좀더 위 계층으로 올라가는 수도 있었으나, 잘못하면 서민 계층으로 떨어져 버릴 수도 있는 입장이었다. 사는 군대에 있어서는 작전활동의 핵심을 이루고, 정치에 있어서는 중·하급(中下級) 관리 노릇을 하며, 문화적으로는 고금에 관한 지식을 배워 지니고 있고, 경제적으로는 사유(私有)의 전택(田宅)과 생업을 갖고 있어서, 사회적으로 높지는 않았지만 매우 중요한 계급이었다.

사는 자기의 관직을 유지하고 잘 살아가자면 반드시 나라의 정치를 맡고 있는 공경(公卿) 귀족들에 붙어야만 하였다.10) 그들로서는 자기 땅을 경작하거나 생산업에 종사하는 것보다도 벼슬살이를 하는 것이 보다 더 잘 살 수 있는 길이었다. 그 때문에 그들은 《논어》미자(微子)편에서 한 은자(隱者)가 형용하고 있듯이 '육체를 수고롭히지 아니하고, 오곡을 분별하지 못하는'(四體不勤, 五穀不分) 종류의 인간이 되고, 《논어》위령공(衛靈公)편에서 공자가 직접 말했듯이 '농사를 지으면 굶주림이 그 가운데 있는 것이고, 공부를 하면 녹이 그 가운데 있게 되는 것이다'(耕也 餒在其中矣, 學也 祿在其中矣)라는 생각을 지니게 되었던 것이다.

《논어》를 읽어보면 공자의 가르침을 '군자(君子)의 학문'이라고 불

---

10) 근래 조기빈(趙紀彬)은 《논어신탐(論語新探)》에서 《논어》에 쓰여진 '인(人)' '민(民)'의 용례를 검토하여 구분한 뒤, 그것은 노예주계급(奴隷主階級)과 노예계급(奴隷階級)의 분별을 나타내는 춘추시대의 용어였으며, 공자는 이중 '인'의 윤리 곧 노예주계급의 윤리만을 설교하고 있다고 논하였다. 예를 들면 학이(學而)편에서 '쓰임을 절약하여 인을 사랑하고, 민을 부림에 때에 알맞게 하여야 한다'(節用而愛人, 使民以時) 하였는데, '사랑하는' 대상은 '인'인 노예주계급이고, '부리는' 대상은 '민(民)'인 노예계급이라는 것이다. 이러한 공자의 사상의 계급성은 풍우란(馮友蘭)의 《중국철학사신편(中國哲學史新編)》제1편 제4장 공자와 초기의 유가에서 이미 그 논리의 비약이 지적되기는 하였지만, 공자의 사상의 바탕을 이해하는 데 많은 시사를 준다.

러도 좋을 만큼 공자는 사람들에게 훌륭한 군자가 될 것을 열심히 설
교하고 있다. 물론 공자는 보다 더 완전한 인간으로서 성인(聖人)·
현인(賢人)·인인(仁人) 등을 얘기하고 있는 것도 사실이다. 그러나
이것들은 이미 타고난 특수한 자질(資質)이 없으면 도달하기 어려운
수준의 인간인데 비하여, 군자는 누구든 노력하기만 하면 도달할 수
있는 가장 보편적이고 일반적인 인간의 이상형이라고 생각했던 것 같
다. 곧 군자는 이상적인 인간형이기는 하지만 결코 현실과 동떨어진,
사회에서 보기 힘든 유형의 인물이 아닌 것이다. 공자는,

> 사람들이 알아주지 않아도 성내지 않는다면 또한 군자가 아니겠
> 는가?
> 人不知而不慍, 不亦君子乎? ― 學而

> 군자는 (한 가지 일에만 소용되는) 그릇과 같지 않다.
> 君子不器. ―爲政

는 말을 비롯하여, 소인(小人)과 대비시켜,

> 군자는 의로움에 밝고 소인은 이로움에 밝다.
> 君子喩於義, 小人喩於利. ―里仁

> 군자는 편안하면서 교만하지 않고, 소인은 교만하면서 편안하지
> 못하다.
> 君子泰而不驕, 小人驕而不泰. ―子路

는 등, 《논어》만 보아도 각 편마다 곳곳에서 군자의 가치와 뜻을 극
히 평이하게 해설하고 있다.

그런데 군자란 본시 '임금 군(君)' 자와 남자들에 대한 존칭이었던 '자(子)' 자가 합쳐져 있는 것으로도 짐작이 가겠지만, 정치적으로 지배계급을 뜻하는 말이었다. 소인은 반대로 피지배계급인 서민을 뜻하였음은 두말할 나위도 없다. 《논어》 안연(顔淵)편을 보아도 계강자(季康子)가 공자에게 "만약 무도한 자들을 죽이어 유도함으로 나아가게 하면 어떻겠습니까?"(如殺無道, 以就有道, 何如?)라고 하면서 정치에 대하여 질문을 하고 있는데 공자는 이렇게 대답하고 있다.

당신이 정치를 하는 데 있어 어찌 죽이는 방법을 써야만 하겠습니까? 당신이 선해지려 한다면 백성도 선해질 것입니다. 군자의 덕이 바람이라면 소인의 덕은 풀이나 같은 것이라서, 풀 위에 바람이 불면 반드시 한편으로 넘어지게 됩니다.
子爲政, 焉用殺? 子欲善而民善矣. 君子之德風, 小人之德草, 草上之風必偃.

노나라의 세도가인 계강자에게 하는 말이니 여기에서의 군자는 지배계급으로서의 일반 귀족들, 소인은 피지배계급인 서민들을 가리키는 것이다. 공자가,

바탕이 형식보다 뛰어나면 야해지고, 형식이 바탕보다 뛰어나면 곰상스러워진다. 형식과 바탕이 잘 조화된 연후라야 군자라 할 수가 있는 것이다.
質勝文則野, 文勝質則史, 文質彬彬, 然後君子. —《論語》雍也

군자는 글에 대하여 널리 배우고 예로써 스스로를 단속하는데, 그러면 도에서 어긋나지 않을 수 있게 될 것이다.
君子博學於文, 約之以禮, 亦可以弗畔矣夫. —上同

는 등의 말을 하고 있는 것은 군자의 지배자로서의 성격 또는 귀족적인 성격 때문일 것이다.

 공자가 이러한 군자의 학문을 설교하게 된 것은 그 스스로가 약간 노력해서 윗계급에 붙어야만 하는 사(士)의 계층에 속한 신분이었기 때문일 것이다. 그러기에 《논어》만 보더라도 간단한 자기 수양과 덕(德)을 바탕으로 하는 군자에 관한 설교가 곳곳에 보인다. 군자란 사(士)로서 약간의 노력만 하여도 쉽사리 도달할 수 있는 유형의 계급이었다.

 군자로서도 어질지 않은 자가 있지만 소인으로서 어진 자는 있지 아니하다.
 君子而不仁者有矣夫, 未有小人而仁者也. ─ 憲問

 군자는 말은 더듬기는 하지만 행동은 민첩하려 한다.
 君子欲訥於言而敏於行. ─ 里仁

 군자는 가게 할 수는 있으나 빠뜨릴 수는 없으며, 속일 수는 있으나 망령되게 할 수는 없다.
 君子可逝也, 不可陷也, 可欺也, 不可罔也. ─ 雍也

 군자가 그곳에 산다면 어찌 누추함이 있겠는가?
 君子居之, 何陋之有? ─ 子罕

 군자는 근심하지 아니하고 걱정하지 아니한다.
 君子不憂不懼. ─ 顏淵

 군자는 그의 말이 그의 행동보다 지나침을 부끄러이 여긴다.

君子恥其言而過其行. —憲問

군자는 복상(服喪)을 함에 있어 맛있는 것을 먹어도 달게 느끼지
아니하고, 음악을 들어도 즐겁지 아니하며, 일상생활이 편안하지 아
니하다.

夫君子之居喪, 食旨不甘, 聞樂不樂, 居處不安. —陽貨

군자는 두루 어울리되 편당을 이루지 아니하나, 소인은 편당이나
이루지 두루 어울리지 아니한다.

君子周而不比, 小人比而不周. —爲政

군자는 덕을 생각하되 소인은 사는 곳에 연연하며, 군자는 법을
생각하되 소인은 이익을 생각한다.

君子懷德, 小人懷土, 君子懷刑, 小人懷惠. —里仁

군자는 마음이 평탄하고 넓으며 소인은 언제나 걱정을 한다.

君子坦蕩蕩, 小人長戚戚. —述而

군자는 위로 나아가고, 소인은 아래로 나아간다.

君子上達, 小人下達. —憲問

군자는 자신을 탓하되, 소인은 남을 탓한다.

君子求諸己, 小人求諸人. —衛靈公

그래서 공자는 제자인 자하(子夏)에게,

그대는 군자다운 선비가 되어야지 소인다운 선비가 되어서는 안

된다.

女爲君子儒, 無爲小人儒. ─ 雍也

고 훈계하고 있다.

제5절 유(儒)와 예(禮)

《사기》공자세가에 '공자는 소싯적에 놀이를 할 때면 언제나 제기 (祭器)를 벌여 놓고 예를 갖추는 장난을 하였다'고 한다. 이는 공자가 사에 속하는 유(儒)라는 신분 출신이었고, '유'는 사람들에게 글을 가 르치고 예를 돌보아 주는 직업을 담당하는 사람들이었기 때문이 다. 호적(胡適)은 '설유(說儒)'라는 논문(《胡適文存》第四集 卷一)에 서 '유'는 은(殷)나라의 사(士)에 속하던 유민(遺民) 중의 한 계층으 로서, 그들은 은례(殷禮)의 보존자이며 공자의 유가(儒家)도 여기에 서 나온 것이라 하면서 여러 가지 그 성격을 고증하고 있다.

호적의 이론에는 문제가 없는 것은 아니지만,[11] 적어도 공자 이전 에 '유'라는 직업의 일종이 존재하였고, 공자시대까지도 그들은 여전 히 부잣집의 예를 돌보아 주는 것으로써 먹고 사는 밑천을 마련했었 다는 것은 사실이다. 앞에서 이미 인용한 바와 같이《논어》옹야(雍 也)편에서 공자는 자하(子夏)에게 '군자다운 유(儒)가 되어야지 소인 같은 유가 되어서는 안 된다'고 훈계하고 있으니, 그 성품에는 군자다 운 것과 소인 같은 것이 있을는지 모르지만 '유'라는 직업이 이미 공 인되고 있었음을 알 수 있다.

---

11) 풍우란의《중국철학사신편》부록으로 실린 '원유묵(原儒墨)'(《淸華學報》 第10卷 第2期, 1935년 4월)·'원유묵보(原儒墨報)'(上同 第10卷 第4期 1935년 10월) 참조.

한편 《묵자(墨子)》 비유(非儒)편을 보면 예와 형식을 중히 여기며 남에게 의지하여 먹고 사는 유가들의 비생산적인 성격을 다음과 같이 공격하고 있다.

그들은 예와 음악을 번거로이 꾸미어 사람들을 어지럽히고, 오랜 기간 상(喪)을 입고 거짓 슬퍼함으로써 부모를 속인다. 운명을 믿고 가난에 빠져 있으면서도 고상하게 잘난 체하고, 근본을 어기고 할 일은 버리고서 편안히 태만하게 지낸다. 먹고 마시기를 탐하면서 일하는 데에는 게으르고, 헐벗고 굶주림에 빠지고 얼어 죽고 굶어 죽을 위험에 놓여도 이를 벗어나는 수가 없다. 이것은 마치 거지와도 같으니, 두더지처럼 숨어서 숫양처럼 찾다가 발견되면 멧돼지처럼 튀어나온다. 군자들이 그들을 비웃으면 성을 내면서 '시원찮은 자들이 어찌 훌륭한 유(儒)를 알아보겠는가!'고 말한다.

그들은 여름에는 곡식을 구걸하다가, 오곡이 다 거둬들여지면 대갓집 초상만을 찾아다니는데, 자식과 식구들을 모두 거느리고 가서 실컷 먹고 마신다. 몇 집 초상만을 치르고 나면 족히 살아갈 수 있게 되는 것이다. 남의 집 재물을 근거로 하여 살찌고, 남의 들에 의존하여 부를 쌓는다. 부잣집에 초상이 나면 곧 크게 기뻐하면서 '이 것이야말로 먹고 입는 꼬투리이다'고 말한다.

유라는 계급의 생활방법이 남의 집의 예를 돌보아 주는 것과 사람들에게 글을 가르치는 것 두 가지뿐이었다면 이러한 현상은 불가피한 일이었을 것이다. 그리고 직접 유가의 경전인 《예기(禮記)》의 단궁(檀弓)편을 보면 공자 자신과 그의 수제자들도 모두 남의 집 상사를 돌보아 주었다는 기록들이 있다.12) 웬만한 집안이면 초상을 당했을

---

12) 《예기(禮記)》 단궁(檀弓) : '자장이 말하기를 "사도 경자의 상 때에는 공자님께서 예를 돌보셨는데, 남자는 서쪽을 향하게 하고 여자는 동쪽을

적에는 예의 전문가인 '유'를 불러다가 일의 절차와 의식을 돌보게 하는 것이 보통이었다.13) 따라서 '예'란 바로 '유'라는 계급들에게는 '먹고 사는 꼬투리'가 되는 중요한 일이었다. 따라서 공자가 어려서부터 제기를 늘어놓고 놀이를 하였다는 것은 이러한 '유'라는 계급들의 생리 때문이었던 것 같다. 많은 중국의 학자들이 이 사실을 공자의 어머니의 훌륭한 가정교육을 뜻하는 것으로 해석하며 이른바 '맹모삼천(孟母三遷)'에 비기고 있으나 성격이 다를 듯하다. 공자가 장성하도록 아버지의 무덤이 있는 곳조차 몰랐다면, 공자 자신의 집안에서는 어린 공자가 흉내내고 놀이를 할 정도의 예를 갖춘 제사를 제대로 지냈을까 의심이 간다.

어떻든 공자가 '예'를 크게 내세웠던 것은 그가 속해 있던 '유'라는 계층의 직업과도 큰 관계가 있었다. 공자가 태묘(太廟)에 들어가 모든 일에 대하여 물어보았을 때 어떤 사람이,

> 누가 추인(鄹人)의 아들이 예를 안다고 하였나? 태묘에 들어와서는 모든 일에 대하여 묻는 것을.
> 孰謂鄹人之子知禮乎? 入大廟, 每事問. —《論語》八佾

하고 말하고 있는 것을 보면, 공자는 그 시대의 예에 대한 전문가로 인정받고 있었음이 틀림없다.

예는 공자에게 있어서 어릴 적부터 몸에 배어 버려 인간행위의 질

향하게 했었다."고 하였다'(子張曰:司徒敬子喪, 夫子相, 男子西鄉, 婦人東鄉).
상동 : '유약의 상에는 도공(悼公)이 조상하였고, 자유가 왼편에서 예를 보살폈다'(有若之喪, 悼公弔焉, 子游擯, 由左) 등등.
13) 《예기》단궁편 : '두교의 어머니 상에는 집안에 예를 돌보는 이가 없어 군자들은 비천(卑賤)한 일이라 생각했었다'(杜橋之母之喪, 宮中無相, 君子以爲沽也)고 예의 전문가가 없었음을 흉보고 있다.

서를 총칭하는 것으로 생각되었던 듯하다. 더욱이 《논어》에서 '하례(夏禮)'니 '은례(殷禮)'를 얘기할 때에는[14] '예'란 한 나라의 문화를 총칭하는 말로 느껴진다. 그리고 또 《논어》에서 공자가 아들에게,

> 예를 배우지 않으면 설 근거가 없게 된다.
> 不學禮, 無以立. ─季氏

> 예를 알지 못하면 사람으로서 설 근거가 없게 된다.
> 不知禮, 無以立也. ─堯曰

고 말하였을 때는 예는 모든 인간행동의 기준이 되고 있는 것이다. 그리고,

> 예란 사치하기보다는 차라리 검소해야만 한다.
> 禮, 與其奢也, 寧儉. ─八佾

> 살아계시면 예로써 섬겨 드리고, 돌아가시면 예로써 장사지내고 예로써 제사지내 드린다.
> 生事之以禮, 死葬之以禮, 祭之以禮. ─爲政

는 말에서는 간단한 개인행동의 기준으로서의 '예'가 느껴지지만,

> 임금은 신하를 부리기를 예로써 하고, 신하는 임금을 섬기기를

---

14) 《논어》 팔일(八佾) : '하나라 예를 나는 얘기할 수 있으나 기(杞)나라로서는 증거를 대기에 부족하다. 은나라 예를 나는 얘기할 수 있으나 송나라로서는 증거를 대기에 부족하다. 문헌이 부족하기 때문인 것이다'(夏禮吾能言之, 杞不足徵也, 殷禮吾能言之, 宋不足徵也, 文獻不足故也).

충으로써 한다.

　　君使臣以禮, 巨事君以忠. ―八佾

　예와 사양으로써 나라를 다스릴 수가 없다면, 예를 무엇에 쓰겠는가?

　　不能以禮讓爲國, 如禮何? ―里仁

라는 말에서는 여러 사람을 다스리는 정치기능으로서의 '예'를 생각케 한다. 더욱이,

　사람으로서 어질지 않다면 예를 무엇에 쓰겠는가?

　　人而不仁, 如禮何? ―八佾

고 말할 때는, 예란 겉의 형식보다도 내면의 도덕성이 더욱 중시되는 것인 듯하지만, 제물로 바치는 양을 자공(子貢)이 가엾게 여겼을 적에 공자가,

　너는 그 양을 아끼고 있지만 나는 그 예를 아낀다.

　　爾愛其羊, 我愛其禮. ―八佾

고 한 말에서는 예란 무엇보다도 그 형식이 중요하다는 뜻을 강요받게 된다.

　예에는 그 사회적 형식적인 뜻과 도덕성 또는 윤리적 의의가 언제나 일정한 값을 지니고 있을 수는 없는 것인지 모른다. 그러나 공자에게 그것은 유교문화(儒教文化)의 전통적인 뜻을 지니는 것이었다. 그 때문에 예는 음악과 결합하여 《예기(禮記)》의 악기(樂記)에서는,

　위대한 음악은 천지와 같은 조화를 이루고, 위대한 예는 천지와

같은 절조를 이룬다.

　　大樂與天地同和, 大禮與天地同節.

고 하면서 예의 효용을 극단적으로 강조하기에까지 이르렀다.
　한편 《논어》를 보면 공자는 이런 말을 하고 있다.

　　제사에 관한 일은 일찍이 들어 알고 있으나, 군사에 관한 일은
배우지를 못했습니다.

　　俎豆之事, 則嘗聞之矣, 軍旅之事, 未之學也. ― 衛靈公

　이 때문에도 유가는 숭문(崇文)의 방향으로만 발전한 듯하다.
　그러나 후세로 가면서 실제로 예의 효용은 유가 자체에서도 덜 중
요하게 여겨졌던 것 같다. 그것은,

　　예의 작용은 조화가 귀한 것이다.

　　禮之用, 和爲貴. ―學而

고 말했듯이, 예란 시대의 변화에 따라 그 가치가 변하지 않을 수 없
는 것이기 때문일 것이다. 특히 송(宋)대 성리학(性理學)은 주관적(主
觀的)인 방향으로 학문방법을 발전시켰기 때문에 더욱 예라는 형식에
크게 신경을 쓸 수 없게 되었을 것이다.
　그러나 공자의 유가사상이 중국 고대문화에 근거를 두고 있는 것도
‘유’라는 계급이 은(殷)나라 유민이어서 은나라의 여러 가지 문화형식
을 보전하고 있었고, 예는 그들이 보전했던 문화형식을 대표하는 것
이기 때문에 지금 와서도 가벼이 볼 수는 없다. 유가에서는 요(堯)·
순(舜)시대와 하(夏)·은(殷)·주(周)의 삼대(三代)를 이상적인 정치
가 행해졌던 시대로 숭상하고 있지만, 그중 유사시대(有史時代)는 은
대 이후이다.

제3장
학문생활

제1절 공자의 학문성격

공자 스스로 《논어》에서,

나면서 아는 사람은 상급이고, 배워서 아는 사람은 그 다음이고, 곤경에 빠져 배우는 사람은 또 그 다음이다.

生而知之者上也, 學而知之者次也, 困而學之, 又其次也.

—季氏

고 하였다. 이 말을 근거로 옛 사람들 중에는 하늘이 낸 성인(聖人) 이라면 모든 것을 '나면서부터 알아야 할 것'이라고 믿는 사람들도 있 었다. 공자는 성인 중의 성인이란 뜻으로 '지성선사(至聖先師)'라 불 리어 왔으니, 인격이나 학문과 지식의 모든 면에서 다른 사람들은 감 히 생각할 수도 없는 높은 수준에 도달해 있었을 것이다. 그러한 학 문의 수준이란 보통 사람들은 아무리 평생을 두고 노력해도 도달하기 어려운 경지인 것이다. 그 때문에 공자는 '나면서부터 알았던' 분이라 고 주장하는 이들이 있게 된 것이다.[1]

그러나 공자는 스스로,

　　나는 나면서부터 알았던 사람이 아니며, 옛것을 좋아하여 부지런
히 그것을 배운 사람인 것이다.
　　我非生而知之者, 好古敏以求之者也. ―述而

고 말하고 있다. 학문에 있어 '나면서부터 안다'는 완전한 경지란 있
을 수가 없는 것이며, 아무리 많이 아는 사람이라 하더라도 그것은
불완전한 것일 수밖에 없는 것이 인간의 속성(屬性)이다. 그러기에
모르는 사람보다 더 많이 아는 사람일수록 더욱 배워 알려고 노력을
계속하게 되는 것이다. 공자가,

　　배움에 있어 미칠 수 없는 것처럼 부지런하여도 오히려 그릇될까
두려운 것이다.
　　學如不及, 猶恐失之. ―泰伯

고 말한 것도 학문의 무한한 경지를 가리킨 것이며, 정말로 많이 알
았기 때문에 그런 말을 하고 있는 것이다.
　　물론 《논어》의 경우 '배운다[學]'는 말이 지금 우리가 얘기하는 '학
문'과 같은 뜻으로 쓰이고 있지는 않다. 공자의 경우 학문이라면 주로
옛날의 제도(곧 《오경(五經)》에 쓰여 있는)를 근거로 한 도덕학(道德

---

　1) 《논어》 술이(述而)편 '나는 나면서부터 알았던 사람이 아니다'(我非生而知
　　之者)라는 공자의 말에 대하여, 형병(邢昺)의 소(疏)에서는 '사람들이 자
　　기는 나면서부터 알았던 사람이어서 배울 수가 없는 것이라 생각할까 두
　　려워서 그렇게 말했다'하였고, 주희(朱熹)의 《집주(集註)》에서는 윤씨(尹
　　氏)의 말을 인용하여 '공자는 나면서부터 알았던 성인이었으나……'하고
　　그 구절을 해설하고 있다.

學) 또는 넓은 뜻의 인간학(人間學)을 의미하고 있어, 그 방법도 지성(知性)에만 의존하는 것이 아니라 실천과 마음가짐까지도 존중되는 것이다. 따라서 그것은 비과학적이라고 말할 수도 있으나 한편 그 때문에 시간과 공간을 초월하여 언제나 사람들에게 참된 무엇을 호소하고 있게도 된 것이다.

그러나 《논어》에서 '배운다[學]'는 것을 '생각하는 것[思]'과 따로 떼어놓고 얘기하고 있는 것을 보면, '배움'이란 일차적으로는 외부로부터의 지식의 획득을 의미하는 것이었던 듯하다.

배우면서 생각하지 않으면 망령되게 되고, 생각하면서 배우지 아니하면 위태로워진다.

學而不思則罔, 思而不學則殆. ―爲政

이 말은 곧 배우기만 하고 스스로 잘 생각하지 않으면 사리(事理)를 올바로 깨우칠 수가 없고, 자기 혼자 생각만 하고 남에게 배우지를 않는다면 독단(獨斷)에 빠져 위태롭게 될 것이라는 것이다. 여기에서 '배움'이란 분명히 단순한 지식의 획득을 뜻한다고 보아도 좋을 것이나, 위령공(衛靈公)편에서도,

나는 일찍이 하루 종일 먹지도 아니하고 밤새 잠자지도 아니하면서 생각해 보기도 하였으나 유익하지 않았으니 배우는 것만 못한 것이다.

吾嘗終日不食, 終夜不寢, 以思無益, 不如學也.

고 하면서 '배움'과 '생각함'을 분리시켜 얘기하고 있다. 이것은 공자가 학문의 인간학적(人間學的) 또는 도덕적인 성격을 사람들에게 인식시키기 위하여 일부러 단순한 '지식의 획득'과 '사색(思索)'을 분리

시켜 놓고 그 병행(並行)의 중요성을 강조한 것으로 여겨진다. 같은 위령공편에서 공자가 제자인 자공(子貢)에게,

> 너는 내가 많이 배워서 많이 알고 있는 사람이라 생각하고 있느냐?
> 女以予爲多學而識之者與?

고 물었을 때 자공이,

> 그렇습니다. 그렇지 않습니까?
> 然, 非與?

하고 반문하자 공자는 이렇게 대답하고 있다.

> 그렇지 않다. 나는 하나로써 관통되고 있다.
> 非也, 予一以貫之.

여기에서 '하나[一]'가 무엇을 뜻하는지 쉽게 설명하기는 어렵다. 그러나 그것이 공자의 학문은 단순히 많이 배워 많이 아는 박학(博學)에 그치는 것이 아니라, '배움'과 '생각함'의 통일을 통한 지식의 체계화와 그 도덕적 차원(次元)의 중요성을 뜻하는 것임에 틀림없다. 《논어》 헌문(憲問)편에서,

> 옛날의 학자들은 자기 발전을 위해 공부하였고, 지금의 학자들은 남에게 내세우기 위해 공부한다.
> 古之學者爲己, 今之學者爲人.

고 말한 것도 그러한 차원을 강조하는 말이다.

곧 학문이란 사회에 그 결과를 되돌려 주는 것이 되어야지 자기 혼자 잘 먹고 살기 위한 수단이 되어서는 안 된다. 학문이란 인류를 위한다는 데 그 이유와 가치가 있다는 것이다. 《논어》의 다음과 같은 말들은 그러한 공자의 뜻을 분명히 해준다.

　　자하가 말하였다. "여색을 좋아하듯 현명한 사람을 인정해 주고, 부모를 섬김에 그의 힘을 다하며, 임금을 섬김에 그의 몸을 다 바치며, 친구들과 사귐에 있어 말하는 데 신의가 있다면, 비록 그가 배우지 않았다 하더라도 나는 반드시 그를 배운 사람이라 말할 것이다."
　　子夏曰：賢賢易色, 事父母能竭其身, 事君能致其身, 與朋友交, 言而有信, 雖曰未學, 吾必謂之學矣. ― 學而

　　자하는 《논어》 선진(先進)편에서 '문학(文學)'에 뛰어난 제자로 치고 있는데, 그때의 '문학'이란 지금의 '학문'이란 말에 가까운 뜻이었다. 학문에 뛰어난 자하가, 현명한 것을 좋아하고 부모에게 효성을 다하며 임금에게 충성을 다하고 친구들 사이에 신의를 지키는 행위가 글공부보다 앞서는 중요한 일임을 강조한 것이다. 또 선진(先進)편에서 자로(子路)가 자고(子羔)를 비(費) 고을의 재(宰)로 삼았을 때, 공자가 불만스런 뜻을 말하자 자로는,

　　백성들이 있고 사직이 있습니다. 어찌 반드시 책을 읽은 연후에야 학문을 하였다고 말할 수가 있겠습니까?
　　有民人焉, 有社稷焉, 何必讀書, 然後爲學?

고 말하고 있는 것도 자하와 같은 뜻에서였다. 같은 선진편에서 노(魯)나라의 세도가인 계강자(季康子)가 공자에게,

제자들 중에는 누가 가장 학문을 좋아합니까?

하고 물었을 때 공자가,

> 안회가 학문을 좋아했었는데 불행히도 명이 짧아 죽어 버려 지금
> 은 없다.
> 有顔回者好學, 不幸短命死矣, 今也則亡.

고 대답하고 있으니 공자도 학문 또는 '배움'을 그런 뜻으로 해석하고
있었음이 분명하다. 왜냐하면 《논어》에서 안회는 특히 '덕행(德行)'과
'인(仁)'에 뛰어난 제자로 높이 평가되고 있지,[2] 글을 많이 읽은 사람
으로 표현된 곳은 한 군데도 없기 때문이다.
그러나 공자는 위에 인용한 선진편의 자로의 말에 대하여,

> 이래서 말만 번지르르한 자를 싫어한다.
> 是故惡夫佞者.

고 핀잔을 주고 있다. 논리상, '백성을 잘 다스리고 사직을 잘 섬기기
만 하면 되었지 꼭 글공부를 하여야만 하는가?'고 물은 자로의 말은
옳다. 그러나 실제로 글공부를 하지 않고도 사리를 잘 판단하여 백성
들을 잘 다스리고 사직을 잘 섬기는 사람은 아주 드물기 때문에 공자
는 자로에게 핀잔을 준 것이다. 학문에 있어 글공부를 통한 지식의
획득이 그 전부이거나 그 목적이 될 수는 없지만, 학문의 수단으로서

---

2) 《논어》 선진(先進) : '덕행에는 안연……'(德行, 顔淵……). 옹야(雍也) :
   '안회는 그 마음이 석 달 동안 인을 어기지 않았다'(回也其心三月不違仁).
   자한(子罕) : '말해 주면 게으름피우지 않는 것은 안회였다!'(語之而不惰
   者, 其回也與!).

글공부는 무엇보다도 중요한 일이 되기 때문이다. 그러면 공자는 지식의 획득을 위한 글공부로서 무엇을 배워야 한다고 생각하였는가?

그것은 역사 공부, 곧 이전 시대의 예의제도(禮儀制度)에 관한 공부가 중심을 이루었던 것 같다. 그는 스스로 《논어》 술이(述而)편에서,

옛것을 계승 발전시키기만 하지 창작하지는 않으며, 신념을 가지고서 옛것을 좋아한다.

述而不作, 信而好古.

옛것을 좋아하여 부지런히 배우는 사람.

好古, 敏以求之者.

이라 자신을 표현하고 있고, 또 위정(爲政)편에는 '옛것을 익히어 새것을 안다'(溫故而知新)는 유명한 교훈을 남기고 있다. 그리고 팔일(八佾)편에서는 본격적으로 고대 예의제도 연구에 관한 정열을 다음과 같이 표현하고 있다.

하나라 예에 대하여 나는 얘기할 수는 있으나 기(杞)나라로서는 그것을 증험(證驗)하기에 부족하다. 은나라 예에 대하여 나는 얘기할 수는 있으나 송(宋)나라로서는 그것을 증험하기에 부족하다. 그것은 문헌이 부족하기 때문이다. 문헌이 충분하다면 나는 그것을 증험할 수 있을 것이다.

夏禮吾能言之, 杞不足徵也. 殷禮吾能言之, 宋不足徵也. 文獻不足故也, 足則吾能徵之矣.

기(杞)나라는 하나라의 후손이고, 송(宋)나라는 은나라의 후손이다. 이것은 공자가 하·은·주 삼대(三代)의 예의제도에 대하여 큰 관심

을 가지고 연구를 하였음을 뜻하는 말이다. 같은 팔일편에서 또 이런 말도 하고 있다.

주나라는 앞 이대를 거울삼고 있으니, 찬란하도다 그 문화여! 나는 주나라를 따를 것이다.

周監於二代, 郁郁乎文哉! 吾從周.

여기에서 '이대'는 하 · 은 두 왕조를 가리키며, '문화[文]'는 주나라의 예의문장(禮儀文章)을 가리킨다. 그는 옛날의 이상적인 예의제도를 연구하여 그것을 현대에 알맞게 되살림으로써 사람들의 성정(性情)을 바로잡고 이 세상을 질서 있고 평화로운 세계로 만들고자 했던 것이다.

제2절 공자의 학문태도

공자는 《논어》 위정(爲政)편에서(스스로 자기 평생의 발전과정을) 다음과 같이 말하였다.

나는 열다섯 살에 배움에 뜻을 두었고, 서른 살에는 자립하였으며(사고와 행동에 있어), 마흔 살에는 미혹되지 않게 되었으며(사리에 있어), 쉰 살에는 천명(天命)에 대하여 알게 되었고, 예순 살에는 귀로 듣는 대로 모든 것을 순조로이 이해하게 되었으며, 일흔 살에는 마음이 하고자 하는 대로 따라도 법도에 어긋나지 않게 되었다.

吾十有五而志于學, 三十而立, 四十而不惑, 五十而知天命, 六十而耳順, 七十而從心所欲, 不踰矩.

공자는 열다섯 살에 학문에 뜻을 두고 공부하기 시작하여, 서른 살에는 이미 대성(大成)을 하였고, 그뒤로도 일흔이 넘도록 나날이 발전하여 지극한 성인의 경지에까지 이르게 되었던 것이다.

공자가 열다섯 살에 학문에 뜻을 세웠다는 것은 여섯 살이면 공부를 시작하는 현대인들에게 비기어 늦으면 늦었지 결코 빠른 것은 못된다. 편모 아래 가난하게 자랐던 그로서 학문의 시작이 늦었다는 것은 어떻게 보면 당연한 일이었던 것도 같다. 그러나 무엇보다 중요한 것은 그가 한 번 시작한 뒤에는 나날이 눈부신 발전을 이룩하였다는 사실이다. 공자의 남달리 빠르고 큰 학문상의 발전은 그의 타고난 자질 못지않게 지칠 줄 모르는 꾸준한 노력이 뒷받침이 되었던 것 같다. 《논어》만 보아도 공자는 도처에서 사람들에게 학업을 게을리하지 말 것을 권하고 있다.

군자는 먹는 데 있어 배부름만을 추구하지 아니하고 사는 데 있어 편안함만을 추구하지 아니하며, 일하는 데 민첩하고 말하는 데 신중하며, 도(道)가 있는 이에게로 나아가 올바라져야만 한다. 그래야 배움을 좋아하는 것이라 말할 수가 있을 것이다.

君子食無求飽, 居無求安, 敏於事而愼於言, 就有道而正焉, 可謂好學也已. ―學而

이 말은 마치 지식의 획득과 능력의 배양을 위하여 남달리 노력하지 않으면 귀족계급 쪽에 붙어 잘 살 수 없는 처지였던 자신의 사(士)계급들을 향한 교훈인 듯이 느껴지기도 한다. 사(士)로서 군자의 대열에 끼자면 배부르게 잘 먹고 잘 살려는 태도를 버리고, 말보다 실천을 앞세워 보다 많이 아는 사람을 찾아가 배우도록 애써야만 된다는 것이다. 공자는 술이(述而)편에서도 자신을 다음과 같이 설명하고 있다.

발분하면 밥먹는 것도 잊고 즐김으로써 걱정을 잊어 자신이 늙어가고 있다는 것도 깨닫지 못하고 있다.

發憤忘食, 樂以忘憂, 不知老之將至云爾.

주희(朱熹, 1130~1200)는 《집주(集註)》에서 이 말을 공자의 학문생활을 표현한 것으로 해석하고 있다. 모르는 것이 있을 적에는 발분하여 밥먹는 것도 잊은 채 열심히 공부하고 새로운 것을 알게 됨을 즐김으로써 모든 근심걱정을 깨닫지 못하게 된다는 것이다. 같은 술이편에서 공자는 또,

배움에 있어 싫증내지 아니하고 사람들을 가르침에 게으름피우지 아니한다.

學而不厭, 誨人不倦.

고 자기의 생활태도를 설명하고 있다. 그리고 공야장(公冶長)편에서는,

열 집이 있는 고을이라면 반드시 충성과 신의에 있어서는 나와 같은 사람이 있겠지만, 나만큼 배우기 좋아하는 이는 없을 것이다.

十室之邑, 必有忠信如丘者焉, 不如丘之好學也.

고도 말하였다. 공자의 인격으로 보아 열 집은 고사하고 만 집 있는 큰 고을이라 하더라도 충성과 신의에 있어 공자를 따를 만한 사람이 없었을 것을 생각할 때, 공자 자신이 얼마나 배움을 좋아하는 일에 대하여 자부심을 갖고 있었는가 알 수가 있을 것이다. 공자가 그토록 열심히 공부하였기 때문에 인류를 혼란과 불안으로부터 구원할 학문체계를 스스로 수립할 수가 있었고, 남들이 상상치도 못한 고금에 관한 각 지식을 획득할 수가 있었던 것이다. 공자가 가난하고 어려운

속에서도 자신이 속해 있던 유(儒)라는 낮은 계층을 바탕으로 하여 유가(儒家)를 이룩하고, 만세토록 칭송받는 성인이 될 수 있었던 것은 이러한 학문에 대한 열의가 바탕이 되었기 때문이다.

　동물 중에서도 사람을 영장(靈長)이라 부를 만큼 다른 동물보다 뛰어나는 것은, 사람들은 올바로 생각할 줄 안다는 점 때문일 것이다. 이 올바른 사고를 통해서 인간의 덕성(德性)과 창조력(創造力)과 문화가 이룩되는 것이다. 그런데 이러한 사람의 뛰어난 특성을 함양하는 가장 중요한 방법이 학문인 것이다. 학문을 바탕으로 인간은 더욱 인간다워지고 인류문화가 발전하게 되고 인류의 행복이 성취될 수 있는 것이다. 그 때문에 공자는 양화(陽貨)편에서 다음과 같이 말하고 있다.

　　인을 좋아하되 배우기를 좋아하지 않으면 그 폐단은 어리석게 되는 것이며, 지혜를 좋아하되 배우기를 좋아하지 않으면 그 폐단은 방탕하게 되는 것이며, 믿음을 좋아하되 배우기를 좋아하지 않으면 그 폐단은 남을 해치게 되는 것이며, 곧음을 좋아하되 배우기를 좋아하지 않으면 그 폐단은 각박하게 되는 것이며, 용감함을 좋아하되 배우기를 좋아하지 않으면 그 폐단은 난폭하게 되는 것이며, 굳센 것을 좋아하되 배우기를 좋아하지 않으면 그 폐단은 광적으로 되는 것이다.

　　好仁不好學, 其蔽也愚 ; 好知不好學, 其蔽也蕩 ; 好信不好學,
　　其蔽也賊 ; 好直不好學, 其蔽也絞 ; 好勇不好學, 其蔽也亂 ;
　　好剛不好學, 其蔽也狂.

아무리 좋은 취향을 지니고 있다 해도 학문을 좋아하지 않으면 결국 사람다움을 잃게 된다는 것이다. 말을 바꾸면 그 사람이 아무리 능력이 많고 부유하다 하더라도 공부를 하지 않으면 사람답게 살 수

는 없는 사람이 되고 만다는 것이다. 《논어》 첫머리에서 공자가,

> 배우고 때때로 그것을 익히면 기쁘지 아니하겠는가?
> 學而時習之, 不亦說乎?

하고 학문생활을 기쁨의 생활로 승화시키고 있는 것은 무엇보다도 학문에 대한 공자의 태도를 잘 표현해 주는 말이라 할 것이다. 《공자가어(孔子家語)》 치사(致思)편에는 공자가 그의 아들 공리(孔鯉)에게 훈계한 다음과 같은 말이 실려 있다.

> 내가 듣건대 사람들과 하루 종일 어울려도 싫증나지 않는 것은 오직 배우는 경우라 하였다. 그의 용모가 보잘것없고 그의 용기와 힘이 두려울 게 없고 그의 조상도 얘기할 정도가 못 되고 그의 집안도 말할 상대가 못 되는데도, 끝내는 큰 이름이 사방에 밝게 들리게 되어 후손에게까지 명성이 전해지게 되는 것은 어찌 학문의 효험이 아니겠느냐? 그러니 군자로서는 공부를 하지 않을 수가 없는 것이다.

제3절 공자의 스승

공자가 어려서 어떤 스승을 모시고 공부를 했다는 기록은 전혀 없다. 어렵고 가난했던 그의 집안 사정을 생각할 때 공자는 스승을 모시고 공부할 처지가 못 되었을 것이다. 다만 그가 애쓰고 공부하지 않으면 안 될 사(士)라는 계급에 속해 있었고, 그중에서도 예(禮)에 관한 일을 직업으로 삼는 유(儒)라는 신분의 집안 출신이었다는 것은 어려서부터 많은 일들을 직접 보고 배울 생활환경에 놓이게 하였

던 것 같다. 앞에서도 이미 지적했듯이 그가 어려서 언제나 제기(祭器)를 벌여놓고 예용(禮容)을 갖추는 장난을 하며 놀았다는 것은(《史記》孔子世家) 그것을 증명한다. 그 때문에 그는 위로는 문왕(文王)·무왕(武王)·주공(周公) 등 성인들에 관한 대도(大道)로부터 아래로는 자질구레한 잡일과 잔재주들에 이르기까지 온갖 것을 직접 보고 들음으로써 배웠다. 그는 《논어》술이(述而)편에서,

　　세 사람이 같이 길을 가면 그중에는 반드시 나의 스승이 있다. 그들에게서 좋은 점은 가려서 따르고, 좋지 못한 점은 거울삼아 고치기 때문이다.
　　三人行, 必有我師焉. 擇其善者而從之, 其不善者而改之.

고 말한 것은, 그의 주위의 모든 사람들과 모든 일이 그가 배울 스승이 되었음을 말해 주는 것이다. 또 이인(里仁)편에서는,

　　어진 이를 보면 그와 같이 되기를 생각하고, 어질지 못한 자를 보면 마음 속으로 스스로를 반성한다.
　　見賢思齊焉, 見不賢而內自省也.

고도 하였다. 그에게는 착한 사람이나 악한 자, 어진 사람이나 어질지 못한 자 모두가 스승이 되었다.
　　그러기에 그는 배우는 데 있어서는 '많이 듣되 의심스러운 것은 빼놓고'(多聞闕疑), 또 '많이 보되 위태로운 것은 빼놓는'(多見闕殆) 방법으로 공부하지 않을 수가 없었을 것이다(《論語》爲政). 또 공자가,

　　자의(恣意)가 없었고, 기필코 하려는 것이 없었고, 고집(固執)이 없었고, 나만을 생각하는 일이 없었다.

> 毋意, 毋必, 毋固, 毋我. —子罕

고 한 것도 일정한 스승이 없었던 데서 나온 성격의 일면일 것이다.
이인(里仁)편에서는 군자란,

> 꼭 그래야 한다는 것도 없고 절대로 안 된다는 것도 없다.
> 無適也, 無莫也.

고 한 것도 비슷한 성격의 말이다. 일정한 스승 없이 자기 혼자의 힘
으로 공부한 공자로서는 학문을 하는 데 있어 그러한 태도를 갖는 수
밖에 없었을 것이다. 증자(曾子)가,

> 유능하면서도 무능한 사람에게도 묻고, 많이 알면서도 적게 아는
> 사람에게도 묻는다.
> 以能問於不能, 以多問於寡. —泰伯

고 말하였지만, 공자는 실제로 자기만도 못한 사람을 찾아가 묻고 공
부한 예가 있다. 《좌전(左傳)》 소공(昭公) 17년의 기록을 보면 담자
(郯子)가 노(魯)나라를 방문했을 때 그가 중국 고대의 관제(官制)에
대하여 잘 알고 있다는 얘기를 듣고, 그를 찾아가 관제에 대하여 묻
고 배웠다 한다.[3] 담자는 담(郯)이라는 노나라 동남쪽에 있던 조그만

---

3) 《궐리지연보(闕里誌年譜)》에는 공자가 27세 되는 해(기원전 525)에 담자
  (郯子)가 노나라를 방문하여 숙손소자(叔孫昭子)가 고대 관제(官制)에 대
  하여 물었고, 그 다음 해에 공자가 담(郯)나라를 찾아가 다시 고대의 관제
  에 대하여 배운 것으로 되어 있다. 담자가 내조(來朝)한 것이 가을이니,
  공자가 찾아가 물은 것은 그 다음 해일 가능성도 있으나 《좌전》의 기록은
  소자가 담자에게 옛 관제를 물은 것과, 공자가 다시 담자를 찾아가 배운

나라의 제후로서, 그는 소호씨(少昊氏)4)의 자손이어서 옛 관제에 대하여 많이 알고 있었다 한다. 담나라는 노나라보다도 문화 정도가 훨씬 뒤떨어지고, 담자의 학식은 공자만 훨씬 못하였지만, 다만 그가 고대 관제에 대하여 알고 있다는 한 가지 사실 때문에 공자는 그를 찾아가 머리 숙이고 그에게서 옛 관제에 대하여 배웠던 것이다.

그는 배우는 데 있어서 담자가 만이(蠻夷)의 임금이건, 그의 지식이 자기만 못하건 가리지 않고 오직 자기보다 뛰어나는 한 가지 점에 대하여는 서슴지 않고 배우기 위해 스승으로 모셨던 것이다. 그는 담자에게 옛 관제에 대하여 공부하고 나서는 솔직히,

내가 듣건대, 천자가 그의 관리들의 직책을 완수하게 하지 못하면 사방의 오랑캐들에게서 배워야만 하게 된다고 하더니, 정말 그런 것 같다.

吾聞之, 天子失官, 學在四夷, 猶信!

고 인정하고 있다. 《사기(史記)》공자세가(孔子世家)에는 또 공자가 사양자(師襄子)5)에게 금(琴)을 배운 얘기가 다음과 같이 적혀 있다.

것을 한 가지 일로서 기록하고 있으니, 공자는 같은 해에 노나라 빈관(賓館)에 묵고 있는 담자를 찾아가 배웠을 가능성이 많다.

4) 소호씨(少昊氏):옛날 황제. 호(昊)는 호(皞)로도 쓰며, 황제(黃帝)의 아들이며 누조(嫘祖)의 소생으로 이름은 지(摯). 태호(太昊)의 법을 닦아 소호(少昊)라 부르며, 금덕(金德)으로 왕이 되어 금천씨(金天氏)라고도 부르며, 궁상(窮桑)에 도읍하여 또 궁상씨(窮桑氏), 청양(靑陽)에 나라를 세워 또 청양씨(靑陽氏), 죽은 뒤 운양(雲陽)에 묻히어 운양씨(雲陽氏)라고도 부른다. 도읍은 곡부(曲阜)였고, 84년 동안 왕위에 있었다 한다.

5) 《궐리지연보(闕里誌年譜)》에는 공자가 '29세 때 사양(師襄)이 금을 잘 친다는 말을 듣고 마침내 진(晋)나라로 가서 금을 배웠다'하였고, 또 위(衛)나라로 가서 그에게 금을 배웠다는 설도 있으나, 《논어》미자(微子)편의

공자가 사양자에게 금을 타는 법을 배우는데 열흘이 되어도 별 진전이 없었다. 그러자 사양자가 말하였다.

"좀더 공부해야 하겠습니다."

이에 공자가 말하였다.

"저는 이미 그 곡조는 익혔으나, 그 이치를 알지 못하고 있습 니다."

얼마 있다가 사양자가 말하였다.

"이미 그 이치를 깨달았을 터이니, 더 다른 것을 공부해야 하겠 습니다."

공자가 말하였다.

"아직 그 뜻을 깨닫지 못하고 있습니다."

얼마 있다가 사양자가 말하였다.

"이미 그 뜻을 깨달았을 터이니, 더 다른 것을 공부해야 하겠습 니다."

공자가 말하였다.

"아직 그 인물을 깨닫지 못하고 있습니다."

얼마 있다가 사양자가 말하였다.

"고요히 깊이 생각하시고, 기쁜 듯이 높이 바라보며 원대한 뜻 을 지니는 듯하군요."

"나는 그 인물을 깨달았습니다. 거무틱틱한 살갗에 헌칠한 큰 키 에다 눈은 먼 곳을 바라보는 듯하고 마음은 천하를 지배하는 형 상이니, 주(周)나라 문왕이 아니면 또 누가 이런 곡조를 지었겠 습니까?"

'경을 치던 양(襄)은 바다 섬으로 들어갔다'(擊磬襄, 入於海)는 기록으로 보아, 그가 사양자(師襄子)일 것이니(《孔子家語》辯樂解) 노나라의 악관 (樂官)이었음에 틀림없다. 사양자의 '사(師)'는 악관(樂官)이란 벼슬을 뜻 하며, '양(襄)'이 이름이고, '자(子)'는 존칭이다.

사양자는 자리를 옮겨 앉으며 두 번 절하고서 말하였다.
"저의 선생님께서 문왕의 곡이라 말씀하셨습니다!"

이 글을 통하여 공자가 얼마나 뛰어난 상상력과 사고력을 발휘하여
공부하였는가를 알 수 있다. 그는 스승의 암시만으로도 곡조와 곡조
의 이치와 악상(樂想)과 작곡자의 사람됨을 하나하나 스스로 깨우쳐
나가고 있는 것이다. 그 때문에 스승 노릇을 하던 사양자도 결국은
공자의 이해력에 탄복하여 스승의 자리를 물러앉으며 배우던 제자에
게 두 번 절하게 되었던 것이다.

또 공자가 도가(道家)의 창시자인 노자(老子)에게 찾아가 예(禮)에
대하여 배웠다는 기록이 있다. 후세의 학자들 중에는 그것은 도가들
이 자신들의 학문을 내세우기 위하여 '공자가 우리 선생님의 제자였
다'는 전설을 지어낸 것이라 주장하는 학자도 있다.6) 물론 《장자(莊
子)》와 《열자(列子)》 같은 후세 도가서에 보이는 여러 가지 공자가
노자를 만났을 때의 얘기에는 자신들의 의견을 강력히 내세우기 위하
여 꾸며낸 전설적인 기록이 대부분이다. 그러나 유가의 경전인 《예기
(禮記)》의 증자문(曾子問)편에 보이는 공자가 얘기한 노자의 상례(喪
禮)를 논한 내용이나, 《사기》 공자세가(孔子世家)와 노장신한열전(老
莊申韓列傳)에 보이는 공자가 노자를 찾아가 예에 대하여 물었다는
기록은 전혀 사실무근한 기록으로 내팽개칠 수도 없는 것이다.

만약 이것이 후세 도가들에 의하여 꾸며진 얘기라면, 자기들의 스
승을 예에 관한 전문가로 만들어 놓았을 리가 없는 것이다. 예란 도
가의 무위자연(無爲自然)의 사상과 근본적으로 어긋나는 것이기 때문
이다. 노자가 공자보다도 위대한 예에 관한 전문가가 된다면 이론상

---

6) 예를 들면 청(淸)대 학자인 요제항(姚際恒)의 《예기통론(禮記通論)》의 증
자문(曾子問)편을 논한 대목.

불리해지는 것은 유가 편이 아니라 도가 쪽이 될 것이기 때문이다.

《예기》의 증자문편에는 상례(喪禮)에 관한 노자의 전문적인 이론이 네 조목 실려 있고,《사기》의 공자세가에서는 공자가 남궁경숙(南宮敬叔)과 함께 '주(周)나라로 가서 노자에게 예에 관해 물었는데, 노자를 만났던 것이라 한다'하고 의심스런 말투로 적고 있으나, 같은 책의 노장신한열전(老莊申韓列傳)에는 공자가 주나라로 가서 노자에게 예에 관해 질문했던 일에 대하여 다음과 같이 쓰고 있다.

공자가 주나라로 가서 노자에게 예에 관하여 질문하려 하였다. 그때 노자가 말하였다.

"당신이 말하는 내용은 그 사람과 뼈는 이미 모두 썩어 버리고 오직 그의 말만 남은 거나 같소. 또한 군자란 때를 만나면 수레를 끌고 달리지만, 때를 만나지 못하면 바람에 굴러다니는 쑥대처럼 되는 대로 굴러다닌다 하였소. 내가 듣건대 훌륭한 장사꾼은 재물을 깊이 저장하여 아무것도 없이 텅 빈 듯이 하고, 군자는 큰 덕을 쌓되 그 용모는 어리석은 자와 같이 지낸다 하였소. 당신의 교만한 기와 많은 욕심과 뽐내는 자태와 지나친 욕심 많은 뜻을 버려야만 할 것이니, 그런 것은 모두가 당신의 몸에 이로울 게 없을 것이오. 나는 그래서 당신에게 그렇게 하도록 당부하고 있는 것이오."

공자는 그 자리를 벗어나와 제자들에게 말하였다.

"……내가 오늘 노자를 만났는데, 그는 마치 용과 같더군!"

공자가 주나라로 가서 노자에게 예를 배운 것은 46세 때인 듯하다(許同萊《孔子年譜》의거). 이것은 유가의 창시자인 공자가 도가의 창시자인 노자만 못한 사람이다는 얘기가 될 수 없다. 공자는 언제나 남의 뛰어난 점을 솔직히 인정하고 그것을 배우려고 노력한 사람이었기 때문이다. 곧 공자에게는 모든 사람 모든 일이 그의 스승이 되었다. 그 때문에 그는 위대한 성인으로서의 학문을 스스로 닦을 수가 있었던 것이다. 《공총자(孔叢子)》 등에서는 또 공자가 주나라로 가서 장홍(萇弘)에게 음악을 공부하였다는 기록이 있는데 같은 때의 일일 것이다.

제4절 다능(多能) 박학(博學)

《논어》 자한(子罕)편에는 다음과 같은 대목이 실려 있다.

> 달항 고을 사람이 말하였다.
> "위대하도다, 공자여! 박학하면서도 무엇으로도 명성을 얻지는 않았다."
> 공자는 이 말을 듣고서 제자들에게 말하였다.
> "나는 무엇을 전문으로 할까? 수레몰이를 전문으로 할까? 활쏘기를 전문으로 할까? 나는 수레몰이를 전문으로 해야 되겠지!"
> 達巷黨人曰：大哉孔子! 博學而無所成名. 子聞之, 謂門弟子曰：吾何執? 執御乎? 執射乎? 吾執御矣!

공자는 여러 가지에 대하여 널리 공부하여 많이 알고 있으면서도 어떤 기능(技能)을 가지고도 이름을 날리지는 못하였다는 것이다. 옛날 행정제도에서 500호가 1당(黨)을 이루었다 하며, 달항(達巷)이란 그 당(黨)의 이름이다. 이 말은 달항에 사는 어느 주민이 한 말이지만 공자의 학문 성격을 잘 나타낸 말이다. 그는 공자의 그러한 학문 성격을 존경하는 뜻에서 그런 말을 하였고, 공자가 '수레몰이를 전문으로 하여 이름을 날릴까, 활쏘기를 전문으로 하여 이름을 날릴까?'하고

말한 것은, 여러 가지에 대하여 자기가 많이 알고 있기는 하지만 전
문으로 하는 기능은 한 가지도 없음을 솔직히 시인한 말이다.

수레몰이나 활쏘기는 옛날 사(士)로서는 꼭 배워둬야만 할 '육예
(六藝)'에 속하는 것이었다. 《사기》의 공자세가에는 공자의 '제자 3천
명 중에 육예에 능통한 자가 72명이었다'고 하였는데 《주례(周禮)》의
지관(地官) 대사도(大司徒) 및 보씨(保氏)조의 기록에 의하면, '육예'
란 예(禮)·음악[樂]·활쏘기[射]·수레몰이[御]·글쓰기[書]·셈
하기[數]의 여섯 가지를 뜻하였다.7) 이중에서도 유가에서 가장 존중
한 것은 예·악임은 두말할 나위도 없다. 예와 공자의 관계에 대하여
는 이미 앞에서 설명하였거니와 악의 중요성에 대하여는 다음 편에서
따로 상세히 설명할 예정이다. 그리고 글쓰기와 셈하기는 중급 또는
하급의 관리 노릇을 할 사(士)로서는 꼭 필요한 공부임은 쉽사리 알
수 있는 일이다. '육예' 속에 활쏘기와 수레몰이가 들어간 것은 사(士)
가 군대조직 속에서 차지하는 위치 때문이었을 것이다.

동주(東周)시대만 하더라도 여러 나라 사이의 전쟁은 차전(車戰)이
그 중심을 이루었다. 그때 진(晋)나라·초(楚)나라 같은 큰 나라들은
4, 5천 승(乘)의 전차(戰車)를 보유하고 있었고, 중간치 나라들도 천
승(乘) 안팎의 전차를 갖고 있었다. 그런데 이때의 전차 한 대에는 갑
사(甲士) 3명이 타고 있었으며, 사는 이 전차의 지휘관이었다. 이 갑
사들이야말로 그 나라 무력의 뼈대를 이루는 사람들이었으며, 이들은
무엇보다도 수레몰이와 활쏘기의 기술이 뛰어나야만 하였다. 사(士)
들의 필수과목 중에 활쏘기와 수레몰이가 들어간 것은 이 때문이었다.

이중에서도 특히 활쏘기는 사례(射禮)로까지 발전하여 크게 성행한
다. 사례에는 제사를 지내기 전에 거행하던 대사(大射)8), 제후들이

---

7) 역(易)·예(禮)·악(樂)·시(詩)·서(書)·춘추(春秋)의 육경(六經)을 《육
예》라 부르는 경우도 있다(《史記》伯夷列傳, 《漢書》儒林傳 등).
8) 《의례(儀禮)》 대사의(大射儀)편 참조.

내조했을 때 천자가 그들과 함께 거행하는 빈사(賓射)[9], 제후들이 손님들을 대접하기 위하여 거행하는 연사(燕射)[10], 고을의 대부(大夫)들이 주관하여 거행하는 향사(鄕射)[11] 등의 네 가지가 있었는데, 모두가 가례(嘉禮)에 속하는 즐거운 행사였다. 활쏘기가 이처럼 성행하였기 때문에 《논어》에는 또 사례(射禮)와 관련된 공자의 말이 보인다. 팔일(八佾)편에,

군자는 다투는 일이 없으나, 불가피한 예는 활쏘기일 것이다. 서로 절하고 사양하며 당(堂)에 오르고, 내려와서는 승자가 패자에게 벌주를 준다. 경쟁하는 품이 군자다운 것이다.

君子無所爭, 必也射乎! 揖讓而升, 下而飮, 其爭也君子.

고 하였다. 사례는 단순한 궁술대회(弓術大會)가 아니라 활쏘기를 통하여 즐기는 한편 엄격한 예를 지킴으로써 심신의 수양도 겸하는 의식(儀式)이었던 것이다. 《공자가어》 관향사(觀鄕射)편에서 공자는 향사의 의식을 보고 '활쏘기는 예악으로써 한다'(射之以禮樂)고 말하고 있다. 팔일편에는 또,

활쏘기를 할 때에는 과녁을 맞혀 뚫기에 주력하지 않는데, 힘에 있어서는 사람들의 정도가 같지 않기 때문이다. 이것이 옛날의 도이다.

射不主皮, 爲力不同科, 古之道也.

고도 하였다.

---

9) 《주례(周禮)》 춘관(春官) 대종백(大宗伯) 참조.
10) 《주례》 춘관 악사(樂師) 참조.
11) 《의례(儀禮)》 향사례(鄕射禮)편 참조.

공자가 활쏘기와 수레몰이 두 가지 중에서 전공을 한 가지 택하라면 수레몰이를 하겠다고 말한 것은 그의 겸손한 마음씨를 드러낸 것이다. 수레몰이는 활쏘기처럼 사대부들 사이에 크게 성행하지 않았을 뿐만 아니라, 남에게 부림을 받는 직책이니 활쏘기보다 더 천한 일이라 여겨졌던 것이다. 그래서 공자는 겸손한 마음으로 수레몰이를 택하겠다고 하였던 것이다.12) 또 활쏘기란 한편으로는 사람을 죽이는 기술이기도 하므로 공자는 그것을 꺼리었을 가능성도 있다.

어떻든 사(士)에 속하는 계급의 사람들은 여러 가지 기능(技能)이 많아야만 하였다. 더구나 사로서 집안이 가난한 사람들이라면 더욱 열심히 육예를 비롯한 여러 가지 기능을 닦아야만 대부들 편에 붙어 잘 살고 출세할 수가 있었다. 《논어》 자한(子罕)편에는 다음과 같은 대목이 있다.

태재(大宰)가 자공에게 물었다.
"공자께서는 정말 성인이십니까? 어찌하여 그렇게 기능이 많으신가요?"
자공이 대답하였다.
"본시 하늘이 마냥 선생님을 높여 성인이 되시도록 하고 있고, 또 기능이 많도록 해드린 것입니다."
이를 듣고 공자가 말하였다.
"태재는 나를 알았다고 할 수 있을까? 나는 어려서 비천했기 때문에 천한 일도 많이 할 줄 알게 된 것이다. 군자는 기능이 많아야 할까? 기능이 많지 않은 법이다."
자장(子張)도
"선생님께서, 나는 등용되지 않았기 때문에 재주가 많다고 하셨

---

12) 주희(朱熹)의 《집주(集註)》 참조.

습니다."
라고 말하였다.

大宰問於子貢曰 : 夫子聖者與? 何其多能也? 子貢曰 : 固天縱
之將聖, 又多能也. 子聞之曰 : 大宰知我乎? 吾少也賤, 故多
能鄙事. 君子多乎哉? 不多也. 牢曰 : 子云, 吾不試, 故藝.

공자가 여러 가지 기능(技能)이 많았던 것은 그가 사(士)라는 낮은
신분인데다가 가난하게 자랐다는 데 큰 원인이 있었던 것이다. 공자
는 여러 가지 기능을 배웠을 뿐만 아니라 꾸준히 열심히 공부한 끝에
남들이 상상도 하기 어려운 정도의 해박한 지식을 지니고 있었다. 그
가 유가의 기본 경전인 오경(五經)을 저술 또는 편찬하여 만세에 걸
친 만인(萬人)의 교과서로 삼으려 했던 것도 해박한 지식 없이는 불
가능한 일이다. 그의 오경 편저(編著)에 대하여는 뒤에 따로 자세히
얘기하려 한다. 이곳에서는 그의 박학을 알려주는 몇 가지 고사(故事)
만을 소개하겠다. 이에 의하면 공자는 거의 모르는 것이 없었고, 남들
도 그의 해박한 지식을 인정하고 있었던 것 같다.

노나라의 귀족인 계환자(季桓子)13)가 우물을 파다가 어느 날 땅
속에서 토기(土器) 항아리를 발견했는데 그 속에 양처럼 생긴 동물이
한 마리 들어 있었다. 모두들 그 동물에 대하여 이상하게 생각했으나
아무도 그것이 어떤 동물인지 아는 사람이 없었다. 이에 계환자는 공
자에게 사람을 보내어 땅속에서 나온 항아리 속에 '개같이 생긴 동물
이 들어 있다'고 속이면서 그것이 어떤 동물인가 물었다.

이때 공자는 '내가 아는 바로는 그것은 양같이 생겼을 것이다. 내가

13) 노나라 정공(定公) 5년(기원전 505, 공자 47세) 여름에 노나라의 세도가
인 계평자(季平子)가 죽고 계환자(季桓子)가 그 뒤를 이었다. 따라서 공
자의 연보(年譜)의 작가들은 이 일을 대략 그 다음해인 공자가 48세 되
던 때의 일로 추정하고 있다.

듣건대, 산 속에 있는 괴물로는 기(夔)와 망량(罔閬)이란 것이 있고,
물속에 사는 괴물로는 용(龍)과 망상(罔象)이 있으며, 흙속에 사는 괴
물로는 분양(墳羊)이 있다고 하였다' 하고 대답하였다.14) 이 설명을
듣고 사람들은 공자의 박식함에 더욱 탄복하였을 것이다.

또 춘추시대 말엽에는 새로 일어난 남쪽의 오(吳)나라와 월(越)나
라는 대를 두고 싸워 온 원수 사이였다. 주(周)나라 경왕(敬王) 26년
(기원전 494)에는 오나라 임금 부차(夫差)가 월나라를 쳐부수고 그
도읍인 회계(會稽)를 점령했었다. 이때 오나라 군사들이 이 회계의
성을 허물다가 대단히 큰 사람의 뼈마디를 발견했는데, 그 크기는 한
개의 뼈마디를 수레에 겨우 실을 수 있는 정도였다. 오나라 사람들은
이것이 무슨 뼈인지 알 수가 없어서 결국은 사람을 노나라로 파견하
여, 공자에게 무슨 뼈가 그토록 큰가 물어보게 하였다.

그러자 공자는 '옛날 우(禹)임금이 여러 신(神)들을 회계산(會稽山)
으로 불러모았던 일이 있는데, 방풍씨(防風氏)가 늦게 도착하여, 우임
금은 그를 처형하였다. 그의 뼈마디 한 개가 수레에 겨우 실을 만하
였다니, 그처럼 큰 뼈는 방풍씨의 유골일 것이다'고 하면서, 방풍씨와
그때 모였던 신들에 대하여 설명을 하였다.15) 오나라 사신이 '정말 훌
륭한 성인이시다!'고 탄복하며 돌아간 것은 말할 것도 없다.

공자는 기원전 495년(57세 때)에 진(陳)나라를 방문하였는데, 그때
에는 또 다음과 같은 신기한 얘기를 남기고 있다. 어느 날 진나라 궁
전에 화살이 꽂힌 매 한 마리가 날아와 땅바닥에 떨어져 죽은 일이
있었다. 그런데 그때 매의 몸에 꽂힌 화살이 특수한 것이었다. 호(楛)
나무로 만든 화살대에 돌촉이 달린 것이었는데 길이가 한 자 여덟 치

---

14) 이 얘기는 《사기》의 공자세가(孔子世家), 《국어(國語)》의 노어(魯語) 하
   편, 《공자가어》 변물(辯物)편, 유향(劉向)의 《설원(說苑)》 변물(辯物)편
   등에 실려 있다.
15) 주 14)와 같음.

였다. 이런 화살을 사람들은 본 일이 없었기 때문에 모두들 이상히 생각하였으며, 그 화살에 대하여 아는 사람은 하나도 없었다. 이때 공자가 진나라에 와 머물고 있었으므로 진나라 민공(湣公)은 곧 사람을 공자에게 보내어 그 화살의 유래에 대하여 물었다. 이때 공자는 이런 대답을 하였다.

매는 먼 곳에서부터 날아왔습니다. 이것은 숙신(肅愼)의 화살입니다. 옛날 무왕(武王)이 상나라를 쳐부수고, 사방의 오랑캐들과 내왕길을 튼 다음 모두 자기네 토산품(土産品)을 공물(貢物)로 바치게 함으로써 자기네의 할 일을 잊지 않도록 하였습니다. 이때 숙신은 호나무 화살을 바쳤는데, 돌촉이 달렸고 길이가 한 자 여덟 치였습니다. 무왕은 그의 훌륭한 덕을 밝히고자 하여, 그 숙신의 화살을 맏딸 태희(太姬)에게 주어 우호공(虞胡公)16)에게 출가시키고 그를 진(陳)나라에 봉했습니다. 같은 성(姓)의 제후들을 봉할 적에는 귀중한 옥기(玉器)를 줌으로써 친족들을 중시한다는 뜻을 표시하고, 이성(異姓)의 제후들을 봉할 적에는 먼 곳에서 바쳐온 공물들을 나누어 줌으로써 천자에게 복종하는 일을 잊지 않도록 하였던 것입니다. 그래서 진나라는 이와 같은 숙신의 화살을 나누어 받게 되었던 것입니다.

이 말을 듣고 진나라 임금은 낡은 창고 안을 조사케 하여, 마침내 그 속에서 매의 몸에 꽂힌 것과 똑같은 숙신의 화살을 찾아냈다고 한다.17)
이밖에도 이러한 종류의 공자의 박식을 알려주는 얘기는 여러 가지

---

16) 우호공(虞胡公)은 우순(虞舜)의 후손으로서 이름은 만(滿)이며, 진(陳)나라의 첫번째 임금이다.
17) 주 14)와 같음.

가 전한다. 그러나 이에 대하여는 청(淸)나라 최술(崔述)의《수사고
신록(洙泗考信錄)》의 경우처럼, '화살이 몸에 꽂힌 매가 숙신으로부
터 진나라에 이르는 수천 리의 거리를 어떻게 날아올 수가 있겠느
냐?'는 등의 의문을 제기하며, 이러한 얘기들은 모두 성인으로서의
공자의 박식함을 드러내고자 하는 후세 사람들에 의하여 꾸며진 얘기
라고 주장하는 이가 많다. 이것들이 모두 괴담(怪談)에 속하는 얘기
인 것은 사실이다.

특히《사기》에는 기록되지 않은 초(楚)나라 소왕(昭王)이 발견했다
는 평실(萍實)18)이나 제(齊)나라의 상양(商羊)19)에 관한 얘기들은 더
욱 미신적인 색채를 띠어 후세 사람들이 꾸며낸 얘기임이 분명할 것
으로 생각된다. 그러나 이러한 공자의 박식함을 과장하기 위하여 꾸
며진 얘기가 모두 근거 없이 생겨난 것이라 볼 수는 없다. 이 얘기들
가운데에는 약간의 사실을 근거로 꾸며진 것들이 있을 것이다. 공자
가 박식하였고, 특히 박물(博物)과 역사 방면의 지식은 남들이 감탄

---

18) 초(楚)나라 소왕(昭王)이 장강(長江)을 건너는데 한 말[一斗] 정도 크기
　　의 이상한 열매가 뱃전에 와서 닿았다. 소왕은 이상하게 생각하고 사람
　　을 보내어 공자에게 물어보게 하니 공자는 '그것은 평실(萍實)이라는 것
　　인데 그걸 쪼개어 먹도록 하십시오. 그건 오직 패자(覇者)만이 얻을 수
　　있는 길상(吉祥)입니다'하고 대답했다 한다《孔子家語》致思,《說苑》辯
　　物). 곧 공자는 초나라 소왕이 패업(覇業)을 이룬다는 것을 예언한 셈
　　이다.

19) 제(齊)나라 궁전에 한 발을 가진 이상한 새가 내려앉았다. 제나라 임금은
　　이상히 생각하고 이에 대하여 공자에게 물어보도록 하였다. 공자는 '그것
　　은 상양(商羊)이라는 새입니다. 급히 백성들에게 고하여 도랑과 방축을
　　수리케 하십시오. 큰 비가 내릴 것입니다'하고 대답했다. 며칠 뒤에 과연
　　큰 비가 내렸다. 다른 나라들은 모두 홍수의 피해를 크게 입었으나 제나
　　라만은 공자 덕분에 미리 대비하여 아무런 피해도 입지 않았다고 한다
　　《孔子家語》辯政,《說苑》辯物).

하고 놀랄 정도로 뛰어났던 게 사실이다.《논어》위령공(衛靈公)편엔 다음과 같은 대목이 있다.

> 공자께서 말씀하셨다.
> "사(賜)야! 너는 내가 많이 배워서 그것들을 모두 알고 있는 사람이라고 생각하느냐?"
> 자공이 대답하였다.
> "그렇습니다. 그렇지 않은가요?"
> "안 그렇다. 나는 한 가지 도리로써 관철되고 있을 따름이다."
> 子曰 : 賜也! 女以予爲多學而識之者與? 對曰 : 然. 非與?
> 曰 : 非也. 予一以貫之.

여기에서 자공이 공자의 박학함을 일단 수긍하고 있고, 또 공자 스스로 '내가 박학한 것으로 아느냐'하고 묻고 있는 것을 보면 공자가 박학하다는 소문은 널리 나 있던 것이 사실인 것 같다. 여기에서 공자가 자신의 박학을 부정하고 있는 것은, 제자들에게 단순한 지식보다도 덕이나 윤리가 더 중요한 것임을 강조하기 위한 것이었다. 여기의 '한 가지 도리[一]'는 '인(仁)'이라는 사람도 있고 '충서(忠恕)'라는 사람도 있지만, 어떻든 공자 사상의 뼈대를 이루는 근본원리를 가리키는 말임에는 틀림없다.

제5절 공자와 음악

공자는 '육예(六藝)' 중에서도 특히 예(禮)와 악(樂)을 가장 중시하였다. 사람에게 예가 겉이라면 악은 속과 같은 서로 표리(表裏)를 이루는 것으로 생각하였던 것 같다.《논어》만 보아도 이 예악이 짝을 이루어 얘기된 곳이 여러 군데 보인다.

　사람으로서 어질지 못하다면 예는 무엇할 것이며, 사람으로서 어질지 못하다면 음악은 무엇하겠느냐?
　人而不仁, 如禮何? 人而不仁, 如樂何? ㅡ八佾

　예로써 행동 규범을 삼아 자립하고, 음악으로써 성정을 닦아 학문을 완성시킨다.
　立於禮, 成於樂. ㅡ泰伯

　자로가 인간 완성에 대하여 물으니, 공자께서 말씀하셨다.
　"장무중과 같은 지혜와, 공작과 같은 무욕(無慾)과, 변장자와 같은 용기와, 염구와 같은 재주를 갖춘데다 예와 악으로써 문채(文彩)를 더 보태면 인간 완성이 될 수 있을 것이다."
　子路問成人, 子曰 : 若藏武仲之知, 公綽之不欲, 卞莊子之勇, 冉求之藝, 文之以禮樂, 亦可以爲成人矣. ㅡ憲問

　예다, 예다 하고 말하지만 옥이나 비단만을 뜻하겠느냐? 또 음악이다, 음악이다 하고 말하지만 종이나 북만을 뜻하겠느냐?
　禮云, 禮云, 玉帛云乎哉? 樂云, 樂云, 鐘鼓云乎哉? ㅡ陽貨

　또 유가의 경전 가운데 가장 주체적인 음악론이 적혀 있는《예기(禮記)》의 악기(樂記)편에서도 다음과 같이 음악을 예와 짝지워 논하고 있다.

　위대한 음악은 천지와 같은 조화를 이루며, 위대한 예는 천지와 같은 절조를 이룬다.

大樂與天地同和, 大禮與天地同節.

음악이란 천지의 조화이며, 예란 천지의 질서이다.
樂者, 天地之和也 ; 禮者, 天地之序也.

예와 음악을 모두 터득한 것을 덕이 있다고 말하는 것이다.
禮樂皆得, 謂之有德.

이밖에도 악기의 음악 이론은 계속 예의와 표리(表裏)를 이루며 이어지고 있다.

그 때문에 공자는 음악에 대하여도 전문가 못지않게 공부하고 또 그것을 좋아하였다. 앞에서 이미 공자가 사양(師襄)에게 금(琴) 타는 법을 배운 얘기를 했거니와, 공자는 음악에 심취하였고 또 음악에 정통했었다. 《논어》술이(述而)편을 보면 이러한 대목이 있다.

공자께서 제나라에 계실 적에 순(舜)임금의 음악 소(韶)를 들으시고는 석 달 동안 고기맛을 잊으셨다. 그리고는 말씀하셨다.
"음악이 이런 경지에 이르리라고는 생각도 못하였다."
子在齊聞韶, 三月不知肉味. 曰 : 不圖爲樂之至於斯也.

좋은 음악을 듣고 석 달 동안 고기 맛을 잊을 정도로 심취했었다니 그가 얼마나 음악을 좋아했는가 알 수 있다. 팔일(八佾)편에서,

순임금의 음악 소는 아름다움도 다했고 또 훌륭함도 다했다. 그러나 무왕(武王)의 음악 무(武)는 아름다움은 다했으나 훌륭함은 다하지 못하고 있다.
子謂韶, 盡美矣, 又盡善也. 謂武, 盡美矣, 未盡善也.

고 평하고 있으니 소는 공자가 가장 좋아한 음악이었던 것 같다. 태백(泰伯)편에는,

　　노나라 악관 지가 초기에 연주한 관저의 종장은 아름다움이 넘쳐 흘러 귀에 가득 남아 있다.
　　師摯之始, 關睢之亂, 洋洋乎盈耳哉!

고도 하였다. 또 같은 팔일편에 보면,

　　공자께서 노나라의 태사악(大師樂)에게 말씀하셨다.
　　"음악은 잘 알 수가 있다. 연주를 시작할 적에는 소리가 합쳐 나오고, 이어서 잘 조화되고, 그리고는 각 음이 뚜렷해지고, 계속 이어져 나감으로써 일장이 이루어지는 것이다."
　　子語魯大師樂, 曰：樂其可知也. 始作, 翕如也；從之, 純如也, 皦如也, 繹如也, 以成.

고 하였다. 공자가 노나라의 악관(樂官)의 우두머리에게 이러한 음악론을 얘기하고 있는 것을 보면, 그 자신이 음악의 전문가였음을 알 수가 있다. 이밖에도 《예기》악기(樂記)편에는 무왕의 음악인 무(武)의 구성에 대하여 자세히 설명하는 대목이 보이고,[20] 《공자가어》변악해(辯樂解)편에는 공자가 제자인 자로(子路)가 타는 금(琴)소리를 듣고 전문적인 음악평을 하는 대목이 실려 있다.
　　공자는 이러한 음악의 이론가였을 뿐만 아니라 언제나 스스로 악기를 연주하며 노래를 하였다. 《논어》술이(述而)편에는,

　　공자께서는 남과 함께 노래를 부를 때, 남이 잘 부르면 반드시

---

20) 《사기》악서(樂書) 및 《공자가어》변악해(辯樂解)편 등에도 보임.

그로 하여금 반복케 하고는 그뒤에 그와 맞추어 부르셨다.

子與人歌而善, 必使反之, 而後和之.

고 하였거니와, 공자가 직접 현악기를 연주한 기록은 여러 곳에 보인
다. 특히 《사기》의 공자세가에서는, 공자는 《시경(詩經)》을 편찬했는
데 그는 '《시경》305편을 모두 직접 현악기를 연주하며 노래함으로써
소(韶)·무(武)와 아(雅)·송(頌)의 음악에 합치시키려 하였다' 하였
으니 공자의 노래나 현악기의 연주 실력도 보통이 아니었던 것 같다.

그렇다고 해서 공자가 아무 음악이나 다 좋아했던 것은 아니다. 그
는 음란한 음악을 반대하고 순임금의 음악 같은 아정(雅正)한 음악만
을 존중하였다. 그래서 《논어》위령공(衛靈公)편에서는,

정나라의 노래[21]는 음란하다.

鄭聲淫.

양화(陽貨)편에서는,

정나라의 노래가 아악을 어지럽힘을 미워한다.

惡鄭聲之亂雅樂也.

고도 하였다. 또 미자(微子)편에는,

제나라 사람이 여악(女樂)을 보내왔었다. 노나라 계환자가 이를
받고 즐기느라고 사흘 동안이나 조회(朝會)를 하지 않았다. 공자께

---

21) 《시경(詩經)》 국풍(國風)의 정(鄭)나라 노래에는 음란한 연애시가 많이
들어 있다. 그래서 정풍(鄭風) 또는 정성(鄭聲)이란 말은 천박하고 음란
한 음악의 별칭으로 바뀌었다. 위(衛)나라 노래에도 음란한 노래가 많아,
간혹 정위지풍(鄭衛之風)이라 말하기도 한다.

서는 이에 노나라를 떠났다.

　齊人歸女樂, 季桓子受之, 三日不朝. 孔子行.

는 기록이 있다. 노나라 정공(定公) 12년(기원전 498, 공자 54세)에 공자가 노나라의 대사구(大司寇)가 되어 치적(治績)을 크게 올렸다. 이에 노나라의 강성을 두려워한 제(齊)나라 사람들이 공자를 노나라로부터 몰아내기 위한 계략으로 예쁜 여자 악공들 80명을 뽑아 보내었다. 계략은 맞아들어 노나라의 실권자인 계환자가 천한 여악에 혹하여 사흘간이나 정사를 돌보지 않았다. 이에 공자는 이러한 분위기 속에서는 벼슬할 수 없다는 결정을 내리고 노나라를 떠나게 되었던 것이다. 공자가 경박하고 음란한 음악을 얼마나 싫어했는가 알 수 있는 얘기이다.

　공자가 음악을 좋아한 것은 개인의 수양을 위해서일 뿐만 아니라 사회의 교화를 위하는 뜻도 있었다. 좋은 음악은 개인의 성정(性情)을 순화시켜 줄 뿐만 아니라 크게는 사회의 풍속과 정치까지도 아름답게 만들어 준다고 믿었었다. 《논어》 위령공(衛靈公)편을 보면 제자인 안회(顏回)가 나라를 다스리는 방법에 대하여 질문하였을 때 공자는 다음과 같이 대답하고 있다.

　　하나라의 역법(曆法)을 쓰고, 은나라의 수레를 타고, 주나라의 예관(禮冠)을 쓰며, 음악은 소무(韶舞)를 쓰되 정나라의 음악을 몰아내고, 간사한 자들을 멀리해야 한다. 정나라의 음악은 음란하고, 간사한 자들은 위태롭기 때문이다.

　　顏淵問爲邦, 子曰：行夏之時, 乘殷之輅, 服周之冕, 樂則韶舞,
　　放鄭聲, 遠佞人. 鄭聲淫. 佞人殆.

　여기의 역법·수레·예관은 모두가 예의제도(禮儀制度)에 관한 것

들이다. 공자는 예로써 사람들의 겉모양과 행동을 다스리고, 음악으로
써는 사람들의 마음과 감정을 다스리려 했던 것이다. 《예기》 악기(樂
記)편에도 이러한 기록이 있다.

　　음악은 안으로부터 나오고, 예는 밖에서 이루어지는 것이다. 음
　악은 안으로부터 나오기 때문에 고요하며, 예는 밖에서 이루어지기
　때문에 문채(文彩)를 이룬다. 위대한 음악은 반드시 평이하고, 위대
　한 예는 반드시 간이하다. 음악이 주효(奏效)하면 원망이 없게 되
　고, 예가 주효하면 다투지 않게 된다. 서로 절하고 양보하면서 천하
　를 다스린다는 것은 예와 악의 효과를 두고 말한 것이다. ……왕자
　는 공업을 이룩하면 음악을 작곡하고, 다스림이 안정되면 예를 제
　정한다.
　　樂由中出, 禮自外作. 樂由中出故靜, 禮自外作故文. 大樂必易,
　　大禮必簡, 樂至則無怨, 禮至則不爭. 揖讓而治天下者, 禮樂之
　　謂也. ……王者功成作樂, 治定制禮.

예와 음악을 통한 다스림은 그의 정치이상이었다. 《효경(孝經)》에서,

　　풍습을 순화하고 습속을 개량하는 데 있어서는 음악보다 더 좋은
　게 없다.
　　移風易俗, 非樂莫善.

고 하였고, 《예기》 악기에서도,

　　음악이란 것은 성인들의 즐기는 것이어서, 민심을 착하게 할 수
　가 있고 또 그것은 사람들을 깊이 감동시키며 풍속을 순화하고 개
　량해 준다. 그러므로 옛 훌륭한 임금들은 그것을 통한 가르침을 이

룩하였던 것이다.

> 樂也者, 聖人之所樂也, 而可以善民心, 其感人深, 其移風易
> 俗. 故先王著其敎焉.

고 하였다.

그가 이토록 사회 교화와 정치에 있어서까지도 음악의 효용을 크게 생각한 것은, 덕(德)으로 세상을 다스리려는 그의 덕치주의(德治主義)의 이상 때문이다. 공자의 덕치주의는 《대학(大學)》에 가장 구체적으로 기록되어 있다. 그의 정치 이상에 대하여는 뒤에 더 자세히 서술할 예정이지만, 덕치주의를 간단히 설명하면 개인의 학문과 수양을 바탕으로 하여 이루어진 덕을 집안에 확충(擴充)시켜 집안을 화목하게 잘 다스리고, 화목한 집안의 분위기를 다시 확충시켜 온 나라를 질서 있게 잘 다스리고, 잘 다스려진 나라의 분위기를 더욱 확충시켜 최종적으로는 세계평화를 이룩한다는 것이다. 그것은 흔히 수신(修身)·제가(齊家)·치국(治國)·평천하(平天下)라는 말로 표현된다. 따라서 다스리는 사람이란 그 속에서 가장 덕이 잘 닦여진 사람이어야 한다.

그러나 통치자가 아무리 덕이 많다 하더라도 그 덕을 밖으로 확충시키기 위해서는 어떤 작위(作爲)가 있지 않으면 안 될 것이다. 그렇다고 법이나 형벌 같은 것을 쓰는 것은 덕에 의한 감화와는 근본적으로 모순되는 것이기 때문에 이상적인 수단이라 할 수는 없다. 여기에서 생각해 낸 것이 사람들의 성정을 순화시키는 데 가장 효용이 있는 음악이었다. 음악은 사람들의 마음과 감정을 순화시킬 뿐만 아니라 그것을 연주하고 노래하는 사람들의 마음이나 감정도 가장 숨김없이 나타내 준다. 따라서 음악은 정치나 교화의 직접적인 방법이 될 뿐만 아니라 무엇보다도 좋은 참고까지도 되는 것이다. 이러한 뜻을 《모시(毛詩)》의 대서(大序)[22]에서는 다음과 같이 적고 있다.

세상이 잘 다스려질 때의 음악은 편안하고도 즐거웁고 그 정치는
조화를 이루며, 세상이 어지러운 때의 음악은 원망스럽고도 노여웁
고 그 정치는 도리에 어긋나며, 망해 가는 나라의 음악은 슬프고도
애틋하고 그 백성들은 곤경에 빠진다. 그러므로 정치의 득실을 바
로잡고, 천지를 움직이게 하고, 귀신을 감동시키는 데 있어서는 시
보다 더 좋은 게 없다. 옛 훌륭한 임금들은 이것으로써 부부 사이
를 다스리고, 효도와 공경을 이룩하고, 인륜을 두터이 하며, 교화를
아름답게 하고, 풍속을 개선하였던 것이다.

　治世之音, 安以樂, 其政和；亂世之音, 怨以怒, 其政乖；亡國
　之音, 哀以思, 其民困. 故正得失, 動天地, 感鬼神, 莫近於詩.
　先王以是經夫婦, 成孝敬, 厚人倫, 美敎化, 移風俗.

여기에서 음악을 얘기하다 갑자기 시를 논하고 있는 것은, 중국에
있어서 본시 시는 노래의 가사였기 때문이다. 시도 음악과 같은 효용
이 일찍부터 인정되었기 때문에, 중국에서는 옛날부터 시가 크게 성
행하고 또 존중되었던 것이다.

어떻든 공자가 음악에 대하여 전문가 이상으로 알고 또 애착을 갖
고 있었다는 것은, 그의 학문과 사상 및 인격을 더욱 풍부하고 원만
하게 해주는 역할을 하고 있다. 그 때문에 공자를 비롯하여 중국의
옛날 사람들이 존중하던 이상적인 군자란 위대한 정치가일 뿐만 아
니라 원만한 인격자요, 풍부한 학식을 갖춘 학자요, 많은 제자들을
길러내는 교육자인 동시에 뛰어난 예술가이며 문학가이어야 했다. 공

---

22) 현재 우리에게 전하는 《시경(詩經)》의 가장 오랜 판본인 《모시(毛詩)》는
　　서한(西漢) 초 모씨(毛氏)의 《시경》 해설서이다. 거기에는 책 전체의 서
　　문인 대서(大序)와 각 작품의 대의(大義)를 적은 소서(小序)가 붙어 있
　　는데, 작가가 누구인지는 알 수 없다. 한(漢)대 사람이 쓴 것임에는 틀림
　　없는 일이다.

자야말로 위대한 정치가와 원만한 인격자와 뛰어난 학자와 훌륭한
교육자와 빼어난 예술가이며 문학가로서의 자질을 골고루 갖추었던
성인이다.

제 4 장
관리생활

제1절 생활을 위한 벼슬과 학문의 대성

앞에서도 말했지만 공자의 집안은 가난한데다가 어렸을 때 이미 아버지가 돌아가시어, 공자가 장성함에 따라 자연히 가정생활의 책임은 공자에게 지워졌던 것 같다. 그 때문에 공자는 어려서부터 여러 가지 일을 닥치는 대로 하여 많은 잡일들도 배웠던 것 같다.

그런데 공자는 사(士)에 속하는 신분의 집안이어서, 그들이 하던 일은 농사일이나 노동이 아니라 관청이나 귀족 집안에서 서기(書記) 종류의 낮은 벼슬을 하는 것이었다. 그에게 어지러운 세상을 구원하려는 정치적인 큰 이상이 무르익은 것은 더 훗날의 일이고, 청년기에는 우선 먹고 살기 위하여 자기의 신분에 알맞는 자리를 찾아 벼슬살이를 하지 않으면 안 되었다.

현재 전하는 기록에는 19세(기원전 533) 때 노나라의 위리(委吏)[1]

---

1) 《사기》 공자세가(孔子世家)에는 '일찍이 계씨사(季氏史)가 되었는데, 도량이 공평해졌다'(嘗爲季氏史, 料量平)고 하였는데, 허동래(許同萊)는 《공자연보(孔子年譜)》에서 '계씨사(季氏史)'는 '위리(委吏)'를 잘못 베낀 것일 거라 하였다. 《맹자(孟子)》 만장(萬章) 하편에는 '공자는 일찍이 위리(委

라는 벼슬을 한 것이 공자의 최초의 벼슬이다.《공자가어》본성해(本姓解)에 의하면 공자는 19세 때 송(宋)나라 계관씨(丌官氏)[2] 집안 딸에 장가들었고, 다음해에는 아들 공리(孔鯉)를 낳았다.[3] 결혼을 하고 아들까지 본 공자로서는 가정생활을 꾸려나가야만 할 책임이 더욱 무거워졌으니, 벼슬자리를 찾아 취직을 하지 않을 수가 없었을 것이다. 위리란 창고의 물건을 관리하는 낮은 벼슬이다. 어떻든 공자가 위리라는 벼슬을 맡자, 창고의 물품장부가 깨끗이 정리되었었다 한다.

2년 후인 21세(기원전 531) 때에는 승전리(乘田吏)[4]가 되었다.《사기》공자세가에서는 승전리를 사직리(司職吏)[5]라 말하고 있는데, 다 같이 나라의 가축을 기르는 낮은 관직이다. 공자가 이 일을 맡은 뒤로는 가축들이 크게 번식하고 잘 자랐다고 한다. 공자는 낮고 천한 직의 벼슬살이를 시작하였지만, 자기가 맡은 직무에 대하여 매우 성실했던 것 같다. 이것은 뒤에 그가 행동의 사람, 실천의 사람으로 크게 성장할 빌미를 보여주는 듯하다.

《궐리지연보》에 의하면 공자가 24세 때 어머니 안징재(顏徵在)가

吏)가 되었는데, 회계(會計)를 잘 들어맞게 하였을 따름이었다(孔子嘗爲委吏矣, 曰會計當而已矣)고 하였다. 19세란 시기는《궐리지연보》를 따랐다.

2)《궐리지연보(闕里誌年譜)》에는 '대관씨(亓官氏)'로 되어 있으나 잘못임. 계관(丌官)은 복성으로, 丌는 笄(비녀 계)와 같은 뜻의 글자로 옛날 궁전에서 비녀 같은 머리장식을 관장하던 계관(笄官)의 후손이라 한다.

3)《공자가어》본성해에 의하면, 공자가 아들을 낳자 노나라 소공(昭公)이 잉어[鯉]를 보내 주어, 그것을 기념하기 위해 이름을 이(鯉), 자를 백어(伯魚)라 했다 하였다. 그러나 공자 스스로 '나는 젊어서 미천했다'고 말하고 있는데, 갑자기 공자가 아들을 낳은 날 임금의 선물을 받았다는 것은 납득이 가지 않는다.

4)《맹자(孟子)》만장(萬章) 하편,《궐리지연보(闕里誌年譜)》의거.

5) '사직리(司職吏)'의 '직(職)'자는 '직(樴)'의 잘못으로, 이는 마소를 매는 말뚝을 뜻한다.

돌아가시어, 오부지구(五父之衢)에 임시로 장사지냈다가 뒤에 아버지 무덤을 찾게 되어 방(防)이란 곳에 두 분을 합장하였다고 한다.6) 여하튼 공자는 자기 가족의 생계를 유지하기 위하여 천한 직책일망정 성실히 책임을 다하면서 여러 가지 일에 대하여 열심히 공부하였다. 앞에서 이미 얘기한 담자(郯子)에게 예(禮)를 배우고, 사양(師襄)에게 금(琴)을 배운 것은 20세 전후의 일이고, 주(周)나라로 가서 장홍(萇弘)에게 음악을 묻고, 노자(老子)에게 예를 묻고 한 것은 46세(기원전 506) 때의 일이다.

　공자가 20대 초기 이후로 40대에 이르는 동안에 또 다른 벼슬을 했다는 기록은 전혀 없다. 그러나 이 사이 그의 학문과 사상은 날로 발전하여 명망이 날로 높아갔던 것 같다. 공자 스스로 '서른 살에는 자립하였다'(三十而立. ─《論語》爲政)고　하였는데, '자립하였다'는 것은 학문에 있어서는 홀로 연구를 심화(深化)시킬 능력이 생겼음을 뜻하고, 사상면에 있어서는 온 천하의 혼란과 인류의 불행을 구원할 위대한 경륜(經綸)의 윤곽이 자리잡혔다는 뜻이며, 가정생활에 있어서는 경제적인 능력이 생겼음을 뜻하는 것으로 생각된다. 뒤에 자세

---

6)《예기》단궁(檀弓)편에는 공자의 제자들이 장사지내는 일에 참여한 기록이 있는데, 최술(崔述)은《수사고신록(洙泗考信錄)》에서 '공자가 24세 때라면 제자들은 나이 많은 사람도 십여 세밖에 안 되었을 것이니, 장사지내는 일에 참여하기 어려웠을 것이다'고 하였고, 허동래(許同萊)는 또《예기》단궁편에 공자가 부모님 무덤을 만들 논의를 할 때 '지금 나는 동서남북의 사람이다'(今丘也, 東西南北之人也)고 말하였으니, 이 말은 여러 나라를 돌아다닌 뒤에야 할 수 있는 것이다. 공자는 35세 이전에는 노나라를 떠났던 일이 없으니, 공자의 어머니는 공자가 37세 때 제(齊)나라로부터 노나라로 돌아온 뒤에 돌아가신 것으로 보아야 한다고 주장하였다. 그러나 최술이 말했듯이《예기》의 기록이 믿을 수 없는 것인지도 모른다. 그는《예기》에서 말한 '봉묘(封墓)'와 '봉묘(崩墓)'의 얘기는 믿을 수 없다고 하였다.

히 얘기할 예정이지만(제6장 교육생활) 30대로 들어서면서 그의 명망
이 커짐에 따라 제자들이 사방에서 모여들기 시작하여, 낮은 벼슬이
나 궂은 일을 하지 않더라도 제자들의 교육을 통하여서 생활이 가능
해졌던 것으로 생각된다.

공자가 21세 때 승전리(乘田吏)가 되었다는 기록 이외에는 40대에
이르기까지 또 다른 벼슬을 한 기록이 없는 것을 보면, 제자들을 모
아 놓고 가르치는 교육생활은 20대부터 시작되었을 가능성이 많다.7)
이것은 그 자신이 속해 있던 교육과 상례(相禮)를 전문으로 하는 유
(儒)의 생활을 본격적으로 시작하는 한편, 거기에 자신의 이상을 더
보태어 새로운 유가(儒家)의 건설에 착수했음을 뜻하기도 한다.

《사기》의 기록8)에 의하면 노나라 소공(昭公) 20년(기원전 522, 공
자 30세)에 제(齊)나라 경공(景公)이 재상 안영(晏嬰)과 함께 노나라
를 방문하여 예에 대하여 물은 일이 있었다.9) 공자세가에는 이때 경

---

7) 《사기》 공자세가에는 공자 나이 17세라는 조목 아래 '노나라 대부 맹희자
　 가 병이 들어 죽게 되었을 때 그 맏아들 맹의자에게 훈계하기를 "공구는
　 성인의 후손이니……너는 꼭 그를 스승으로 모셔야 한다." 하였다. 맹희자
　 가 죽자 맹의자는 노나라 사람 남궁경숙과 함께 찾아가 예를 배웠다'(魯
　 大夫孟釐子病且死, 誡其嗣懿子曰：孔丘, 聖人之後, ……若必師之. 又釐
　 子卒, 懿子與魯人南宮敬叔往學禮焉)는 기록이 있어, 흔히 공자가 17세
　 때 제자를 받기 시작했다고 말하고 있다. 그러나 맹희자가 죽은 것은 노
　 나라 소공(昭公) 24년(기원전 518, 공자 34세)이다.

8) 《사기》 공자세가(孔子世家)·노주공세가(魯周公世家)·제태공세가(齊
　 太公世家)

9) 최술(崔述)은 《수사고신록(洙泗考信錄)》에서, 이 일이 《춘추(春秋)》의 경
　 전(經傳)에 보이지 않고, 또 공자가 진(秦)나라 목공(穆公)을 크게 평가하
　 고 있으니(목공은 법가의 술법을 따른 정치를 하였다), 공자의 말로 믿기
　 어렵고, 전국(戰國)시대 책사(策士)들이 지어낸 말일 것이라 하였다. 그러
　 나 사마천(司馬遷)이 여러 곳에서 이 일에 대하여 얘기하고 있는 것을 보
　 면 전혀 근거 없는 얘기라고 볼 수는 없다.

공과 공자의 대화가 다음과 같이 적혀 있다.

경공이 공자에게 물었다.
"옛날 진나라 목공은 작은 나라로서 편벽한 위치에 있었는데도 패업(覇業)을 이루었던 것은 어째서입니까?"
공자가 대답하였다.
"진나라는 비록 나라는 작았지만 그의 뜻이 컸고, 위치는 편벽되었지만 행동은 올발랐습니다. 몸소 백리해(百里奚)를 등용하여 대부의 벼슬을 주었는데, 죄인으로 묶여 있는 중에 등용하여 그와 사흘 동안 얘기해 본 끝에 그에게 정사를 맡겼던 것입니다. 이런 것으로 말할 것 같으면 비록 왕자가 되어도 마땅하며, 그가 패업을 이루었다는 것은 작은 것입니다."
경공은 매우 기뻐하였다.

제나라 경공이 안영(晏嬰)과 함께 노나라로 예에 대하여 물으러 와서 공자를 만났다는 것은, 30대에 들어서면서 공자의 명성이 이미 세상에 널리 알려져 있었음을 증명하는 것이다.
맹희자(孟僖子)는 죽기에 앞서(노나라 소공 24년, 공자 34세) 그의 대부들을 불러놓고 다음과 같은 유언을 하고 있다.

예란 사람의 근간(根幹)이니, 예가 없다면 설 수도 없는 것이다. 내가 듣건대 장차 통달할 사람이 있으니, 곧 공구(孔丘)라는 사람이다. 그는 성인의 후손으로 송나라에서 멸망되었던 집안이다. 그의 조상 불보하(弗父何)는 송나라를 여공(厲公)에게 양보해 주었고, 정고보(正考父)에 이르러는 대공(戴公)·무공(武公)·선공(宣公)을 연이어 보좌하였는데, 상경(上卿)이 될수록 더욱 공손하였다. ……장손흘(臧孫紇)이 말하기를 '성인으로서 밝은 덕이 있는 분에게는 바로 그 세대가 아니면 그 후손 중에라도 반드시 통달한 사람이 나온다'고 하였다. 지금 그 말은 공자에게 적용되는 것 같다. 내가 만약 죽은 다음에는 열(說)과 하기(何忌)¹⁰⁾에게 꼭 부탁하노니 그분을 선생님으로 섬기어 예를 배워 자기 자리를 안정시키기 바란다. ―《左傳》昭公 7년

그 때문에 맹희자의 두 아들 맹의자와 남궁경숙은 공자의 제자가 된다. 맹희자가 노나라의 세도가인 삼환씨(三桓氏) 가운데 맹손씨(孟孫氏) 집안 사람임을 생각할 때, 더욱 30대에 이르러는 공자의 명성이 대단해졌고 또 많은 제자들이 몰려들었다는 것을 알 수 있다. 이는 곧 30대에 이르러서는 공자의 학문이 이미 대성(大成)하였음을 증명하는 것이다.

한편 몇 가지 사실들을 종합해 보면 이미 20대 초기에도 승전리(乘田吏)와 같은 낮은 벼슬을 않고 유(儒)로서의 본업만을 지켜도 생활에 지장이 없을 만큼 그에 대한 명성이 컸었던 것 같다. 유(儒)로서의 본업이란 예에 관한 일을 돌보아 주는 상례(相禮)와 제자들을 가르치는 교육의 두 가지를 뜻한다. 《좌전(左傳)》을 보면 노나라 소공(昭公) 12년(공자 22세)에 초(楚)나라 영왕(靈王)이 우윤(右尹) 자혁(子革)의 간하는 말을 듣지 않고 전쟁을 계속 밀고 나가다가 건계(乾谿)에서 난을 당했다. 이때 공자는 '옛날 기록에 이르기를 자기를 이겨내고 예로 되돌아가는 것이 인(仁)이라고 하였는데, 진실로 훌륭한 말이다. 초나라 영왕이 만약 그럴 수만 있었다면 어찌 그가 건계에서 욕을 당했겠는가?'하고 평하고 있다.

또 같은 책 소공 13년(공자 23세)의 기록을 보면, 여러 나라 제후

---

10) 열(說)은 남궁경숙(南宮敬叔), 하기(何忌)는 맹의자(孟懿子)의 이름. 모두 맹희자의 아들임(《左傳》杜預의 註 의거).

들이 평구(平丘)에 모여 회맹(會盟)을 할 때 나라 사이의 서열(序列) 때문에 의견이 분분하였으나 정(鄭)나라 자산(子産)이 크게 활약하여 자기 나라의 권익을 보호하면서 회맹을 성공시켰었다. 이때 공자는 "자산의 이 행동은 나라의 초석이 되기에 족한 것이다. 《시경》에 '즐겁다. 군자여, 나라의 초석이로다!'하고 노래했는데, 자산은 군자로서의 즐거움을 추구한 사람이다."고 평하고, 또 '맹주(盟主)로서 제후들을 회맹(會盟)시키고 공부(貢賦)에 관한 서열을 정리한 것은 예이다'고 말하였다.

이처럼 공자가 20대 초기에 열국(列國) 사이의 큰일들을 평할 수 있었다는 것은 이미 30대 이전에 그의 학문과 인격에 대한 명성이 대단하였고 적지 않은 제자들이 모여들었다는 것을 뜻한다. 그가 승전리(乘田吏)란 작은 벼슬을 한 뒤로 35세 때 노나라를 떠나기까지 아무런 다른 관직을 맡았던 기록이 없는 것은 이미 그 직후부터 그의 명성이 이룩되어 본격적인 유(儒)의 생활만으로도 가정생활에 아무런 불편이 없게 되었기 때문일 것이다.

제2절 첫번째 출국

공자는 스스로 '자립하였다'고 말한 30대로 접어들면서 학문과 경륜이 더욱 원숙(圓熟)해졌다. 따라서 이제는 그의 가정생활의 문제나 유(儒)로서의 직업인 상례(相禮)와 교육의 테두리를 벗어나, 유(儒)의 전통을 바탕으로 하여 어지러운 세상을 구원하고 타락한 인심을 바로잡는 일로 그의 관심이 기울어져 갔다. 말하자면 그의 정치사상·윤리사상의 틀이 잡히기 시작하였고, 이전의 사(士)에 속하던 유(儒)라는 신분을 바탕으로 하여 그의 제자들과 함께 유가(儒家)를 이룩하기 시작한 것이다.

그러나 한편 노나라의 정치는 날로 혼란을 더해가기만 하였다. 이미 노나라의 정권은 삼환씨(三桓氏)네 손아귀에 완전히 쥐어져 임금은 허울뿐인 존재였다. 노나라 군대도 완전히 이들 세 집안의 사병(私兵)으로 화하였고, 경제적으로는 이들 세 집안이 서로 자기네 채읍(采邑)을 넓혀 많은 가신(家臣)을 두고 재물을 쌓아 노나라는 완전히 그들의 것으로 변했던 것이다. 그중에서도 계씨네 세력이 가장 컸다. 심지어는 소공이 자기 아버지 양공(襄公)을 제사지내는 날 계씨네 집안에도 제사가 있었는데, 춤추는 악공들 중 양공의 묘당(廟堂)으로 가서 춤을 춘 사람들은 단 두 명뿐이었고, 나머지 악공들은 모두 계씨네 사묘(私廟)로 가서 춤을 추었었다 한다(《左傳》昭公 25년). 따라서 계씨는 임금을 넘보고 방자하게 행동하였다.

《논어》 팔일(八佾)편을 보면 이때 계씨 집안의 우두머리였던 계평자(季平子)의 참상(僭上) 행위에 대한 공자의 분노를 엿볼 수 있는 대목이 있다.

　　공자가 계씨에 대하여 말씀하셨다.
　　"팔일무를 자기 묘정(廟庭)에서 추게 하다니, 이것을 참고 보아넘길 수 있다면 그 무엇을 참고 보아넘길 수가 없겠느냐!"
　　孔子謂季氏：八佾舞於庭, 是可忍也, 孰不可忍也!

팔일무란 64명이 여덟 줄로 늘어서서 추는 춤으로 예의 규정에 의하면 천자의 묘정(廟庭)에서나 출 수가 있는 것이었다. 계씨는 대부의 신분으로 감히 천자나 할 수 있는 의식(儀式)을 행했던 것이다. 그 때문에 한창 나이의 공자는 '이런 비례(非禮)를 어떻게 그대로 보고만 있겠는가!'고 하면서 격분을 참지 못했던 것이다. 또,

　　삼환씨(三桓氏) 집안에서 옹(雍)을 노래하며 제기(祭器)를 거두

었는데, 공자께서 말씀하셨다.

"《시경》 옹(雍)편에 '제후들이 제사를 돕고, 천자의 거동 우아하
시다'고 하였거늘, 어찌 세 집안의 묘당에서 이것을 쓸 수가 있
겠는가!"

三家者以雍徹, 子曰 : 相維辟公, 天子穆穆, 奚取於三家之堂!

고도 하였다. 옹(雍)도 천자가 제사를 끝낼 때 쓸 수 있는 노래이다.
따라서 계씨뿐만 아니라 삼환씨 전부가 자기들 신분에 벗어나는 짓을
함부로 하였음을 알 수 있다. 공자가 팔일편에서 이 두 가지 대목에
이어,

사람으로서 어질지 못하다면 예는 무엇할 것이며, 사람으로서 어
질지 못하다면 음악은 무엇할 것이냐!

人而不仁, 如禮何? 人而不仁, 如樂何?

고 말하고 있는 것도 자기의 신분에 어긋나는 예와 음악을 쓴 삼환씨
(三桓氏)에 대한 분노의 뜻이 포함되어 있는지도 모른다.

이러는 중에도 공자가 35세 되던 소공(昭公) 25년(기원전 517)에
는 공자로서 그대로 보아넘길 수 없는 큰 사건이 일어났다. 곧 노나
라 소공은 이해에 가장 세력이 강했던 계평자(季平子)가 지나치게 방
자한 것을 참지 못하고 그의 아들들과 함께 무력으로 계씨를 제거하
려 하였다. 처음에는 성공할 듯이 보였으나 '계손씨 없이는 숙손씨도
있을 수 없다'는 자각 아래 삼환씨들이 힘을 합쳐 소공에게 반격을
가하여 결국 소공은 목숨만 부지한 채 제(齊)나라로 도망을 쳐야만
하였다. 제나라에서는 소공을 도와 노나라로 되돌아가게 해주려 하였
으나 뜻대로 되지 않아 소공은 결국 7년이란 세월을 외국에서 보낸
끝에 객사하고 만다.

노나라 임금을 쫓아낸 뒤에 계씨의 세도는 더욱 강력해졌다. 공자는 임금까지도 쫓아내는 귀족들의 권력투쟁과 그 사이에서 이리저리 붙어 자기 몸의 보전만을 위해 정신을 못 차리는 관리들의 거동에 대하여 극도로 실망하였다. 노나라에서는 자신의 정치이념을 실현할 길이 전혀 없다고 생각한 공자는 같은 해(昭公 25년, 기원전 517, 공자 35세) 소공이 도망간 제(齊)나라를 찾아갔다.[11] 지금의 산동(山東)을 거의 반으로 나누어, 북쪽은 제(齊)나라, 남쪽은 노나라가 차지하고 있었다. 공자가 제나라를 찾아간 이유는 소공이 그곳에 있다는 것과, 제나라는 강대한 나라인데다가 그가 30세 되던 해(기원전 522)에 제나라 경공(景公)과 안영(晏嬰)이 노나라를 방문했을 때 얘기를 나눈 일이 있었기 때문이었다.

공자가 제나라로 가는 도중[12]에 있었던 일로 《예기(禮記)》 단궁(檀弓)편에 다음과 같은 기록이 있다.

공자가 태산 기슭을 지나는데 한 부인이 무덤 앞에서 매우 슬피 곡을 하고 있었다. 공자는 수레 앞턱 나무에 기대서서 그 소리를 듣고는 자로(子路)로 하여금 그 까닭을 물어보게 하였다. 자로가 가서 물었다.

---

11) 《궐리지연보(闕里誌年譜)》에서는 '31세에 제나라 경공이 사신을 보내어 초청해서 공자가 제나라로 갔다'(三十一歲, 齊景公遣使來聘, 孔子適齊) 하여, 공자의 첫번째 출국을 31세로 잡고 있다. 그러나 《사기》 공자세가에는 '공자가 나이 35세 때 노나라에 난이 일어나 제나라로 갔다'(孔子年三十五, 魯亂適齊) 하였고, 그밖에도 35세 이전에 공자가 노나라를 떠났다는 기록은 없다. 최술(崔述)도 《수사고신록(洙泗考信錄)》에서 《궐리지연보》의 설을 반증(反證)하고 있다. 따라서 31세부터 35세에 이르기까지의 《궐리지연보》의 공자의 생애는 전부 믿을 수가 없는 것이다.

12) 공자가 '태산(泰山) 기슭을 지나는 것'은 제(齊)나라를 왕복할 때이다. 다만 이 얘기는 제나라로부터 노나라로 돌아올 때에 있었던 일일 수도 있다.

"부인의 곡하는 품이 반드시 중대한 우환이 있는 듯하군요."

부인이 대답하였다.

"그렇습니다. 옛날에 저의 시아버님께서 호랑이에게 물려 돌아 가셨는데, 저의 남편도 또 호랑이에게 죽었고, 이번엔 저의 아들 이 또 죽었습니다."

공자께서 물으셨다.

"어째서 이곳을 떠나지 않습니까?"

"가혹한 정치가 없기 때문입니다."

그러자 공자가 말하였다.

"너희들 잘 기억해 두어라. 가혹한 정치는 호랑이보다도 더 사 나운 것이다."

'가혹한 정치가 호랑이보다도 더 사납다'(苛政猛於虎也)는 말은 임 금 없는 어지러운 노나라의 정치 밑에 시달리는 백성들의 어려운 삶 을 무엇보다도 잘 대변하는 말이다. 공자는 부인의 대답을 들으면서 어지러운 세상을 구원하여 백성들의 삶을 안정시켜야만 하겠다는 결 의를 마음 속에 더욱 굳혔을 것이다.

《공자가어》치사(致思)편에는 다음과 같은 얘기도 실려 있다.

공자가 제(齊)나라로 가는 도중에 곡하는 소리를 들었는데 그 소 리가 매우 슬펐다. 공자가 그의 하인에게 말하였다.

"이 곡소리는 슬프기는 하지만 상을 당한 슬픔은 아닌 것 같다."

좀더 달려 앞으로 얼마간 나아가니 이상한 사람이 낫과 새끼줄을 들고 있었다. 공자는 수레를 내려 그에게로 다가가 물었다.

"당신은 무엇 하는 사람이오?"

"저는 구오자(丘吾子)입니다."

"당신은 지금 상을 당하고 있는 것도 아닌데 어째서 곡을 슬프게 하고 있소?"

구오자가 대답하였다.

"제게는 세 가지 실책이 있는데 뒤늦게 자각했으니 그걸 뉘우친들 무슨 소용이 있겠습니까?"

"세 가지 실책이라니요? 내게 숨김없이 얘기해 주기 바라오."

구오자가 대답하였다.

"저는 젊어서 학문을 좋아하여 온 천하를 두루 돌아다니다가 뒤에 돌아와 보니 저의 부모님이 돌아가셨으니, 이것이 첫째 실책입니다. 장성한 뒤에는 제나라 임금을 섬기었는데, 임금이 교만하고 사치하여 어진 선비들을 놓침으로써 신하로서의 절조(節操)를 완수하지 못하였으니 이것이 둘째 실책입니다. 나는 평생 친구들을 돈후(敦厚)히 사귀었으나 지금은 모두 떨어져나갔으니, 이것이 셋째 실책입니다. 나무는 고요히 있고자 하여도 바람이 멎어 주지 않고, 자식은 부모님을 부양하려 하나 부모님이 기다려 주지 않습니다. 가버리면 다시 돌아오지 않는 것이 세월이며, 다시 뵐 수 없는 것이 부모입니다. 그럼 이만 실례하겠습니다."

그리고는 물에 몸을 던져 죽어 버렸다. 공자가 말하였다.

"너희들 잘 기억해 두어라. 이건 교훈이 될 만한 일이다."

여기에서 제자들 중에 스승을 떠나 고향으로 돌아가 부모를 부양하였던 사람이 13명이나 되었다.

이 두번째 얘기는 효(孝)와 충(忠)과 우의(友誼)라는 유가의 덕목(德目)을 강조하면서도 공자를 풍자하는 듯한 낌새가 있는, 후인이 지어낸 얘기 같기도 하다.

《사기》 공자세가에 의하면 공자는 제나라로 가서 고소자(高昭子)란 대부(大夫)의 가신(家臣)이 되어, 고소자의 힘을 빌려 경공(景公)을 만나려 하였다 한다. 그리고 제나라 태사(大師)와 음악을 논하고, 순임금의 음악인 소(韶)를 듣고는 그것을 배웠다.《논어》에서 '공자께서 제나라에서 소를 들으시고는 석 달 동안 고기맛을 몰랐다'(子在齊聞韶, 三月不知肉味. — 述而)고 한 것도 이때의 일이며, 제나라 사람들은 공자의 음악에 대한 소양과 열성에 감탄했다 한다.

고소자의 추천 덕분이었는지 이전에도 만났던 일이 있었던 때문이었는지 알 수 없으나, 결국 제나라 경공과 만나 얘기를 나누었다. 제나라는 환공(桓公) 때 패업(覇業)을 이루었고 또한 상공업도 발달하여 이때도 표면상으로는 크고 부강한 나라 중의 하나였다. 그러나 실상은 제나라에도 진(陳)이란 성을 가진 귀족이 날로 세력을 확장하고 있어, 노나라나 마찬가지로 왕권이 위협을 받는 지경에 이르러 있었다.13) 그래서 경공은 즉시 공자에게 정치하는 방법에 대하여 물었다.《논어》안연(顔淵)편에는 그때의 대화가 다음과 같이 실려 있다.

공자께서 대답하셨다.
"임금은 임금다워야 하고, 신하는 신하다워야 하며, 아버지는 아버지다워야 하고, 자식은 자식다워야 합니다."
이에 경공이 말하였다.
"좋은 말이오. 정말로 임금이 임금답지 못하고, 신하가 신하답지 못하며, 아버지가 아버지답지 못하고, 자식은 자식답지 못하다면, 비록 곡식이 있다 한들 내가 먹을 수 있게 되겠소?"
孔子對曰 : 君君, 臣臣, 父父, 子子. 公曰 : 善哉! 信如 君不君, 臣不臣, 父不父, 子不子, 雖有粟, 吾得而食諸?

---

13) 결국 전국시대(戰國時代)로 들어서자 얼마 뒤에 진(陳)씨의 후손인 제나라의 세경(世卿) 전화(田和)가 강(姜)씨에 대신하여 제후가 되었고(기원전 386), 이뒤에 제나라는 전씨(곧 진씨)네 나라로 변하였다.

신하인 진(陳)씨네 세력이 자신을 넘볼 정도로 강해 가고 있는 제
나라 임금에게 공자의 대답은 매우 절실한 것이었을 것이다. 《사기》
공자세가에는 또 뒤에 경공이 공자에게 정치에 대하여 물으니, 공자
는 '정치는 재물을 절약하는 데 있다'(政在節財)고 말하였다 한다. 제
나라는 기원전 567년(노나라 襄公 7년)에 내(萊)라는 동이족(東夷族)
의 큰 나라를 멸망시키어 국토가 두 배 이상으로 늘어났고, 바다에서
나는 생선과 소금에서 큰 이익을 취하는 바람에 상업이 발달하고, 귀
족들은 사치스런 생활에 젖어 있었다. 이 때문에 공자의 이 대답도
경공에게는 역시 매우 절실하게 들렸을 것이다.

《공자가어》곡례자공문(曲禮子貢問)편에는 또 다음과 같은 얘기도
실려 있다.

> 공자가 제나라에 있을 때 큰 가뭄이 들어 봄에 기근(饑饉)이 생
> 겼다. 경공이 공자에게 물었다.
> "어떻게 하면 좋겠습니까?"
> 공자가 대답하였다.
> "흉년이 들면 둔한 말을 타시고, 역사(役事)를 일으키지 마시고,
> 한길을 수리하지 마시고, 제물 없이 비단과 구슬만 놓고 비시고,
> 제사에는 음악을 쓰지 마시고, 큰 짐승 대신 작은 짐승을 제물
> 로 쓰셔야 합니다. 이것은 현명한 임금이 스스로를 낮추어 백성
> 들을 구하는 예입니다."

《좌전》의 기록에 의하면 공자가 제나라로 가던 소공 25년(기원전
517) 가을에 노나라에 큰 가뭄이 들었다 했으니, 제나라는 노나라와
붙어 있으므로 제나라에도 가뭄이 들어 다음 해 봄에는 백성들이 굶
주리게 되었을 것이다. 《공자가어》육본(六本)편에는 공자가 제나라
에 있으면서 주(周)나라 희왕(釐王)의 묘(廟)에 화재가 날 것을 알아

맞추고, 정론(正論)편에는 제나라의 산택(山澤)을 관장하는 우인(虞人)을 칭찬하는 대목이 또 있으나, 후세 사람들이 꾸며낸 얘기인 듯이 느껴진다.

어떻든 《사기》에서는 공자의 말을 듣고 경공은 매우 기뻐하며 공자에게 니계(尼谿)라는 땅을 봉토(封土)로 주려 하였다 한다. 그것은 곧 경공이 공자를 중용(重用)하려 했음을 뜻한다. 그러나 이때 안영(晏嬰)이 그것을 반대하고 나섰다.

대체로 유자(儒者)란 말만 그럴싸하게 하지 바른 규범을 지키지는 못하며, 거만하게 자기만을 내세워 남의 밑자리에 들어가지 못하며, 상례(喪禮)를 지나치게 숭상하여 파산을 하면서까지도 성대히 장사를 지내니 풍속으로 삼을 수 없는 것이며, 여러 나라를 유세하며 구걸하고 빌리기만 잘하니 나라를 위하는 짓은 못 됩니다. 크게 현명한 사람이 나오지 않게 된 이래로는 주나라 왕실이 쇠약해지고 예악(禮樂)도 많이 소멸되었습니다. 지금 공자는 외모와 장식을 성대히 하고 오르내리는 예절과 행동하는 규범을 번거로이 하고 있으니, 대를 이어도 그의 학문은 다 배울 수가 없고, 당대(當代)에는 그의 예를 다 터득할 수가 없습니다. 임금님께서 그를 써서 제나라 풍속을 개량하려 하시나 낮은 백성들을 위하는 길은 못 되는 것입니다.

안영은 자가 평중(平仲)이며, 제나라 영공(靈公)·장공(莊公)을 섬기고 경공 때에는 재상이 되었던 유명한 정치가이다. 그는 《안자춘추(晏子春秋)》의 작가로서 절검(節儉)을 숭상하고 숭덕애민(崇德愛民)을 내세운 정치가여서 공자의 사상과 별로 어긋나지 않는다. 《논어》 공야장(公冶長)편에서 공자는 그를 평하여,

안평중은 남과 잘 사귀었고, 오래도록 남을 공경하였다.

晏平仲, 善與人交, 久而敬之.

고 하였다. 그 때문에 공자의 중용을 반대한 것은 안영이 아닐 거라
고 주장하는 이들도 있다.14) 그러나 이런 추측으로 《사기》의 기록을
부정하는 것은 위험한 일이다. 적어도 안영이 공자를 밀어주었더라면
공자는 곧 제나라를 떠나 노나라로 돌아가지는 않았을 것이다.

《사기》에는 그뒤로도 경공은 공자를 계속 존경하였으며, 어느 날
공자를 찾아가 '노나라에서의 계씨와 같은 대우는 불가능하다 하더라
도, 계씨와 맹씨 중간의 대우를 해주겠다'고 약속하기도 하였다. 그러
나 제나라 대부들이 공자를 반대하니 경공은 결국 '내가 늙어서 쓰지
를 못하겠구료'하고, 신하들의 압력에 굴복하고 말았다. 공자는 결국
제나라에서는 자기의 정치적 포부를 펴볼 길이 없음을 알고 곧 노나
라로 다시 돌아왔다는 것이다.15)

공자가 제나라를 떠나 노나라로 돌아온 데 대해서는 다음과 같은
얘기도 전한다.16)

공자가 제나라 경공을 만나자 경공은 그를 좋아하여 늠구(廩丘)
란 고을을 공자의 채읍(采邑)으로 주려 하였다. 그러나 공자는 사
양하고 받지 않았다. 그리고 나와 제자들에게 말하였다.

"내가 듣건대 군자는 공로에 따라 상을 받는다 하였다. 지금 나

---

14) 예 : 허동래(許同萊) 《공자연보(孔子年譜)》, 두정상(杜呈祥) 《공자(孔
子)》 등.

15) 《논어》 미자(微子)편에도 이와 비슷한 기록이 보임. 최술(崔述)은 《수사
고신록(洙泗考信錄)》에서 대부도 못된 공자를 상경(上卿)으로 갑자기
대우하려 했다는 것은 믿을 수 없는 일이라고 하였다.

16) 《공자가어》 육본(六本)편, 《설원(說苑)》 입절(立節)편, 《여씨춘추(呂氏春
秋)》 이속람(離俗覽) 고의(高議)편 중에 모두 비슷한 내용의 얘기들이
실려 있다.

는 제나라 임금에게 얘기를 하였을 뿐, 임금은 그것을 실천하지
도 않고서 나에게 채읍(采邑)을 내려주니, 나를 잘 알지 못하는
것도 심한 일이다."

그리고는 마침내 제나라를 떠났다.

어떤 얘기가 옳은지 알 수 없으나 공자는 1년 남짓 제나라에 머문
뒤 노나라로 돌아왔다. 공자는 제나라에 가서 자신의 정치 이상을 실
천해 보지는 못했지만, 그곳 태사(大師)에게 음악을 배우기도 하였고
많은 경험을 얻고 견문(見聞)을 넓혔던 것으로 생각된다.

제3절 정치생활의 황금시대

공자는 37세(기원전 515) 전후하여 제나라를 떠나 노나라로 돌아
왔다. 그러나 스스로 '불혹(不惑)'이라 말한 40대로 들어서면서 약간
의 초조(焦燥)를 느끼기 시작했던 것 같다. 공자는,

나이 사십이 되어가지고도 남에게 악하다고 인정되면 그는 마지
막이다.

年四十而見惡焉, 其終也已. ─《論語》陽貨

고도 하였고 또,

후배들은 두려운 존재이니, 장래의 그들이 오늘의 우리만 못하리
라고 어찌 알 수 있겠는가? 사십, 오십이 되어도 이름이 나지 않으
면 이건 역시 두려워할 것이 없는 상대이다.

後生可畏, 焉知來者之不如今也? 四十五十而無聞焉, 斯亦不
足畏也已. ─《論語》子罕

고도 하였다. 마음은 초조했지만 노나라의 형편은 공자의 뜻과 크게
어긋나고 있었다.

계씨(季氏)를 비롯한 삼환씨(三桓氏)의 전횡(專橫)은 날로 더하여,
외국에 쫓겨 가 있던 소공(昭公)은 끝내 귀국하지 못하고 7년이 넘는
유랑 끝에 외국에서 일생을 마치고 만다. 그 다음해(기원전 509, 공자
43세)에 정공(定公)이 그 뒤를 이었으나, 정공은 실상 아무런 권력도
없는 허수아비에 불과했다. 모든 노나라의 정치는 계씨의 손에 의하
여 요리되고 있었던 것이다.

이런 상황 아래에서는 벼슬을 할 수가 없었으므로 공자는 물러앉아
교육에만 더욱 전념하였다. 이때에는 공자의 명성도 더욱 커져 먼 곳
에서까지도 제자들이 모여들어 제자들의 수가 늘어났다고 한다(《史
記》孔子世家). 남궁경숙(南宮敬叔)과 함께 주(周)나라로 가서 노자
(老子)에게 예에 대하여 배우고(《史記》孔子世家,《孔子家語》), 장홍
(萇弘)에게 음악을 배우고(《孔子家語》,《孔叢子》)[17], 여러 가지 예의
제도를 살핀 것은 공자가 46세(기원전 506) 되던 해였다.

한편 이 시대의 위를 넘보는 기풍은 제후나 대부들 사이에서만 그
쳤던 것은 아니다. 천자 밑에서는 제후들이 날뛰었고, 제후들 밑에서
는 대부들이 날뛰었으며, 대부들 밑에서는 또 그들의 가신(家臣)들이
날뛰었다. 계손씨네 경우도 계손씨가 노나라의 정권을 움켜쥐고 있다

---

17) 공자가 주(周)나라로 가서 예에 대해 물었던 시기에 대하여,《사기》공자
　　세가에서는 공자가 17세에서 30세 되는 사이의 일로,《궐리지연보》에서
　　는 34 · 5세 때의 일로, 역도원(酈道元)의《수경주(水經注)》에서는 17세
　　때의 일로, 당(唐)대의 사마정(司馬貞)의《사기색은(史記索隱)》에선 34
　　세의 일로,《장자(莊子)》에서는 51세의 일로 쓰고 있고, 청(淸)대에 이르
　　기까지 학자들의 설이 분분하나, 여기서는《사기》·《공자가어》·《공총
　　자》등의 기록을 종합하여 결론을 내린 허동래의《공자연보》의 설을 따
　　랐다.

고 하였지만, 그 계손씨는 또 양호(陽虎, 일명 陽貨)라는 가신(家臣)에게 견제당하고 있었다. 그리하여 정공(定公) 5년(기원전 505, 공자 47세)에는 계씨네 우두머리인 계평자(季平子)가 죽고 계환자(季桓子)가 그 뒤를 이었는데, 양호는 계환자의 노여움을 사게 되자 오히려 반란을 일으키어 계환자를 잡아 가두었다. 뒤에 양호는 계환자의 맹약(盟約)을 받고 그를 풀어 주었으나 더욱 계씨네를 업신여기게 되었다. 이로부터 몇 년 사이의 노나라 정치는 극도의 혼란에 빠진다(《史記》孔子世家).

공자는 대단한 명성을 얻고 있었으므로 이 무렵[18] 양호는 공자를 자기 편으로 끌어들이려고 무척 애를 썼다.《논어》양화(陽貨)편의 첫머리에는 다음과 같은 얘기가 기록되어 있다.

양화(호)가 공자를 만나고자 하였으나 공자께서 만나주지 않으셨다. 그러자 양화가 공자께 돼지를 선물로 보내왔다. 공자는 양화가 집에 없을 만한 때를 타서 사례를 하러 가시다가 도중에서 그를 만났다. 양화가 공자에게 말하였다.
"어서 오십시오. 난 선생과 하고 싶은 이야기가 있습니다. 나라를 잘 다스릴 보배를 지니고 있으면서도 나라를 혼란한 채로 내버려 둔다면, 그것을 인이라 할 수 있겠습니까?"
"할 수 없습니다."
"일을 하고자 하면서도 번번이 때를 놓치는 것을 지혜롭다 하겠습니까?"
"할 수 없습니다."
"세월은 흐르고 있고 시기는 나를 기다려 주지 않습니다."

---

18) 허동래의 《공자연보》에선 공자 40세 때, 두정상(杜呈祥)의 《공자》 부록 공자대사연표(孔子大事年表)에선 공자 47세 때의 일로 적고 있으나 모두 확증이 있는 것은 아니다.

공자께서 말씀하셨다.

"좋습니다. 장차 나도 벼슬을 하겠습니다."

陽貨欲見孔子, 孔子不見. 歸孔子豚. 孔子時其亡也, 而往拜之, 遇諸塗. 謂孔子曰 : 來! 予與爾言. 曰 : 懷其寶而迷其邦, 可謂仁乎? 曰 : 不可. 好從事而亟失時, 可謂知乎? 曰 : 不可. 日月逝矣, 歲不我與. 孔子曰 : 諾! 吾將仕矣.

　옛날에는 선물을 받으면 반드시 답례를 하는 것이 예였다. 만나고자 하여도 만나주지 않는 공자를 억지로 만나기 위하여 양호는 먼저 공자에게 선물을 보냈다. 공자는 하는 수 없이 양호가 집에 없는 틈을 타서 답례를 하고자 하였으나, 도중에 양호와 마주쳐 이런 대화를 나누게 되었던 것이다. 공자는 함께 일을 하자는 양호의 암시에 '장차 벼슬을 하려 한다'고 대답을 얼버무리고 만다. 계씨네 밑에서 또 위를 넘보고 방자하게 권력을 휘두르는 양호가 아무리 손을 내밀어도 공자가 그 손을 잡았을 리 없는 것이다. 양호뿐만 아니라 계환자(季桓子)도 천 종(鍾, 1鍾은 64斗)의 곡식을 이 무렵에 보내왔던 것을 보면,[19] 계씨네도 역시 공자의 환심을 사려 하였던 것 같다.

　마침내 노나라 정공(定公) 8년(기원전 502, 공자 50세)에 계씨네 가신 중 세력이 있던 공산불뉴(公山不狃,《論語》에는 狃를 擾로 씀)가 계씨와 사이가 벌어져 양호를 충동시켜 가지고 반란을 일으켰다. 그들은 삼환씨(三桓氏)네 적계(嫡系)를 폐하고 양호와 친하게 지내던 서자(庶子)들로 그 뒤를 잇게 하려고 마침내는 계환자를 잡아 가두었다. 계환자는 속임수로 그들 손아귀를 겨우 벗어났다(《史記》孔子世家). 이에 계환자는 삼환씨의 군대를 동원하여 양호를 반격하니, 양호는 결국 패하여 제(齊)나라로 도망하였다(《左傳》定公 8년).

---

19)《공자가어》치사(致思)편 및 《공총자(孔叢子)》참조.

공산불뉴가 비(費) 땅을 근거로 계씨에 대하여 반란을 일으켰을 때, 그는 사람을 내어 공자를 초청한 일이 있었다. 공자는 오랫동안 학문을 닦아 원숙한 경지에 이르렀으나 실제로 활용해 보지도 못하였고 아무도 자기를 등용해 주지도 않는다고 여기고 있었다. 그래서 공산불뉴의 초청을 받고서 말하였다.

"옛날 주(周)나라 문왕(文王)과 무왕(武王)은 풍(豊)과 호(鎬)란 작은 곳에서 일어나 천자가 되었다. 지금 비(費) 땅도 작다고는 하지만 잘만 하면 될 것 아닌가!"

그리고 가려 하자 자로(子路)가 언짢게 여기면서 공자를 만류하였다. 공자가 말하였다.

"나를 부르는 사람이 어찌 공연히 부르겠느냐? 만약 나를 등용하기만 하면 새로운 동주(東周)를 일으키게 될 것이다."

그러나 결국은 가지 않았다(《史記》孔子世家).

한편 삼환씨가 양호를 쳐부술 때 공자의 제자인 맹의자(孟懿子)가 큰 공을 세워 공자에게 유리한 여건이 이루어졌다. 한편 계씨네도 내란 뒤에 인심을 수습할 필요도 있었고, 또 양호나 공산불뉴에게 붙기를 거절한 공자의 바르고 곧은 인격에 감화되었던 것 같다. 어떻든 공자는 노나라 정공 9년(기원전 501, 공자 51세)[20]에 중도재(中都宰)라는 벼슬에 임명된다. 《사기》에서는 공자를 정공이 임명했다 하였으나, 이때 정권은 완전히 계환자 손에 쥐어져 있었으므로 계환자의 뜻에 의하여 공자가 벼슬을 한 것으로 보는 게 옳을 것이다.

어떻든 공자가 중도(中都)를 다스리기 시작한 지 1년 만에 다른 고을이 모두 본뜰 정도의 질서가 잡혔고(《史記》孔子世家), 여러 가지

---

20) 《궐리지연보》 같은 데에는 공자가 '47세 때 정공이 그를 중도재(中都宰)로 삼았고, 48세 때에는 사공(司空)이 되고, 50세 때에는 사구(司寇)가 되었다'하였지만 근거 없는 일이며, 양호와 공산불뉴가 날뛰던 그 시기에 그런 벼슬을 하지 못했을 것은 자명(自明)한 일이다.

예의와 윤리(倫理)의 기틀이 잡히고, 길에 물건이 떨어져 있어도 자기 것이 아니면 주워 가지 아니하고, 허례허식(虛禮虛飾)을 하지 않게 되었다 한다(《孔子家語》相魯).

다음해인 노나라 정공 10년(기원전 500, 공자 52세) 봄에는 노나라가 제(齊)나라와 화맹(和盟)을 하고, 여름에는 제나라 경공(景公)이 노나라 정공에게 협곡(夾谷)이란 곳에서 회견할 것을 요청해 왔다.[21] 이때 경공은 대부 여서(黎鉏, 鉏는 《左傳》엔 彌로 되어 있음)의 무력으로 노나라 정공을 위협하여 목적을 달성하자는 건의를 받아들여 그렇게 할 준비를 했었다. 공자는 이 회견의 예를 돌보는 관리로 임명되었었다. 공자는 제나라의 음모를 짐작하고 떠나기에 앞서 정공에게 이렇게 건의하였다.

제가 듣건대, 문(文)에 관한 일에는 반드시 무비(武備)가 있어야 하고, 무(武)에 관한 일에는 반드시 문비(文備)가 있어야 한다고 했습니다. 옛날에 제후들이 국경을 나갈 때에는 반드시 관원을 갖추어 따르게 하였으니 좌우 사마(左右司馬)[22]를 거느리고 가십시오.

이 말에 따라 정공은 좌사마와 우사마를 거느리고 가서 협곡에서 경공을 만났다. 협곡에 도착하자 제나라 소속인 내(萊) 땅 오랑캐들이 경공의 지시에 따라 북을 울리며 정공을 공격해 왔다. 공자는 즉시 군사들로 하여금 정공을 호위하여 일시 퇴장케 하고는 경공 앞으로 나아가 오랑캐를 이용하여 노나라를 협박하려던 제나라의 거동을 준엄하게 꾸짖었다. 제나라의 그러한 행동은 귀신에게도 상서롭지 못

21) 《좌전》 정공 10년, 《사기》 공자세가, 《공자가어》 상로(相魯)편 등 의거.
22) 대사마(大司馬)는 주나라 관제에 있어 육경(六卿) 중의 한 사람으로 지금의 국방부 장관격. 좌사마와 우사마는 정식 관제에는 없으나 임시로 마련한 군대의 최고 장군들임.

한 짓이고 도덕에도 어긋나는 일이며, 사람으로서의 예에도 벗어나는 짓이라는 것이었다. 제나라 경공은 꼼짝 못하고 내 땅 오랑캐들을 철수시키는 수밖에 없었다. 그리고 경공과 정공이 맹약을 하기 직전에 제나라 편에서는 맹약서(盟約書)에,

제나라 군대가 외국으로 전쟁을 하러 나아갈 때에는 노나라는 반드시 전차(戰車) 3백 승(乘)을 내어 제나라의 작전을 돕기로 한다.

는 조항을 더 써넣었다. 그러자 공자는 즉시 제나라에게 이전의 노나라 땅이었던 문수(汶水) 이북의 땅을 돌려주어 맹약의 성의를 보여줄 것을 요구하였다. 경공은 이것도 그대로 응하는 수밖에 없었다. 맹약이 끝난 다음 제나라 경공이 잔치를 베풀 때에도 공자는 예의와 음악의 법도를 따져 제나라의 콧대를 꺾어놓았다. 약한 노나라로서 강대한 제나라를 상대로 하는 외교활동에 있어 이만한 성과를 거두었다는 것은 대성공이라 하지 않을 수가 없다.[23] 《사기》 공자세가에 의하면, 경공은 제나라로 돌아가 그의 신하들을 불러놓고,

노나라에서는 군자의 도(道)로써 그들의 임금을 보좌하는데, 그대들은 오직 오랑캐의 도로써 나를 가르침으로써 노나라 임금에게 죄를 짓게 하였으니 이를 어찌하면 좋겠느냐?

하고 꾸짖었다 한다.

중도재라는 낮은 벼슬로써 이처럼 외교상의 큰 공을 이룬 공자는 다음해(기원전 499, 정공 11년, 공자 53세)에는 곧장 사공(司空)이란 높은 벼슬에 임명되었다. 사공은 육경(六卿) 중의 한 사람으로 국토를

---

23) 《좌전》 정공 10년의 기록을 위주로 하고, 《사기》・《공자가어》 등의 기록도 참조하였다.

다스리는 일을 맡는 자리이다. 공자가 사공이 된 뒤로는 노나라의 산림과 강물, 호수와 고지대와 저지대와 평야가 모두 제대로 잘 다스려져, 각각 그곳에 알맞는 식물과 동물들이 잘 자랐다고 한다(《孔子家語》相魯).

공자는 계씨 덕분에 사공이란 높은 벼슬에까지 올라갔지만 결코 그들에게 아부하지는 않았다. 계씨네는 자기들이 쫓아내어 객사한 노나라 소공(昭公)을 장사지낼 때, 노나라 선공(先公)들의 묘와 소공의 묘 사이에 도랑을 내어 소공의 묘를 구별하려 하였었다. 그러나 노나라 대부 영가아(榮駕鵝)의 반대로 그러지를 못하고 소공을 선공(先公)들의 묘에서 떨어진 묘도(墓道)의 남쪽에 장사지냈었다. 공자는 국토를 관장하는 사공24)이 되자 계환자(季桓子)에게,

임금을 내침으로써 자기 죄를 드러내는 것은 예가 아닙니다. 지금 소공의 무덤을 선공(先公)들 무덤 곁에 합치려 하는데, 그것은 선생의 신하 노릇을 잘못한 행위를 덮어 주려는 뜻에서입니다.

고 말하고, 도랑을 내면서 소공의 무덤을 선공들의 무덤 곁에 합쳐 주었다 한다.25)

공자의 능력은 크게 인정을 받아 다음해(기원전 498, 정공 12년, 공자 54세)에는 다시 사구(司寇)라는 더 중요한 벼슬로 옮겨 갔다. 사구란 형옥(刑獄)을 다스리는 관리로 지금의 대법원장(大法院長) 겸 법무부(法務部) 장관의 직책에 해당한다. 《공자가어》 호생(好生)편에

---

24) 《좌전》 정공(定公) 원년의 기록에는 공자가 사구(司寇)가 된 다음에 그렇게 한 것으로 기록되어 있으나, 도랑을 파고 땅을 정리하는 것은 사공의 직책이니 《공자가어》 상로(相魯)편의 기록이 올바를 것이다.

25) 이상은 《좌전》 정공 원년의 기록과 《공자가어》 상로편의 기록을 함께 참조하여 쓴 것임.

의하면 공자는 사구가 된 뒤 옥송(獄訟)의 판결을 내리기에 앞서 언제나 많은 사람들의 의견을 물었다 한다. 공자가 노나라 사구로서 결행한 가장 큰 일은 삼환씨네 도성(都城)인 세 고을의 성을 허물기로 한 것이었다. 세 고을이란 계손씨(季孫氏)의 비(費)와 숙손씨(叔孫氏)의 후(郈)와 맹손씨(孟孫氏)의 성(成)이라는 세 곳으로, 삼환씨에게는 군사상 중심을 이루는 고을들이었다. 삼환씨는 이 세 고을을 근거로 하여 노나라를 지배하고 있었기 때문에, 이 세 고을의 성을 헐어 버린다는 것은 노나라 임금을 중심으로 한 정권의 회복과 군사력의 통일을 뜻하는 것이었다.

공자는 정공에게 먼저 '신하로서 몰래 사병을 기르면 안 되고, 대부라도 백치(百雉, 1雉는 3堵, 1堵는 높이 1丈, 길이 1丈. —《史記集解》) 되는 성을 가져서는 안 됩니다'고 아뢰면서 세 고을의 성을 헐 것을 건의하고, 가장 용감한 제자인 자로(子路)를 계씨네 가재(家宰)로 삼아 세 고을의 성을 헐게 하려 하였다.[26] 가신(家臣)들의 잦은 반란을 걱정하던 삼환씨들도 이에 동의하여, 먼저 세력이 가장 약했던 숙손씨의 후(郈) 고을이 헐렸다. 다음으로 계씨가 비(費) 고을의 성을 헐려 하자 계씨의 유력한 가신인 공산불뉴(公山不狃)가 반란을 일으키어 반대로 노나라를 습격하였다. 정공과 삼환씨는 모두 계씨네 집으로 피신하니 공산불뉴는 그곳을 포위 공격하였다.

---

26) 《사기》 공자세가, 《좌전》 정공 12년의 기록 의거. 《춘추공양전(春秋公羊傳)》에는 공자가 계손씨에게 세 고을의 성을 허물어 버릴 것을 건의한 것으로 쓰여 있고, 같은 책 하휴(何休)의 주(註)에는 '두 대부(계손·숙손)는 자기네 재리(宰吏)들이 자주 반란을 일으킴을 걱정하고 공자에게 그 대책을 의논하였다. 이때 공자가 세 고을의 성을 헐어 가신(家臣)들의 반란 근거를 없애라고 말하여 계손씨도 기뻐하며 동의하였다'고 설명하고 있다. 이때 노나라의 정권은 계손씨 손에 있었으니 《공양전》의 설이 옳을 듯하다.

반란군의 공격이 얼마 뒤 뜸해지자 공자는 신구수(申句須)와 악기(樂頎)라는 두 장수로 하여금 군사를 거느리고 나가 반란군을 치게 하였다. 이에 반란군은 패하여 고멸(姑蔑)이란 곳으로 물러갔다. 다시 패하여 공산불뉴는 제나라로 도망쳤다. 이에 비 고을의 성은 자연히 헐리게 되었다. 끝으로 성(成) 고을을 헐려 하니 맹손씨의 가신인 공렴처보(公斂處父)가 맹손씨에게 이렇게 말하며 성을 헐기를 반대하였다.

성(成)을 허물면 제나라 사람들이 반드시 북문(北門)으로 쳐들어올 것입니다. 또한 성 고을은 맹씨네 보호처이니 성 고을 없이는 맹씨도 있을 수가 없습니다. 저는 이곳을 허물지 못하게 하겠습니다.

이에 정공의 군대는 12월까지 성 고을을 포위 공격하였으나 함락시키지 못하여 성 고을은 헐지 못하였다.27) 이 세 고을의 성을 허무는 일은 완전한 성공을 거두지는 못하였지만 적어도 후와 비의 두 고을 성은 허물었고, 양호(陽虎)와 한패거리였던 간악한 공산불뉴를 국외로 내몰았으니 수확은 적지 않았다고 하겠다.

《공자가어》에는 공자가 사구 벼슬을 한 동안에 있었던 잡사(雜事)들이 여러 조목 기록되어 있다. 한번은 어떤 부자(父子)가 맞고소한 사건이 일어났었다. 공자는 이들을 한 감방에 석 달 동안 가두어 놓았다. 석 달이 되자 아버지 편에서 뉘우치고 고소를 취하하니 공자는 이들을 모두 풀어 주었다. 계손씨가 그것을 알고는 성을 내면서 '사구가 나를 속였구나! 전에 그는 내게 말하기를 국가를 다스리는 데 있어서는 반드시 효도를 앞세워야 한다고 했다. 나는 지금 한 불효자를 처벌하여 백성들에게 효도를 가르치고자 하였는데, 좋은 일이 아니겠는가? 그런데 용서하여 주다니 어째서인가?'라고 하였다. 이 말을 들

___
27) 이상은 《사기》 공자세가와 《좌전》 정공 12년의 기록을 참조하여 쓴 것임.

은 공자의 제자 염유(冉有)가 공자에게 가서 이 말을 전하니 공자는 탄식하면서 다음과 같은 말을 하였다 한다.

아아, 윗사람은 자기 도리를 지키지 못하면서 아랫사람을 죽인다는 것은 이치에 어긋나는 일이다. 효도를 가르치지도 않고 그 죄를 다스린다는 것은 무고한 사람을 죽이는 짓이다. 삼군(三軍)이 크게 패했다 하더라도 군사들을 처형해서는 안 되며, 재판을 제대로 하지도 못하면서 형벌을 가해서도 안 된다. 왜냐하면 윗사람의 교화가 행하여지지 않는 것은 그 죄가 백성들에게 있는 것이 아니기 때문이다…….

공자는 먼저 백성들을 올바로 가르치고 그때에도 따르지 않는 자들을 처벌해야만 백성들은 자기의 죄를 분명히 알고 형벌의 효과가 잘 드러난다고 생각했다. 윗사람이 어지러운 세상에 아래 백성들만을 처형한다는 것은 쓸데없는 짓이라는 것이다. 세도가인 계손씨의 뜻대로 따르지 않고 자기가 믿는 대로 행동한 공자의 신념이 잘 드러난 얘기이다(始誅편).

또 공자가 사구가 된 뒤로는, 노나라에서 양에게 물을 억지로 먹여 체중을 늘려 팔던 양장수 심유씨(沈猶氏)는 다시는 더 물을 억지로 먹이지 않게 되었고, 음탕한 처를 두었던 공신씨(公愼氏)는 즉시 그의 처를 내쫓았고, 사치하고 방자하게 굴던 신궤씨(愼潰氏)는 곧 국외로 이사를 갔고, 에누리가 많던 가축 장사들은 다시는 바가지 씌우는 값을 부르는 일이 없게 되었다 한다.[28] 그 결과 노나라 사람들은 남녀를 분별할 줄 알게 되고, 길가에 떨어져 있는 물건도 자기 것이

---

28) 《공자가어》 상로(相魯), 《순자(荀子)》 유효(儒效), 유향(劉向)의 《신서(新序)》 잡사(雜事) 등편에 비슷한 얘기가 보임.

아니면 줍지 아니하고, 남자는 충성과 신용을 숭상하고, 여자는 정절(貞節)과 순종(順從)을 숭상하게 되는 등, 공자의 힘으로 노나라가 크게 다스려졌었다 한다.29)

그리고 다시 다음해(기원전 497, 정공 13년, 공자 55세)에는 대사구(大司寇)로서 재상의 일을 겸하여 맡았다 한다(《史記》孔子世家). 이때 공자가 기쁜 빛을 띠고 있자 자로(子路)가 물었다.

제가 듣건대 군자는 화가 닥쳐도 두려워하지 않고, 복이 닥쳐도 기뻐하지 않는다고 했습니다. 지금 선생님께서는 벼슬을 얻고는 기뻐하고 계시니 어째서입니까?

공자는 이 말에 대답하였다.

그렇지, 그런 말이 있었지. 그러나 서민들보다 귀해지는 게 즐겁다고도 말하지 않았던가?30)

이는 공자의 단순하면서도 다감(多感)한 성격의 일면을 알려준다. 그리고 백성을 죽이는 일을 반대하던 공자가 나라의 정치를 맡은 지 7일 만에 정치를 어지럽힌다는 애매한 이유로 대부인 소정묘(少正卯)를 죽이어 그의 시체를 사흘 동안이나 내걸었었다 한다. 이에 제자인 자공(子貢)이 '소정묘는 노나라의 명사(名士)인데, 지금 선생님께서 정치를 맡으시며 처형해 버린 것은 잘못하신 일이 아닐까요?'하고 물었다. 이때 공자의 대답은 다음과 같았다.

29) 《공자가어》상로(相魯), 《여씨춘추(呂氏春秋)》선식람(先識覽) 악성(樂成), 《회남자(淮南子)》태속훈(泰俗訓) 등편에 비슷한 얘기가 보인다.

30) 《사기》공자세가와 《공자가어》시주(始誅)편에 비슷한 얘기가 보인다.

앉거라. 내 그 까닭을 설명해 주마. 천하에는 대악(大惡)이 다섯 가지 있는데, 도적질은 그 속에 들지도 않는다. 첫째는 마음이 반역적이며 음험한 것이다. 둘째는 행동이 편벽되면서도 고집센 것이다. 셋째는 말이 거짓되면서도 번드름하게 꾸며대는 것이다. 넷째는 아는 것이 추하면서도 넓은 것이다. 다섯째는 그릇된 길을 따름으로써 윤택하게 지내는 것이다. 이 다섯 가지는 어떤 사람이든 한 가지만 가지고 있다 하더라도 군자의 처형을 면할 수가 없는 법인데, 소정묘는 이것들을 모두 지니고 있다. 그의 일상생활은 무리를 모아 도당(徒黨)을 이루기에 족하였고, 그의 말은 사악함을 꾸미어 사람들을 미혹시키기에 족하였고, 그의 권세는 옳은 것에 반하여 독립하기에 족하였다. 이는 곧 사람들 중의 간악한 영웅이니 없애버리지 않을 수가 없는 것이다.

은나라 탕왕은 윤해(尹諧)를 처형하였고, 문왕은 번정(潘正)을 처형하였으며, 주공(周公)은 관숙(管叔)과 채숙(蔡叔)을 처형하였고, 태공(太公)은 화사(華士)를 처형하였으며, 제나라 관중(管仲)은 부을(付乙)을 처형하였고, 정(鄭)나라 자산(子産)은 사하(史何)를 처형하였다. 이들 일곱 명은 모두 시대는 다르지만 똑같이 처형당했던 자들이다. 《시경(詩經)》에 '마음의 시름 그지없으니, 뭇 소인들의 미움을 샀네'(邶風 柏舟)하고 노래하였다. 소인들이 무리를 이루면 걱정거리가 되기에 충분한 것이다.

권력을 등에 업고 나쁜 짓을 일삼는 자들을 공자가 얼마나 미워하고 있었는가 짐작할 만한 얘기이다.[31]

---

31) 최술(崔述)은 《수사고신록(洙泗考信錄)》에서, 공자는 사람 죽이기를 좋아하지 않았으며, 소정묘(少正卯)는 뚜렷한 난정(亂政)행위도 한 게 없으니 이 얘기는 믿을 수 없다고 주장하고 있다.

공자가 51세에 중도재(中都宰)가 된 이래 55세에 대사구(大司寇)로서 재상의 일도 겸직하는 5년 동안이 공자의 생애를 통하여 관리생활에 있어서의 황금기(黃金期)였다고 할 수가 있다. 그러나 아부할 줄 모르고 곧은 공자의 정치는 바로 노나라의 권신(權臣)인 삼환씨들에게 두려움을 안겨주어, 이들과 공자의 사이가 멀어져 갔던 듯하다. 《공자가어》 예운(禮運)편은 전체가 노나라 사구로서 고례(古禮)에 의한 올바른 정치를 하지 못하는 탄식 섞인 공자의 정치론(政治論)이 쓰여 있는 내용이다. 사구라는 높은 벼슬에까지 올라 자신의 이상을 실천해 보려던 공자의 노력은 결국 벽에 부딪치게 되었던 것 같다. 그래서 공자는 이해 노나라의 벼슬을 내던지고 다음해에는 자기의 이상을 실천할 나라를 찾기 위하여 여러 나라를 주유(周遊)하는 어려운 삶의 길로 들어서게 된다.

《사기》 공자세가를 보면 공자가 노나라의 큰 벼슬을 내던지고 국외로 떠나게 된 직접적인 동기로서 다음과 같은 얘기가 실려 있다.

공자에 의하여 노나라가 잘 다스려지고 있다는 얘기를 전해 듣고 제나라 사람들은 두려워하며 이렇게 말하였다.

"공자가 정치를 하게 되면 반드시 패업(覇業)을 이룰 것이며, 패업을 이루면 우리나라는 가까이 있으니 우리가 가장 먼저 그들에게 합병(合倂)될 것이다. 그러니 우리는 땅을 떼어 주고 그들과 강화하는 것이 어떻겠는가?"

이때 대부인 여서(黎鉏)가 말하였다.

"먼저 공자의 집정(執政)을 막도록 해보십시다. 집정을 막는 일이 잘되지 않을 때 땅을 떼어 주어도 늦지 않을 것입니다."

이에 제나라에서 아름다운 여자 80명을 골라 그들에게 화려한 옷을 입히고 강락무(康樂舞)를 익히게 한 다음 좋은 말 120필과 함께 노나라 임금에게 선물로 보냈다. 그들은 노나라 정공과 계환자(季桓

子)가 놀이를 좋아하는 점을 이용하여, 이들과 공자 사이를 이간시
켜 보자는 것이었다. 이들은 먼저 노나라 곡부(曲阜) 성의 고문(高
門) 밖에서 여자들의 춤과 좋은 말을 일반에게 공개하였다. 계환자
는 평복을 입고 여러 번 가서 구경한 다음 이것들을 받아들여야겠
다고 생각하고, 노나라 임금에게 얘기하니 그도 샛길로 몰래 가서
하루 종일 구경하는 데 정신이 팔려 정사를 돌보지 않게 되었다.

　그러자 성미 급한 자로(子路)가 말하였다.

　"선생님께서는 이젠 노나라를 떠나셔야만 하겠습니다."

　이때 공자는 그래도 신중하였다.

　"노나라에서는 곧 교제(郊祭, 하늘에 지내는 제사)를 지내게 되
　어 있다. 만약 그 제사를 지내고 제육(祭肉)을 대부들에게 나누
　어 준다면 나는 그래도 노나라에 머물도록 하겠다."

　계환자는 마침내 여자와 말을 받아들이고는 즐김에 빠져 사흘 동
안 정사를 돌보지 않았다. 그리고 교제를 지내고도 예에 따라 제육
을 대부들에게 나누어 주지 않았다. 공자는 마침내 노나라 도성을
떠나 남쪽 둔(屯)이란 곳으로 갔다. 그때 사기(師己)가 공자를 전
송하면서,

　"선생님은 아무 죄도 없습니다."

고 말하자, 공자는

　"내 노래를 하나 부를까?"

하고 다음과 같은 노래를 불렀다.

　여인들의 입은 사람을 쫓아낼 수도 있고,
　여인들의 고자질은 사람을 패망시키고 죽일 수도 있네.
　그러니 한가히 노닐면서 여생을 마쳐야지!

　사기가 돌아와 이러한 사실들을 계환자에게 알리니, 계환자는 탄

식을 하면서

"선생님은 여러 여자들 때문에 내 죄를 탓하시는구나 !"

하고 말하였다.

이렇게 하여 공자의 관리생활은 황금기를 정점으로 끝맺게 된다. 계환자는 곧 자기의 잘못을 뉘우친 듯하지만 이미 때 늦은 일이었다. 이 다음해부터는 10여 년에 걸친 파란 많고 긴, 여러 나라들을 두루 찾아다니는 고달픈 생애가 전개된다.

제4절 공자의 정치사상

그러면 공자가 그의 관리생활을 통하여 추구하였고 또 앞으로 여러 나라를 찾아다니며 추구할 정치적인 이상이란 어떤 것이었는가? 공자의 학설은 실제 다면적(多面的)인 성격을 띠고 있어서 그 전체를 요약하기가 어렵다. 그러나 한편 그의 다면적인 성적은 수천 년의 중국 역사를 통하여 시대의 변화와 통치여건의 변화에도 불구하고 언제나 봉건정치를 설명하고 뒷받침해 줄 수가 있게 하였던 것이다. 힘든 일이지만 공자의 정치사상을 그 특징을 따라 몇 조목으로 요약하여 설명하고자 한다.

첫째 무엇보다도 중요한 것은 덕치주의(德治主義)이다. 덕으로 세상을 다스린다는 개념은 이미 《시경(詩經)》·《서경(書經)》에도 분명히 밝혀진, 공자 이전부터 있어 온 중국의 전통적인 정치사상이다. 《서경》의 요전(堯典) 첫머리에는 요임금의 정치업적을 다음과 같이 쓰고 있다.

자신의 위대한 덕을 잘 밝히시어 온 집안을 친화케 하셨고, 온 집안을 화목케 하심으로써 백성들을 모두 다스리셨고, 백성들을 밝게 다스림으로써 온 세상을 평화롭게 하셨다. 백성들은 이러한 감화로 화평을 누리게 되었던 것이다.

克明俊德, 以親九族;九族旣睦, 平章百姓;百姓昭明, 協和萬邦. 黎民, 於變時雍.

곧 요임금은 자신의 덕을 닦아 그것을 자기 집안 자기 나라에 펴고, 끝에 가서는 온 세상 사람들을 감화시켜 세계의 평화를 이룩하였다는 것이다. 이러한 전통적인 덕치의 방법은 《대학(大學)》에 가장 구체적으로 서술되어 있다.

대학의 도는 밝은 덕을 밝힘에 있으며, 백성을 새롭게 함에 있으며, 지극한 선에 머무름에 있다.

大學之道, 在明明德, 在親民, 在止於至善.

옛날의 밝은 덕을 천하에 밝히려던 이는 먼저 자기 나라를 다스렸고, 그 나라를 다스리려는 이는 먼저 자기 집안을 화목하게 하였고, 그 집안을 화목하게 하려는 이는 먼저 자기 몸을 닦았으며, 그 몸을 닦으려는 이는 먼저 자기 마음을 바르게 하였고, 그 마음을 바르게 하려는 이는 먼저 자기 뜻을 정성되게 하였고, 그 뜻을 정성되게 하려는 이는 먼저 자기 앎을 이룩하였고, 앎을 이룩하는 것은 사물의 이치를 구명함에 있다.

古之欲明明德於天下者, 先治其國;欲治其國者, 先齊其家; 欲齊其家者, 先修其身;欲修其身者, 先正其心;欲正其心者, 先誠其意;欲誠其意者, 先致其知;致知在格物.

이상이 주희(朱熹)가 말한 《대학》의 삼강령(三綱領)과 팔조목(八條目)이다. 즉 '밝은 덕을 밝히고(明明德)' '백성들을 새롭게 하고(親

民)' '지극한 선에 머문다(止於至善)'는 것은 군자로서 또는 지식인으로서의 지상목표(至上目標)이다. 그리고 '사물의 이치를 추구하고(格物)' '앎을 이룩하고(致知)' '뜻을 정성되이 하고(誠意)' '마음을 바르게 하는 것(正心)'을 내용으로 하는 개인의 수신(修身)을 바탕으로 하여, 집안을 화목케 하고 나라를 다스린 다음 세계 평화를 이룩한다는 것이 그 목표에 도달하는 정치의 방법인 것이다.

《논어》만 보아도 공자는 여러 곳에서 나라를 덕으로 다스릴 것을 강조하고 있다.

> 덕으로써 정치를 하는 것은 마치 북극성은 일정한 자리에 있으되 여러 별들이 모두 돌며 떠받드는 것과 같이 되는 것이다.
>
> **爲政以德, 譬如北辰, 居其所, 而衆星共之. ─爲政**

이것은 덕치가 천자를 중심으로 하는 사회의 생활 질서를 이 세상에 이룩하는 것임을 비유한 것이다.

> 정치로써 인도하고, 형벌로 다스리면 백성들은 형벌이나 면하려 들지 수치는 모르게 된다. 덕으로써 인도하고 예로써 다스린다면 수치를 알고 마음이 바르게 될 것이다.
>
> **道之以政, 齊之以刑, 民免而無恥. 道之以德, 齊之以禮, 有恥 且格. ─爲政**

법령으로 금하고 형벌로 억압하면서 백성들을 다스리면 백성들은 교활해져 법에 안 걸릴 궁리만 하며 수치를 모르게 된다는 것이다. 덕으로 다스리고 예로써 통제하여야만 백성들이 올바로 다스려진다는 것이다.

정(政)이란 정(正)의 뜻이니, 선생께서 솔선하여 바르게 행동한다면 그 누가 감히 부정할 수 있겠습니까?

　政者正也, 子帥以正, 孰敢不正? ―顔淵

　이것은 노나라의 권신(權臣)인 계강자(季康子)가 정치에 대하여 물은 데 대한 공자의 대답이다. 덕치에 있어서는 무엇보다도 윗사람이 올바르게 행동하여 아랫사람의 모범이 되어야만 한다. 그러기에 공자는 언제나 다스리는 사람의 올바른 행동을 강조한다. 덕치란 치자(治者)의 수신(修身)이 바탕이 되기 때문이다.

　위정자 자신이 올바르면 명령을 내리지 않아도 제대로 되고, 위정자 자신이 올바르지 못하면 명령을 내려도 백성들이 따르지 아니한다.

　其身正, 不令而行 ; 其身不正, 雖令不從. ―子路

　진실로 자기 몸가짐이 바르다면 정치를 하는 것이 무슨 문제가 되겠는가? 자기 몸가짐이 바르지 못하다면 남을 어찌 바르게 할 수가 있겠는가?

　苟正其身矣, 於從政乎何有 ; 不能正其身, 如正人何? ―子路

　윗사람이 예를 좋아하면 백성들은 공경하지 않을 수가 없게 되고, 윗사람이 의를 좋아하면 백성들은 순종하지 않을 수가 없게 되고, 윗사람이 신의를 좋아하면 백성들은 성실하지 않을 수가 없게 된다.

　上好禮, 則民莫敢不敬 ; 上好義, 則民莫敢不服 ; 上好信, 則民莫敢不用情. ―子路

　위의 군자가 부모에게 독실하면 백성들 사이에 인(仁)의 기풍이 일어나고, 옛 친구를 버리지 아니하면 백성들은 박절하지 않게 된다.

君子篤於親, 則民興於仁, 故舊不遺, 則民不偸. ─泰伯

모두 윗사람이 올바른 행실을 닦아 아래 백성들을 자연히 따라오도
록 해야 한다는 뜻을 말한 것이다. 덕치란 다스리는 사람의 수신에서
출발하는 것이다. 그 때문에 계강자(季康子)가 공자에게 도적이 많음
을 걱정하며 그 대책을 물었을 때도 대답은 다음과 같았다.

진실로 당신 자신이 탐욕스럽지 않다면, 비록 상을 준다 해도 백
성들은 도적질을 않게 될 것입니다.

苟子之不欲, 雖賞之, 不竊. ─顔淵

또 계강자가 공자에게 정치에 관해 질문을 하면서 '만약 무도한
사람을 죽임으로써 도를 지키는 방향으로 나가게 한다면 어떻겠
소?'하고 물었다. 이때 공자는 이렇게 대답하였다.

당신이 정치를 하는 데 있어서 어찌 살인을 할 필요가 있겠습니
까? 당신이 선을 행하려 하면 백성들도 선하게 되는 것입니다. 군
자의 덕이 바람과 같다면 소인의 덕은 풀과 같은 것입니다. 풀 위
에 바람이 불면 반드시 바람에 쏠리어지게 마련입니다.

季康子問政於孔子曰：如殺無道, 以就有道, 何如？ 孔子對
曰：子爲政, 焉用殺？ 子欲善而民善矣. 君子之德風, 小人之
德草, 草上之風必偃. ─顔淵

여기에서의 군자와 소인은 치자(治者)와 피치자(被治者)이다. 치자
의 행위는 직접 백성들에게 영향을 미치므로, 치자의 몸가짐이 바르
냐 바르지 못하냐 하는 것이 바로 정치의 성패(成敗)에 연결된다. 이
것이 공자가 이상적인 정치 방법으로 받들었던 덕치주의의 바탕인 것

이다. 따라서 공자의 덕치주의는 도덕정치이며 또한 철인정치(哲人政治)를 뜻하는 것이었다.

둘째는 예치주의(禮治主義)이다. 앞에서 이미 '덕으로써 인도하고 예로써 다스린다'(道之以德, 齊之以禮)는 공자의 말을 인용하였지만,

> 노나라 정공(定公)이 공자에게
> "임금이 신하를 부리고 신하가 임금을 섬기자면 어떻게 해야 합니까?"
> 하고 물었을 때, 공자는
> "임금은 신하를 예로써 부리고 신하는 임금을 충성으로써 섬기면 됩니다."
> 하고 대답하였다.
> **定公問, 君使臣, 臣事君, 如之何? 孔子對曰 : 君使臣以禮, 臣事君以忠.** ―八佾

예는 개인의 행동이나 외모를 규제하는 규칙일 뿐만 아니라 사회와 국가의 질서를 유지하게 하는 규칙이기도 한 것이다. 앞(제2장 제5절 유와 예)에서 이미 얘기했듯이 공자가 예를 중시한 것은 그것은 '하늘과 땅과 같은 절조를 이루는 것', 곧 천지의 섭리 및 자연의 질서와도 통하는 것이기 때문이었다. 공자가 주나라 이전의 왕조인 하(夏)나라와 은(殷)나라를 비롯하여 고례(古禮)의 연구에 크게 힘썼던 것도 그것이 세상을 올바로 다스리는 바탕을 마련해 준다고 믿었기 때문이다. 예치는 곧 덕치의 한 가지 수단이었다. 《논어》를 보면 공자는,

> 예와 사양심을 가지고 나라를 다스린다면 무슨 문제가 있겠는가? 예와 사양심으로 나라를 다스리지 못한다면 예는 있어 무엇

하겠는가?

能以禮讓爲國乎, 何有? 不能以禮讓爲國, 如禮何? — 里仁

주희(朱熹)가 '사양심이란 예의 내용이다'(讓者, 禮之實也)고 해석하고 있고, 《맹자(孟子)》에선 '사양하는 마음은 예의 단서이다'(辭讓之心, 禮之端也)고 말하고 있으니, 공자가 말한 예양(禮讓)은 실상 예의나 같은 말인 것이다. 예는 덕치의 가장 좋은 수단이다. 공자가 《논어》에서,

　　예를 알지 못하면 설 수가 없다.
　　不知禮, 無以立也. — 堯曰

고 하였는데, '설 수가 없다'는 것은 사람으로서 어떤 개인이 독자적인 행동을 할 근거가 없어진다는 말도 되지만, 크게는 나라도 한 나라로서 자신을 지탱해 나갈 근거가 없어진다는 것이다.

앞에서도 잠깐 지적했지만 공자의 이러한 예는 옛날의 예의제도에 근거를 두고 있다. 따라서 공자가 연구했다는 '하례(夏禮)'나 '은례(殷禮)'라는 말에 있어서의 '예'는 그 시대 문화의 총합(總合)을 뜻하는 것으로 이해해도 좋은 것이다. 그것은 '예'가 그 시대 개인들의 행동규범이었을 뿐만 아니라 사회와 국가의 모든 질서와 관계되는 것이었기 때문이다. 공자에게 있어 예에 관한 한 가장 이상적인 시대가 주(周)나라 초기의 예의제도였던 것 같다. 공자는 《논어》 팔일(八佾)편에서 이렇게 말하였다.

　　주나라는 하(夏)와 은(殷) 두 나라를 본떴으므로 문물제도가 빛난다. 나는 주나라를 따르겠다.
　　周監於二代, 郁郁乎文哉! 吾從周.

그리고 또 술이(述而)편에서는,

　심히도 내가 노쇠하였구나! 오랫동안 나는 주공을 다시 꿈에 보지 못하고 있으니!
　甚矣, 吾衰也! 久矣, 吾不復夢見周公.

　주공(周公) 단(旦)은 주나라 건국의 공신이며 특히 주나라 문물제도의 창제자였다. 공자는 언제나 이 주공을 꿈꾸며, 주공이 제정한 문물제도를 그 시대에 새로이 살려내려 하였다. 공자는 자신의 이상을 주공에게 걸고 있었던 것이다. 유가사상이 예뿐만 아니라 모든 면에서 보수적이고 복고적(復古的)인 색채를 띠게 된 것도 이 때문이다.
　앞에서도 이미 지적했듯이(제4장 제2절 첫번째 출국) 노나라의 계씨가 묘정(廟庭)에서 팔일무(八佾舞)를 추었을 때, 또는 삼환씨들이 천자의 노래인 옹(雍)을 노래하며 제기를 치웠을 때 등, 아무리 권신(權臣)이라 하더라도 상참(上僭)하는 행동을 했을 때 나타낸 공자의 무서운 분노는, 예의 질서의 중요성을 감안할 때 당연한 것이라 할 수도 있다《論語》八佾편 참조). 헌문(憲問)편에서는 이적(夷狄)을 물리친 공로를 크게 인정하여 관중(管仲)을 민족의 영웅처럼 떠받들며 '관중이 아니었다면 우리는 머리를 풀고 오랑캐식으로 옷깃을 왼편으로 여미게 되었을 것이다'(微管仲, 吾其被髮左衽矣)고 말하다가도 팔일편을 보면,

　임금이나 병장(屛牆)으로 문 앞을 가리는 법인데 관중도 병장으로 문 앞을 가렸고, 임금이나 다른 임금과 술을 마실 때 반점을 차려 놓는 법인데 관중도 반점을 차렸었으니, 관씨가 예를 안다면 그 누가 예를 모르겠느냐?
　邦君樹塞門, 管氏亦樹塞門; 邦君爲兩君之好, 有反坫, 管氏亦有反坫, 管氏而知禮, 孰不知禮？

고 관중을 내리치고 있다. 공자는 관중의 업적을 크게 평가하면서도, 그가 자기 신분에 맞는 예를 지키지 않았다는 점만으로 그를 형편없이 내리치고 있는 것이다. 공자에게 예는 그처럼 중요한 것이었다.

공자의 경우 이 예는 언제나 악(樂)과 표리(表裏)를 이루고 있는데, 음악에 대하여는 이미 앞의 '제3장 제5절 공자와 음악'에서 자세히 얘기하였으니 되새겨 주기 바란다.

셋째로는 정명주의(正名主義)가 있다. 《논어》 자로(子路)편에는 다음과 같은 대목이 있다.

자로가 공자님께 여쭈었다.
"위나라 임금이 선생님을 모셔다가 정치를 부탁드린다면, 선생님께선 무엇부터 먼저 하시겠습니까?"
공자께서 말씀하셨다.
"반드시 명분을 바로잡겠다."
자로가 반문하였다.
"그런 게 있습니까? 선생님은 우원(迂遠)하십니다. 어째서 그것을 바로잡으시겠다는 것입니까?"
공자께서 말씀하셨다.
"야하구나, 너는! 군자는 자기가 모르는 일에는 입을 다물고 있는 법이다. 명분이 바로 서지 않으면 말이 순조롭지 못하고, 말이 순조롭지 못하면 일이 이루어지지 않고, 일이 이루어지지 않으면 예악(禮樂)이 일어나지 못하고, 예악이 일어나지 않으면 형벌이 적중하지 못하고, 형벌이 적중하지 않으면 백성들은 손발 둘 곳도 없게 된다. 그러므로 군자가 사물에 이름을 붙일 때에는 반드시 말로써 전달될 수 있어야만 하며, 말로써 전달되면

반드시 실행되어야 한다. 군자는 말에 있어 구차스런 바가 없어
야만 하는 것이다."

子路曰：衛君待子而爲政，子將奚先？子曰：必也正名乎．子
路曰：有是哉？子之迂也．奚其正？子曰：野哉，由也！君子
於其所不知，蓋闕如也．名不正，則言不順；言不順，則事不
成；事不成，則禮樂不興；禮樂不興，則刑罰不中；刑罰不中，
則民無所措手足．故君子名之，必可言也；言之，必可行也．
君子於其言，無所苟而已矣．

'정명'이란 '명분을 올바르게 한다' 또는 '명칭(이름)을 바로잡는다'
는 뜻으로, 모두가 제각기 주어진 명칭에 들어맞는 모양과 행동을 하
도록 한다는 것이다. 이것은 물론 앞에서 얘기한 예치주의(禮治主義)
와도 밀접한 관계가 있다. 모든 사물이 자기에게 주어진 명칭이나 명
분과 꼭 맞는 올바른 상태에 있다는 것은 질서(秩序)의 극치를 뜻하
는 것이다. 임금은 임금이란 칭호에 딱 들어맞는 행동을 하고, 대신은
대신이란 칭호에 딱 들어맞는 행동을 하며, 그밖에 장군·관리·농
민·상인·어른·아이를 비롯하여 관청·학교·사회·논밭 등 모든
것이 그 칭호에 딱 들어맞는 상태에 놓여 있도록 한다면 그 국가는
지극히 잘 다스려지고 있음을 뜻하는 것이 된다.

《논어》 안연(顏淵)편에서 제(齊)나라 경공(景公)이 공자에게 정치
에 대하여 물었을 적에 '임금은 임금다워야 하고, 신하는 신하다워야
하며, 아버지는 아버지다워야 하고, 자식은 자식다워야 합니다'(君君,
臣臣, 父父, 子子) 하고 대답한 것도 바로 정명주의를 쉽게 표현한
것이다. 그것은 모든 사람들이 자기의 본분과 의무와 권리를 다하고
자기에게 알맞은 몸가짐을 하는 것을 뜻한다. 따라서 '정명'이란 말은
간단하지만 그 내용은 다른 어떤 위대한 말 못지않게 실현이 어려운
것이다.

예치주의와 정명주의의 정치사상은 세계의 질서를 천자(天子)를 정점으로 하는 대일통(大一統) 속에 유지하는 것을 이상으로 받들게 된다. 한(漢)대 이후 2천여 년의 긴 중국 역사를 통하여 계속 공자의 사상이 전제군주(專制君主)들의 봉건체제의 사상적인 근거가 될 수 있었던 것은, 공자의 사상의 다면성(多面性)과 함께 천자를 정점으로 하는 그의 질서 개념에도 이유가 있었을 것이다. 공자는 《논어》 계씨(季氏)편에서 이렇게 말하고 있다.

천하에 도가 있으면 예악과 정벌이 천자로부터 나오고, 천하에 도가 없으면 예악과 정벌이 제후들로부터 나온다. 그것이 제후들로부터 나오게 되면 대략 10대에 망하지 않는 일이 드물고, 대부로부터 나오게 되면 5대에 망하지 않는 일이 드물고, 가신(家臣)들이 국권을 잡으면 3대에 망하지 않는 일이 드물게 된다. 천하에 도가 있으면 정권이 대부들에게 있지 아니하고, 천하에 도가 있으면 서민들이 논란하지 않는다.

天下有道, 則禮樂征伐, 自天子出. 天下無道, 則禮樂征伐, 自諸侯出. 自諸侯出, 蓋十世希不失矣 ; 自大夫出, 五世希不失矣 ; 陪臣執國命, 三世希不失矣. 天下有道, 則政不在大夫 ; 天下有道, 則庶人不議.

예악과 정벌이란 옛날 국가에 있어서의 대권(大權)을 뜻한다. 공자가 생각하던 세계의 질서란 서민은 관리들에게 무조건 복종하고, 관리는 장관들에게 무조건 복종하며, 장관들은 제후들에게 무조건 복종하고, 제후들은 천자에게 무조건 복종하되, 그들 사이의 관계를 예로써 다스리는 것이었다. 그러기에 '백성들은 좇아 따라오게 할 것이지 알게 해서는 안 된다'(民可使由之, 不可使知之. ―《論語》泰伯)는 말까지도 공자는 하게 된 것이다.

공자가 《춘추(春秋)》라는 그 시대의 역사를 쓴 것도 그의 정명주의에서 나온 것이었다. 《맹자(孟子)》 등문공(滕文公) 하(下)편에서 맹자는,

세상이 쇠퇴하고 도(道)가 쇠미해지자 사악한 이론과 사나운 행동이 생겨났다. 신하로서 그의 임금을 죽이는 자도 생겨났고, 자식으로서 그의 아버지를 죽이는 자도 생겨났다. 공자는 두려워하여 《춘추》를 지으셨다. 《춘추》는 천자의 일이다. 그러므로 공자께서도 말씀하시기를 '나를 알아주는 것도 오직 《춘추》를 통해서일 것이고, 내게 죄를 주는 것도 오직 《춘추》를 통해서일 것이다'고 하셨다.

世道衰微, 邪說暴行有作. 臣弑其君者有之, 子弑其父者有之. 孔子懼, 作春秋. 春秋, 天子之事也. 是故孔子曰 : 知我者其惟春秋乎, 罪我者其惟春秋乎!

고 말하였다. 공자는 어지러운 그 시대의 사회상을 그대로 보고 있을 수 없어 그 시대에 관한 역사적인 기록인 《춘추》를 통하여 잘하고 잘못한 일들이 드러나도록 함으로써 '명분을 바로잡겠다'는 것이었다. 그 때문에 후세의 유가들은 《춘추》 속에는 '위대한 뜻이 담긴 미묘한 말'(微言大義)이 있다 하여 그 필법(筆法)을 연구하기에 힘썼었다. 공자는 《춘추》에서 정치적인 '정명(正名)'까지도 기도하였기 때문에, 맹자는 그것을 '천자의 일'이라 말하였고, 공자 자신은 《춘추》를 통하여 자신을 평가받을 비장한 각오를 하였던 것이다.

공자의 정치사상에 있어 그의 계급적 성격은 양면성(兩面性)을 보여주고 있다. 공자는 앞에서 이미 얘기하였듯이 천자를 정점(頂點)으로 하는 귀족들의 지배 질서를 옹호하는 보수적(保守的)인 면이 있는 반면, 아래 서민들을 중히 여기고 서민들의 이익에 관심을 보이는 진

보적(進步的) 면도 있다. 이것은 공자의 신분이 서민과 지배계급 중간의 사(士)였다는 데 큰 원인이 있을 것이다. 사란 계급은 득의(得意)하여 나아가 벼슬을 하게 되면 지배계급인 귀족들에게 가까워지고, 뜻대로 일이 안 되어 벼슬을 하지 못하였을 때에는 그들의 생활이 서민들에게 가까워지게 마련이다.

공자도 벼슬을 하며 자기 생활이 발전적 성향(性向)을 띠고 있을 적에는 상류 귀족계급의 이익을 옹호하는 보수적 성격을 띠고 있었지만, 벼슬자리에서 밀려나와 곤경에 몰렸을 적에는 서민들의 곤궁한 생활에 동정하는 진보적 성격으로 변하였던 것 같다.

《논어》를 보면 다음과 같은 백성들을 위하는 말들이 보인다.

한 나라를 다스림에 있어서는 일을 공경히 하고 신의를 지킬 것이며, 쓰는 것을 절약하고 백성을 사랑할 것이며, 철에 맞추어 백성을 부려야 한다.

道千乘之國, 敬事而信, 節用而愛人, 使民以時. —學而

백성이 풍족하다면 어느 임금이 부족할 수가 있겠습니까? 백성이 부족하다면 어느 임금이 풍족할 수가 있겠습니까?

百姓足, 君孰與不足? 百姓不足, 君孰與足? —顏淵

내가 듣건대 국가를 다스리는 사람은 백성 적음을 걱정하지 않고 고르지 못함을 걱정하며, 가난함을 걱정하지 않고 불안함을 걱정해야 한다고 하였다.

丘也聞, 有國有家者, 不患寡而患不均, 不患貧而患不安.

—季氏

그러나 이것은 모두 경제적인 면에 있어서의 배려이지, 근본적으로 백성들을 위한 정치를 해야만 한다거나 나라의 주인공은 백성이란 뜻에서 나온 말들은 아니다. '백성이 가장 귀하고, 조정은 그 다음이며, 임금은 가벼운 것이다'(民爲貴, 社稷次之, 君爲輕. ─《孟子》盡心下)는 유가의 민본사상(民本思想)은 맹자에 이르러 발전된다.

공자가 백성들의 생활에 관심을 보이기는 하였지만, 그들은 여전히 지배계급인 군자들에 비하여 '소인'이었고 '따라오게 하기만 하면 되었지 알게 해서는 안 되는' 부류였던 것이다. 그러기에 공자는 군자들에게 백성들에 대하여 은혜를 베풀 것을 강조하였다. 《논어》 양화(陽貨)편에서는,

은혜로우면 백성들을 부릴 수가 있게 된다.
惠則足以使人.

하였고, 요왈(堯曰)편에서는,

군자는 백성들에게 은혜를 베풀되 낭비하지 말아야 한다.
君子惠而不費.

고 말하였다.

또 공자는 정치를 하는 데 있어 무력에 의한 통치를 찬성하지는 않았지만, 전쟁은 불가피한 것으로 생각하였다. 따라서 전쟁은 신중히 부득이한 경우에만 하여야 하는 것으로 생각하였다. 《논어》 술이(述而)편을 보면,

선생님께서 신중히 여긴 것은 재계와 전쟁과 질병이었다.
子之所愼, 齊戰疾.

고 말하고 있다. 또 안연(顏淵)편에는 그의 전쟁에 대한 태도를 잘

알려주는 얘기로 다음과 같은 대화가 실려 있다.

> 자공이 정치에 대하여 물으니, 공자께서 말씀하셨다.
> "먹을 것을 충족시키고, 군비를 충분히 하고, 백성들을 믿게 하는 것이다."
> 자공이 여쭈었다.
> "부득이하여 한 가지를 꼭 버려야만 한다면 이 세 가지 중 어느 것을 먼저 버리겠습니까?"
> "군비를 버리지."
> 자공이 다시 여쭈었다.
> "부득이하여 한 가지를 꼭 버려야만 한다면 나머지 둘 중 어느 것을 먼저 버리겠습니까?"
> "먹을 것을 버리지. 자고로 누구나 한 번은 죽는다고 하였지만, 백성들이 믿지 않으면 존립할 수가 없는 것이다."
> 子貢問政, 子曰：足食, 足兵, 民信之矣. 子貢曰：必不得已而去, 於斯三者何先? 曰：去兵. 子貢曰：必不得已而去, 於斯二者何先? 曰：去食. 自古皆有死, 民無信不立.

곧 정치를 하는 데 있어서 군비란 국민의 신망과 경제정책 다음으로 중요한 것이라 생각했던 것이다. 덕치(德治)를 주장했던 공자가 전쟁에 대하여 이처럼 긍정적인 태도를 취했다는 것은 이상한 일이다. 《논어》 헌문(憲問)편에서도, 공자가 위(衛)나라 영공(靈公)의 무도함을 얘기하였을 때 계강자(季康子)가 '그런 나라가 어째서 망하지 않습니까?'하고 물었다. 이때 공자는 위나라에는 외교(外交)에 능한 중숙어(仲叔圉)가 있고, 종묘일에 밝은 축타(祝鮀)가 있고, 군사에 밝은 왕손가(王孫賈)가 있기 때문이라고 대답하고 있다. 곧 군비는 나라를 유지하는 가장 중요한 조건의 하나가 되고 있는 것이다.

그렇다고 전쟁을 아무나 함부로 할 수 있는 것이라고 생각한 것은 물론 아니다.《논어》자로(子路)편을 보면,

착한 사람이 백성을 7년 동안 교화(敎化)한다면, 그들을 전쟁에 나가게 할 수 있다.

善人敎民七年, 亦可以卽戎矣.

백성들을 교화하지도 않고 전쟁을 한다는 것은 바로 그들을 버리는 짓이라 하겠다.

以不敎民戰, 是謂棄之.

고 말하고 있다. 곧 전쟁에 앞서야만 할 것은 백성들을 잘 교화하는 일이라는 것이다. 백성들을 덕으로 다스리고 또 잘 교화하면서도 전쟁이 불가피하다고 생각한 것은 중국의 사방에는 야만적인 오랑캐들이 있었기 때문이다. 곧 공자의 전쟁 긍정은 중화사상(中華思想)에 바탕을 두고 있는 것이다.

중국은 춘추시대로 접어들면서 사방의 미개한 오랑캐 민족들과의 접촉이 빈번해졌다. 남쪽에는 만(蠻), 북쪽에는 적(狄)과 맥(貊), 동쪽에는 이(夷), 서쪽에는 융(戎)이라 불리던 오랑캐 종족들이 있었는데, 이들의 일부는 접촉을 통하여 한족(漢族)에 동화되기도 하였지만, 대부분은 일단 무력으로 중원(中原)의 비교적 약한 나라들을 침공하여 중원 여러 나라들에게 이들은 대단히 위협적인 존재가 되고 있었다. 예를 들면 춘추시대 초기의 북적(北狄)은 연(燕)·형(邢)·위(衛)나라들에게 꾸준히 압력을 가하여 만약 제(齊)나라 환공(桓公)이 이들을 막아내지 않았더라면 공자의 노나라까지도 이들에게 짓밟혔을 가능성이 클 정도였다. 공자에게 있어 화(華) 또는 하(夏)라 불리던 주(周)왕조 밑의 중원(中原)의 여러 나라와 이 오랑캐인 이적(夷狄)들과는 완전히 구분되는 것이었다. 그는《논어》팔일(八佾)편에서,

오랑캐들에게 임금이 있다 해도 중국 땅의 임금이 없는 것만도
못하다.

夷狄之有君, 不如諸夏之亡也.

하였다. 또 자로(子路)편에서 번지(樊遲)가 인(仁)에 대하여 질문하였
을 때 공자는 이런 대답을 하고 있다.

일상생활에 공손하고, 일을 처리함에는 공경스럽고, 사람들과 어
울릴 때에는 충실해야 한다. 이런 것은 비록 오랑캐 땅에 가더라도
버릴 수 없는 것들이다.

居處恭, 執事敬, 與人忠, 雖之夷狄, 不可棄也.

또 위령공(衛靈公)편에서는,

말을 충실하고 믿음성 있게 하고, 행동을 독실하고 공경스럽게
하면 비록 오랑캐의 나라라 하더라도 통할 것이다.

言忠信, 行篤敬, 雖蠻貊之邦行矣.

고도 하였다. 이런 말들은 오랑캐들이란 공경도 충성도 모르는 미개
한 인종, 곧 짐승보다는 약간 나은 정도이지만 중국 민족과 같은 사
람은 아니라는 것을 전제로 한 말인 것이다. 따라서 공자가 《논어》나
다른 경전에서 '사람〔人〕'이나 '백성〔民〕' 같은 피지배계층(被支配階
層)을 뜻하는 말을 쓰고 있을 적에도, 오랑캐들이란 그 속에 포함되
지 않는 것이다.

앞에서도 이미 지적했지만 공자가 같은 《논어》에서 팔일(八佾)편
에서는 관중(管仲)의 무례함을 매섭게 꼬집다가도 헌문(憲問)편에서
는 관중을 거의 인자(仁者) 정도로 높이 평가하고 있는 것도 그 때문

이다. 곧 관중의 술수(術數)에 의한 정치는 공자의 덕치와는 근본적으로 어긋나는 방법이어서 공자가 크게 칭찬할 까닭이 없지만, 다만 그가 제(齊)나라 환공(桓公)을 보좌하여 강한 북적(北狄)의 침공을 물리친 공로는 무엇보다도 크게 평가한 때문이다. 그는,

　　관중이 아니었더라면 우리는 머리를 풀고 오랑캐식으로 옷깃을 왼편으로 여미게 되었을 것이다.
　　微管仲, 吾其被髮左衽矣.

고 말하고 있다. 오랑캐의 침입으로부터 중하(中夏)를 보전한 공로는 무엇보다도 크게 평가하지 않을 수가 없었던 것이다. 덕(德)이나 인(仁)·의(義)·예(禮)·지(知) 같은 것은 중화민족에게나 적용되는 덕목이지, 오랑캐들에게까지도 적용되는 것은 아니다. 덕치(德治)나 예치(禮治)는 중화 땅에서나 가능한 것이지 오랑캐 땅에까지 응용될 수 있는 것은 아니다. 오랑캐들이란 무력으로 그들의 침략을 막아야만 하고, 무력으로 그들을 정복하여 교화하여야만 하며, 덕이나 예를 얘기할 수 있는 한족과는 전혀 다른 상대인 것이다.

_____
제 *5* 장
주유열국(周遊列國)

공자는 기원전 497년(노나라 정공 13년, 공자 55세)에 노나라의 사구(司寇)라는 벼슬을 내던지고, 다음해에는 자기의 이상을 실현할 나라와 임금을 찾아 국외로 여행길에 오른다. 그뒤 기원전 484년(노나라 哀公 11년, 공자 68세)에 노나라로 되돌아오기까지 13년 동안, 공자는 여러 나라들을 두루 돌아다니게 되는데, 이 사이의 행적(行蹟)에 대하여는 책에 따라 여러 가지 서로 다른 기록들이 보인다. 특히 《사기》의 십이제후연표(十二諸侯年表)에서는 공자가,

> 왕도(王道)를 밝히려고 70여 나라의 임금들을 유세(遊說)했다.
> **明王道, 干七十餘君.**

하였고, 《회남자(淮南子)》 태족훈(泰族訓)에서도,

> 공자는 왕도를 실행하고자 하여 동서남북으로 다니며 70명의 임금을 유세(遊說)하였으나 아무도 그를 알아주지 않았다.
> **孔子欲行王道, 東西南北, 七十説而無所偶.**

하였다. 공자가 그 사이 여러 나라들을 돌아다닌 것은 사실이지만 70

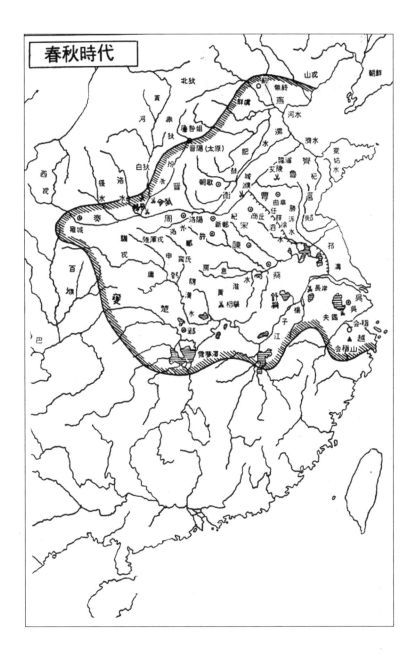

여 나라를 돌아다녔다는 것은 아무래도 지나친 과장인 듯하다. 그래
서 이미 양계초(梁啓超, 1873~1929)는 그의 《공자》에서 《사기》의
과장을 지적하고 나서,

　　사실은 그가 찾아갔던 나라는 주(周)·제(齊)·위(衛)·진(陳)이
었을 따름이며, 혹 초(楚)나라의 속령(屬領)인 섭(葉)에도 갔었던
것 같다. 그리고 송(宋)·조(曹)·정(鄭)의 세 나라는 지나기만 하
였지 머문 일은 없었다. 전부를 합쳐 보면 지금의 산동·하남 두
성의 경계 밖을 나가본 일이 없었던 것이다.

고 말하고 있다. 그러나 여기에도 많은 문제가 그대로 또 남는다. 불
확실하지만 주나라를 찾아간 것과 제나라를 찾아간 것은 그 전의 일
이며, 그의 역정(歷程)과 시기에 대하여는 불확실한 점이 너무나 많
다. 어떻든 공자가 그 사이 찾아간 나라로서 확실한 것은 위(衛)·진
(陳)과 섭(葉)의 세 나라뿐이며, 그의 발길은 평생 지금의 산동(山
東)·하남(河南)의 두 성(省)과 하북(河北)의 남쪽 일부 정도의 범위
를 벗어나 보지 못했었다. 공자 자신은 더 많은 임금들을 만나고자
했겠지만, 다른 나라 임금을 회견할 길이 없었을 것이다. 그 때문에
공자는 여기저기 돌아다니는 사이 임금은 만나지도 못하고 여러 번
생명의 위협을 받을 정도의 곤경에 빠지기만 한다.

제1절 위(衛)나라로 가다

　기원전 496년(노나라 정공 14년, 공자 56세)에 공자는 위나라를 찾
아갔다.[1] 위나라는 주나라 무왕(武王)이 이복(異腹) 동생 강숙(康叔)
을 봉했던 은(殷)나라의 고지(故地)여서 전대(前代)의 문화상의 중심

지이기도 하였다. 공자가 위나라를 택한 것은 위나라가 노나라와 지리적으로 가깝고, 또 전대의 문화 중심지였다는 이유 이외에, 당시의 위나라 임금 영공(靈公)이 그 자신의 능력은 시원찮으면서도 수많은 현명한 신하들을 등용하고 있었다는 것도 이유의 하나가 됨직하다.

《논어》헌문(憲問)편에는 영공의 신하로서 외교에 능한 중숙어(仲叔圉)와 종묘의 일에 밝은 축타(祝鮀)와 군사에 뛰어난 왕손가(王孫賈)가 있어, 임금은 무도하지만 위나라가 망하지 않는다고 공자 스스로 말하고 있다. 또 위령공(衛靈公)편에는 나라에 도가 있으나 없으나 곧은 사어(史魚, 성이 史, 이름은 鰌, 자는 子魚)가 있고, 군자다운 거백옥(蘧伯玉, 이름은 瑗)이 있다고 하면서, 공자가 그들을 극구 칭찬하고 있다.[2] 위나라에는 이처럼 현명한 신하들이 많이 모여 있었기 때문에 공자의 마음을 끌었을 것이다.

이밖에 《논어》헌문편에 위나라의 재상이던 거백옥이 공자에게 사자를 보낸 대목이 보이는데, 이것은 거백옥이 공자를 위나라로 초청하려는 사자였다고 보는 이도 있다.[3] 또 공자의 제자인 자로(子路)와 위나라의 총신(寵臣) 미자하(彌子瑕)가 동서간이었기 때문에, 자로의 권유로 위나라로 갔으리라고 추측할 수도 있다. 그러나 이것은 모두 확증 없는 추리에 불과하다.

《논어》자로(子路)편을 보면 공자가 위나라로 가면서 제자인 염유

---

1) 《사기》십이제후연표(十二諸侯年表)에는 기원전 498년(노나라 정공 12년)에 공자가 노나라 벼슬을 그만두고, 다음해인 기원전 497년(정공 13년)에 위나라로 간 것으로 되어 있다.

2) 《논어》헌문(憲問)편에도 거백옥과 그의 사자(使者)를 칭찬하는 공자의 말이 보임.

3) 주희(朱熹)는 《집주(集註)》에서, 공자가 위나라에 가서 뒤에 거백옥의 집에 머물렀었으므로(《史記》孔子世家), 뒤에 공자가 노나라로 돌아와 있을 적에 보낸 사자였다고 풀이하고 있다.

(冉有)와 다음과 같은 대화를 나누고 있다. 염유는 공자가 탄 수레를
몰고 있었다.

> 공자가 말하였다.
> "백성이 번성하구나!"
> 염유가 말하였다.
> "이렇듯 백성이 많은데, 더 하여야 할 것은 무엇입니까?"
> "그들을 부유하게 해주는 거지."
> "백성들이 부유해진 다음에는 또 무엇을 더하시겠습니까?"
> "그들을 가르치는 거지."
> 子曰：庶矣哉！冉有曰：旣庶矣，又何加焉？曰：富之. 曰：
> 旣富矣，又何加焉？曰：敎之.

이 대화를 통하여 노나라를 떠나 인구가 많은 위나라로 가는 공자
의 정치적인 포부를 엿볼 수가 있을 것이다. 공자는 그때 새로이 위
나라를 다스리어 그 나라 백성들을 부유하고 도덕적인 사람들로 만들
겠다는 의욕에 넘쳐 있었던 것이다.

어떻든 공자가 위나라에 도착하자 많은 위나라의 권세가들이 공자
를 자기 편으로 끌어들이려 하였다. 《맹자(孟子)》 만장(萬章) 상(上)
편에는 다음과 같은 대목이 보인다.

> (공자는) 위나라에 가서 안수유(顔讐由)의 집에 머물렀다. 미자
> 의 처와 자로의 처는 형제였는데, 미자가 자로에게 말하였다.
> "공자가 우리 집에 와서 머물기만 하면 위나라의 경(卿) 벼슬은
> 얻을 수 있을 거요."
> 자로가 그 말을 고하자, 공자는
> "천명(天命)이란 게 있어!"

하고 거절하였다.

　　於衛主顏讎由. 彌子之妻與子路之妻, 兄弟也. 彌子謂子路
　　曰：孔子主我, 衛卿可得也. 子路以告, 孔子曰：有命.

여기의 미자가 곧 미자하(彌子瑕)이며, 총신(寵臣)의 호의에도 흔들리지 않는 공자의 의연한 자세가 느껴진다.

또 이곳의 안수유는 《사기》 공자세가에 보이는 안탁추(顏濁鄒)일 것이다. 《사기》에서는 안탁추가 자로와 동서간이라 하였으나 이는 사마천(司馬遷)의 착각인 듯하다.

위나라의 군권(軍權)을 쥐고 있던 왕손가(王孫賈)도 공자를 만나 비유를 써서 공자에게 자기와 가까이할 것을 권유했지만, 보기좋게 거절을 당하였다. 《논어》 팔일(八佾)편에는 다음과 같은 대목이 보인다.

　　왕손가가 물었다.
　　"방 아랫목에 아첨하느니보다는 차라리 부뚜막에 아첨하라고 했
　　는데, 무슨 뜻입니까?"
　　공자께서 말씀하셨다.
　　"그렇지 않습니다. 하늘에 죄를 지으면 빌 곳도 없게 됩니다."
　　王孫賈問曰：與其媚於奧, 寧媚於竈, 何謂也? 子曰：不然.
　　獲罪於天, 無所禱也.

방 아랫목은 주인이 앉는 높은 곳이지만, 가족들의 생활에 있어서는 천한 장소인 부뚜막이 더 불과의 관계는 밀접하다. 따라서 이 속담을 왕손가는 '방 아랫목 같은 임금에게나 잘 보일 생각 말고 실권 있는 나에게 가까이하는 것이 어떻겠느냐?'는 뜻으로 인용한 것이다. 그러나 공자의 태도는 하늘을 내세우며 조금도 동요되지 않는다. 하늘이란 모든 올바른 도리를 상징하는 말이라고 생각된다. 공자는 권

신(權臣)의 유혹도 감연히 뿌리칠 수 있는 신념의 사람이었던 것이다.

공자는 위나라에 와서 영공을 몇 번 만났었다. 그리고 큰 벼슬을 얻지는 못하였지만 융숭한 대우를 받았었다.

《사기》 공자세가에 의하면, 위나라 영공은 공자를 만나자 노나라에서는 얼마나 녹(祿)을 받았었는가 물어보고, 공자가 곡식 6만 말[斗]을 받았었다고 대답하자 위나라에서도 공자에게 6만 말의 곡식을 주기로 결정했었다 한다. 이처럼 대우는 나쁘지 않았으나, 그렇다고 공자의 이상을 실현해 볼 기회가 주어졌던 것은 아니다. 게다가 마침내는 영공에게 참언(讒言)을 하는 자까지 생겨났다.4) 이에 공자는 10개월 만에 위나라를 떠나게 된다.

이뒤로부터 68세(기원전 484, 노나라 애공 11년)에 공자가 노나라로 되돌아가기까지 공자의 주유(周遊)가 시작된다. 이 사이의 행적(行蹟)과 시기에 대하여는 많은 문제가 있지만 《사기》 공자세가의 기록을 중심으로 추적하여 보면 대략 다음과 같다.

공자는 진(陳)나라를 목표로 위나라를 출발한다. 《논어》 팔일(八佾)편에 실린 의(儀)5) 땅의 국경 관리인이 공자를 만나본 것은 이때일 것이다. 팔일편에는 다음과 같은 기록이 있다.

> 의 땅의 국경 관리인이 공자를 뵙기를 요청하며 말하였다.
> "군자가 이곳에 오시면 제가 만나뵙지 못한 분이 없습니다."
> 종자가 그를 안내하여 면회시켜 주자, 그가 나와서 말하였다.
> "여러분은 선생님이 뜻을 잃었다고 무얼 그리 걱정하십니까? 천하에 도가 없은 지 오래라 하늘이 선생님으로 하여금 목탁이 되

---

4) 위나라 영공은 참언을 듣고는 공손여가(公孫余假)라는 사람을 보내어 공자의 출입을 감시하게 하였다 한다《史記》孔子世家).

5) 의(儀)는 지금의 하남성(河南省) 난의현(蘭儀縣), 위나라 옛 고을 이름. 위치로 보아 위나라에서 진나라로 갈 때 이곳을 통과했을 것임.

도록 하신 겁니다."

儀封人請見曰 : 君子之至於斯也, 吾未嘗不得見也. 從者見之.

出曰 : 二三子何患於喪乎 ? 天下之無道也久矣. 天將以夫子爲
木鐸.

국경 관리인은 숨어 사는 현인(賢人)이었을 것이다. 그리고 목탁이
란 옛날에 나라의 교령(教令)을 알리기 위하여 관원이 민간을 흔들고
다니던 조그만 종 같은 것이었다. 따라서 목탁은 백성들을 깨우치는
기구를 뜻한다.

위나라를 떠나 공자는 곧 광(匡)이란 고장에서 큰 수난을 겪는
다.《사기》 공자세가에는 그 수난에 대하여 이렇게 쓰고 있다.

진나라로 가는 도중 광을 지나게 되었다. 이때 안각(顔刻)이 수
레를 몰고 있었는데 자기의 채찍으로 가리키면서 말하였다.

"옛날에 저는 저 성벽 깨진 틈으로 해서 이리로 쳐들어갔었습
니다."

광 사람들은 이 말을 듣고 공자를 노나라의 양호(陽虎, 곧 陽貨)
라 판단하였다. 양호는 일찍이 광 사람들에게 횡포한 짓을 한 일이
있었기 때문에,6) 광 사람들은 마침내 공자 일행을 가로막았다. 공자
의 모습 이 양호와 비슷했기 때문이며, 그곳에 닷새 동안이나 잡
혀 있었다. 안연(顔淵)이 뒤떨어졌다가 쫓아오니 공자가 말하였다.

"나는 네가 죽은 줄로만 알았다."

---

6) 양호는 노나라에서 반란을 일으켰다 실패한 뒤 제(齊)나라로 달아났다.
제나라는 뒤에 노나라의 요구로 양호를 체포하여 잡아 가두었는데, 그는
곧 송(宋)나라로 달아났다. 송나라에 온 양호는 부하들을 몰고 와서 광
(匡) 땅을 점령하고 횡포한 짓을 일삼다가 인심을 잃고 다시 진(晋)나라
로 쫓겨간 일이 있다

안연이 이에 대답하였다.

"선생님이 계신데 제가 어찌 감히 죽겠습니까?"

광 사람들이 공자 일행을 더욱 사납게 포위하자 제자들은 모두 두려워하였다. 이때 공자가 말하였다.

"문왕께서 돌아가신 뒤로 우리 문화는 바로 여기 내게 전하여져 있지 아니한가? 하늘이 이 문화를 없애 버리려 하신다면 후대 사람들은 이 문화를 접할 수가 없게 될 것이다. 하늘이 이 문화를 없애 버리려 하시지 않는다면, 광 사람들이 나를 어찌할 수가 있겠느냐?"

공자는 뒤에 종자를 위나라의 영무자(甯武子)의 가신으로 삼은 뒤에야 놓여날 수가 있었다.

끝머리 '문왕께서 돌아가신 뒤로……'(文王旣沒, ……)로 시작하는 공자의 말은 《논어》 자한(子罕)편에도 보인다. 《공자가어》 곤서(困誓)편에서는, 광 사람 간자(簡子)가 군사를 이끌고 와 공자 일행을 포위하였는데, 싸우려는 자로(子路)를 만류하고 함께 금(琴)을 타면서 노래를 하자 세 곡조가 끝나기 전에 광 사람들은 포위를 풀고 말았다 하였다.[7] 공자의 일행이 당했던 어려움의 내용에 대하여는 자세히 쓰여 있지 않으나 거의 생명의 위협을 받을 정도의 곤욕을 당했던 것 같다.

어떻든 이 광 땅에서의 수난은 공자에게 큰 충격을 주었던 것 같다. 공자는 여기에서 바로 발길을 돌리어 포(蒲) 땅을 거쳐 한 달 만에 다시 위(衛)나라로 되돌아온다. 공자가 위나라로 되돌아오자 영공(靈公)은 교외(郊外)까지 손수 나와 공자를 마중하였다 한다. 공자는

---

7) 《장자(莊子)》 추수(秋水)편에는 공자가 광(匡)으로 가는 도중 송(宋)나라 사람들이 그를 포위했었는데, 공자는 악기를 타며 노래를 계속했었다는 얘기가 보인다.

위나라로 돌아와 공자가 《논어》에서 '진실한 군자'라고 칭찬한(憲問편) 대신 거백옥(蘧伯玉)의 집에 머물렀다 한다.

그러나 위나라도 공자의 뜻과는 아주 다른 분위기였다. 해가 바뀌어 기원전 495년(노나라 정공 15년, 공자 57세)에는 위나라 영공의 부인 남자(南子)가 '어디서 온 군자이든 우리나라 임금과 친하고자 하는 사람은 반드시 저를 만나야만 합니다. 저를 한 번 만나주시기 바랍니다'하고 공자에게 회견을 요청해 왔다. 공자는 거절하고 싶었지만 그럴 수가 없어 남자를 찾아갔다. 부인은 엷은 장막 속에 있으면서 회견을 하였다.

공자는 문으로 들어가 북쪽을 향해 머리를 조아렸다. 그러자 부인도 장막 속에서 두 번 절을 하는데 허리에 찬 구슬 소리가 쟁그렁거렸다. 공자는 회견을 끝내고 나와서 말하였다.

"나는 본시 만나지 않으려 했었지만 할 수 없이 예방했었고, 만날 때에는 서로가 예로써 응대했었다."

자로가 공자께서 남자를 만난 것을 알고 성을 내자 공자는 다음과 같은 맹세를 하였다.

"내게 잘못이 있었다면 하늘이 버리실 것이다. 하늘이 버리실 것이다!"

子見南子, 子路不說. 夫子矢之曰 : 予所否者, 天厭之, 天厭之! — 《論語》雍也 [8]

공자가 영공의 부인 남자를 만난 것에 대하여 자로가 성을 냈던 것은 남자가 음탕하기로 이름난 여자였기 때문이다. 남자는 송(宋)나라 제후의 딸인데 그의 이복 형제인 송조(宋朝)와 정을 통하고 있었다.

---

8) 이상 얘기는 《논어》 옹아(雍也)편에도 한 대목이 보이지만, 《사기》 공자 세가를 근거로 한 것이다.

송조는 미남으로 유명한 사람이었다. 남자는 뒤에 위나라로 시집와서도 송조를 잊지 못하여 그를 위나라로 불러들여 조(洮)라는 곳에서 만났다. 위나라의 태자 괴외(蒯聵)가 그것을 창피하게 여기고 부하인 희양속(戲陽速)을 시켜 남자를 찔러 죽이려 하다 실패하고, 송(宋)나라로 도망하였다(이상 《左傳》 定公 14년 의거). 이처럼 음탕하고 나라를 어지럽힌 남자를 공자가 찾아가 만났다는 것은 자로 같은 의기의 사람으로서는 보고만 있을 수 없는 일이었다.

공자는 결국 남자 때문에 한 달 남짓 위나라에 머문 다음 다시 그곳을 떠나게 된다. 공자가 남자를 만난 지 얼마 안 있어, 위나라 영공이 그의 부인 남자와 나란히 앉고 공자를 다음 자리에 앉힌 다음 환관(宦官)인 옹거(雍渠)란 자로 하여금 수레를 몰게 하고는 거리를 쏘다녔다. 공자는 이를 창피하게 생각하고,

나는 덕을 좋아하기를 여색을 좋아하듯 하는 사람을 아직 보지 못하였다.
吾未見好德如好色者也. — 《論語》 子罕

고 말하며 다시 위나라를 떠났다 한다. 음탕한 부인을 섬겨야만 하는 입장도 창피하거니와 대부로서 환관(宦官)과 같은 수레를 타는 것도 창피하게 생각했던 때문일 것이다.9) 공자가 《논어》 양화(陽貨)편에 보이는 다음과 같은 말을 한 것도 이 무렵일 것으로 생각된다.

유독 여자와 소인은 다루기 어렵다. 가까이하면 공손치 않게 되

---

9) 반고(班固)의 《한서(漢書)》 권62 사마천전(司馬遷傳)에 실린 보임소경서(報任少卿書)에서 '옛날 위나라 영공이 환관인 옹거와 같은 수레를 탔다고 해서 공자는 위나라를 떠나 진나라로 갔다'(昔衛靈公與雍渠載, 孔子適陳)고 말하고 있다.

고 멀리하면 원망하게 된다.

唯女子與小人, 爲難養也. 近之則不孫, 遠之則怨.

이때도 공자의 목적지는 진(陳)나라였으나, 봄에 위나라를 떠나 조(曹)나라를 거쳐 여름에 송(宋)나라를 지나게 되는데, 여기에서 또 공자 일행은 큰 환난을 겪는다. 공자는 송나라를 지나다 큰 나무 밑에 쉬면서 제자들에게 예를 가르치고 있었다. 이때 송나라의 대장군격인 사마(司馬) 환퇴(桓魋)가 공자를 죽이려 하면서, 공자가 쉬던 나무조차도 뽑아 버렸다. 환퇴가 공자를 죽이려 했던 이유는 분명하지 않다. 어떻든 제자들이 서둘러 떠나기를 재촉하자, 이때도 광(匡) 땅에서의 수난 때처럼 공자는 다음과 같은 말을 하였다.

하늘이 내게 덕을 부여해 주셨거늘, 환퇴가 나를 어떻게 할 수 있겠는가?

天生德於予, 桓魋其如予何？ —《論語》述而

공자가 환난 속에서도 이런 말을 하고 있는 것을 보면 그는 스스로 중국 문화의 계승자로서의 강한 자부심을 갖고 있었던 것 같다. 어떻든 공자는 이 수난통에 방향을 바꾸어 정(鄭)나라로 갔다(이상《사기》공자세가 의거).

공자는 정나라에 이르러 제자들과 헤어진 채 동곽(東郭)의 문 밖에 홀로 서 있었다. 송나라에서의 수난의 여파가 그때까지 연장되고 있었던 것 같다. 송나라의 사마가 공자를 죽이려 하였으니 목숨을 살려 도망치느라고 제자들과 헤어지지 않을 수가 없었을 것이다. 이때 한 정나라 사람이 공자의 모습을 발견하고는 스승을 찾고 있던 자공(子貢)에게 이렇게 말하였다.

동문 밖에 한 사람이 있는데, 그의 키는 9척 6촌가량이고, 눈두덩이 평평하고 눈꼬리가 길며 광대뼈가 튀어나왔고, 그 머리는 요임금 같고, 그 목은 고요와 같고, 그 어깨는 정자산(鄭子産) 같으나, 허리 아래로는 우임금보다 3촌가량 짧은 듯한데, 축 처진 상갓집 개 같은 몰골이었습니다.

> 東門有一人焉, 其長九尺有六寸, 河目隆顙, 其頭似堯, 其頸似皐陶, 其肩似子産, 然自腰以下, 不及禹者三寸, 纍纍若喪家之狗. —《孔子家語》困誓

뒤에 자공이 공자를 만나 그 얘기를 하자 공자는 웃어제치면서 '그가 형용한 모습은 잘 들어맞지 않았지만, 상갓집 개 같다는 말은 그럴싸하구나!'하고 말했다 한다.[10]

최술(崔述)이 《수사고신록(洙泗考信錄)》에서 '정나라(도읍은 지금의 河南省 新鄭縣)는 송나라(도읍은 지금의 河南省 商丘縣) 서쪽에 있고, 진나라(도읍은 지금의 河南省 淮陽縣)는 송나라 남쪽에 있으니, 송나라로부터 진나라로 가는 데 있어서는 정나라를 거칠 필요가 없다'고 하면서 공자가 정나라에 들렀던 사실을 부인하고 있고, 또 많은 중국 학자들이 이에 동조하고 있다.[11] 그것은 특히 성인 공자를 '상갓집 개 같다'고 형용한 말이 불경(不敬)하다는 감정 때문인 듯하다. 공자는 진(陳)나라로 가려 했지만 송나라 환퇴(桓魋)와 그의 군사들로부터 도망치느라고 다른 방향으로 갔었다고 보는 게 옳을 것이다. 이해에 노나라 정공(定公)이 돌아가고, 그 뒤를 애공(哀公)이 잇는다.

---

10) 《사기》 공자세가에도 이와 비슷한 얘기가 실려 있음.
11) 허동래(許同箂)《공자연보(孔子年譜)》, 두정상(杜呈祥)의 《공자(孔子)》 등.

제2절 진(陳)나라에서

공자는 같은 해(기원전 495, 노나라 정공 15년, 공자 57세)에 진나라에 도착하여 사성(司城)인 정자(貞子)의 집에 머문다. 이때 열국(列國)의 관계는 진(晋)나라와 초(楚)나라, 또 오(吳)나라와 초나라 사이의 쟁패(爭覇)가 중심을 이루는 판국이었는데, 진(陳)나라는 초나라 편에 가담하고 있었다. 그 때문에 오나라와 진(晋)나라가 자주 진(陳)나라를 정벌하여 진(陳)나라는 혼란에 빠져 있었으므로 공자가 자신의 능력을 발휘해 볼 겨를이 전혀 없었던 것 같다. 다만 앞에서도(제3장 제4절 참조) 얘기했듯이, 공자는 이때 오(吳)나라가 월(越)나라를 쳐부술 때 발견한 큰 사람 뼈의 유래를 알아맞추고, 또 진(陳)나라 궁전에 날아온 숙신씨(肅愼氏)의 화살에 대하여 알고 있음으로써 자신이 박학(博學)하다는 사실만을 세상에 널리 알렸을 뿐이었다.

공자는 진(陳)나라에 머문 지 3년이 되어도 별 소득이 없자 기원전 493년(노나라 애공 2년, 공자 59세)에는 위나라로 되돌아가려고 진나라를 떠났다. 공자는 다시 전번에도 들른 일이 있는 광(匡) 땅에 가까운 포(蒲) 땅을 지나다가 또 수난을 겪는다(《사기》 공자세가 의거). 공자가 포 땅에 다다랐을 때 마침 공손씨(公孫氏)가 그곳에서 반란을 일으켰는데, 포 땅 사람들은 공자 일행을 잡아두었다. 그곳 사람들이 공자 일행을 잡았던 까닭은 알 수가 없다.

이때 제자 중에 공량유(公良孺)란 힘세고 용기 있는 사람이 있어, 목숨을 걸고 포 땅 사람들과 싸우려 하였다. 포 땅 사람들은 공자에게 위(衛)나라로 가지 않으면 놓아주겠다는 조건을 제시하여 공자는 그들에게 맹세를 하고 나서야 풀려났다. 이때에도 포 땅의 사람들이 공자에게 어떻게 어느 정도 협박을 가했는지 알 수 없으나, 그의 제자가 목숨을 걸려고 했을 정도로 심각한 상태였던 듯하다. 어떻든 공

자는 포 땅 사람들에게는 위나라로 되돌아가지 않겠다고 맹세를 하고
는 1개월여 만에 다시 위나라로 돌아간다.12)

　중국의 학자들 중에는 공자의 포 땅에서의 수난을 부인하려는 학
자들이 많다. 그들은 대개 앞의 광 땅에서의 수난과 이번 수난을 같
은 시기로 보고 광과 포는 아주 가까운 거리이며, 짧은 시일 안에 두
번씩이나 수난을 겪었다는 것은 믿기 어렵다고 주장하고 있다.13) 그
러나 중국 학자들이 포 땅에서의 수난을 부정하려는 것은 공자가 포
땅 사람들에게 한 맹세를 간단히 어기고 있어, 그것이 성인의 체모에
흠이 된다고 생각하는 것도 큰 이유의 하나가 되는 듯하다. 공자가
포 땅을 벗어나 위나라로 발길을 되돌리자 제자인 자공이 공자에게
물었다.

　"맹세를 어겨서야 되겠습니까?"

　이때 공자는

　"강요에 의한 맹세는 귀신도 알아주지 않는다."

고 태연히 말하고 있다. 이러한 맹세의 위반이 성인답지 않기는 하지
만 지금 와서 《사기》의 기록을 간단히 시기까지 바꾸며 추측만으로
부정할 수는 없는 것이다.

　공자가 다시 위나라에 돌아와 보니 영공은 늙어서 정사를 더욱 게
을리하고 있어, 공자를 쓰려고 들지도 않았다. 공자는 지금까지 세 번
위나라를 찾아가고 있지만, 공자에 대한 영공의 예우(禮遇)는 매번
달라지고 있다. 처음 공자가 노나라에서 위나라로 갔을 적에는 그에

---

　12) 이상은 《공자가어》 곤서(困誓)편에도 보임. 《사기》 공자세가에서는 이때
　　　에는 포 땅에서 수난을 겪지 않고 무사히 통과하고, 뒤에 두번째로 진
　　　(陳)나라에 가서 머물다 위나라로 가는 도중에 당한 수난으로 기록하고
　　　있다. 여기에서는 사실(史實)과 연대를 참작하여 이때의 수난으로 추정
　　　하였다.
　13) 전목(錢穆) 《선진제자계년고변(先秦諸子繫年考辨)》 17 등.

게 6만 말[斗]의 곡식을 녹으로 주었고, 두번째로 진나라를 가려다 도중에서 되돌아왔을 적에는 영공 자신이 교외까지 나와 마중하고 부인인 남자(南子)도 공자를 회견했었다. 그런데 이번 세번째로 위나라로 돌아갔을 적에는 대우가 전번보다 훨씬 냉담해졌던 것 같다. 게다가 영공은 말과 행동이 일치하지 않았다.

어느 날 영공은 공자가 포(蒲)에서 곤욕을 치르었다는 말을 듣고 공자에게 물었다.

"포 땅을 정벌하는 게 어떻겠소?"
"좋습니다."
"그런데 나의 대부들이 찬성치 않소. 지금 포는 위나라로서는 진(晉)나라와 초(楚)나라에 대한 완충지이기 때문이오. 위나라로서 그곳을 정벌하는 것이 이익이 되겠소?"
공자가 말하였다.
"그곳 남자들은 죽음으로써 그곳을 다스리는 공손술(公孫戌)의 지배를 벗어나려 하고, 그곳 여자들은 그곳을 평화로이 유지하려는 뜻을 가지고 있습니다. 다만 제가 정벌하고자 하는 대상은 공손술 이하 4, 5명에 불과합니다."

영공은 말로는 '좋다'고 대답했지만 끝내 포 땅을 정벌하지는 않았다. 공자는 이처럼 말과 행동이 어긋나고 정치를 게을리하는 영공에 대하여 완전히 실망을 하게 되었던 듯하다. 그러기에 공자는,

진실로 나를 써주는 사람이 있다면, 1년이면 그 나라를 바로잡을 수가 있고, 3년이면 완전한 정치의 성과를 올리련만!
苟有用我者, 朞月而已可也. 三年有成. ―《論語》子路

하고 탄식 섞인 말을 남기고 다시 위나라를 떠나기로 결심한다.

이때 진(晉)나라는 내란이 한창이어서, 대부인 조간자(趙簡子)가 같은 대부인 범씨(范氏)와 중항씨(中行氏)를 공격하였고, 이 틈에 조간자의 중모(中牟)라는 고을의 읍재(邑宰)인 필힐(佛肸)이 반란을 일으켰다. 조간자가 중모를 토벌하였다.

필힐은 공자의 명성을 듣고 사람을 내어 공자를 초빙하였다. 이때 공자는 가려고 했으나, 자로(子路)가 나서서 말하였다.

"전에 제가 선생님께 들은 말씀이온데, '스스로 자기 자신이 옳지 못한 짓을 하는 자들 틈에 군자는 들어가지 않는다'고 하셨습니다. 필힐은 중모에서 반란을 일으켰는데 선생님께서 그에게 가시려 하시니 어찌 된 일입니까?"

공자가 대답하였다.

"그렇다. 그렇게 말한 일이 있었지. 그러나 갈아도 닳지 않는다면 굳다고 하지 않겠느냐? 물들여도 검어지지 않는다면 희다고 하지 않겠느냐? 내 어찌 바가지와 같을 수가 있겠느냐? 어떻게 매달려 있는 채 밥도 먹지 않을 수가 있겠느냐?"

佛肸召, 子欲往. 子路曰 : 昔者, 由也聞諸夫子, 曰 : 親於其身爲不善者, 君子不入也. 佛肸以中牟畔, 子之往也, 如之何? 子曰 : 然, 有是言也. 不曰堅乎, 磨而不磷! 不曰白乎, 涅而不緇! 吾豈匏瓜也哉? 焉能繫而不食? ─《論語》陽貨

이 때문에 공자는 결국 필힐에게 가지는 않았지만, 이 무렵 공자는 무언가 일을 하여야만 하겠다는 초조한 마음을 지니고 있었을 뿐만 아니라 먹고 사는 것조차도 문제가 되고 있었던 것 같다. 이때의 공자의 심경을 알려주는 얘기로 다음과 같은 일화가 《사기》와 《논어》에 실려 있다.

위나라에서 어느 날 공자가 경(磬)을 연주하고 있었다. 어떤 사람이 삼태기를 지고 공자의 집 문 앞을 지나가다가 말하였다.

"마음속에 딴 생각이 있구나, 저 경을 치는 품이!"

그리고는 또 말하였다.

"천하다, 각박한 소리를 내니! 자기를 알아주지 않으면 그것으로 그만인 것을.《시경》에 말했듯이 깊으면 옷 벗어 들고 얕으면 옷 걷고 건너야만 하는 것을!"

子擊磬於衛. 有荷蕢而過孔氏門者, 曰：有心哉, 擊磬乎! 旣而曰：鄙哉, 硜硜乎! 莫己知也, 斯已而已矣. 深則厲, 淺則揭. ─憲問

공자의 불안한 마음이 악기 연주에까지도 드러날 정도였던 것이다. 또 공자는 위나라에서 뜻을 이루지 못하게 되자 진(晉)나라로 가서 조간자(趙簡子)를 만나보려고도 하였다. 공자가 길을 떠나 막 황하(黃河)에 다다랐을 때, 조간자가 두명독(竇鳴犢)과 순화(舜華)라는 어진 사람을[14] 죽였다는 소문을 들었다. 공자는 그 말을 듣자 황하 물을 바라보면서 탄식하였다.

"아름답구나, 물은! 넓은 이 강물을 내가 건너지 못하는 것도 운명인가!"

자공(子貢)이 나서며 물었다.

"무슨 뜻인지 감히 여쭙고자 합니다."

공자가 대답하였다.

---

14) 배인(裵駰)《사기집해(史記集解)》에서는 서광(徐廣)의 설을 인용하여 '명탁(鳴鐸)과 두주(竇犨)'라고도 하고, '두주(竇犨)·명독(鳴犢)과 순화(舜華)'의 세 사람을 죽였다고 하기도 한다 하였다. 사마정(司馬貞)은《사기색은(史記索隱)》에서《공자가어》에서는 위의 세 사람,《국어(國語)》에서는 위의 두 사람을 조간자가 죽인 것으로 쓰고 있다 하였다.

"두명독과 순화는 진(晉)나라의 현명한 대부이다. 조간자가 정권을 잡기 전에는 이 두 사람에 힘입어 정치활동을 했었다. 그가 정권을 잡고 나서는 이들을 죽이고서 정치를 하려 한다. 내가 듣건대 짐승의 배를 째고 태를 꺼내거나 어린 새끼들을 죽이면 기린(麒麟)이 그곳에 나타나지 않고, 연못을 말리어 고기를 잡으면 교룡(蛟龍)이 그 못에 살지 않게 되며, 새 둥우리를 뒤엎어 새알을 깨면 봉황(鳳凰)이 그 고을에 날지 않는다고 했다. 새 짐승들도 불의에 대하여는 그것을 피할 줄을 알거늘 하물며 내가 몰라서야 되겠느냐?"

그리고는 추향(陬鄕)15)으로 돌아와 쉬면서 추조(陬操)라는 금곡(琴曲)을 작곡하여 이들을 애도하였다. 그리고는 다시 위나라 도읍으로 돌아와 거백옥(蘧伯玉)의 집에 머물렀다.16) 그러나 공자의 입장은 더욱 불안해지기만 하였던 것 같다.

다시 어느 날 영공은 공자를 불러 군진(軍陣)에 대하여 질문을 하였다. 공자는,

　　제사지내는 일에 대하여는 일찍이 들은 바가 있사오나, 군사에 관한 일은 배워본 적이 없는 일입니다.

　　衛靈公問陣於孔子, 孔子對曰 : 俎豆之事, 則嘗聞之矣, 軍旅

---

15) 이 추향(陬鄕)은 공자의 고향인 노나라의 추(陬)가 아니라 위나라에 있던 작은 동리 이름일 것이다(司馬貞 《史記索隱》).

16) 이상의 《사기》 공자세가의 기록에 대하여도 최술(崔述)을 비롯한 많은 중국 학자들이 부정하고 있다. 조간자는 이름이 앙(鞅)으로, 주(周)나라의 대부 장홍(萇弘)을 죽이어 왕실을 약화시키고 제후들을 업신여기며 자기 임금에게 반기를 들었던 죄 많은 대부인데, 공자가 무엇 때문에 그를 찾아가려 했겠느냐는 것이다.

之事, 未之學也. 明日遂行. ―《論語》衛靈公

하고 말하고는, 다음날로 길을 떠나 다시 진(陳)나라로 갔다. 공자가
진(陳)나라에 도착한 것은 기원전 492년(노나라 애공 3년, 공자 60
세) 봄이었다. 이해 여름에 위나라 영공이 죽고, 그 뒤를 진(晋)나라
로 도망가 있는 괴외(蒯聵)의 아들 첩(輒)이 계승하니 그가 곧 위나
라 출공(出公)이다. 한편 진(晋)나라에 도망가 있던 괴외는 진나라 조
간자(趙簡子)의 후원 아래 위나라의 왕위를 계승하려고 길을 떠났었
다. 이때 조간자는 진나라로 도망와 있던 노(魯)나라의 야심가인 양
호(陽虎)로 하여금 괴외를 호송케 하였다. 양호는 괴외를 상주(喪主)
로 꾸미고 8명의 장정들에게도 상복(喪服)을 입힌 다음 마치 위나라
에서 사람을 내어 이들을 모셔가는 듯이 가장하고 위나라에 도착하였
으나, 출공은 군사를 파견하여 아버지 괴외의 입국을 막았다.

공자는 이번에도 진나라에 와서 아무것도 뜻대로 이루지 못하였다.
다만 노(魯)나라 종묘에 불이 났다는 얘기를 듣고 공자는 그 불이 환
공(桓公)과 희공(釐公)의 묘[17]에 났을 거라는 것을 알아맞춤으로써
그의 원견지명(遠見之明)을 과시할 기회가 있었을 뿐이었다.

이해 가을 노나라의 계환자(季桓子)가 병으로 죽었다. 그는 죽기

---

17) 환공(桓公)은 노나라 애공의 8대조(祖), 희공(釐公)은 6대조이다. 예법에
조상의 묘(廟)는 4대조까지 보전키로 되어 있었는데, 환공은 계씨(季氏)
를 비롯한 삼환씨(三桓氏)네 직계 조상이고, 희공은 그들에게 처음으로
채읍(采邑)을 봉해준 임금이어서 이들의 묘를 세도가들 멋대로 보전하
였던 것이다. 불은 본시 이들의 묘 옆에 있는 노나라 사탁(司鐸)에 났었
다. 공자는 사탁이 이들의 묘와 맞붙어 있는 것을 알았기 때문에 환공과
희공의 묘도 탔을 거라고 알아맞혔을 것이다. 그러나《공자가어》같은
데에서는, 계씨의 예에 벗어나는 행위에 대한 하늘의 재앙이 내렸던 것
이고, 그런 이치를 통하여 공자가 알아맞혔다고 쓰고 있는데 잘못일 것
이다.

며칠 전에 수레를 타고 노나라 도성(都城)을 돌아보면서 한탄하였다.

옛날에 이 나라도 거의 흥성할 뻔했었는데, 내가 공자에게 죄를 진 때문에 흥성하지 못하였다.

그리고는 그의 후계자가 될 계강자(季康子)를 돌아다보면서 이렇게 당부하였다.

내가 죽은 뒤에는 네가 틀림없이 노나라의 정치를 맡을 것이다. 노나라 정치를 맡게 되거든 꼭 공자를 초빙하도록 하라!

그리고 계환자가 죽자, 계강자는 장례를 치른 다음 곧 공자를 초빙하려 하였다. 이때 공지어(公之魚)라는 자가 나서서 말하였다.

"옛날 우리 선군(先君)이신 정공(定公)께서 그를 등용했었으나 끝까지 쓰지 못하여, 마침내는 제후들의 웃음거리가 되었었습니다. 지금 또 그를 등용했다가 끝까지 쓰지 못한다면 또다시 제후들의 웃음거리가 되고 말 것입니다."

계강자가 되물었다.

"그러면 누구를 초빙하는 게 좋겠소?"

"염구(冉求)라는 그의 제자를 부르시는 게 좋을 것입니다."

이에 사신을 보내어 염구를 노나라로 초빙하였다.

염구가 떠날 때 공자가 말하였다.

"노나라 사람들이 너를 불러갈 적에는 너를 작게 쓰려는 게 아니라 크게 쓰려는 것이다."

그리고 이날 공자는 이런 말을 하였다 한다.

돌아가야지, 돌아가야지! 우리 고장의 젊은이들은 뜻이 크면서도 일에 거칠고, 멋지게 겉치레나 할 줄 알았지 일을 제대로 요리하는 방법을 알지 못하고 있다.

歸與, 歸與! 吾黨之小子狂簡, 裴然成章, 不知所以裁之.

— 《論語》 公冶長

자공(子貢)은 공자가 고향으로 돌아가고 싶어함을 알고 염구(冉求)를 전송하면서 이렇게 당부하였다.

중히 등용되면 곧 선생님을 초청하도록 하시오![18]

뒤에 공자가 오랜 유랑의 생활을 끝맺고 고향인 노나라로 돌아갈 수 있었던 것은 염구를 비롯한 여러 제자들의 노력에도 크게 힘입었다.

제3절 채(蔡)나라에서

제자인 염구(冉求)가 노나라로 돌아간 다음해(기원전 491, 노나라 애공 4년, 공자 61세) 공자는 진나라에서 아무런 성과도 거두지 못하고 3년 만에 그곳을 떠나 채(蔡)나라로 갔다. 진나라도 자주 외국의 침입을 받는 약하고 불안정한 나라였지만, 채나라는 그보다도 더욱 작고 정국이 어지러운 나라였다. 본시 채나라는 주(周) 무왕(武王)의 아우인 숙도(叔度)를 봉한 나라로 도읍이 상채(上蔡, 현재의 河南省

---

18) 이상의 《사기》 공자세가에 보이는 기록을 허동래(許同萊)는 《공자연보(孔子年譜)》에서 믿을 수 없다고 하였다. 그러나 공자는 이때 고향으로 돌아가고 싶어도 돌아갈 수 없는 딱하고 불안한 상태에 놓여 있었다고 봄이 옳을 것이다.

上蔡縣 서남)였는데, 기원전 531년에 초(楚)나라에 멸망당하였다. 그 뒤 다시 3년 만에 나라를 되찾아 신채(新蔡, 현재의 河南省)에 도읍을 정했었다.

그러나 소후(昭侯)는 기원전 493년에 여러 신하들을 속이고 오(吳)나라의 후원 아래 도읍을 주래(州來, 현재의 安徽省 壽縣)로 옮겼었다. 공자가 채나라를 찾아간 기원전 491년에는 소후가 오(吳)나라의 초청을 받고 오나라를 방문하려 하니, 대부들은 소후가 다시 도읍을 옮길까 걱정하여 소후를 활로 쏘아 죽여 버렸다. 그리고 채나라는 오나라와 초나라 사이에서 오나라 편에 가담하고 있었으므로, 이해에도 초나라의 침벌을 당했었다. 채나라는 소후의 뒤를 성후(成侯)가 계승하였지만 진나라보다도 더욱 안팎으로 어지럽고 불안한 나라였다.

공자는 자신의 정치 이상을 실천해 보려고 여러 나라를 찾아다녔다고 흔히들 말하고 있지만, 위(衛)나라를 제외하고는 별로 그럴싸한 나라를 찾아가 유세(遊說)를 제대로 해보지도 못한 것을 보면, 생활에 몰리어 부득이 연줄이 닿는 대로 불안한 고장을 가릴 겨를 없이 찾아다녔었는지도 모를 일이다. 이런 어지러운 고장에서 나그네로서는 이상이나 정치는 생각할 겨를조차도 없었을 것이다.

다음해(기원전 490년, 노나라 애공 5년, 공자 62세)에 공자는 채나라를 떠나 섭(葉, 지금의 河南省 葉縣)이란 작은 나라를 찾아갔다. 섭나라는 본시 채(蔡)나라 땅이었는데, 초(楚)나라가 빼앗아 대부인 섭공(葉公)에게 다스리게 하고 있던 고장이었다. 섭공은 성이 심(沈)씨이고 이름은 제량(諸梁), 자는 자고(子高)였는데, 그는 공자가 찾아가기 전해(기원전 491)에는 실제로 채나라 전체까지도 지배하게 되어, 부함(負函)이란 곳에 새로이 채나라를 세우게 하고는 채나라 전체를 다스리고 있었다. 공자는 섭공의 정치 능력을 크게 평가하고 그를 찾아갔던 것 같다. 《논어》에는 공자가 섭공을 만나서 주고받은 다음과 같은 대화들이 실려 있다.

섭공이 정치에 대하여 묻자, 공자께서 말씀하셨다.

"가까운 곳의 사람들은 기뻐하며 따르게 하고, 먼 곳의 사람들은 흠모하여 찾아오도록 해야만 합니다."

葉公問政, 子曰 : 近者説, 遠者來. ― 子路

섭공이 자로에게 공자에 대하여 물었으나, 자로는 대답하지 않았다. 그러자 공자께서 말씀하셨다.

"너는 왜 이렇게 말하지 않았는가? 그의 사람됨은 학문에 발분하면 밥 먹는 것도 잊고, 즐김으로써 걱정을 잊어, 자신이 늙어가고 있다는 것도 깨닫지 못하고 있는 사람이라고."

葉公問孔子於子路,　子路不對.　子曰 : 女奚不曰 : 其爲人也, 發憤忘食, 樂以忘憂, 不知老之將至云爾. ― 述而

섭공이 공자에게 말하였다.

"우리 마을에 직궁(直躬)이라는 행실이 강직한 사람이 있는데, 그의 아버지가 양을 훔쳤을 때 자식으로서 그 사실을 증언했소."

공자께서 말씀하셨다.

"우리 마을의 강직한 사람은 그와 다릅니다. 아버지는 자식을 위해 숨기고 자식은 아버지를 위해 숨기는데, 강직함이 그러는 가운데 있게 되는 것입니다."

葉公語孔子曰 : 吾黨有直躬者,　其父攘羊,　而子證之.　孔子曰 : 吾黨之直者, 異於是. 父爲子隱, 子爲父隱, 直在其中矣.

― 子路19)

----

19) 《여씨춘추(呂氏春秋)》 중동기(仲冬紀) 당무(當務)에도 직궁(直躬)에 관한 얘기가 있으나 이와는 내용이 약간 다르다. 초(楚)나라의 직궁은 자기 아버지가 양을 훔친 것을 고발하여, 관리들이 그의 아버지를 잡아다 죽이려 하자 자기가 아버지 대신 처형받겠다고 요구한다. 관리가 그를

공자는 섭공을 면담하는 데에는 성공하였으나 역시 아무런 성과도 거두지 못한다. 위의 세번째 직궁(直躬)에 관한 얘기가 암시해 주듯이 공자와 섭공의 의견에는 넓은 간격이 있었던 것 같다. 그 때문에 공자는 곧 섭을 떠나 채나라로 다시 돌아온다.

공자는 이번 여행길에 다음과 같은 두 가지 경험을 한다.

어느 날 장저(長沮)와 걸닉(桀溺)이라는 두 사람이 나란히 밭을 갈고 있었다. 공자는 그들 곁을 지나다가 자로(子路)를 시켜 그들에게 나루터가 있는 곳을 물어보도록 하였다. 자로가 가까이 가니 장저가 먼저 물었다.

"저 수레의 말고삐를 잡고 있는 사람은 누구요?"

"공구(孔丘)라는 분입니다."

"노나라의 공구 말이오?"

"그렇습니다."

"그는 나루터 있는 곳을 알고 있소."

이번엔 걸닉에게 물으니 걸닉이 말하였다.

"당신은 뉘시오?"

"중유(仲由)라는 사람입니다."

처형하려 하자 그는, "아버지가 양을 훔친 것을 고발하였으니 신의가 있는 게 아닙니까? 아버지에 대신하여 처형을 받으려 하니 효성이 있는 게 아닙니까? 신의가 있고 효성도 있는 사람을 처형한다면 나라 안에 그 누가 또 처형당하지 않겠습니까?"하고 아뢴다. 초나라 임금은 그 말을 듣고 그를 용서해 준다. 공자는 그 얘기를 듣고, "이상하구나, 직궁의 신의라는 것은! 한 아버지를 가지고 두 번이나 명성을 취하려 하다니!"하고 평한다. 그러니 직궁 같은 신의는 신의가 없는 것만도 못하다는 것이다. 《한비자(韓非子)》 오두(五蠹)편에도 직궁에 관한 얘기가 나오는데, 거기에서는 임금에게는 곧았으나 아버지에게는 잘못한 짓이라 하여 처벌하는 것으로 되어 있다.

"그럼 당신은 노나라 공구의 제자요?"

"그렇습니다."

그러자 걸닉이 말하였다.

"지금 세상은 온통 물이 도도히 흐르는 것과 같은데, 그 누가 그 방향을 바꿀 수가 있겠소? 또한 당신도 사람을 피해 다니는 사람(공자)을 따르느니보다는 차라리 세상을 피해 사는 선비(자기 같은)를 따르는 게 어떻겠소?"

그러면서도 밭갈이는 멈추지를 않았다.

자로가 돌아와서 이 사실을 고하자, 공자께서는 언짢은 듯이 말씀하셨다.

"새나 짐승과 함께 어울려 살 수는 없는 일이다. 내 천하의 사람들과 어울려 살지 않고, 그 누구와 더불어 살겠느냐? 천하에 도가 있다면 나는 그것을 개혁하려 들지는 않을 것이다."

長沮桀溺耦而耕. 孔子過之, 使子路問津焉. 長沮曰：夫執輿者爲誰？ 子路曰：爲孔丘. 曰：是魯孔丘與？ 曰：是也. 曰：是知津矣.

問於桀溺. 桀溺曰：子爲誰？ 曰：爲仲由. 曰：是魯孔丘之徒與？ 對曰：然. 曰：滔滔者天下皆是也, 而誰以易之？ 且而與其從辟人之士也, 豈若從辟世之士哉？ 耰而不輟.

子路行以告, 夫子憮然曰：鳥獸, 不可與同羣. 吾非斯人之徒與, 而誰與？ 天下有道, 丘不與易也. ─《論語》微子

자로가 공자를 수행하다 뒤처졌었는데, 막대기에 대바구니를 매달아 걸머메고 가는 노인을 만났다. 자로가 그에게 물었다.

"영감께서 저의 선생님을 못 보셨습니까?"

노인이 말하였다.

"사지를 움직이지도 않고 오곡도 분별하지 못하는데 누가 선생이란 말이오?"

그리고 노인은 지팡이를 땅에 꽂아놓고 풀을 뽑았다.

자로는 손을 모아잡고 공손히 서 있었다. 노인은 자로를 집에 데리고 가서 묵게 하고는, 닭을 잡고 기장밥을 지어 대접하고 또 자기의 두 아들을 만나게 하였다.

다음날 자로가 공자에게 가서 사연을 얘기하니 공자는

"숨어사는 사람이다."

고 말하고는 자로로 하여금 되돌아가 그를 찾아보도록 하였다. 자로가 가보니 그는 이미 어디론가 떠나 버리고 없었다.

> 子路從而後, 遇丈人以杖荷蓧. 子路問曰 : 子見夫子乎? 丈人
> 曰 : 四體不勤, 五穀不分, 孰爲夫子? 植其杖而藝.
> 子路拱而立, 止子路宿, 殺雞爲黍而食之, 見其二子焉.
> 明日子路行以告, 子曰 : 隱者也. 使子路反見之, 至則行矣.
>
> ─《論語》微子

공자가 채나라에 온 지 3년째가 되는 기원전 489년(노나라 哀公 6年, 공자 63세)에 오(吳)나라가 진(陳)나라를 공격하니 초(楚)나라는 진나라를 도우려고 군사를 출동시켰다. 이때 초나라 소왕(昭王)은 직접 군사를 이끌고 성보(城父, 현재의 安徽省 亳縣)라는 진나라 땅에 나와 있었다.

이 초나라 소왕은 매우 어진 임금이었다. 《좌전(左傳)》 애공(哀公) 6년의 기록에는 다음과 같은 그에 관한 얘기가 실려 있다.

그해(기원전 489) 어느 날, 무리를 이룬 붉은 새 같은 구름이 해를 끼고 3일 동안이나 떠 있었다. 소왕은 주태사(周大史)20)에게 물어보

---

20) 주태사(周太史)는 제후들 밑에서 주(周) 왕실에서 내린 전적을 맡아보는 태사(太史)라는 관리. 주태사는 그 나라의 전적과 기록뿐만 아니라 천문 (天文)도 관장하였다(孔穎達 《正義》 引 服虔說).

게 하니, 주태사는 '그것은 왕에게 재난이 있을 징조이다. 만약 제사를 지낸다면 그 재난을 영윤(令尹)과 사마(司馬)에게로 옮길 수가 있을 것이다'고 대답하였다. 소왕은,

> 몸 속의 병을 떼어다 팔다리에 옮겨놓는 것과 같은 짓인데 무슨 도움이 되겠느냐? 내게 큰 잘못이 없는데도 하늘이 나를 일찍 죽게 하는 벌을 내리겠는가? 죄를 졌으면 벌을 받아야지 어디에다 그것을 옮겨놓는단 말이냐?

하고 말하고는 끝내 제사를 지내지 않았다.

또 한번은 소왕이 병이 나서 점을 치게 하니 '황하(黃河)의 신이 성을 내셨다'는 점괘가 나왔다. 그러나 소왕은 황하에 제사를 지내지 않았다. 대부들이 교외로 나가 제사를 지내기를 요청하니 소왕은 이렇게 말하였다.

> 옛날부터 제사는 눈에 보이지도 않는 산천(山川)에는 지낸 적이 없었다. 우리나라는 강수(江水)·한수(漢水)·저수(雎水)·장수(漳水)의 한계 안에 있으니, 화복(禍福)은 이 강들을 벗어나지 않는다. 내가 비록 부덕(不德)하다 하더라도 황하에게 죄를 지을 수는 없는 것이다.

그리고는 끝내 제사를 지내지 않았다. 공자는 이런 말을 듣고 '초나라 소왕은 위대한 도(道)가 무엇인지 알고 있다. 그가 나라를 잃지 않는 것이 마땅한 일이다'고 칭찬을 하였다 한다.

이러한 소왕이 성보(城父)에 와서 공자가 진(陳)나라와 채(蔡)나라 사이에 방황하고 있다는 얘기를 듣고 사람을 보내어 공자를 초빙하였다. 공자는 전쟁통에 다시 채나라를 떠나 진(陳)나라로 가려 했던 것

같다. 공자는 기꺼이 소왕에게로 달려가려 하였을 것이다. 그러나 진나라와 채나라의 대부들이 이 사실을 알고 크게 긴장하였다. 공자는 진나라와 채나라 사이에 오래 머물러 있었기 때문에 제후들의 약점과 대부들의 비행을 모두 알고 있다. 만약 현명한 공자를 강대한 초나라가 초빙해다가 그를 등용한다면 진나라와 채나라의 대부들은 모두 위태로운 처지에 놓이게 된다고 생각한 때문이었다. 그래서 그들은 서로 연락하여 하인들을 내어 공자 일행을 들판에서 포위했는데 그 때문에 공자는 꼼짝도 못하게 되었다.

이 진나라에 있을 때 양식까지 떨어진 데다가[21] 종자(從者)들 중에는 병이 나서 드러눕는 사람이 많았다.

이때에도 공자는 강송(講誦)도 하고 악기를 타며 노래하는 일을 고치지 아니하였다.

그러자 자로가 성이 나서 공자를 뵙고 말하였다.

"군자도 곤경에 빠질 때가 있습니까?"

공자가 대답하였다.

"군자도 본시 곤경에 빠지게 마련이다. 다만 소인이 곤경에 빠지면 함부로 굴게 되는 것과 다르지."[22]

在陳絕糧, 從者病, 莫能興. 子路慍, 見曰 : 君子亦有窮乎? 子曰 : 君子固窮, 小人窮斯濫矣. ─《論語》衛靈公

또《사기》공자세가에는[23] 이때 공자와 그의 제자들 사이의 대화

---

21)《순자(荀子)》유좌(宥坐)편 및《공자가어》재액(在厄)·곤서(困誓)편에 선 '공자가 진나라와 채나라 사이에서 7일간이나 양식이 떨어졌었다'고 하였다.

22) 이 번역은《사기》공자세가를 따른 것이라《논어》에는 없는 구절이 약간 들어 있다.

23)《공자가어》재액(在厄)편에도 보임.《사기》에는 앞의 얘기에 연이어《논

를 다음과 같이 기록하고 있다.

공자는 제자들에게 불만이 있다는 것을 알아차리고, 자로를 불러
놓고 물었다.

"《시경(詩經)》(小雅 何草不黃)에 '외뿔소도 아니고 호랑이도 아
니거늘 거친 들판을 헤매고 있는가!'하고 읊고 있다. 나의 도(道)
가 그릇된 것일까? 우리가 어찌해서 이런 지경에 빠졌을까?"

자로가 대답하였다.

"아마도 우리가 어질지 못하여 사람들이 우리를 믿지 않는 때문
이겠지요. 아마도 우리가 지혜롭지 못하여 사람들이 우리 뜻대
로 일이 되게 하지 않는 것이겠지요."

공자가 다시 말하였다.

"그럴까? 유(由, 자로의 이름)야! 만약 어진 사람은 반드시 남의
신임을 받는다면, 어찌 백이(伯夷)와 숙제(叔齊)24)가 고난을 당
했겠느냐? 만약 지혜 있는 사람은 반드시 일이 뜻대로 되게 된
다면 어찌 왕자 비간(比干)25)이 죽음을 당했겠느냐?"

어》위령공(衛靈公)편에도 보이는 공자와 자공(子貢)의 대화(앞 제3장
제1절에 인용)가 이 얘기와의 사이에 실려 있으나 잘못인 듯. 허동래(許
同萊)는 《공자연보》에서 그것은 공자가 주(周)나라에 가서 예(禮)에 대
하여 묻고 온 뒤의 일이라 하였다.

24) 백이(伯夷)와 숙제(叔齊) : 옛 상(商)나라 고죽군(孤竹君)의 두 아들. 주
(周) 무왕(武王)이 상나라를 정벌하여 천하를 통일하자 그들은 두 왕조
를 섬길 수는 없다고 하면서 수양산(首陽山)으로 들어가 고비를 뜯어먹
고 살다가 굶어 죽었다 한다. 절의(節義)의 사람으로 유명하다.

25) 왕자 비간(比干) : 상(商)나라 마지막 임금 주(紂)의 삼촌. 비간이 주왕의
무도한 정치를 간하자, 주왕은 성이 나서 '내가 듣건대 성인의 심장에는
일곱 개의 구멍이 있다더라'고 하면서, 정말인가 확인하기 위해 가슴을
째고 심장을 꺼내었다 한다.

자로가 나간 다음에 자공(子貢)을 불러들여 놓고 말하였다.

"《시경》에 '외뿔소도 아니고 호랑이도 아니거늘 거친 들판을 헤매고 있는가!'하고 읊고 있다. 나의 도가 그릇된 것일까? 우리가 어찌해서 이런 지경에 빠졌을까?"

자공이 대답하였다.

"선생님의 도는 지극히 위대하기 때문에 천하에서는 선생님을 받아들이지 못하고 있습니다. 선생님께서는 어찌하여 약간 정도를 낮추어 절충하시지 않으십니까?"

"사(賜, 자공의 이름)야! 훌륭한 농부는 열심히 씨뿌리기는 하지만 반드시 수확을 잘 거둔다고 할 수 없고, 훌륭한 공인은 기교를 다하지만 언제나 사람들 마음에 드는 것을 만든다고 할 수는 없다. 군자는 그의 도를 잘 닦아서 기강(紀綱)을 세우고 잘 통합하여 정리하기는 하지만 꼭 그것이 받아들여질 수는 없는 것이다. 지금 그대는 자기의 도는 닦지도 않고 받아들여지기만을 바라고 있지 않은가? 사야! 너의 뜻이 원대하지 못하구나!"

자공이 나간 다음에 안회(顔回)를 불러들여 놓고 말하였다.

"《시경》에 '외뿔소도 아니고 호랑이도 아니거늘 거친 들판을 헤매고 있는가!'하고 읊고 있다. 나의 도가 그릇된 것일까? 우리가 어찌해서 이런 지경에 빠졌을까?"

안회가 대답하였다.

"선생님의 도가 지극히 위대하기 때문에 세상에서는 받아들이지를 못하고 있는 것입니다. 그렇다 하더라도 선생님께서는 그 도를 밀고 나가셔야만 합니다. 받아들이지 않는 게 무슨 걱정이십니까? 받아들여지지 않은 다음에야 참된 군자가 드러나게 되는 것입니다. 도가 닦여지지 않았다는 것은 우리의 결함이요, 도가 이미 크게 닦여졌는데도 등용하지 않는다는 것은 나라를 다스리는 사람들의 결함입니다. 받아들여지지 않는 게 무슨 걱정이십

니까? 받아들여지지 않은 다음에야 참된 군자가 드러나게 되는
것입니다."

공자는 기쁜 듯이 웃으면서 이렇게 말하였다.

"그러냐? 너의 집안이 부자였더라면 나는 너의 가신(家臣) 노
릇이라도 할 텐데!"26)

그리고 나서 자공을 초나라로 보내어 실정을 알리자, 초나라 소
왕이 군사를 보내어 공자 일행은 위기를 모면할 수가 있었다.

이때 소왕은 7백 리(里, 1里는 25家)의 땅을 떼어 주고 공자를
초빙하려 하였었다. 그러나 이때 초나라의 영윤(令尹, 곧 재상)인
자서(子西)가 이에 반대하고 나섰다.

"대왕께서는 제후들에게 보낼 사신(使臣)으로 자공(子貢)만한
사람이 있습니까?"

"없소."

"대왕의 대신들 중에는 안회(顔回)만한 사람이 있습니까?"

"없소."

"대왕의 장수들 중에는 자로(子路)만한 사람이 있습니까?"

"없소."

"대왕의 신하들 중에 재여(宰予)만한 행정가가 있습니까?"

"없소."

"그런데 초나라의 조상께서는 주(周)나라로부터 자남(子男)의
작위 아래 50리 땅을 봉해 받았었습니다. 지금 공자는 옛 삼왕
(三王, 禹·湯·文武)의 법도를 계승하고, 주공(周公)과 소공(召

---

26) 이 대목도 최술(崔述)의 《수사고신록(洙泗考信錄)》 같은 데에서는, 자로
(子路)와 자공(子貢)이 공자를 이해하지 못했다는 것은 말이 안 된다
고 하면서 사실이 아닐 거라고 주장하고 있다. 그러나 여러 날 양식조차
떨어진 채 포위당해 있던 실정을 감안하면, 그럴 수 있는 일이라고 생각
된다.

公)의 유업(遺業)을 밝히려 하고 있습니다. 대왕께서 만약 그들을 등용하신다면 초나라가 어떻게 대대로 수천 리의 땅을 다스릴 수가 있겠습니까? 옛날 주나라 문왕(文王)이 풍(豊)에 있을 때나 무왕(武王)이 호(鎬)에 있을 때는 백리 넓이 땅의 임금에 지나지 않았지만 마침내는 온 천하를 통일하였습니다. 지금 공자가 땅을 차지하게 되면 현명한 제자들이 그를 보좌할 것이니 초나라의 복이 되지 못합니다."

소왕은 그 말을 듣고는 공자를 초빙하려던 생각을 버리었다. 그리고 그해(기원전 489) 가을에 소왕은 성보(城父)에서 죽고 말았다. 이에 공자의 마지막 희망조차도 완전히 끊어지고 만 것이다.

어느 날 초나라의 미치광이로 알려진 접여(接輿)가 공자 곁을 지나가면서 이런 노래를 하였다.
'봉새야, 봉새야!
어찌하여 덕은 그토록 쇠하였는가!
지난 일은 탓해도 소용없지만
앞일은 바로잡을 수 있는 것.
아서라, 아서라!
지금 정치를 한다는 것은 위태로운 짓이니라!'
공자는 수레를 내려 그와 얘기를 나누고자 했으나, 그는 피해 달아나 버리어 같이 얘기할 수가 없었다.
楚狂接輿, 歌而過孔子, 曰 : 鳳兮, 鳳兮! 何德之衰! 往者不可諫, 來者猶可追, 已而, 已而! 今之從政者殆而! 孔子下, 欲與之言, 趨而辟之, 不得與之言. ―《論語》微子

공자는 자기의 이상을 실천하기 위하여, 어지러운 세상을 올바로 다스려 보려고 갖은 고생을 하며 여러 나라를 찾아다녔다. 좀처럼 그에게 자신의 포부를 실천해 볼 기회가 주어지지 않았지만 그렇다고 공자는 쉽사리 단념하지도 않았다. 《논어》에는 다음과 같은 공자와 그의 제자 자공(子貢)의 대화가 실려 있다.

> 자공이 말하였다.
> "아름다운 옥이 여기 있는데, 이것을 궤 속에 넣어 감추어 두시겠습니까, 좋은 상인을 찾아 파시겠습니까?"
> 공자는 즉시 대답하였다.
> "팔아야지, 팔아야지! 나는 상인을 기다리는 사람이다."
> 子貢曰 : 有美玉於斯, 韞匵而藏諸, 求善賈而沽諸? 子曰 : 沽之哉, 沽之哉! 我待賈者也. —子罕

곧 공자는 스스로 값을 제대로 놓아줄 상인을 기다리는 아름다운 구슬에 비유하고 있는 것이다.

그러나 초광(楚狂)의 경우와 같이 많은 세상 사람들이 공자를 이해하지 못하였다. 《논어》 헌문(憲問)편의 다음 얘기는 이런 사정을 잘 알려주는 내용이다.

> 미생묘가 공자를 평하여 말하였다.
> "구(丘)는 무엇 때문에 악착같이 서성거리며 살고 있는가? 말재주를 피우고 있는 것이 아니냐?"
> 공자가 이에 대해 말하였다.
> "감히 말재주나 피우려는 것은 아니다. 세상이 고루함을 가슴 아프게 여기기 때문이지."
> 微生畝謂孔子曰 : 丘何爲是栖栖者與? 無乃爲佞乎? 孔子曰 : 非敢爲佞也. 疾固也.

어떻든 이상과 같은 일이 있은 뒤 공자는 진(陳)나라와 채(蔡)나라 근처를 떠나 다시 위(衛)나라로 돌아왔다. 이미 세 번이나 찾아갔다 떠난 일이 있는 위나라를 다시 찾아갔다는 것은 공자의 불여의(不如 意)했던 여행의 성과를 단적으로 설명해 주는 것이라 생각된다.

제4절 위(衛)나라로부터 노나라로

공자는 이번으로 네번째 위나라를 찾아간다. 공자가 다시 위나라를 찾아간 이유는 이미 수많은 공자의 제자들이 위나라에서 벼슬하고 있 었기 때문에(《사기》 공자세가) 적어도 위나라에 가면 생활의 위협만 은 모면할 수 있었기 때문일 것이다. 그러나 또다시 위나라로 찾아드 는 일행의 발길은 무거웠을 것이다. 무엇보다도 제자들로서는 스승인 공자가 위나라로 가서는 벼슬을 하실까 하는 문제가 가장 큰 의문이 었을 것이다.

그래서 염유(冉有)가 먼저 말을 꺼내었다.
"선생님께서 이번엔 위나라 임금을 위해 일하실까요?"
자공(子貢)이 말하였다.
"글쎄. 내가 여쭈어 보지요."
자공이 들어가 여쭈었다.
"백이(伯夷)와 숙제(叔齊)는 어떠한 사람입니까?"
"옛날의 현인들이시다."
"그들은 원망했었습니까?"
"그들은 인(仁)을 추구하여 인을 얻었는데, 어찌 원망하였겠느냐?"
자공이 나와서 말했다.
"선생님께서는 위나라 임금을 위해 일하지 않으실 것입니다."

冉有曰：夫子爲衛君乎？ 子貢曰：諾, 吾將問之. 入曰：伯夷
叔齊何人也？ 曰：古之賢人也. 曰：怨乎？ 曰：求仁得仁, 又
何怨？ 出曰：夫子不爲也. ―《論語》述而

　자공은 은유(隱喩)로써 공자의 뜻을 타진해 본 것이다. 당시 위나
라의 출공(出公)은 영공(靈公)의 태자인 괴외(蒯聵)의 아들로서, 영
공이 죽자 왕위에 오른 다음 외국으로 도망갔던 자기 아버지 괴외가
위나라로 돌아오는 것을 무력으로 막았던 사람이다. 자공이 질문한
백이와 숙제는 고죽군(孤竹君)의 아들로서 형제가 서로 왕위를 양보
하여 임금 자리에 오르지 아니하였고, 마지막에는 주(周) 무왕(武王)
이 천하를 통일하자 두 왕조를 섬길 수 없다고 하면서 수양산(首陽
山)으로 들어가 고비를 뜯어먹고 살다가 결국은 굶어 죽은 사람들이
다. 형제가 서로 왕위를 양보하고 임금 자리에 오르지 않았던 행위는,
보기에 따라 비판을 가할 수도 있는 일이다.
　그러나 공자는 이들을 두고 '인(仁)을 추구하여 인을 얻은 사람들'
이라 칭찬하고 있으니, 왕위를 빼앗길까 하여 외국에 나간 아버지 괴
외의 귀국을 막은 위나라 출공을 공자가 좋게 생각하고 있을 리가 없
는 것이다. 이 때문에 자공은 자기 스승 공자가 위나라에서는 벼슬을
하지 않을 것이라고 단정하였던 것이다.
　또 자로(子路)가 공자에게 '위나라 임금이 선생님께 정치를 맡긴다
면 선생님은 무엇부터 먼저 하시겠습니까?'하고 물었을 때, 공자가
'반드시 명분을 바로잡는 일부터 할 것이다'고 대답했던 것(《論語》子
路, 앞 제4장 제4절 인용)도 이때이다. 자식이 임금 자리가 탐이 나서
아버지가 자기 나라로 들어오는 것을 막는 풍토를 생각할 때, 공자가
정치를 함에 있어 '명분을 바로잡는 일부터 하겠다'는 것은 가장 절실
한 일이었다. '명분을 바로잡는다'는 것은 임금은 임금이라는 명분에
맞게 행동하고. 아들은 아들이라는 명분에 맞게 행동하며, 신하나 아

버지도 모두 자기 명분에 맞게 행동하도록 만든다는 것이다. 공자는
무엇보다도 위나라 출공의 임금답지 않은 행동과 자식답지 않은 행실
을 못마땅하게 생각하고 있었던 것 같다.

그 때문에 공자는 위나라에서 벼슬할 생각을 별로 하지 않은 듯하
지만, 위나라의 임금 자신도 전번에 공자가 위나라를 찾아왔을 때보
다는 훨씬 냉담했던 것 같다. 그러나 그의 제자들의 활약은 더욱 눈
에 띄게 드러난다.

공자가 위나라로 온 다음해인 기원전 488년(노나라 애공 7년, 공자
64세)에는 오(吳)나라 임금 부차(夫差)가 제(齊)나라를 정벌하던 끝
에, 노(魯)나라와 증(鄫)에서 회맹(會盟)하며 백로(百牢, 제물로 쓸
소 백 마리)를 바칠 것을 요구해 왔다. 주(周)나라의 예제(禮制)에 의
하면 상공(上公)이 9로, 후백(侯伯)은 7로, 자남(子男)은 5로였으므로
(司馬貞 《史記索隱》), 노나라는 예제를 들어 항의하였으나 계속 강요
하여 하는 수 없이 갖다바쳤다. 그러자 이번엔 오나라의 태재(太宰)
인 비(嚭)가 노나라의 계강자(季康子)를 불렀다. 이때 계강자는 외교
에 능한 자공(子貢)을 불러 노나라 사신으로 보내어 까다로운 국제문
제를 해결하게 하였다.[27]

또 자로(子路)는 위나라에 벼슬하여 여러 해 동안 포(蒲) 땅을 다
스리어 훌륭한 치적(治績)을 올렸었다(《孔子家語》 致思·辯政). 《공
자가어》 변정(辯政)편에는, 자로가 포 땅을 다스린 지 3년째 되는 해
공자가 그곳을 들렀던 일을 다음과 같이 쓰고 있다.

공자가 그곳 경계로 들어오면서 말하였다.
"훌륭하다, 유(由, 자로의 이름)는! 공경스러움으로써 신의가
있다."

---

27) 《사기》 공자세가, 《좌전(左傳)》 애공 7년 참조.

다시 고을 안으로 들어가면서 말하였다.

"훌륭하다, 유는! 충성되고 신의가 있으면서도 관대하다."

또 자로의 공소(公所)에 이르러 말하였다.

"훌륭하다, 유는! 밝게 살핌으로써 올바른 판단을 한다."

자공이 수레의 말고삐를 잡고 있다가 여쭈었다.

"선생님께서는 자로의 정적(政績)을 보시지도 않고 세 번이나 훌륭하다고 칭찬을 하셨으니, 훌륭하다고 하신 이유를 말씀해 주실 수 있습니까?"

공자가 말하였다.

"나는 그의 정치 업적을 보았다. 이곳 경계 안으로 들어오니, 밭 갈이가 잘 되어 있고 김이 잘 매어져 있으며 도랑이 깊게 잘 파여져 있었다. 이것은 그가 공경스러움으로써 신의가 있기 때문에 백성들이 힘을 다하고 있다는 것을 말해 주는 것이다. 이곳 고을 안으로 들어와보니, 집과 담장이 튼튼히 손질되어 있고 나무가 무성히 자라 있었다. 이것은 그가 충성스럽고 신의가 있으면서도 관대하기 때문에 백성들이 구차하지 않다는 것을 말해 주는 것이다. 그의 공소에 이르러 보니, 마당이 매우 맑고 한적하며 밑의 사람들이 맡은 일을 잘 처리하고 있었다. 이것은 그가 밝게 살피어 올바른 판단을 내리기 때문에 그의 다스림이 어지러워지지 않고 있음을 말해 주는 것이다. 이렇게 볼 때 비록 세 번 훌륭하다고 칭찬했다고 하나 어찌 그 아름다움을 다 표현할 수가 있었겠느냐?"

한편 노나라로 가서 벼슬하던 염유(冉有)의 활약도 공자의 거취(去就)에 큰 영향을 미치게 된다. 기원전 484년(노나라 애공 11년, 공자 68세) 봄에 제(齊)나라가 대거 노(魯)나라를 공격해 왔었다. 이때 염유는 계씨(季氏)의 장수로서 분전하여 낭(郎, 현재의 山東省 金鄕縣

동쪽)이라는 곳에서 제나라 군사를 크게 쳐부수었다. 염유의 병법에
놀란 계강자(季康子)가 염유에게 물었다.

"당신의 병법은 배워서 안 것인가요, 타고난 재능인가요?"
염유가 대답하였다.
"공자님께 배운 것입니다."
"공자는 대체 어떤 분이오?"
"그분을 등용하시면 명성이 곧 널리 퍼질 것이며, 그의 가르침
을 백성들에게 펴면 귀신을 동원해서 따진다 해도 결함을 찾지
못할 것입니다. 제가 그분의 도를 배웠습니다만, 비록 수만 호
(戶)의 땅을 다스리게 된다 하더라도 선생님께서는 자신의 이익
을 따지지는 않을 것입니다."

계강자는 이러한 염유의 말을 듣고 크게 감동하여 '내 그분을 부르
고 싶은데 괜찮겠소?'하고 묻는다. 이에 염유는 '다만 소인(小人)들이
자리를 굳히고 앉아 있지 못하게 하고 불러야만 합니다'하고 대답한
다(이상《史記》孔子世家).
위(衛)나라에서는 또 공자가 더 이상 머물기 어려운 사건이 생겼다.
그것은 위나라의 대부인 중숙어(仲叔圉, 곧 孔文子)가 그의 사위 태
숙질(太叔疾, 곧 世叔齊)을 송(宋)나라로 쫓아낸 일이다. 본시 태숙질
은 위나라 영공(靈公)의 부인 남자(南子)의 정부인 송조(宋朝)의 딸
에게 장가들었으나 처제를 더 사랑했다. 뒤에 송조가 송나라로 쫓겨
가자 중숙어는 태숙질로 하여금 송조의 딸을 버리고 자기 딸에게 장
가를 들게 하였다.
그러나 태숙질은 사랑하던 처제를 몰래 데려다가 한 집에서 살았
다. 중숙어는 화가 나서 태숙질을 공격하려 하였는데, 이때 공자가 중
숙어의 행동을 만류하였다. 그래서 중숙어는 태숙질과 자기 딸을 이

혼시켰으나, 태숙질은 계속 음란한 짓을 일삼아 결국 쫓아내게 되었던 것이다. 공자는 자기의 이상을 실현할 길은 찾지 못하고 이런 지저분한 일의 해결책이나 상의를 받게 된 것에 화가 나서 곧 위나라를 떠나려 하였다. 이때 공자는 중숙어에게,

새가 나무를 선택해야지 나무가 어찌 새를 선택할 수가 있겠는가?

고 말하며 떠날 채비를 하였다. 그러나 중숙어가 굳이 만류하여 그 당장 위나라를 떠나지는 못하였다(이상《左傳》哀公 11년 의거).

한편 노나라의 계강자는 염유의 충고를 따라 이 무렵 소인(小人)으로 지목되던 공화(公華)·공빈(公賓)·공림(公林) 등을 벼슬자리에서 쫓아내고 폐백(幣帛)을 갖추어 공자를 초빙하였다.《공자가어》유행해(儒行解)편에는 염유가 계강자에게,

나라에 성인(聖人)이 있는데도 등용하지는 않고 잘 다스려지기를 바란다는 것은 마치 뒷걸음질을 치면서도 남보다 앞서기를 바라는 거나 같은 일이니 될 수 없는 일입니다. 지금 공자께서 위(衛)나라에 계신데, 위나라에서 공자님을 등용하려 하고 있습니다. 자기네가 지닌 재능을 이웃나라에서 쓰도록 한다는 것은 지혜 있는 것이라고 말하기 어려운 일입니다. 청컨대 폐백(幣帛)을 정중히 갖추어 그분을 맞아들이도록 하십시오.

하고 말하여 계강자가 이 사실을 애공(哀公)에게 알리니 애공이 공자를 맞아들이는 것을 승낙한 것으로 되어 있다.

어떻든 공자는 계강자의 초빙으로 자기 고국(故國)인 노나라를 떠난 지 13년 만에 다시 노나라로 돌아오게 되었던 것이다(《史記》孔

子世家).

그 사이의 공자 개인에 관한 사건으로는 《궐리지연보(闕里誌年譜)》에 공자가 66세 되던 해에 부인 계관씨(亓官氏)가 죽었다고 하였으나, 이는 《소왕사기(素王事紀)》를 근거로 한 것으로, 다른 기록에는 보이지 않는 불확실한 일이다.

공자가 돌아오자마자 노나라 애공은 공자에게 정치에 대하여 물었다. 공자는 이때,

정치는 신하를 선임(選任)하는 데 달렸습니다.

하고 대답하였다. 이는 애공이 벼슬자리에 현명한 사람들을 등용치 못한 데 대한 충고였다. 다시 계강자가 정치에 대하여 묻자 이번에는,

곧은 사람을 천거하여 그릇된 사람 위에 놓으면, 그릇된 사람도 곧아집니다.
擧直錯諸枉, 則枉者直.[28]

하고 대답한다. 이는 자신의 위대한 경륜(經綸)을 몰라준 노나라 위정자에 대한 가시 돋친 대답으로 들어도 좋을 것이다. 노나라에서는 예를 갖추어 공자를 모셔왔으면서도 공자에게 아무런 벼슬도 주지 않았고, 공자 자신도 벼슬하려 들지는 않았다고 한다(이상 《史記》孔子世家). 이는 공자가 노나라로 돌아오자마자 애공의 무능력함과 권신인 계강자의 무도함을 정확히 파악하고, 노나라의 정치환경도 자신의 이상을 실천해 볼 곳이 못 된다는 것을 잘 깨달았기 때문인 듯하다.

─────────────

28) 《논어》 위정(爲政)편에는 애공이 '어떻게 하면 백성이 따르겠습니까?'(何爲則民服?)하고 물은 데 대한 대답으로 이와 비슷한 말을 한 것으로 되어 있다.

공자는 특히 계강자의 탐욕과 부정에 대하여 크게 못마땅하게 여기고 있었던 것 같다. 《좌전(左傳)》 애공 11년(기원전 484)의 기록에는 다음과 같은 얘기가 실려 있다.

계강자는 전부(田賦)를 늘이고자 하여 염유(冉有)로 하여금 공자를 찾아가 의견을 물어보도록 하였다. 공자는 '나는 모른다'고만 대답하였다. 세번째로 찾아가서는 마침내
　　"당신은 국로(國老)로서 당신의 의견을 들어 정치를 행하려 하는데 어찌하여 의견을 말하지 않습니까?"
하고 말하였다. 그래도 공자는 대답하지 않고, 염유에게만 개인적으로 이렇게 말하였다.
　　"군자의 행동은 예법에 들어맞아야 하고, 베푸는 것은 되도록 후히 하며, 일은 알맞은 방법으로 하고, 거두어들이는 것은 되도록 가벼이 하여야 한다. 그렇다면 구부(丘賦)[29]로도 충분한 것이다. 만약 예법을 헤아리지 않고 끝없이 탐욕스럽다면, 비록 전부(田賦)를 거두어들인다 하더라도 또 부족하게 될 것이다. 그러니 계강자가 법도대로 행하고자 한다면 주공(周公)의 법전이 있으니 그대로 따르면 될 것이요, 만약 구차히 행하고자 한다면 무얼 하려고 나를 찾아오는지 모르겠다."

그리고는 계강자의 자문(諮問)에 응하지 않았다. 그러나 계강자는

---

29) 구부(丘賦)는 정(鄭)나라 자산(子産)이 만든 것으로 노나라는 그 제도를 쓰고 있었다. 곧 논밭 1구(丘)는 16정(井, 1井은 900畝)인데, 1구마다 전세(田稅)로 군마(軍馬) 한 필과 소 세 마리나 그에 상당한 곡식을 받는 제도이다. 계강자는 이때 1구마다 전세를 따로 받고, 또 말 한 필과 소 세 마리를 겹쳐 받으려 했었다. 결국 계강자는 이러한 공자의 간접적인 반대에도 불구하고 그 다음해(기원전 483, 애공 12년)에는 새로운 전부(田賦)의 방법을 확정 공포한다.

다음해(기원전 483, 노나라 애공 12년, 공자 69세)부터 그의 새로운 전부(田賦)를 시행할 것을 결정한다. 이에 대한 공자의 반응은 계강자 밑에서 벼슬하고 있던 제자인 염유에 대하여 분노로써 표시되고 있다. 《논어》 선진(先進)편에는 다음과 같은 대목이 있다.

계씨는 주공(周公)보다도 부유했는데, 염구(冉求, 곧 冉有)가 그를 위하여 세금을 더 거둬들임으로써 그의 부를 더해 주었다. 공자가 이에 말하였다.
"그는 내 제자가 아니다! 너희들은 전고(戰鼓)를 울리며 그를 공격해도 좋다."
季氏富於周公, 而求也爲之聚斂而附益之. 子曰：非吾徒也! 小子, 鳴鼓而攻之可也.

계강자가 나라 안에 도적이 많은 것을 걱정하고 그 대책을 묻자 공자는 이렇게 말하였다.

진실로 당신 자신이 탐욕하지 않다면 비록 상을 준다고 해도 도적질을 하지 않게 될 것입니다.
季康子患盜, 問於孔子. 孔子對曰：苟子之不欲, 雖賞之, 不竊. ─《論語》 顔淵

이 말도 실은 공자가 계강자의 탐욕을 충고하려는 뜻이 크게 담겨져 있는 것이다.
이밖에도 《논어》에는 공자와 계강자의 대화가 여러 군데 실려 있는데 모두가 계강자의 부정을 충고하는 내용이다.

계강자가 공자에게 정치에 대하여 물었다. 공자는 이렇게 대답하였다.

"정치[政]란 올바르다[正]는 뜻이니, 당신께서 올바르게 솔선수범(率先垂範)한다면 그 누가 감히 부정할 수 있겠습니까?"

季康子問政於孔子, 孔子對曰 : 政者正也, 子帥以正, 孰敢不正? ―顔淵

계강자가 정치에 대하여 공자에게 물었다.

"만약 무도한 자를 죽임으로써 도를 지키는 방향으로 나아가게 한다면 어떻겠습니까?"

공자가 대답하였다.

"당신이 정치를 하는 데 있어 어찌 살인을 할 필요가 있겠습니까? 당신이 선(善)을 행하려 하면 백성들도 선하게 되는 것입니다. 군자의 덕이 바람과 같다면 소인의 덕은 풀과 같은 것입니다. 풀 위에 바람이 불면 반드시 바람에 쏠리게 마련입니다."

季康子問政於孔子曰 : 如殺無道, 以就有道, 何如? 孔子對曰 : 子爲政, 焉用殺? 子欲善而民善矣. 君子之德風, 小人之德草, 草上之風必偃. ―顔淵

계강자가 물었다.

"백성들로 하여금 공경스럽고 충성되며 부지런히 힘쓰게 하려면 어떻게 하면 되겠습니까?"

공자가 말하였다.

"백성들을 장중하게 대하면 공경스러워지고, 효도와 자애로써 대하면 충성스러워지고, 선인을 등용하고 무능한 사람을 가르쳐 주면 부지런히 힘쓰게 될 것입니다."

季康子問 : 使民敬忠以勸, 如之何? 子曰 : 臨之以莊則敬, 孝慈則忠, 擧善而敎不能則勸. ―爲政

공자가 이 사이에 국로(國老)로서 노나라의 중요한 국사(國事)에 간여한 기록이 두 군데 보인다. 첫째로 《논어》 계씨(季氏)편에는 다음과 같은 기록이 보이는데, 이것은 기원전 482년(노나라 애공 13년, 공자 70세)에 있었던 일이다.

계씨가 전유(顓臾, 지금의 山東省 費縣 서북쪽에 있던 노나라의 附庸國)를 정벌하려 하니, 염유(冉有)와 자로(子路)가 공자를 찾아 뵙고 아뢰었다.

"계씨가 전유를 치려 하고 있습니다."

공자가 말하였다.

"구(求, 冉有의 이름)야! 그것은 바로 너의 잘못이 아니겠느냐? 전유는 옛날 선왕께서 그를 동몽산(東蒙山, 지금의 山東省 蒙陰縣 남쪽, 費縣과의 접경에 있는 산 이름, 蒙山이라고도 부름)의 제주(祭主)로 삼고 그곳에 봉한 나라이며, 또한 노나라 경역 안에 있는 나라이다. 노나라를 떠받드는 신하의 나라인데, 어찌하여 그를 친다는 거냐?"

염유가 말하였다.

"계씨가 치려고 하는 것이지, 저희 두 사람은 모두 원치 않는 일입니다."

공자가 말하였다.

"구야! 주임(周任, 옛 史官 이름)이 이런 말을 하였다. '자기 힘을 다하여 벼슬자리에 나아가되, 만약 감당할 수 없게 되면 벼슬을 그만둔다'는 것이다. 위태로운데도 붙잡아 주지 못하고, 넘어지려 해도 부축해 주지 못한다면, 그런 신하를 어디에다 쓰겠느냐? 또한 너의 말도 잘못이다. 범과 들소가 우리 밖으로 나오거나, 궤 속에 넣어둔 신귀(神龜)와 구슬이 깨어졌다면, 그건 누구의 잘못이겠느냐?"

염유가 말하였다.

"지금 전유는 성이 견고하고 또 비(費, 계씨의 도성)에 가까이 있습니다. 지금 빼앗지 않으면 후세에 반드시 자손들의 걱정거리가 될 것입니다."

공자가 말하였다.

"구야! 군자는 그가 바라는 것은 버려둔 채 말하지 않고, 꼭 그것을 변호하려 드는 것을 미워한다. 내가 듣건대 국가를 다스리는 사람은 백성 적음을 걱정하지 않고 고르지 못함을 걱정하며, 가난함을 걱정하지 않고 불안함을 걱정한다고 하였다. 고르면 가난함이 없게 되고, 화락하면 백성이 적지 않게 되고, 평안하면 기울어지지 않게 되는 것이다. 그러므로 먼 데 사람들이 복종하지 않으면 문화적인 덕을 닦아서 그들이 따라오도록 할 것이며, 따라오면 이들을 편안하게 해주는 것이다. 지금 유(由, 子路의 이름)와 구는 계씨를 돕고 있는데, 먼 데 사람들이 복종하여 따라오도록 하지 못하였고, 나라의 민심이 이탈되어 서로 떨어져 나가게 되었는데도 이를 막고 지키지 못하고 있다. 그러고도 한 나라 안에서 전쟁을 일으킬 획책을 하고 있으니, 나는 계씨의 걱정이 전유에 있지 아니하고 바로 제 집안에 있을 것임을 두려워하고 있다."

季氏將伐顓臾, 冉有季路見於孔子, 曰：季氏將有事於顓臾.

孔子曰：求! 無乃爾是過與? 夫顓臾, 昔者先王以爲東蒙主, 且在邦域之中矣. 是社稷之臣也, 何以伐爲?

冉有曰：夫子欲之, 吾二臣者, 皆不欲也.

孔子曰：求! 周任有言曰：陳力就列, 不能者止. 危而不持, 顚而不扶, 則將焉用彼相矣? 且爾言過矣. 虎兕出於柙, 龜玉毀於櫝中, 是誰之過與!

冉有曰：今夫顓臾, 固而近於費. 今不取, 後世必爲子孫憂.

孔子曰 : 求! 君子疾夫舍曰欲之, 而必爲之辭. 丘也聞, 有國有家者, 不患寡而患不均, 不患貧而舊. 不安. 蓋均無貧, 和無寡, 安無傾. 夫如是, 故遠人不服, 則修文德以來之, 旣來之則安之. 今由與求也相夫子, 遠人不服, 而不能來也. 邦分崩離析, 而不能守也. 而謀動干戈於邦內. 吾恐季孫之憂, 不在顓臾, 而在蕭牆之內也.

또 기원전 481년(노나라 애공 14년, 공자 71세)에, 제(齊)나라에서는 권신인 진항(陳恒, 陳成子 또는 田常이라고도 부름)이 그의 임금 간공(簡公)을 시해(弑害)하는 사건이 일어났었다. 《논어》 헌문(憲問)편에는 그 소식을 들은 공자의 반응을 다음과 같이 적고 있다.

공자는 목욕을 하고 입조(入朝)하여 애공에게 고하였다.
"진항이 그의 임금을 죽였으니, 청컨대 그를 토벌해 주십시오."
애공은
"세 집안 사람들(곧 三桓氏)에게 말하라."
고 미루었다. 이에 공자는 이런 말씀을 하셨다.
"나는 대부(大夫)의 말석(末席)에 있던 몸이라 감히 고하지 않을 수가 없었다. 그런데 임금은 세 집안 사람들에게 말하라고 하셨다."
그리고는 세 집안 사람들에게 가서 고하였으나 동의를 얻지 못하였다. 공자는 다시 말하였다.
"나는 대부의 말석에 있던 몸이라 감히 고하지 않을 수가 없었다."
陳成子弒簡公. 孔子沐浴而朝, 告於哀公曰 : 陳恒弒其君, 請討! 公曰 : 告夫三子. 孔子曰 : 以吾從大夫之後, 不敢不告也. 君曰 : 告夫三子者! 之三子告, 不可. 孔子曰 : 以吾從大夫之後, 不敢不告也.

《좌전》애공 14년에도 이에 관한 기록이 있으나 내용이 약간 다르다.

6월 갑오(甲午)에 제나라 진항이 그의 임금 임(壬)을 서주(舒州)에서 죽였다. 공자는 사흘 동안 재계(齋戒)를 한 다음 제나라를 토벌할 것을 세 번이나 요청하였다. 애공이 말하였다.

"노나라는 제나라보다 약한 지가 오래되었는데, 당신이 그들을 정벌하라 하니 어떻게 하라는 거요?"

공자가 대답하였다.

"진항이 그의 임금을 죽였으니, 백성들 중에 그를 지지하지 않는 사람들이 반 넘을 겁니다. 노나라 백성에다가 제나라 백성의 반을 더 보태면 승리할 수가 있을 것입니다."

"계씨에게 가서 얘기해 보시오."

공자는 물러나와 사람들에게 말하였다.

"나는 대부의 말석에 있던 몸이라 감히 말하지 않을 수가 없었습니다."

공자가 자기 임금을 시해한 진항(陳恒)을 규탄하는 태도는 그릇된 것이라 할 수는 없다. 그러나 공자가 고발하는 곳이 나라는 다르지만 임금 앞임을 생각할 때, 반드시 의롭고 훌륭한 행동이었다고 칭찬할 수만은 없을 것 같다. 노나라의 실권자인 계강자가 진항을 토벌할 성의를 조금도 보이지 않았지만, 공자는 그에게 별다른 항의를 하고 있지는 않기 때문이다.

공자는 노나라로 돌아와 정치적 활동을 크게 한 것이 없지만, 그의 제자들의 활동은 더욱 활발해졌었다. 그것은 공자가 자신은 직접 정계에 나서지는 않았지만 자기 제자들을 적극적으로 추천한 데 원인이 있을 것이다. 《논어》옹야(雍也)편에는 다음과 같은 기록이 있다.

> 계강자가 공자에게 물었다.
> "중유(仲由, 子路의 字)는 정치에 종사케 할 만합니까?"
> "유는 과단성이 있으니, 정치에 종사하는 게 무슨 문제겠습니까?"
> "사(賜, 子貢의 이름)는 정치에 종사케 할 만합니까?"
> "사는 통달한 사람이니, 정치에 종사케 하는 게 무슨 문제겠습니까?"
> "구(求, 冉有의 이름)는 정치에 종사케 할 만합니까?"
> "구는 재간이 많으니, 정치에 종사하는 게 무슨 문제겠습니까?"
> 季康子問 : 仲由, 可使從政也與?
> 子曰 : 由也果, 於從政乎, 何有?
> 曰 : 賜也, 可使從政也與?
> 曰 : 賜也達, 於從政乎, 何有?
> 曰 : 求也, 可使從政也與?
> 曰 : 求也藝, 於從政乎. 何有?

염구(冉求) 이외에도 자공(子貢)이 노나라의 외교관으로 여러 번 큰 외교상의 성과를 거두었고, 자로(子路)는 노나라에서 벼슬하다 곧 위(衛)나라로 가 공회(孔悝)의 읍재(邑宰)가 된다. 또 자유(子游)는 무성(武城)의 재(宰)를 지내고(《論語》雍也), 자하(子夏)는 거보(莒父)의 재가 되었으며(《論語》子路), 자화(子華, 公西赤)는 제(齊)나라에 노나라 사신으로 나갔었고(《論語》雍也), 민자건(閔子騫)은 계강자가 자기의 채읍(采邑)인 비(費)의 재(宰)로 삼으려 하였었고(《論語》雍也), 재여(宰予)는 제(齊)나라로 가서 벼슬을 하고 있었다(《史記》仲尼弟子列傳).

제자들의 활약이 이처럼 눈부셨기 때문에 노나라로 돌아온 뒤로 공자의 생활은 안정되었던 것 같다. 그 때문에 공자는 남은 여생을 본격적으로 제자들을 위한 '교육'과 만인의 영원한 교과서라 할 경전(經典)의 편저(編著)에 바치게 된다.

제 **6** 장

교육생활(教育生活)

제1절 교육생활의 시작

공자는 만년에 이르러 교육에 가장 힘썼을 뿐만 아니라 무엇보다도 교육에 있어 가장 성공을 거두었다고 할 수 있다. 그의 문하(門下)에서 수많은 훌륭한 제자들이 배출되었기 때문에, 공자 자신도 더욱 위대해질 수가 있었고, 다른 어떤 학파보다도 유가(儒家)가 후세에까지도 크게 발전할 수가 있었던 것이다. 그가 교육을 시작한 이후 그의 주변에는 언제나 수많은 학생들이 몰려 있었다. 공자가 벼슬을 할 적에는 그의 제자들은 그 밑의 관리가 되었고, 외국을 여행할 적에는 그의 제자들이 종자(從者)가 되었었고, 만년에 그가 책을 편찬 또는 저술할 적에는 그의 제자들은 조수 노릇을 하였다.

공자는 그의 이상의 실천인 벼슬살이보다도 그의 이상의 전승(傳承)을 위한 교육을 통하여 생활하였고, 또 정치보다도 교육을 통하여 성인으로서의 그의 일생이 이룩되고 있는 것이다. 흔히 공자를 두고 후인들이 '만세 사표(萬世師表)'라 일컫는 것도 그 때문이다.

그러면 공자는 언제부터 이토록 중요한 교육을 시작하였는가?《사기》공자세가(孔子世家)에는 공자가 17세 되던 때의 기록으로서, 노나라 대부인 맹희자(孟釐子)가 병이 들어 죽기에 앞서 그의 아들 맹의자(孟懿子)를 불러놓고 '공구(孔丘)는 성인의 후손이다. ……너희들은 반드시 그를 스승으로 배워야만 한다'는 유언을 하여, 맹희자가 죽자 그의 두 아들인 맹의자와 남궁경숙(南宮敬叔)이 공자를 찾아가 예를 배웠다고 하였다. 이를 근거로《궐리지연보(闕里誌年譜)》같은 데서는 '공자가 17세 때 노나라 대부 맹의자와 그의 형 남궁경숙이 찾아가 예를 배웠다'고 하고 있다.

그러나《좌전(左傳)》의 기록에 의하면 맹희자가 죽은 것은 소공(昭公) 24년(기원전 518, 공자 34세)이며, 형인 남궁경숙이 소공 12년(기원전 530)에 출생하였으니, 공자가 16세 때(소공 6년, 기원전 536)에는 제자가 될 수가 없는 일이다. 맹희자가 죽었을 적에도 이들 형제는 11, 2세였다. 이들이 실제로 자기 아버지 유언을 따라 공자의 제자가 된 것은 그보다도 9년 뒤인 노나라 정공(定公) 원년(기원전 509, 공자 43세)인 듯하다.[1]

확실한 기록으로서 가장 빠른 제자에 관한 글은《좌전》소공(昭公) 20년(기원전 522, 공자 30세)에 보이는 금장(琴張, 衛나라 사람, 자는 子開, 이름은 牢)이다. 위(衛)나라의 제표(齊豹)가 위나라 영공(靈公)의 형인 공맹(公孟)을 죽였을 때, 금장의 친구인 종로(宗魯)도 함께 살해되었다. 금장이 종로가 죽었다는 말을 듣고 조상하러 가려 하자 '제표의 도둑이고, 공맹의 역적인데 무엇하러 그자를 조상하러 가느냐?'[2]고 말렸다는 기록이 있다. 또《궐리지연보(闕里誌年譜)》같은

---

1)《공자가어》정론해(正論解)편에는 맹희자(孟釐子)의 두 아들 남용설(南容說)과 중손하기(仲孫何忌)가 자기 아버지의 상(喪)을 벗은 뒤 정공(定公)이 즉위하자 비로소 대부가 되어, 자기 아버지의 유언을 따라 공자를 찾아가 예를 배웠다고 기록하고 있는데, 이곳의 남용설과 중손하기가 바로 남궁경숙과 맹의자일 것이다.
2) 종로(宗魯)는 본시 제표(齊豹)가 천거하여 공맹(孔孟)의 경호책임자로 심

데서는 공자가 24세 때(기원전 528, 소공 14년) 어머니 안징재(顔徵在)가 돌아가시어 방(防)이란 고장에 아버지와 합장하였다고 하였는데, 《예기(禮記)》 단궁(檀弓)편에는 이때 제자들이 장례(葬禮)를 도운 것으로 기록되어 있어, 24세 때에 이미 많은 제자가 있었다고 주장하는 이도 있다.

그러나 《예기》에서는 이때 공자 스스로가 자신을 '동서남북의 사람'이라 표현하고 있으니, 공자의 어머니가 돌아가신 것은 적어도 공자가 제(齊)나라를 여행하였던 35세(기원전 517, 소공 25년) 이후의 일일 가능성이 많다. 그리고 최술(崔述)이 《수사고신록(洙泗考信錄)》에서 지적한 것처럼 현재 알려진 공자의 제자들은 나이가 가장 많은 사람도 공자 24세 때에는 10여 세밖에 되지 않았으니 장사(葬事)를 도울 처지가 못 된다. 따라서 공자가 24세 때에 이미 많은 제자가 있었다고 보는 것도 근거가 박약하다.

그러나 공자의 제자들을 보면 공자보다 6세 아래인 안로(顔路, 이름 無繇)와 9세 아래인 자로(子路)가 있고, 또 안로(顔路)와 안회(顔回), 증석(曾晳)과 증삼(曾參)의 부자들이 각기 다른 시기에 똑같이 공자를 스승으로 모셨었다는 것을[3] 생각할 때, 공자는 이미 30대 이전에 제자들을 맞아들였을 가능성이 크다. 그러나 본격적으로 제자를 받아들여 교육을 통한 생활을 시작한 것은 스스로 '서른 살에는 자립하였다'(三十而立)고 말한 30세 전후일 것으로 생각된다.

《사기》 공자세가(孔子世家)에는,

어 두었던 사람이다. 제표는 종로에게 공맹을 없애 버리려는 음모를 알리고, 그날 같은 수레에 타지 말도록 권하였으나 그는 음모를 누설하지 않으려고 같은 수레에 탔다가 함께 피살되었다. 그런 까닭에 공자는 종로를 그렇게 평했던 것이다.

3) 《사기》 중니제자열전(仲尼弟子列傳) 참조.

　공자는 시(詩)·서(書)·예(禮)·악(樂)을 가지고 가르쳤는데, 제
자가 대략 3,000명이나 되었으며, 육예(六藝)에 통달한 사람들만도
72명이 있었다.

고 하였다. 같은 책의 중니제자열전(仲尼弟子列傳)에서는 공자의 가
르침에 통달하고 특이한 재능을 가졌던 제자가 77명 있었다고 하였
다. 이밖에도 육예(六藝)[4]에 통달했던 제자의 수는 76명, 또는 83명
이란 주장까지도 있었다. 3,000이란 숫자는 공자에게 한 번이라도 가
르침을 받았던 사람들을 모두 합치면 수천 명이 된다는 뜻에서 든 개
수(概數)라고 보여지며, 실제로 공자를 스승으로 모시고 공부했던 제
자들은 70여 명이 아니었나 생각된다.

　《논어(論語)》에는 공자의 제자라고 생각되는 인물이 36명 보이는
데, 이중에서도 언행(言行)이 뚜렷한 것은 27명뿐이다. 그중에서도 공
자가 30세 되기 전에 제자로서 배우기 시작했던 사람은 더욱 몇 명
되지 않을 것이다.

　《논어》 선진(先進)편에서 공자는 자기 제자들을 평하여,

　덕행(德行)에는 안연(顔淵)·민자건(閔子騫)·염백우(冉伯牛)·
중궁(仲弓)이 있고, 언어(言語)에는 재아(宰我)·자공(子貢)이 있
고, 정사(政事)에는 염유(冉有)·계로(季路)가 있고, 문학(文學)에
는 자유(子游)·자하(子夏)가 있다.

고 하였다. 흔히 이들을 공문십철(孔門十哲)이라 부르고, 덕행·언

---

4) 육예(六藝)는 예(禮)·악(樂)·사(射)·어(御)·서(書)·수(數)를 가리킨다
　고 보는 이가 있고, 또 시(詩)·서(書)·역(易)·예(禮)·악(樂)·춘추(春
　秋)를 가리킨다고 보는 이도 있는데, 공자의 교육내용으로서는 뒤의 것이
　옳을 듯하다.

어·정사·문학을 공문사과(孔門四科)라 부른다. 그러나 공문십철에
는 증삼(曾參)이 끼여 있지 않다 하여 송(宋)대의 정호(程顥, 1032~
1085)처럼 속설(俗說)로 돌리려는 학자도 있다. 그러나 증삼은 공자
보다 46세나 나이가 적은데다 늙도록 살았기 때문에 십철(十哲) 속에
끼지 않은 것으로 보는 게 좋을 것이다. 대체로 증삼보다도 나이가
적은 제자들, 예를 들면 자장(子張, 이름 顓孫師, 48세 적음)을 비롯
하여 50세 이상 더 적은 염유(冉孺)·백건(伯虔) 등은 모두 공자 만
년의 제자들일 것이다.

공자의 첫번째 제자는 누구였으며, 언제부터 그가 교육생활을 시작
하였느냐는 문제는 지금 와서 알 수 없는 일이다. 또한 공자가 20대
에 이미 남을 가르쳤다 하더라도 그것은 30대 이후의 교육과 그 성격
이 크게 달랐을 것이다. 20대의 교육은 나이 어린 사람들에게 글을
가르쳐 준다거나, 유(儒)의 전문인 예(禮)를 가르치는 데 그쳤을 것이
다. 공자 자신이 30세 전후가 되어서야 자신의 이상이 구체화(具體
化)되었고, 학문이 크게 이룩되는 한편 명성도 커져서 본격적인 유가
(儒家)로서의 교육을 시작할 수 있었을 것이다.

제2절 교육목표

앞에서도 말했듯이 공자가 처음에 교육을 시작한 것은 자기가 속해
있던 유(儒)라는 계급의 관례대로 일종의 생활수단을 위한 것이었을
것이다. 그러나 공자 자신의 이상이 무르익어 가면서 교육은 그의 이
상의 실현과 확충의 방법으로서의 뜻을 지니게 되었다. 곧 공자는 중국
고대의 봉건사회가 붕괴되는 시대에 태어나, 적어도 주(周)나라 초기
의 문무(文武) 두 임금과 주공(周公)이 이룩하였던 봉건질서를 회복하
지 않으면 안 된다고 생각하였다. 《논어》 양화(陽貨)편에서 공자는,

만약 나를 등용하는 사람이 있다면 나는 그 나라를 동쪽의 주나
라로 만들겠다!

如有用我者, 吾其爲東周乎!

고 하였다. 그는 이러한 사회질서의 회복은 지배계급의 수신(修身)에
서 출발하여야 한다고 생각하였기 때문에 교육은 바로《대학(大學)》
에서 말한 '백성들을 새롭게 하고(親民)', '지극한 선에 머물게 하는
(止於至善)' 그의 이상 실현의 수단이 되는 것이다.

그의 정치 이상인 봉건질서의 회복이란 곧 귀족적인 사회질서의 재
건을 뜻한다. 귀족사회에 있어서는 귀족이 정치적 지배계급일 뿐만
아니라 교육과 학문의 대상도 귀족에 국한되게 된다. 일반 서민(庶民)
이나 천민(賤民)은 정치적 권리도 갖고 있지 않을 뿐만 아니라 교육
의 대상도 되지 못하는 게 원칙이다. 그의 정치의식에는 이처럼 계급
적인 성격과 보수성(保守性)이 농후하다. 그러나 교육에 있어서는 공
자는 모든 계급적 한계를 무시했었다. 그것은 누구나 올바로 교육을
받아 덕을 닦고 학문을 이룩하기만 하면 지배계급으로 오를 수 있었
음을 의미한다.

곧 공자의 목표는 봉건사회의 질서를 이끌어갈 이상적인 지배계급
(귀족)의 양성에 있었지만, 평민이라 하더라도 올바른 교육을 받아 훌
륭한 자질을 갖추기만 하면 지배계급으로 뛰어오르게 되고, 귀족계급
이라 하더라도 교육을 제대로 받지 못하여 사회질서를 이끌어 나가는
데 필요한 자질을 갖추지 못하면 평민으로 전락해야 한다고 생각했던
것 같다. 공자의 정치사상은 보수적이지만 그의 교육사상은 매우 진
보적이었다고 말할 수가 있을 것이다.

《논어》위령공(衛靈公)편을 보면 공자 스스로,

가르침에 있어서는 유별(類別)이 없다.

有敎無類.

고 선언하고 있다. 여기의 '유별'이란 사람의 빈부귀천(貧富貴賤)은
물론 지우현불초(智愚賢不肖)를 모두 뜻한다. 곧 공자는 교육에 있어
신분(身分)이나 자질(資質)에 차별을 두지 않고 모든 사람들을 교육
의 대상으로 삼았음을 공언(公言)한 것이다. 또《논어》술이(述而)편
에서는,

> 속수의 예 이상을 갖춘 사람에게 나는 일찍이 가르치지 않은 일
> 이 없다.
>
> **自行束修以上, 吾未嘗無誨焉.**

고도 하였다. '속수(束修)'란 한 묶음의 건육(乾肉)으로서, 옛사람들이
처음 서로 만날 때 예물로 가져가던 폐백(幣帛)으로서는 가장 간단한
것이었다. 교육은 유(儒)라는 계층의 생활수단이기도 하였지만, 공자
가 본격적으로 교육을 시작한 30대 이후에는 그에게 있어 교육은 생
활수단이 아닌 자기 이상의 실현 방법으로 변하였던 것이다. 제자에
게 한 묶음의 건육을 받는다는 것은 생활에 아무런 도움도 되지 않는
다. 그러나 공자는 누구든지 스승을 찾아오는 최소한도의 예를 갖춘
사람이면 가르쳤던 것이다. 그렇기 때문에 먹을 것에도 쪼들리던 안
회(顏回)와 원헌(原憲) 같은 사람들도 공자의 제자가 되어 후세에까
지도 명현(名賢)으로서 이름을 남길 수가 있었을 것이다.

공자의 제자들 중에는 노(魯)나라 귀족의 자제인 남궁경숙(南宮敬
叔)·맹의자(孟懿子)와 송(宋)나라 귀족의 자제인 사마우(司馬牛) 같
은 사람들도 있었지만, 천민 출신의 중궁(仲弓, 이름 冉雍) 같은 사람
도 있었다.《논어》옹야(雍也)편을 보면, 사람들이 중궁의 출신이 천
한 것을 업신여기자 공자는 다음과 같은 말을 하고 있다.

> 얼룩소 새끼라도 털이 붉고 뿔이 반듯하면, 비록 제물로 쓰지 않

으려 해도 산천의 신(神)이 버려두겠는가?

犁牛之子, 騂且角, 雖欲勿用, 山川其舍諸?

옛날에는 털이 한결같이 붉고 뿔이 반듯하게 난 소만을 골라 큰 제사의 제물로 썼다. 얼룩소 새끼라도 털이 한결같이 붉고 뿔이 반듯하게 나기만 하면 산천을 제사지낼 때 쓰는 제물이 될 수 있다. 그처럼 아무리 신분이 천한 부모에게 태어난 자식이라 하더라도 그가 올바르게 배워 훌륭한 자질을 갖추기만 하면 훌륭한 신분의 사람이 될 수 있다는 것이다. 공자는 이처럼 출신성분을 따지지 않았기 때문에 중궁은 뒤에 크게 발전하여 공문십철(孔門十哲) 중의 한 사람이 될 수가 있었다. 그리고 공자 자신도 같은 옹야(雍也)편에서 '중궁은 임금 노릇을 할 만하'고 그를 크게 칭찬하도록 발전한 것이다.

제자들의 자질도 갖가지였다. 《논어》 선진(先進)편에는,

시(柴, 성은 高, 자는 子羔)는 어리석고, 삼(參, 성은 曾)은 아둔하고, 사(師, 성은 顓孫, 자는 子張)는 형식적이고, 유(由, 상은 仲, 자는 子路)는 거칠다.

柴也愚, 參也魯, 師也辟, 由也喭.

고 말하고 있으니, 공자 스스로도 그의 제자들의 결점에 대하여도 잘 알고 있었다. 그러나 공자는 이러한 여러 가지 자질의 학생들을 모두 훌륭히 교육해 냈던 것이다. 또 《논어》 술이(述而)편을 보면 이러한 공자의 교육태도를 잘 말해 주는 다음과 같은 대목이 있다.

호향 사람들은(야비해서) 더불어 얘기하기 어려운 상대였다. 공자가 그곳 아이를 만나 주자 제자들이 당황해하였다. 공자는 말하였다.

"그가 앞으로 나아오는 것을 거들어 준 것이지, 뒤로 물러나는 것을 거들은 것은 아니다. 어찌 심하게만 굴어서야 되겠느냐? 사람이 자기 자신을 깨끗이 하고 나아오면 그 깨끗함을 거들어 주되, 그의 과거는 따질 게 없는 것이다."

互鄕難與言. 童子見, 門人惑. 子曰 : 與其進也, 不與其退也. 唯何甚! 人潔己而進, 與其潔也, 不保其往也.

이처럼 공자가 신분의 귀천(貴賤)이나 가난하고 부한 것, 심지어는 그의 과거 행위나 자질도 따지지 않고 모든 사람을 가르치려 하였던 것은 그의 이상 실현을 위한 것이었다. 봉건사회를 올바로 이끌어갈 되도록 많은 인재를 길러내고, 또 제자들을 통하여 온 천하에 영원히 자기의 이상을 심어놓으려는 뜻이 있었을 것이다.

주(周)나라 시대에는 국가의 관학(官學)으로서 후세 태학(太學)에 해당하는 동교(東膠)가 있었고, 소학(小學)에 해당하는 우상(虞庠)이 있었다《禮記》王制). 그러나 이러한 관학을 통한 교육은 실제로 국가나 사회에서 필요로 하는 관리로서의 지식과 기능을 양성하는 데 목적이 있었고, 그곳에서 공부하는 학생들의 목적도 그 교육을 발판으로 사회에 나가 출세하는 데 목적이 있었다. 이밖에 사학(私學)도 있었으나 그것도 관학에 들어가지 못하는 학생에게 글이나 기능을 가르치거나 관학에서 가르치지 못하는 좀더 전문적인 분야를 가르쳐 주는 소규모의 것에 불과하였다. 개인적으로 많은 학생들을 모아놓고 가르치는 큰 규모의 사학제도(私學制度)와, 사람들의 심성(心性)을 바로잡고 어지러운 세상을 다스린다는 위대한 이념을 바탕으로 하는 교육은 공자에게서 처음으로 시작된 것이다.

그것은 중국에 있어 본격적인 교육이 공자에게서 시작되었음을 뜻한다. 그에게는 위대한 교육의 이념과 목표가 뚜렷하였기 때문에 교육에 있어 그처럼 큰 성공을 거둘 수가 있었던 것이다. 공자가 사람들이 갖추어야 할 개인의 덕을 인(仁)이라 했다면(제7장 제4절 참조), 그의 교육의 목표는 모든 사람을 '인인(仁人)'으로 길러내는 데 있었다. 그것은 또 사회적인 면에서 볼 때 그가 이상으로 받들던 봉건사회의 질서를 유지하는 데 중심계층이 될 '군자(君子)'를 길러내는 데 있었다고 말할 수도 있다.

공자는 먼저 개개인의 인격과 학문을 완성시킨 다음 그 덕을 온 세상에 확충(擴充)시켜 나감으로써 세상의 평화로운 질서를 회복하려 하였다. 그 때문에 공자는 교육에 있어 우선 자신의 수양을 완성시킨 다음 다른 사람들도 올바로 이끌어 준다는 '정기정인(正己正人)'을 강조하였다. 그 때문에 공자는 무엇보다도 개인의 학문과 수신(修身)을 크게 강조하고 있다. 《논어》술이(述而)편에서는,

> 덕을 닦지 못하는 것과 학문을 익히지 못하는 것과 의로움을 듣고도 옮아가지 못하고 옳지 않음을 고치지 못하는 것이 바로 나의 근심거리이다.
>
> 德之不修, 學之不講, 聞義不能徙, 不善不能改, 是吾憂也.

고 하였다. 공자는 언제나 개인의 덕을 닦고 학문을 연마하며 올바른 행동을 하려고 노력하였다는 것이다. 그는 훌륭한 덕과 학문을 균형 있게 갖춘 인인(仁人)을 길러내어, 이들로 하여금 사회에서는 군자로서 평화로운 세계를 이끌어 가는 중심세력이 되게 하려 하였던 것이다. 《논어》자로(子路)편에서 그는,

> 그 자신이 바르면 명령하지 않아도 제대로 행해지고, 그 자신이 바르지 못하면 비록 명령을 하여도 따르지 않는다.
>
> 其身正, 不令而行 ; 其身不正, 雖令不從.

고 하였다. 따라서 개인의 교육도 바로 정치와 연관되게 되는 것이다.

그 때문에 《맹자(孟子)》에서도,

　학교의 가르침을 근엄히 하고 효제(孝悌)의 뜻을 잘 인식케 하면
노인들이 무거운 짐을 지거나 이고서 길을 가는 일이 없게 될 것이
다. — 梁惠王 上

고 한 것이다.

제3절　교육태도

　공자는 인인(仁人)과 군자(君子)의 양성에 교육목표를 두고 있었기
때문에 언제나 사람들의 덕과 학문의 균형 있는 발전을 주장하였다.
덕은 인격이란 말로 표현해도 좋을 것이다.《논어》양화(陽貨)편을
보면 공자는 자로(子路)에게 공부하는 사람에게 흔히 있는 '육언육폐
(六言六蔽)'에 대하여 다음과 같이 설명하고 있다.

　인을 좋아하면서도 배우기를 좋아하지 않으면 그 폐단은 어리석
게 되는 것이며, 지혜를 좋아하면서도 배우기를 좋아하지 않으면
그 폐단은 방탕하게 되는 것이며, 신의를 좋아하면서도 배우기를
좋아하지 않으면 그 폐단은 남을 해치게 되는 것이며, 곧음을 좋아
하면서도 배우기를 좋아하지 않으면 그 폐단은 각박하게 되는 것이
며, 용감함을 좋아하면서도 배우기를 좋아하지 않으면 그 폐단은
난폭하게 되는 것이며, 굳센 것을 좋아하면서도 배우기를 좋아하지
않으면 그 폐단은 과격하게 되는 것이다.
　好仁不好學, 其蔽也愚 : 好知不好學, 其蔽也蕩 : 好信不好學,
　其蔽也賊 : 好直不好學, 其蔽也絞 : 好勇不好學, 其蔽也亂 :
　好剛不好學, 其蔽也狂.

공자는 인(仁)·지혜[知]·신의[信]·곧음[直]·용감함[勇]·굳셈[剛]의 여섯 가지를 '육언(六言)'이라 말하고 있는데, 모두 유가에서 높이는 덕목(德目) 중의 하나이다. 공자의 생각으로는 아무리 훌륭한 덕을 갖추었다 하더라도 그 사람이 그것을 뒷받침할 학문을 닦지 못하면 오히려 제값을 발휘하지 못할 뿐만 아니라 폐단을 낳는다는 것이다. 학문을 통하여 그 덕목에 대한 의의와 값을 올바로 인식하고, 올바른 판단력과 함께 굳은 신념을 지닐 때 그 덕목은 윤리적인 효용을 크게 발휘할 수 있게 되는 것이다.

학식이나 지혜 및 도덕이나 윤리를 놓고 공자가 어느 편을 더 중시했는가를 묻는다면, 그것은 말할 것도 없이 도덕이나 윤리 쪽이다. 공자는,

속인들 사이에 후하고 바르다고 여겨지는 사람은 덕을 해치는 자이다.

鄕原, 德之賊也. ―《論語》陽貨

고 하였다. '향원(鄕原)'은 '속인들 사이에 후하고 바르다고 여겨지는 사람'인데, 이는 곧 학식이나 지혜만 있고 도덕적인 수양은 결여된 사람을 뜻한다. 올바른 수양이 안 된 자는 뛰어난 학식과 지혜를 갖고 있을수록 세상에 해를 끼치는 존재가 된다. 그는 자기 개인만의 이익을 취하고 나쁜 짓을 하면서도 교묘히 겉으로는 훌륭하고 착한 짓을 하는 듯이 꾸미는 것이다. 또 자기와 이해관계가 있는 사람들에게는 후하게 굴기도 하고 직접 도움을 주기도 한다. 그 때문에 세상 사람들은 그를 '후하고 올바른 사람'이라 생각하게 되는 것이다. 공자는 그러나 이러한 위선자(僞善者) 내지는 이중인격자(二重人格者)를 가장 싫어하였다. 공자는,

내 문 앞을 지나가면서도 내 집에 들어오지 않는 것을 내가 유감

스럽게 생각하지 않는 사람이 있다면 그것은 속인들 사이에 후하고
바르다고 여겨지는 사람[鄕原]뿐일 게다. ―《孟子》盡心 下

고 말하였다 한다. 이러한 위선자만은 공자가 상대하려 들지도 않았
으니 제자로서 가르치지도 않았을 것이다.

　위선자는 싫어하면서도 과격하거나 고집 센 젊은이들은 무척 아끼
었다.《논어》자로(子路)편에서 공자는 이런 말을 하고 있다.

　　중정(中正)한 도를 행하는 사람과 함께 하지 못할 바에는 반드시
과격한 자나 고집쟁이와 함께하겠다. 과격한 자는 진취적이요, 고집
쟁이는 절대로 하지 않는 것이 있기 때문이다.
　　不得中行而與之, 必也狂狷乎. 狂者進取, 狷者有所不爲也.

　과격한 자나 고집쟁이들은 단점이 있기는 하지만 그래도 잘 이끌어
주고 가르치기만 하면 올바르게 될 수 있다고 믿었다. 그러니 공자는
보통 사람들이라면 약간 부족한 점이 있다 하더라도 조금도 꺼리지
않고 가르쳤을 것이다. 그래서 사람들이 만나기를 꺼리는 호향(互鄕)
의 젊은이라 할지라도 '자기 자신을 깨끗이 하고 나아오면'(潔己以進)
공자는 서슴없이 만나 주었던 것이다(《論語》述而).

　그리고 공자는 제자들에게 학문에 대한 큰 포부를 지닐 것을 강조
하였다.《맹자》진심(盡心) 상편을 보면 왕자 점(墊)이

　　"선비는 무엇을 일삼습니까?"

하고 묻자, 맹자는

　　"뜻을 고상히 갖지요.(尙志)"

하고 대답한다. 다시

　　"뜻을 고상히 갖는다는 것은 무엇을 말하는 것입니까?"

하고 묻자, 맹자는

"인(仁)과 의(義)일 따름입니다. 한 죄 없는 사람을 죽이는 것은 인이 아닙니다. 자기의 소유가 아닌데도 그것을 찾는 것은 의가 아닙니다. 몸둘 곳이 어디에 있겠습니까? 바로 인입니다. 갈 길이 어디에 있겠습니까? 바로 의입니다. 인에 몸을 두고 의를 따라가면 대인(大人)으로서의 일이 갖추어지게 되는 것입니다."

고 대답한다. 이 맹자의 말은 공자의 뜻을 계승한 것이다.

《논어》자로(子路)편에는 다음과 같은 대목이 있다.

번지가 공자께 곡식 기르는 법을 가르쳐 달라고 요청하자 공자는
"나는 늙은 농사꾼만 못하다."

고 말씀하셨다. 다시 채소 기르는 법을 가르쳐 달라고 요청하자 공자는
"나는 늙은 채소장이만 못하다."

고 말씀하셨다. 번지가 나가자 공자께서 말씀하셨다.
"소인이로다, 번수(樊須, 樊遲의 이름)는! 윗사람이 예를 좋아하면 백성들은 공경하지 않을 수가 없게 되고, 윗사람이 의를 좋아하면 백성들은 순종하지 않을 수가 없게 되고, 윗사람이 신의를 좋아하면 백성들은 성실하지 않을 수가 없게 된다. 이렇게 되면 사방에 있는 이웃 나라의 백성들도 제 자식을 포대기에 싸업고 찾아올 것인데, 어찌 군자가 농사를 배우고자 하느냐!"

樊遲請學稼, 子曰 : 吾不如老農. 請學爲圃, 曰 : 吾不如老圃. 樊遲出, 子曰 : 小人哉, 樊須也! 上好禮, 則民莫敢不敬 ; 上好義, 則民莫敢不服 ; 上好信, 則民莫敢不用情. 夫如是, 則四方之民, 襁負其子而至矣. 焉用稼?

곧 공자가 지향하던 것은 군자로서의 학문이니, 학문을 하려는 사람은 잔기술이나 눈앞의 이익 같은 데 관심을 두어서는 안 된다는 것

이다. 같은 자한(子罕)편에서 공자는,

> 군자는 다능해야 할까? 다능하지 않은 법이다!
> 君子多乎哉? 不多也.

고 잘라 말하고 있다. 군자는 고상한 학문에만 뜻을 두면 되었지 잔재주들을 많이 익힐 필요는 없다는 것이다. 《논어》학이(學而)편을 보면 공자는 이런 말을 하고 있다.

> 군자로서 배불리 먹기만을 추구하지 아니하고 편히 지내기만을 추구하지 않으며, 일에는 민첩하고 말은 신중히 하며, 올바른 도를 지닌 이를 따라 바로잡는다면 배우기 좋아하는 사람이라 할 수 있다.
> 君子食無求飽, 居無求安, 敏於事而慎於言, 就有道而正焉, 可謂好學也已.

곧 배우는 사람은 잘 먹고 편히 지내는 데 관심을 두지 말고 묵묵히 할 일만을 열심히 하면서 훌륭한 스승을 따라 올바른 길을 배워야만 한다는 것이다. 같은 위령공(衛靈公)편에서는,

> 군자는 도를 꾀할 뿐 먹을 것을 꾀하지 않는다. 농사를 지어도 굶주림이 그 가운데 있으나, 배우면 녹(祿)이 그 가운데 있게 된다. 군자는 도를 걱정하되 가난을 걱정하지는 않는다.
> 君子謀道, 不謀食. 耕也, 餒在其中矣, 學也, 祿在其中矣. 君子憂道, 不憂貧.

곧 공부하는 사람은 딴 생각은 하지 말고 올바른 도만을 추구하면

된다. 그렇게 공부만 제대로 하면 저절로 잘 먹고 살 수 있게 된다는
것이다. 그 때문에 이인(里仁)편에서는,

　　선비로서 도에 뜻을 두고서 나쁜 옷, 나쁜 음식을 창피하게 여긴
　　다면 의논할 상대도 되지 못한다.
　　士志於道, 而恥惡衣惡食者, 未足與議也.

고도 하였다. 공자는 제자들에게 꾸준히 끝까지 공부할 것을 요구하
였다. 《논어》 자한(子罕)편을 보면 공자는 학문을 하는 데 대하여 이
렇게 말하고 있다.

　　비유컨대 산을 쌓아올리는 데 있어 흙 한 삼태기가 모자라는 데
　　서 그만두었다 해도 그것은 자신이 중지한 것이다. 또 비유를 들면
　　땅을 고르는 데 있어 흙 한 삼태기를 부었다 해도 그만큼 진척한
　　것이니 그것은 내가 발전한 것이다.
　　譬如爲山, 未成一簣, 止, 吾止也. 譬如平地, 雖覆一簣, 進,
　　吾往也.

사람은 어느 정도 알았다 해도 만족해서 게을리하면 안 된다. 조금
씩이라도 꾸준히 애써 공부해 나가야만 한다는 것이다. 그리하여 같
은 곳에서 공자는 안회(顏回)의 꾸준한 노력에 대하여 다음과 같이
칭찬하고 있는 것이다.

　　말해 준 것을 게을리하지 않는 사람은 안회뿐일 것이다.
　　語之而不惰者, 其回也與!

　　나는 그가 진보하는 것만 보았지 그가 멈춰 있는 것은 보지 못하

였다.

吾見其進也, 未見其止也.

공자는,

아침에 도에 대하여 들어 알게 된다면 저녁에 죽어도 좋다.
朝聞道夕死可矣！ ─《論語》里仁

고 스스로 말했을 만큼 학문에 대한 열의를 지니고 있었다. 그 때문
에 자신의 수학(修學) 못지않게 제자들의 교육에 대하여도 대단한 열
성을 갖고 있었다. 《논어》 술이(述而)편을 보면,

묵묵히 새겨 두고, 배우기에 물리지 않으며, 남을 가르치기에 지
치지 않는다. 나에게 또 무엇이 있겠는가?
默而識之, 學而不厭, 誨人不倦, 何有於我哉！

성인과 인인이야 내 어찌 감히 되었겠느냐? 다만 그분들을 배우
는 데 싫증내지 않고 남을 가르치는 데 지치지 않는 사람이라고는
말할 수 있을 것이다.
若聖與仁, 則吾豈敢？ 抑爲之不厭, 誨人不倦, 則可謂云爾
已矣.

고 하였다.

이 때문에 공자는 제자들로부터 절대적인 존경을 받고 있었다. 《논
어》 자장(子張)편을 보면, 노(魯)나라의 대부인 숙손무숙(叔孫武叔)
이 공자를 비방했을 때, 제자인 자공(子貢)이 이런 말을 하고 있다.

그러지 마시오. 선생님은 비방할 수가 없는 분이십니다. 다른 현

명한 사람은 언덕과 같은 것으로 누구나 넘어갈 수가 있습니다. 그러나 선생님은 해나 달 같은 분이라 아무도 넘어갈 수가 없습니다. 비록 남들이 스스로 선생님으로부터 떨어져 나가려 한다 해도, 해나 달에게 무슨 손상이 가겠습니까? 그러는 사람이 분수를 모름을 더욱 드러낼 따름입니다.

> 無以爲也, 仲尼不可毁也. 他人之賢者, 丘陵也, 猶可踰也. 仲尼, 日月也, 無得而踰焉. 人雖欲自絶, 其何傷於日月乎? 多見其不知量也.

다시 자한(子罕)편을 보면 안회(顏回)가 공자를 두고 다음과 같은 탄식 섞인 말을 하고 있다.

우러러보면 더욱 높기만 하고, 뚫어 보면 더욱 굳기만 하며, 바라보면 앞에 계신 듯하다가도 갑자기 뒤에 계신 듯 느껴진다. 선생님께서는 차근차근 사람을 잘 유도해 주시어, 학문으로써 우리를 넓혀 주시고, 예로써 우리를 단속해 주신다. 그만두려 해도 그만둘 수가 없어 나의 재능을 다해 보았으나, 언제나 우뚝이 뚜렷한 지표를 다시 앞에 세워 주신다. 비록 그분을 따라가고자 하나 방도가 없는 것 같다!

> 顏淵喟然歎曰:仰之彌高, 鑽之彌堅, 瞻之在前, 忽焉在後. 夫子循循然善誘人, 博我以文, 約我以禮. 欲罷不能, 旣竭吾才, 如有所立卓爾. 雖欲從之, 未由也已!

공자의 교육에 대한 신념과 열의는 이토록 제자들의 존경과 찬탄(讚歎)을 한몸에 모았던 것이다. 이 때문에 공자는 여의치 못한 생애에도 불구하고 위대한 교육자로서 크게 성공할 수가 있었을 것이다.

제4절 교육방법

공자는 자유로운 대화를 통한 개성교육(個性教育)을 중시하였다. 그런 예는 《논어》에만도 여러 군데 보인다. 공야장(公冶長)편에는 다음과 같은 대목이 보인다.

안연(顏淵)과 자로(子路)가 공자를 모시고, 있었는데. 공자께서 말씀하셨다.
"너희들의 지망을 각기 말해 보지 않겠느냐?"
자로가 말하였다.
"수레와 말과 입고 있는 가벼운 갖옷을 벗들과 함께 쓰다가 헤어져 못 쓰게 되어도 유감없이 되고자 합니다."
안연이 말하였다.
"착한 일을 남에게 자랑하지 않고 수고로운 일을 남에게 미루지 않게 되고자 합니다."
자로가
"선생님의 지망을 듣고 싶습니다."
하고 말하자, 공자께서 대답하셨다.
"노인들을 편안하게 해주고, 벗들에게는 신의를 지키며, 젊은이들은 따르도록 하겠다."
顏淵季路侍, 子曰：盍各言爾志？ 子路曰：願車馬, 衣輕裘,
與朋友共, 敝之而無憾. 顏淵曰：願無伐善, 無施勞. 子路曰：
願聞子之志？ 子曰：老者安之, 朋友信之, 少者懷之.

제자인 자로와 안회의 지망은 그들의 개성을 잘 드러내 보인다. 그리고 모두 훌륭한 지망들임에도 틀림없다. 그러나 공자는 이 대화를 통해서 암암리에 제자들의 포부를 키워주고 있는 것이다. 공자가 '노인들(선배)을 편안하게 해주고, 벗들(동배)에게 신의를 지키고, 젊은 이들(후배)을 따르도록 하겠다'는 대답은 곧 온 인류의 평화와 안녕을 위하겠다는 말이나 뜻이 같은 것이다. 《논어》 선진(先進)편에는 또 다음과 같은 공자와 그의 제자들의 긴 대화가 실려 있다.

자로·증석·염유·공서화가 공자를 모시고 앉아 있었는데, 공자께서 말씀하셨다.

"내가 얼마간 너희보다 나이가 많기는 하지만 상관하지 말아라. 모두들 노상 자기를 몰라준다고 말하는데, 만약 누가 그대들을 알아보고 써준다면 어떻게 하겠느냐?"

자로가 불쑥 나서며 말하였다.

"천승(千乘)의 나라(제후의 나라)가 큰 나라들 사이에 끼어 있어, 무력에 의한 침략을 당하기 일쑤이고 기근까지 겹쳐 있다 하더라도 제가 그 나라를 다스리면 3년 안으로 그 나라 사람들을 용감하게 만들고 또 올바른 길을 알도록 하겠습니다."

공자께서는 이 말을 듣고 빙그레 웃으셨다.

"구(求, 冉有)야, 너는 어떠하냐?"

"사방 6, 70리 또는 5, 60리 되는 나라를 제가 맡아서 다스린다면, 3년 안으로 백성들을 풍족하게 할 수 있을 것입니다. 다만 예악은 다른 군자의 힘을 빌어야만 하겠습니다."

"적(赤, 公西華)아, 너는 어떠하냐?"

"제가 할 수 있다는 뜻이 아니라 다음과 같은 것을 배우고자 합니다. 종묘의 제사와 제후들의 회합 때에 검은 예복과 예관을 차려 입고 작은 일을 도울 수 있기 바랍니다."

"점(點, 曾晳)아, 너는 어떠하냐?"

증석은 슬(瑟)을 타던 속도를 늦추다가 댕그렁하고 그치고는 슬을 밀어놓고 일어서서 대답하였다.

"나는 세 사람들의 생각과 다릅니다."

"무슨 상관 있느냐? 각자가 제 뜻을 말하는 것인데!"

"늦은 봄에 봄옷이 다 되면, 성인(成人) 대여섯 명과 아이들 예닐곱 명과 어울리어, 기수(沂水)에서 목욕하고 무우(舞雩)에서 바람을 쐬고 노래를 읊조리며 돌아오는 것입니다."

공자께서 깊이 탄식하시면서

"나도 점의 편을 들겠다."

고 하셨다.

子路・曾晳・冉有・公西華侍坐, 子曰 : 以吾一日長乎爾, 毋吾以也. 居則曰 : 不吾知也, 如或知爾, 則何以哉?

子路率爾而對曰 : 千乘之國, 攝乎大國之間, 加之以師旅, 因之以饑饉, 由也爲之, 比及三年, 可使有勇, 且知方也. 夫子哂之.

求, 爾何如? 對曰 : 方六七十, 如五六十, 求也爲之, 比及三年, 可使足民, 如其禮樂, 以俟君子.

赤, 爾何如? 對曰 : 非曰能之, 願學焉! 宗廟之事, 如會同, 端章甫, 願爲小相焉.

點, 爾何如? 鼓瑟希, 鏗爾, 舍瑟而作. 對曰 : 異乎三子者之撰. 子曰 : 何傷乎? 亦各言其志也. 曰 : 暮春者, 春服旣成, 冠者五六人, 童子六七人, 浴乎沂, 風乎舞雩, 詠而歸. 夫子喟然歎曰 : 吾與點也.

이처럼 공자는 모든 제자들의 의견을 모두 듣고 부족한 점을 일깨워준다. 자로의 대답에 대하여는 뒤에 '나라를 다스리는 것은 예로써 하여야 하는데 그의 말은 겸양할 줄 모르므로 웃었었다'(爲國以禮, 其言不讓, 是故哂之)고 평하고 있거니와, 증석과 염유도 모두 지나치게 정치적인 관심만을 지닐까 걱정하여 청정(淸淨)한 뜻을 지니라는 의

미에서 증석의 말에 동조한 것이다. 공자가 증석의 말에 찬동하면서도 깊은 탄식을 동시에 하였던 것은, 자기의 이상은 세상을 바로잡는 일이지만 어지러운 세상에 지나치게 정치에 집착했다가는 그 사람도 어지러움에 물들기 쉽다는 것을 생각했던 때문일 것이다.

그리고 공자는 제자들의 질문에 대답할 때에는 언제나 묻는 사람의 개성에 알맞는 대답을 골랐다. 그 때문에 똑같은 질문이라 하더라도 묻는 사람에 따라 대답의 내용이 다르기 일쑤였다. 같은 선진(先進) 편에는 그 보기로서 다음과 같은 대목이 있다.

> 자로가 여쭈었다.
> "가르침을 들으면 곧 그것을 행해야 합니까?"
> 공자께서 대답하셨다.
> "부형이 계신데 어떻게 들은 것을 바로 행할 수가 있겠느냐?"
> 염유가 여쭈었다.
> "가르침을 들으면 곧 그것을 행해야 합니까?"
> 공자께서 대답하셨다.
> "들었으면 곧 그것을 행하여야지 !"
> 이에 공서화가 말하였다.
> "자로가 '가르침을 들으면 곧 그것을 행하여야 합니까'하고 물었을 때에는 '부형이 계시다'고 말씀하시고, 염유가 '가르침을 들으면 곧 그것을 행하여야 합니까'하고 물었을 때에는 '들었으면 곧 그것을 행하라'고 말씀하셨습니다. 저는 어리둥절하여 감히 그 까닭을 여쭙고자 합니다."
> 공자께서 대답하셨다.
> "구(求, 冉有)는 소극적이므로 그를 밀어 준 것이고, 유(由, 子路)는 남보다 두 몫은 적극적이므로 그를 물러서게 한 것이다."
> 子路問:聞斯行諸? 子曰:有父兄在, 如之何其聞斯行之? 冉

有問：聞斯行諸？　子曰：聞斯行之！　公西華曰：由也問聞斯
行諸？　子曰：有父兄在.　求也問聞斯行諸？　子曰：聞斯行之.
赤也惑, 敢問？　子曰：求也退, 故進之；由也兼人, 故退之.

이처럼 공자는 제자들의 개성과 재질을 잘 파악한 다음 그에게 적
절한 교육을 하였던 것이다. 그러기에 《논어》를 보면 여러 제자들이
인(仁) 이나 효(孝) 같은 문제에 대하여 질문하고 있지만 공자의 대
답 내용은 언제나 다르다. 보기를 몇 가지 들어 보기로 한다.

　맹의자가 효에 대하여 물으니, 공자께서는
　"어기지 않는 것이다."
고 대답하셨다.
　孟懿子問孝, 子曰：無違. ―爲政

　맹무백이 효에 대하여 물으니, 공자께서는
　"부모에게는 오로지 자기 병만을 가지고 걱정을 끼쳐야 한다."
고 대답하셨다.
　孟武伯問孝, 子曰：父母唯其疾之憂. ―爲政

　자유가 효에 대하여 물으니, 공자께서 말씀하셨다.
　"근자에는 효도를 부양하는 것이라고만 생각하나, 개와 말도 모
두 부양은 하고 있다. 공경하지 않으면 무엇이 다르겠는가?"
　子游問孝, 子曰：今之孝者, 是謂能養, 至於犬馬, 皆能有養.
不敬, 何以別乎？ ―爲政

　자하가 효에 대하여 물으니, 공자께서 말씀하셨다.
　"부모님의 기색을 살피어 옳게 모시기가 어렵다. 일이 있으면
자제들이 수고를 맡고, 술이나 음식이 있으면 어른께 드린다고

그것만으로 효도라 할 수가 있겠느냐?"

子夏問孝, 子曰 : 色難. 有事, 弟子服其勞, 有酒食, 先生饌, 曾是以爲孝乎? —爲政

안연이 인에 대하여 묻자, 공자께서 말씀하셨다.
"자기를 이기고 예로 돌아가는 것이 인이다."

顏淵問仁, 子曰 : 克己復禮爲仁. —顏淵

중궁이 인에 대하여 묻자, 공자께서 말씀하셨다.
"집 문을 나서서는 큰 손님 대하듯 사람들을 대하고, 백성을 부릴 때에는 큰 제사 모시듯이 하고, 자기가 바라지 않는 짓이면 그것을 남에게 행하지 마라. 나라에서는 원망이 없고, 집안에서도 원망이 없어야 한다."

仲弓問仁, 子曰 : 出門如見大賓, 使民如承大祭, 己所不欲, 勿施於人. 在邦無怨, 在家無怨. —顏淵

사마우가 인에 대하여 물으니, 공자께서
"인이라는 것은 그의 말을 조심하는 것이다."
고 말씀하셨다.

司馬牛問仁, 子曰 : 仁者, 其言也訒. —顏淵

번지가 인에 대하여 물으니, 공자께서
"남을 사랑하는 것이다."
고 말씀하셨다.

樊遲問仁, 子曰 : 愛人. —顏淵

이밖에도 똑같은 질문에 대하여 사람에 따라 다른 대답을 하고 있는 예는 얼마든지 있다. 공자는 묻는 사람의 개성을 따져 그가 발전하는 데 가장 도움이나 자극이 될 대답을 고르기 때문에 이처럼 서로 다른 대답을 하고 있는 것이다. 위의 효에 대한 공자의 대답을 놓고 보면, 맹의자는 부모의 뜻을 거역하는 일이 많았고, 맹무백은 부모에게 여러 가지 걱정을 잘 끼쳤던 것 같다. 또 자유는 부모를 잘 부양하기는 하면서도 공경하는 몸가짐이 부족하였고, 자하는 비교적 부모님을 잘 모셨지만 부모님의 기색을 잘 살피어 미리 부모님의 뜻을 알아차리고 거기에 알맞게 모셔드리는 단계에까지 이르지는 못했던 것 같다. 어떻든 공자는 병든 사람에게 증상에 따라 약방문을 내듯 제자들 각자에게 알맞는 교육을 하였던 것이다.

대화를 통한 교육이란 대화가 양편 모두가 능동적이지 않으면 효과가 적고, 또 대화의 내용을 서로 잘 이해하지 않으면 안 된다. 그 때문에 《논어》술이(述而)편에서 공자는 이런 말을 하고 있다.

알려고 분발하지 않으면 계발해 주지 않고, 답답해하지 않으면 일러주지 않는다. 한 모퉁이를 들면 나머지 세 모퉁이에도 반응이 일어나는 정도가 아니면 다시는 가르치지 않는다.
子曰 : 不憤, 不啓 ; 不悱, 不發. 擧一隅, 不以三隅反, 則不復也.

공자는 학생들이 배움에 있어 능동적일 것을 요구하고 있는 것이다. 위령공(衛靈公)편에서는,

어찌하는 건가? 어찌하는 건가?하고 추구하지 않는 사람은 나도 어찌할 수가 없다.
不曰如之何, 如之何者, 吾未如之何也已矣.

고 말하고 있다. 가르치는 공자도 언제나 성의를 다하여 대화에 임하였다. 《논어》 자한(子罕)편에서 공자는 이렇게 말하고 있다.

내가 아는 것이 있는가? 아는 게 없다. 어떤 천한 남자가 나에게 묻는데 아무것도 모른다면 나는 처음과 끝을 다 털어내어 성의껏 가르쳐 줄 뿐이다.

吾有知乎哉? 無知也. 有鄙夫問於我, 空空如也, 我叩其兩端而竭焉.

따라서 공자는 게으름피우는 제자에 대하여는 크게 성을 내었다. 《논어》 공야장(公冶長)편에는 다음과 같은 대목이 있다.

재여가 낮잠을 잤다. 공자께서 말씀하셨다.

"썩은 나무에는 조각할 수가 없고, 더러운 흙담은 흙손으로 다듬을 수가 없다. 재여 같은 인간에게 무엇을 책하겠는가!"

宰予晝寢. 子曰 : 朽木, 不可雕也, 糞土之牆, 不可杇也. 於予與, 何誅!

공자가 제자를 받아들이는 데 있어 재질의 여하는 따지지 않았지만 한편,

사람의 본성은 서로 비슷하지만 습성에 의하여 서로가 멀어진다.

性相近也, 習相遠也. ―《論語》 陽貨

고도 말하고 있듯이 사람들의 타고난 성격뿐만 아니라 그의 습성에 대하여 퍽 민감하였던 것 같다. 《논어》 계씨(季氏)편을 보면 그는 사람들의 학문 습득에 대하여 다음과 같은 세 부류의 분류를 하고 있다.

나면서 아는 사람은 으뜸이고, 배워서 아는 사람은 그 다음이고, 막히자 그것을 배우는 것은 또 그 다음이다. 막혔는데도 배우지 않으면 사람들 중에서도 하치라 할 것이다.

生而知之者, 上也 ; 學而知之者, 次也 ; 困而學之, 又其次也. 困而不學, 民斯爲下矣.

곧 사람들 중에 '나면서 아는 사람'(生知), '배워서 아는 사람'(學知), '막히자 배우는 사람'(困學)의 세 종류가 있다는 것이다. 이밖에 막히어도 공부하지 않는 어리석은 자들이 또 있음은 물론이다. 형병(邢昺)은《논어주소(論語注疏)》에서 '나면서 아는 사람'은 성인을 뜻하고 '배워서 아는 사람'은 현인(賢人)을 뜻한다고 하였지만 공자의 본뜻은 아닐 것이다. 공자가 실제로 사람들 중에 나면서 모든 것을 아는 성인이 있다고 생각하지는 않았을 것이다. 많은 제자들을 가르치다 보니 사람들의 재질에 많은 차이가 있음을 절감하고 이런 말을 하였을 것이다. 양화(陽貨)편에서도,

오직 최상급의 지혜 있는 자와 최하급의 어리석은 자들만은 바꾸어지지 않는다.

唯上知與下愚, 不移.

고 하면서 사람들의 지혜를 구분하고 있다. 옹야(雍也)편에서는 또,

중급 이상의 사람에게는 상급의 것을 얘기할 수 있으나, 중급 이하의 사람에게는 상급의 것을 얘기할 수 없다.

中人以上, 可以語上也 ; 中人以下, 不可以語上也.

고 하였다. 공자의 마음속에는 사람들에게 상・중・하의 등급이 있었던 게 분명한데, 이러한 사람들의 등급은 그 사람의 노력뿐만 아니라

자질과도 크게 상관 있는 것이다. 되도록 많은 제자들을 훌륭하게 키워 내려는 스승의 입장을 생각할 때, 제자들에게 되도록 급속히 발전할 수 있는 높은 자질을 요구하는 것은 당연한 일이라 할 것이다.

그러나 일단 교육에 임하게 되면 상대방이 어떤 학생이든 간에 똑같이 성의를 다하여 가르쳤다. 《논어》 술이(述而)편에서 공자는 제자들에게,

자네들은 내가 숨기고 있는 게 있다고 생각하는가? 나는 숨긴 것이 없네. 나는 행동함에 있어 자네들과 같이하지 않은 일이 없네. 나는 바로 그런 사람일세!
二三子, 以我爲隱乎? 吾無隱乎爾. 吾無行而不與二三子者, 是丘也.

하고 말하고 있는데, 이는 그의 교육방법을 이해시키려는 말이었던 것 같다. 같은 계씨(季氏)편에는 또 다음과 같은 대목이 있다.

진항(陳亢, 字 子禽)이 백어(伯魚, 공자의 아들)에게 물었다.
"당신은 특이한 가르침을 들은 게 있겠지요?"
백어가 대답했다.
"없습니다. 한번은 홀로 서 계실 적에 내가 종종걸음으로 마당을 지나가는데, '시〔詩經〕를 배웠느냐?'하고 물으시기에 '아직 못 배웠습니다'하고 아뢰었더니, '시를 배우지 않으면 남과 더불어 말할 수가 없느니라'고 말씀하셨습니다. 저는 물러나와 시를 공부했습니다.
그후 어느 날 또 혼자 서 계실 적에 내가 종종걸음으로 마당을 지나가는데 '예를 배웠느냐?'하고 물으시기에 '아직 못 배웠습니다'하고 아뢰었더니, '예를 배우지 않으면 남 앞에 설 수가

없느니라'고 하셨습니다. 저는 물러나와 예를 배웠습니다. 들은
것이란 이 두 가지입니다."

진항은 물러나와 기뻐하며 말하였다.

"하나를 물어 셋을 알게 되었다. 시를 알았고, 예를 알았고, 또
군자는 자기 아들도 멀리한다는 것을 알았다."

陳亢問於伯魚曰：子亦有異聞乎？對曰：未也. 嘗獨立, 鯉趨
而過庭, 曰：學詩乎？對曰：未也. 不學詩, 無以言. 鯉退而
學詩.

他日又獨立, 鯉趨而過庭, 曰：學禮乎？對曰：未也. 不學禮,
無以立. 鯉退而學禮, 聞斯二者. 陳亢退而喜曰：問一得三,
聞詩, 聞禮, 又聞君子之遠其子也.

　이에 따르면 공자는 교육을 하는 데 있어 자기의 친자식과 다른
제자들을 조금도 구별치 않고 똑같이 가르쳤었다. 공자가 제자들
의 자질의 우열(優劣)에 대하여 크게 의식하기는 하였지만, 실제로
가르치는 데 있어서는 아무런 사심 없이 공평히 가르쳐 주었던 것
같다.

　또 공자는 학문을 닦는 일을 궁극적으로는 낙취(樂趣)로 발전시킬
것을 요구하고 있다. 그가 《논어》의 첫머리에서 다음과 같은 말을 하
고 있는 것은 공문(孔門)의 분위기를 무엇보다도 잘 설명해 주는 것
이라 생각된다.

　배우고 때때로 그것을 익히면 기쁘지 아니하겠는가? 벗(동창생)
이 멀리서 찾아오면 즐겁지 아니하겠는가? 남이 나를 알아주지 않
아도 성내지 않으면 군자가 아니겠는가?

　學而時習之, 不亦說乎？ 有朋自遠方來, 不亦樂乎？ 人不知
而不慍, 不亦君子乎？

스승에게 배우며 공부하는 기쁨, 동창생들과 어울리는 즐거움 속에 학문과 인격을 연마하며, 세상 일이나 밖의 사람들의 말에 초연한 공자와 그의 제자들의 학문생활 분위기가 느껴진다. 옹야(雍也)편에서는,

알려고 하는 사람은 좋아하는 사람만은 못하고, 좋아하는 사람은 즐기는 사람만은 못하다.

知之者, 不如好之者 ; 好之者, 不如樂之者.

고 말하고 있다. 그는 학문을 하는 데 있어서는 진리를 탐구하려는 의욕을 갖는 것도 좋지만, 더욱 바람직한 자세는 진리를 탐구하는 일 자체를 좋아하는 것이고, 가장 좋은 자세는 그 일을 즐기는 것이라는 뜻이다. 그러기에 공자는 '배움에 싫증나지 않고 가르침에 지치지 않는' 위대한 스승이 될 수가 있었을 것이다.

따라서 공문(孔門)의 학문생활은 고되고 괴로운 것이 아니라 즐겁고도 평화로운 것이었다. 《논어》 선진(先進)편에,

민자건(閔子騫)이 선생님을 모시고 있을 적에는 태도가 공손하였고, 자로는 강직하였으며, 염유와 자공은 화락한 모습이었다. 공자께서도 즐거워하셨다.

閔子侍側, 誾誾如也 ; 子路, 行行如也 ; 冉有子貢, 侃侃如也. 子樂.

고 하였다. 화락(和樂)한 공자와 그의 제자들의 분위기가 느껴지는 말이다. 뒤의 《맹자(孟子)》에서도 군자에게는 세가지 즐거움[三樂]이 있다고 하면서 '천하의 영재(英才)들을 모아놓고 그들을 교육하는 것'이 그중의 하나라 하였는데, 이것도 공문(孔門)의 전통을 계승한 것이라 생각된다. 공자가,

거친 밥을 먹고 물을 마시고, 팔을 굽혀 베개 삼아도 즐거움은 그 가운데 있다. 의롭지 못하게 부하고 귀한 것은 나에게는 뜬구름이나 같은 것이다.

飯疏食, 飮水, 曲肱而枕之, 樂亦在其中矣. 不義而富且貴, 於我如浮雲. ─《論語》述而

고 말한 것도, 물질적인 향락이나 속세의 영화보다 값진 학문과 교육이 그에게 있었기 때문이다. 공자는 기쁨 속에 학문을 추구하였고 즐거움 속에 제자들을 교육하였던 것이다.

제5절 교육내용

《논어》술이(述而)편을 보면,

공자께서는 네 가지를 가르치셨으니, 문(文)·행(行)·충(忠)·신(信)이다.

子以四敎, 文行忠信.

고 하였다. 여기의 '문(文)'이란 넓은 뜻의 학문을 가리키며, '행(行)'은 실천, '충(忠)'은 성실, '신(信)'은 신의를 뜻한다. 곧 행·충·신은 모두 덕행(德行)에 관계되는 것이므로, 공자는 제자들에게 학문과 덕행을 가르쳤다고 말해도 좋을 것이다. 같은 술이편에서 공자가,

덕을 닦지 못하는 것과, 학문을 익히지 못하는 것과, 의로움을 듣고도 옮아가지 못하는 것과, 선하지 못한 것을 고치지 못하는 것이 바로 나의 근심거리이다.

德之不修, 學之不講, 聞義不能徙, 不善不能改, 是吾憂也.

고 말한 것도, 지식의 획득보다도 마음과 몸가짐의 수양을 더 중시하
는 그의 학문태도를 잘 나타내 준 말이다. 또 선진(先進)편에서는 그
의 제자들을 평하여 '덕행(德行)'에는 안연(顏淵)·민자건(閔子騫)·
염백우(冉伯牛)·중궁(仲弓)이 있고, '언어(言語)'에는 재아(宰我)·
자공(子貢)이 있고, '정사(政事)'에는 염유(冉有)·계로(季路)가 있고,
'문학(文學)'에는 자유(子游)·자하(子夏)가 있다고 말하고 있어, 이
덕행·언어·정사·문학의 네 가지를 흔히 '공문사과(孔門四科)'라 부
른다. 그리고 이 네 가지를 문·행·충·신의 네 가지에 끌어다 붙이
는 이도 있다.

어떻든 여기의 '문학'이란 '문'이나 마찬가지로 넓은 의미의 학문이
며, '언어'는 외교적 사령(辭令)을 뜻할 것이니 '언어'와 '정사'는 '행'
에 관계되는 것이고, '덕행'은 '충'과 '신'이 모두 포함된다. 그가 중시
한 덕행 또는 윤리사상이 어떠한 것이었나 하는 것은 이미 은연중 많
이 얘기되었고, 또 다음 장에서 상세한 설명을 할 예정이다. 여기에서
는 그의 '학문'의 내용 또는 학과목이 어떤 것이었는가 하는 문제를
주로 따져보려는 것이다. 물론 그의 학과목이 모두 덕행과 관계없는
것일 수는 없을 것이다.

공자가 30세 이전에 처음 교육을 시작하였을 적의 학과목은 일반
적인 사(士)의 계층의 관례에 따라 예(禮)·악(樂)·사(射)·어(御)·
서(書)·수(數)를 내용으로 하는 육예(六藝)였다. 그러나 30대 이후
그의 이상이 무르익어 가면서 그의 교육이념도 자기 나름대로 틀이
잡혀 갔고, 따라서 교육내용에도 변화가 일어났다. 특히 그가 68세
때(기원전 484, 애공 11년) 외국여행을 마치고 위(衛)나라에서 노(魯)
나라로 돌아와 교육사업에 본격적으로 헌신할 무렵에는 그의 독특한
교과내용이 확정되었다. 육예(六藝) 중에서도 기예(技藝)에 속하는

활쏘기·수레몰이·글쓰기·셈하기 등은 뒤로 미루고 덕행을 크게 내세웠던 것은 두말할 나위도 없다. 그러면 또 덕행 이외의 학문을 위한 교과내용은 어떻게 변화하였는가?

《사기》의 공자세가(孔子世家)에서는 공자가 '시(詩)·서(書)·예(禮)·악(樂)으로써 제자들을 가르쳤다'고 하였다. 《논어》를 보면 태백(泰伯)편에서,

> 시를 통하여 감흥을 일으키고, 예를 통하여 자립하게 되고, 음악을 통하여 자기를 완성시킨다.
> 興於詩, 立於禮, 成於樂.

고 하였다. 또 술이(述而)편에서는,

> 공자께서 늘 말씀하신 것은 시(詩)·서(書)와 예(禮)를 지키는 것으로서, 언제나 그에 관한 말씀이었다.
> 子所雅言, 詩書, 執禮, 皆雅言也.

고 하였다. 이《논어》에 기록된 두 대목의 말을 합치면 그 내용이 꼭 《사기》의 말과 합치된다. 《논어》의 위 구절들을 옛날 학자들은 대체로 수신을 하고 학문을 이룩하는 순서와 공자의 교육내용을 얘기한 걸로 해석하고 있다. 어떻든 시(詩)·서(書)가 후세의 《시경(詩經)》과 《서경(書經)》을 가리키는 게 틀림없다면, 예(禮)와 악(樂)까지도 이것들은 모두 공자의 교육에 있어서의 교과목 또는 교재였다고 말하여도 좋을 것이다.5)

---

5) 본시 유가의 경서들은 시(詩) 또는 서(書)·역(易)으로만 불리었다. 이 책들을 높이어 '경(經)'자를 붙이게 된 것은 전국시대(戰國時代) 만년의 일이며(屈萬里 《詩經釋義》 緒言 참조), 더욱이 《시경》 또는 《서경》·《역경》

《시경》에 대하여는 《논어》만 보더라도 공자가 여러 군데에서 그 중요성을 강조하고 있다. 계씨(季氏)편에서는 공자가 아들 백어(伯魚)에게,

> 시를 배우지 않으면 남과 더불어 말할 수가 없다.
> 不學詩, 無以言.

고 한 말은 앞에서도 이미 인용하였다. 또 양화(陽貨)편에서는 공자가 백어에게,

> 너는 《시경》의 주남과 소남을 공부하였느냐? 사람으로서 주남과 소남을 공부하지 않으면 그는 마치 담벽을 마주 대하고 서 있는 거나 같을 것이다.
> 女爲周南召南矣乎? 人而不爲周南召南, 其猶正牆面而立也與!

고 하였다. 주남과 소남은 《시경》 국풍(國風)의 첫머리 두 편 이름이다. 《시경》을 공부하지 않으면 꽉 막힌 인간이 되어 버린다는 것이다. 또 같은 양화편에서 공자는 이런 말도 하고 있다.

> 그대들은 어찌하여 시를 공부하지 않는가? 시는 사람들의 감흥을 돋아주고, 사물을 올바로 보게 하며, 여러 사람들과 잘 어울릴 수 있게 하고, 은근히 불평을 할 수 있게 하며, 가까이는 어버이를 섬기고 멀리는 임금을 섬길 줄 알게 하며, 새나 짐승·풀·나무들의 이름도 많이 알게 한다.

등의 말이 일반적으로 쓰이게 된 것은 명(明)대 이후의 일이다. 따라서 중국의 고적에 나오는 시·서·예·악 등은 모두 책을 가리키는 경우가 많다.

小子, 何莫學夫詩? 詩可以興, 可以觀, 可以羣, 可以怨, 邇之
事父, 遠之事君, 多識於鳥獸草木之名.

공자가 위정(爲政)편에서,

《시경》3백 편은 한마디로 표현하면 생각에 사악함이 없다고 하
겠다.
詩三百, 一言以蔽之, 曰 : 思無邪.

고 말하고 있는 것을 보면, 《시경》에 실려 있는 시들이란 순수한 사
람들의 감정과 생각이 담긴 글이라 생각했던 것 같다. 시 속에는 여
러 계층의 인간사회를 반영하는 내용들이 담겨져 있기 때문에, 그것
을 통하여 여러 가지 사람들의 마음가짐과 몸가짐을 배우고 닦을 수
있다고 생각하였던 것 같다. 또 자로(子路)편에서는,

《시경》3백 편을 외웠으되, 그에게 정사를 맡기면 잘 처리하지
못하고, 사방에 사신으로 가서는 전문적으로 응대하지 못한다면, 비
록 많이 외웠다 한들 무슨 소용이 있겠는가?
誦詩三百, 授之以政, 不達 : 使於四方, 不能專對, 雖多, 亦奚
以爲?

고 말하고 있는데, 이는 《시경》의 지식이 춘추시대(春秋時代)에는 정
치·외교에 실용되기까지 하였기 때문이다. 《좌전(左傳)》을 보면 그
시대 귀족들이 조정에서 잔치를 하거나 외국 사신을 맞이했을 때 《시
경》의 시를 한 수 또는 한 대목 서로 가송(歌誦)함으로써 서로의 뜻
을 암시하는 예가 여러 군데 보인다. 그 시대 군자라면 실용을 위해
서도 《시경》을 공부하지 않으면 안 되었던 것이다.
　《서경》의 가치를 공자가 직접 높이 평가하거나, 제자들에게 그것을

배우라고 한 말은 옛 글에서 발견되지 않는다. 《논어》 위정(爲政)편에서 《서경》의 말을 인용한 정도가 고작이다.

어떤 사람이 공자에게 물었다.

"선생님께서는 왜 정치를 하지 않으십니까?"

공자께서 대답하셨다.

"《서경》에 말하기를 '효도하라, 오로지 효도하고 형제에게 우애로움으로써 그것을 시정(施政)에 반영시켜라'하였소. 이것도 정치를 하는 것이어늘 어찌 따로 정치를 할 것이 있겠소?"

或謂孔子曰 : 子奚不爲政? 子曰 : 書云, 孝乎! 惟孝, 友于兄弟, 施於有政. 是亦爲政, 奚其爲爲政?

이곳 《서경》의 말은 주서(周書) 군진(君陳)편에 보인다. 《서경》은 요(堯)·순(舜)시대부터 하(夏)·은(殷)을 거쳐 주(周)나라에 이르는 시대의 정치에 관한 사관(史官)의 기록들을 모아놓은 책이다. 거기에는 사관들이 기록해 놓은 각 시대의 임금의 훈령(訓令)이나 치적(治蹟) 및 어진 신하들과의 대화 등이 실려 있다. 공자는 이러한 역사적 기록을 통하여 옛 어진 임금들의 정치와 문화를 배우도록 하기 위하여 이를 제자들의 교육을 위한 교과서로 삼았던 것이다. 그리고 뒤 제8장에서 자세히 얘기할 예정이지만, 이제껏 편차(編次)가 불완전하였던 《시경》과 《서경》을 정리하여 지금 우리가 보는 것과 같은 경전으로 손수 편찬하였다.

공자는 또,

예를 배우지 않으면 남 앞에 설 수가 없다.

不學禮, 無以立. ―《論語》 季氏

고 하면서 '예'를 중요한 교과과목으로 설정하였다. 예와 악은 육예

(六藝) 가운데에도 들어 있었고, 또 제2장 제5절에서 설명한 바와 같이 일찍부터 공자에 의하여 중시되었다. 《논어》 안연(顏淵)편을 보면 안연이 인(仁)을 이룩하는 자세한 방법에 대하여 질문하였을 때, 공자는 이렇게 대답하고 있다.

예가 아니면 보지 말고, 예가 아니면 듣지 말며, 예가 아니면 말하지 말고, 예가 아니면 움직이지 말라.
非禮勿視, 非禮勿聽, 非禮勿言, 非禮勿動.

곧 옹야(雍也)편과 안연(顏淵)편에서,

군자는 학문을 널리 공부하고, 예로써 스스로를 단속한다.
君子, 博學於文, 約之以禮.

고 말하고, 자한(子罕)편에서는 안연(顏淵)이,

우리를 학문으로 박식하게 해주시고, 우리를 예로써 단속해 주시었다.
博我以文, 約我以禮.

고 말하고 있듯이, 공자에게 있어서 예는 학문과 대비되는 덕행의 형식이며 인간의 행동규범이기도 하였다. 그러나 학과목으로서의 예는 그에 관하여 어떤 교과서가 있었는가가 문제가 된다. 지금은 삼례(三禮)라 부르는 《주례(周禮)》와 《의례(儀禮)》·《예기(禮記)》의 세 가지 경전이 전하지만 공자 시대의 《예경(禮經)》의 모습을 그대로 전하고 있는 것은 아니다. 그러나 '삼례'는 옛날의 《예경》을 바탕으로 하여 이루어진 것이어서, 옛날 예에 관한 경전이 있었다는 것은 의심할

여지가 없다.

 '악'은 어떤 의미에 있어서는 '예'보다도 더 중요한 교과목이었다고 할 수 있다. 공자가,

> 예를 통하여 자립하고, 음악을 통하여 자기를 완성한다.
> **立於禮, 成於樂.** ―《論語》泰伯

고 말했듯이, '악'은 사람의 내면 곧 성정(性情)을 순화시키는 데 목적이 있었으므로, 형식을 문제삼는 '예'보다도 더 중요하다고 할 수 있다. 앞 제3장 제5절에서 이미 공자와 음악에 대하여 자세한 설명을 한 바가 있다. 다만 공자의 제자들을 거쳐 후세로 내려오면서 유가에서 악의 중요성은 예보다도 그 뜻이 점점 엷어져 갔던 느낌이 있다. 공자에게 있어 '악'은 이토록 중요한 교과목이었지만, 교과서로서의 '악'에 대하여는 문제가 많은 것 같다.

 어떤 이는 본시《악경(樂經)》이란 책이 있었는데, 진시황(秦始皇)이 천하의 책을 모아 불태운 분서(焚書)의 정책 때문에 없어져 버렸다고도 하고, 또 어떤 이는《시경》의 시들이 모두가 본시 악장(樂章)이었으니 그것이 바로《악경》이기도 하였다고도 한다. 물론《악경》이란 책은 처음부터 존재하지 않았다고 주장하는 이들도 있다. 어떻든 지금 전하는 경서들 중《예기(禮記)》에는 악기(樂記)편이 있는데, 중국음악의 기본 이론을 쓴 것이어서《악경》의 전(傳)이나 같은 성질을 띤 내용이다. 따라서 지금 전하는 음악에 관한 경전으로서 가장 중요한 것은《예기》의 악기이다.

 공자는 만년에 이러한 옛날의 경전들을 정리 편찬하여 만인의 교과서로 삼으면서, 다시《춘추(春秋)》라는 역사책을 저술하고, 또《역경(易經)》을 정리하여 여기에 보탬으로써 이른바 육경(六經)을 이룩하였다. 그리하여 육경이 공문(孔門)의 기본 교과서로 확정되어 후세에

까지도 가장 소중한 경전으로 존중되며 널리 익혀졌다. 육경 중《악경》은 존재하지 않으므로 오경(五經)이란 말을 쓰기도 한다. 공자의 이러한 편찬과 저술에 대하여는 뒤의 제8장에서 자세히 논술하고자 한다.

《예기》경해(經解)편에는 육경(六經)의 교육효과에 대하여 공자 자신이 다음과 같이 설명하고 있다.

공자께서 말씀하셨다. 그 나라에 들어가 보면 그 나라의 교육을 알 수가 있다. 그곳의 사람됨이 온유(溫柔)하고 돈후(敦厚)한 것은《시(詩)》의 교육효과이다. 마음이 소통(疏通)되었고 먼 옛일을 아는 것은《서(書)》의 교육효과이다. 마음이 넓고 선량(善良)한 것은《악(樂)》의 교육효과이다. 마음이 깨끗하고 고요하며 정미(精微)한 것은《역(易)》의 교육효과이다. 공손하고 검소하며 점잖고 공경스러운 것은《예(禮)》의 교육효과이다. 말이 조리 있고 사리(事理)의 분별이 밝은 것은《춘추(春秋)》의 교육효과이다.

그러므로《시》를 잘 못배우면 어리석게 되고,《서》를 잘 못배우면 그릇된 말들을 믿게 되고,《악》을 잘 못배우면 사치스럽기만 하게 되고,《역》을 잘 못배우면 남을 해치게 되고,《예》를 잘 못배우면 번거롭기만 하게 되고,《춘추》를 잘 못배우면 어지럽게 된다.

따라서 사람됨이 온유하고 돈후하면서도 어리석지 않다면《시》를 깊이 공부했다고 할 수 있다. 마음이 소통되고 먼 일을 알면서도 그릇된 말을 믿는 일이 없다면《서》를 깊이 공부했다고 할 수 있다. 마음이 넓고 선량하면서도 사치스럽지 않다면《악》을 깊이 공부했다고 할 수 있다. 마음이 깨끗하고 고요하며 정미하면서도 남을 해치지 않는다면《역》을 깊이 공부했다고 할 수 있다. 공손하고 검소하며 점잖고 공경스러우면서도 번거롭지 않다면《예》를 깊이 공부했다고 할 수 있다. 말이 조리 있고 사리의 분별이 밝으면서도 어지럽지 않다면 《춘추》를 깊이 공부했다고 할 수 있다.

이처럼 공자는 육경(六經)이란 교과서도, 옛날 사람들의 정치·사회·문화·생활 등에 관한 여러 가지 지식의 획득보다도 윤리교육 또는 인격의 수양에 더 큰 중점을 두고 있는 것이다. 곧 공자는 그 시대의 어지러운 사회를 극복하여 평화로운 세계를 이룩할 인간들의 개조(改造)를 위한 교재가 되게 하는 데에 육경의 궁극적인 목표를 두고 있는 것이다.

제 *7* 장
생활습성

제1절 개인생활

《논어》술이(述而)편을 보면,

　　공자께서 집에 한가히 계실 적에는 모습이 평화롭고 얼굴빛이 즐거우신 것 같았다.
　　　子之燕居, 申申如也, 夭夭如也.

고 말하고 있다. 그러나 이것은 집에서 한가할 적의 모습이며, 사람들을 대하거나 일을 하는 데 있어서는 엄격하고 위엄 있는 일면도 있었다.
　　같은 술이(述而)편에,

　　공자께서는 온화하면서도 엄하시고, 위엄이 있으면서도 사납지 않으시고, 공손하면서도 안온하셨다.
　　　子溫而厲, 威而不猛, 恭而安.

고 말하고 있다. 그러나 이것은 공자를 존경하는 눈으로 본 제자들의 평이며, 주로 그의 생활습성을 기록하고 있는 《논어》 향당(鄕黨)편을 보면 여러 가지로 까다로운 습성을 지니고 있었던 것 같다.

먼저 향당편에 적혀 있는 그의 옷 입는 습성을 아래에 옮겨 본다.

공자께서는 짙은 보랏빛과 아청빛으로1) 옷깃을 달지 않았고, 붉은빛과 자줏빛2)으로는 평복을 만들지 않으셨다.

더운 철에는 고운 갈포(葛布)나 거친 갈포의 홑옷을 입지만, 반드시 외출할 때에는 겉옷을 더 입으셨다.3)

검정 옷에는 검은 어린 양 갖옷, 흰 옷에는 어린 사슴 갖옷, 누런 옷에는 여우 갖옷을 입으셨다.

평소에 입는 갖옷은 길지만, 오른편 소매는 짧게 만드셨다. 반드시 잠옷을 쓰는데, 그 길이는 키의 한 배 반이나 되었다. 여우와 담비의 두꺼운 털가죽 옷은 집에서 입으셨다.

상(喪)을 벗으면 무슨 패옥(佩玉)이나 다 차셨다.

예복이나 제복의 아래 옷이 아니면 반드시 모두 주름을 잡아 만들어 입으셨다.

어린 양 갖옷이나 검은 비단 관4)을 쓰고는 조상을 가지 않으셨다. 매월 초하루에는 반드시 조복을 입고 조회에 나가셨다.

재계할 때는 반드시 깨끗한 옷을 입는데, 그것은 삼베로 만든 것

---

1) 짙은 보랏빛[紺]은 재계할 때 입는 옷[齊服], 아청빛[緅]은 상복(喪服)의 옷깃 장식으로 썼기 때문에 다른 옷에는 이 빛깔을 쓰지 않았다 한다 (《論語》 何晏 註).
2) 붉은빛과 자줏빛은 간색(間色)이어서 바르지 않은 빛깔로 여자들의 옷 빛깔에 가까우므로 평복을 그런 천으로 만들지 않았다 한다(朱熹 《論語集註》).
3) 베옷은 속살이 비치므로 외출할 때는 다른 천의 겉옷을 또 입은 것이다.
4) 옛날에는 상사(喪事)에는 흰 빛깔을 쓰고 검은 빛깔은 길사(吉事)에 쓰였기 때문이다.

이었다.

　君子不以紺緅飾, 紅紫不以爲褻服.

　當暑, 袗絺綌, 必表而出之.

　緇衣羔裘, 素衣麑裘, 黃衣狐裘.

　褻裘長, 短右袂, 必有寢衣, 長一身有半, 狐貉之厚以居.

　去喪無所不佩.

　非帷裳, 必殺之.

　羔裘玄冠, 不以弔.

　吉月, 必朝服而朝.

　齊必有明衣, 布.

　'예'란 사람의 형식이므로, 예를 숭상하는 공자로서는 옷 입는 습성이 까다로울 수밖에 없었을 것이다. 옷의 색깔이 맞아야만 했고, 외출할 때와 집에서 일할 때, 손님을 맞이할 때, 잠잘 때, 조회에 나갈 때, 재계를 할 때 등등, 언제나 그때그때 격식에 알맞는 옷을 공자는 가려 입었다. 그중에도 평소에 입는 갖옷이 길면서도 오른편 소매만이 짧았다는 것은, 일의 능률을 생각할 때 재미있는 착상이라 할 것이다.

　공자는 음식에 있어서도 건강과 위생에 주의하는 한편, 여러 가지 격식을 엄하게 따져서 습성이 무척 까다로웠다. 아래에 향당편에 실린 공자의 식생활에 관한 기록을 번역 인용하기로 한다.

　재계를 하실 때는 식사를 다르게 하셨고, 거소도 반드시 옮기어 앉으셨다.

　밥은 고운 쌀일수록 싫어하지 않으셨고, 회는 가늘게 썰은 것을 싫어하지 않으셨다.

　밥이 쉬어서 맛이 변한 것과, 생선이 상한 것이나 고기가 썩은 것은 잡숫지 않으셨다. 빛깔이 나빠도 잡숫지 않으시고, 냄새가 나빠도 잡숫지 않으셨다. 알맞게 익히지 않은 것도 잡숫지 않으시고, 제 철 음식이 아닌 것도 잡숫지 않으셨다. 반듯하게 썰지 않은 것도 잡숫지 않으셨고, 간이 맞지 않는 것도 잡숫지 않으셨다.

고기는 비록 많이 드셨으나, 밥 기운을 누를 정도로 많이 드시지는 않으셨다. 술만은 일정한 양 없이 드셨으나 난잡하게 되는 일은 없으셨다. 받아온 술이나 사온 육포는 드시지 않으셨다. 생강은 물리치시는 일이 없었으나, 많이는 안 드셨다.

나라의 제사에 참여하고 받아온 고기는 하루를 묵히지 않으셨다. 집안 제사에 쓴 고기는 사흘을 넘기지 않으셨고, 사흘이 넘으면 잡숫지 않으셨다.

식사할 때에는 이야기를 하지 않으셨고, 잠자리에 들어서는 말을 하지 않으셨다.

비록 거친 밥이나 야채국이라 하더라도 반드시 드시기 전에 고수레를5) 하셨는데, 반드시 엄숙하고 공경스런 태도로 하셨다.

齊必變食, 居必遷坐. 食不厭精, 膾不厭細, 食饐而餲, 魚餒而肉敗, 不食. 色惡不食, 臭惡不食. 失飪不食, 不時不食. 割不正不食, 不得其醬不食. 肉雖多, 不使勝食氣. 惟酒無量, 不及亂. 沽酒市脯, 不食. 不撤薑食, 不多食. 祭於公, 不宿肉. 祭肉, 不出三日. 出三日, 不食之矣. 食不語, 寢不言. 雖疏食菜羹, 瓜祭, 必齊如也.

임금이 음식을 내리시면 반드시 자리를 바로 고쳐 앉으시고 먼저 그것을 맛보셨다. 임금이 생고기를 내리시면 반드시 익혀서 제물로 올리셨다. 임금이 산 짐승을 내리시면 반드시 그것을 기르셨다. 임

---

5) 옛날 사람들은 음식을 먹기 전에 모든 음식을 조금씩 덜어 정결한 곳에 놓고 조상들로 하여금 먼저 맛보시게 하는 간단한 예가 있었다(朱熹《論語集註》). 내용이 다르지만 적당한 말이 없어 '고수레'라 번역하였다.

금을 모시고 식사를 할 때, 임금이 고수레를 하시면 임금 먼저 식
사를 드셨다.

> 君賜食, 必正席先嘗之. 君賜腥, 必熟而薦之. 君賜生. 必畜
> 之. 侍食於君, 君祭, 先飯.

음식 자체에 대해서뿐만 아니라 음식을 먹는 격식에 있어서도 무척
까다로웠던 것 같다. 그것은 자신의 모든 행동을 예에 알맞도록 하려
는 노력 때문에 자연히 그렇게 되었을 것이다. 옷 입고 음식 먹는 것
뿐만 아니라 일상의 모든 행동이 까다로운 격식에 따라 행해졌던 것
같다. 다음에는 역시 향당(鄕黨)편에 적혀 있는 그의 기거(起居) 습
관에 대한 기록들을 옮겨 보기로 한다. 먼저 공석에서의 그의 몸가짐
을 보자.

공자께서 자기 마을에 계실 적에는 공손하시어 마치 말할 줄 모
르는 사람 같으셨다. 그러나 종묘나 조정에서는 말을 잘 하시되 오
직 신중히 하셨다.

> 孔子於鄕黨, 恂恂如也, 似不能言者. 其在宗廟朝廷, 便便言,
> 唯謹爾.

조정에서 하대부(下大夫)들과 말할 때에는 강직하셨고, 상대부
(上大夫)들과 말할 때에는 밝고도 부드러웠으며, 임금이 계실 때에
는 몹시 공경스러우면서도 의젓하셨다.

> 朝與下大夫言, 侃侃如也 : 與上大夫言, 誾誾如也 : 君在, 踧踖
> 如也, 與與如也.

임금이 공자님을 불러 내빈의 접대를 맡기면 얼굴빛을 엄히 바로
잡으셨고 발걸음을 빨리 하셨다. 함께 서 있는 이들에게 읍할 때에

는 손을 왼편으로 또는 오른편으로 돌리며 절하셨으나, 옷자락은 앞뒤로 가지런히 출렁일 뿐이었다. 총총걸음으로 나가실 때에도 옷차림은 단정한 대로였다. 내빈이 물러가면 반드시 '손님께서 돌아가셨습니다'하고 복명(復命)을 하셨다.

> 君召使擯, 色勃如也, 足躩如也. 揖所與立, 左右手, 衣前後, 襜如也. 趨進, 翼如也. 賓退, 必復命曰 : 賓不顧矣.

　대궐 문에 들어갈 때에는 몸을 굽혀 절하듯, 마치 문이 낮아 들어가기 어려운 듯하셨다. 문 한가운데 서시지 않으셨고, 문지방을 밟고 다니지 않으셨다. 임금이 안 계셔도 임금 자리 앞을 지나갈 때에는 안색을 엄숙히 고치시고 발걸음을 빨리 하셨으며, 말이 모자라는 듯 과묵하셨다. 옷 아랫자락을 잡고 당(堂)에 오를 때에도 몸을 굽혀 절하는 듯하시고, 숨을 죽여 호흡이 막힌 듯이 하셨다. 당에서 내려올 때에는 층계를 하나 내려 디디면 안색을 펴서 화락한 빛을 띄우셨고, 층계를 다 내려와 총총걸음으로 나가실 때에도 옷차림이 단정하셨다. 제자리로 되돌아가서는 몹시 공경스런 태도를 취하셨다.

> 入公門, 鞠躬如也, 如不容. 立不中門, 行不履閾. 過位, 色勃如也, 足躩如也, 其言似不足者. 攝齊升堂, 鞠躬如也, 屛氣似不息者. 出降一等, 逞顏色, 怡怡如也. 沒階趨進, 翼如也. 復其位, 踧踖如也.

　규(圭)[6]를 들었을 때는 몸을 굽혀 절을 하는 듯, 마치 무거워 못 견디는 듯이 드셨다. 규를 위로 쳐들 때에는 읍(揖)하는 정도로, 아래로 내릴 때에는 물건을 건네줄 때 정도로 드셨고, 안색은 엄하고

---

6) 규(圭)는 옥으로 만든 위는 둥글고 아래편은 긴 패(牌) 같은 것. 공식 행사 때 임금 앞에 나갈 때는 손에 그것을 들어 여러 가지 신분을 표시하였다.

두려운 듯하셨고, 발은 땅에 끌 듯 좁게 옮기며 걸으셨다. 예물을
진상하실 때에는 부드러운 낯을 지으셨고, 개인적으로 예물을 주고
받을 때에는 즐거운 표정을 지으셨다.

> 執圭, 鞠躬如也, 如不勝. 上如揖, 下如授, 勃如戰色, 足蹜蹜
> 如有循. 享禮, 有容色, 私覿, 愉愉如也.

다른 나라의 친지에게 문안을 드리기 위해 딴 사람을 대신 보낼
때에는, 그 사람에게 두 번 엎드려 절하고 그를 전송하셨다.

> 問人於他邦, 再拜而送之.

병이 들었을 때 임금이 문병을 오시면 머리를 동쪽으로 두시고
조복(朝服)을 위에 덮고 큰 띠를 그 위에 걸쳐놓고 맞으셨다. 임금
의 오라는 명이 내리면 수레가 준비되기를 기다리지 않고 떠나셨다.

> 疾, 君親之, 東首加朝服拖紳. 君命召, 不俟駕行矣.

태묘(太廟)에 들어가셔서는 매사에 대하여 물으셨다.

> 入大廟, 每事問.

이러한 공적인 행동의 격식뿐만 아니라 모든 그의 개인행동의 격식
도 무척 까다로웠다. 다음에는 그의 개인행동에 관한 기록을 보자.

자리가 바르지 않으면 앉지 않으셨다.

> 席不正, 不坐.

마을 사람들과 술을 마실 때에는7) 지팡이 짚은 노인들이 먼저

---

7) 《의례(儀禮)》 향음주(鄕飮酒)편에는 이에 관한 자세한 예법이 적혀 있다.

나간 다음에야 나가셨다. 또 마을 사람들이 나례(儺禮)[8]를 행할 때에는 조복을 입고 동쪽 층계에 서 계셨다.

鄕人飮酒, 杖者出, 斯出矣. 鄕人儺, 朝服而立於阼階.

잠잘 때는 죽은 사람처럼 눕지 않으시고, 집에 있을 때에는 근엄한 얼굴을 짓지 않으셨다. 상복을 입은 사람을 보면 비록 친한 사이라 하더라도 반드시 정색을 하셨고, 면관(冕冠)을 쓴 사람과 장님을 보시면 아무리 자주 만나는 사이라 하더라도 반드시 예모를 갖추시었다. 상복을 입은 사람에게는 수레 위에서라도 예를 차렸고,[9] 도판(圖版)[10]을 지고 가는 사람에게도 수레 위에서 예를 차렸다. 성찬이 나오면 반드시 정색하고 일어나 경의를 표하셨고, 천둥이 치거나 바람이 세차게 불어도 반드시 정색을 하셨다.

寢不尸, 居不容. 見齊衰者, 雖狎必變. 見冕者與瞽者, 雖褻必以貌. 凶服者, 式之, 式負版者. 有盛饌, 必變色而作. 迅雷風烈, 必變.

수레에 오르실 때에는 반드시 바르게 서서 손잡이 끈을 잡으셨다. 수레 안에서는 이리저리 돌아다보지 않으시고, 말을 빨리 하지 않으시며, 직접 손가락질을 하는 일이 없으셨다.

升車, 必正立, 執綏. 車中, 不內顧, 不疾言, 不親指.

이처럼 공자의 옷차림·음식 및 일상행동은 모두 일정하고 까다로

---

8) 연말에 역귀(疫鬼)를 쫓아내는 행사로 옛날부터 중국의 궁중에서부터 민간에 널리 행하여진 풍습이다(《後漢書》禮樂志 참조 바람).
9) 식(式)이라 하여, 수레 앞턱 나무에 기대어 몸을 숙이는 것을 말한다.
10) 도판(圖版)은 나라의 지도(地圖)나 호적(戶籍) 같은 문서들, 나라의 중요한 자료이므로 경의를 표한 것이다(朱熹《論語集註》).

운 격식인 '예'에 들어맞아야만 하였다. 이러한 공자의 생활양식에서
후세 유가(儒家)의 도학자적(道學者的)인 생활철학과 생활태도가 나
온 것이다.

공자의 생활태도가 이처럼 까다로웠다는 것은, 공자가 그의 부인이
며 아들 백어(伯魚)를 낳은 계관씨(丌官氏)와 이혼했던 문제를 생각
케 한다.11) 음식만 보더라도 색깔이 나빠도 안 먹고 제철 음식이 아
니어도 안 먹고, 반듯하게 썰어져 있지 않아도 안 먹고, 받아온 술도
안 마시고, 사온 육포도 안 먹었다. 게다가 옷 입는 습관이며 모든 행
동의 격식은 얼마나 까다로웠는가! 이러한 공자를 보통 여자로서는
도저히 섬길 수가 없었는지도 모른다. 그 위에 부인에 대한 사랑이나
가정의 행복 같은 것은 별로 안중에 없고 관심은 언제나 바깥 세상
에 있었다. 그 때문에 공자의 부인은 공자의 곁을 떠나고 말았을 것
이다. 《논어》 양화(陽貨)편을 보면 공자가,

오직 여자와 소인은 다루기 어렵다. 가까이하면 공손치 않고, 멀
리하면 원망하게 된다.

唯女子與小人爲難養也. 近之則不孫, 遠之則怨.

여자들을 모두 소인 취급하고 있다. 이것은 인의(仁義)와 충신(忠
信)을 바탕으로 하여 온 세계를 개혁해 보려는 자신의 위대한 포부를
이해하지 못하고 집안에서의 잔일이 괴로워 자기와 자식을 버리고 가

---

11) 《예기(禮記)》 단궁(檀弓) 상편에 '백어(伯魚)의 어머니가 돌아가셨는데, 1
년이 넘도록 계속 곡을 하였다. 공자가 그것을 듣고…… 너무 심하다고
말하자, 백어는 그 말을 듣고 마침내 그만두었다'는 기록이 있다. 옛날부
터 부모의 상은 3년이지만, 이혼한 어머니는 1년만 복상(服喪)하면 되었
다. 공자의 아들 백어가 이혼한 어머니의 상을 1년이 넘도록 계속 지키려
하였기 때문에, 공자는 '너무 심하다'고 말했던 것이다. 이것이 공자의 이
혼을 증명할 수 있는 가장 확실한 근거이다.

버린 계관씨로 말미암아 이루어진 여성관(女性觀)인지도 모른다.

우연히도 공자뿐만 아니라 공자의 아들 백어(伯魚, 이름 鯉)와 손자 자사(子思, 이름 伋)가 모두 이혼을 하고 있다.12) 그리고 공자의 수제자의 한 사람으로서 효도로 유명한 증자(曾子)도 이혼을 하였다. 그는 음식을 제대로 만들지 못한다는 사소한 이유로 그의 부인을 내보내고 평생을 혼자 몸으로 살았다.13) 이처럼 공자와 그의 자손이나 제자들이 부부생활에 실패하고 있는 것은 그들의 까다로운 생활양식 때문이었다고 할 수 있을 것이다.

제2절 사회생활

공자는 언제나 어지러운 세상을 바로잡고 올바른 사회를 이끌고 갈 그 사회에 있어서의 엘리트로서의 사명감이 투철하였다. 자신의 개인적인 가정생활의 실패 정도는 그의 안중에도 없었다. 그는 자신의 사명감을 바탕으로 자신의 일거일동을 엄격한 격식 아래 스스로 규제(規制)하였고, 나아가서는 모든 유가(儒家)들에게 사회에 대하여 책임을 지는 엘리트로서의 마음가짐과 몸가짐을 지닐 것을 요구하고 있다. 그러한 공자의 이상은 《예기(禮記)》유행(儒行)편에 구체적으로 잘 기술되어 있다. 아래에 노(魯)나라 애공(哀公)이 공자에게 '유가의 선비로서의 행동[儒行]은 어떠해야 하는 겁니까?'하고 물은 데 대한 공자의 대답을 번역한다.

선비[儒]는 보배(옛 성왕의 도)를 벌려놓고서 초빙되기를 기다

---

12) 《예기》단궁(檀弓)편에 역시 이혼한 어머니에 대한 복상 문제로 이에 관한 간접적인 증거가 실려 있다.
13) 《공자가어(孔子家語)》칠십이제자해(七十二弟子解) 참조.

리고, 부지런히 힘써 학문을 닦아 쓰여지기를 기다리며, 충성[忠]
과 신의[信]를 품고서 등용되기를 기다리고, 힘써 실천함으로써 벼
슬자리를 기다리는 것입니다. 그들이 스스로를 닦고 있는 것이 이
와 같습니다.

선비는 의관(衣冠)이 알맞아야 하며 동작이 신중해야 합니다. 그
들이 큰 것을 사양할 적에는 태만(怠慢)한 듯하고, 작은 것을 사양
할 적에는 거짓인 듯하며, 크게는 위협을 받고 있는 듯이 하고, 작
게는 부끄러운 듯이 합니다. 그들은 나아가는 일은 어렵게 하고 물
러서는 일은 쉽사리 하며, 유약(柔弱)하기 무능한 사람과 같습니다.
그들의 용모는 이와 같습니다.

선비는 기거(起居)에 엄격하고 어려움을 두려워하며, 그들의 거
동은 공경하고 말은 반드시 신의를 앞세우며 행동은 반드시 알맞고
올바릅니다. 길을 나서서는 편리한 길을 다투지 아니하고, 여름이나
겨울에는 따스하고 시원한 곳을 다투지 않습니다. 그의 목숨을 아
끼는 것은 소망이 있기 때문이며, 그의 몸을 보양(保養)하는 것은
할 일이 있기 때문입니다. 그들의 대비(對備)는 이와 같습니다.

선비는 금과 옥을 보배로 여기지 아니하고 충성과 신의를 보배로
삼습니다. 땅 차지하는 것을 추구하지 않고 의로움을 세우는 것으
로써 땅을 삼으며, 재물을 많이 축적하기를 바라지 않고 학문이 많
은 것을 부로 여깁니다. 벼슬을 얻는 일은 어렵게 생각하되 녹(祿)
은 가벼이 생각하며, 녹은 가벼이 생각하되 벼슬자리에 머무는 것
은 어렵게 생각합니다. 적절한 시기가 아니면 나타나지 않으니 벼
슬 얻는 일이 어렵지 않겠습니까? 의로움이 아니라면 화합하지 않
으니 벼슬자리에 머무는 것이 어렵지 않겠습니까? 공로를 앞세우고
녹은 뒤로 미루니 녹을 가벼이 생각하는 게 아니겠습니까? 그들이
사람들을 친근히 함이 이와 같습니다.

선비는 재물을 탐하는 태도를 버리고 즐기고 좋아하는 일에 몰두

하며, 이익을 위하여 의로움을 손상시키지 않고, 여럿이서 위협하고 무기로써 협박을 하여 죽음을 당한다 하더라도 그의 지조를 바꾸지 않습니다. 사나운 새나 맹수(猛獸)가 덤벼들면 용기를 생각지 않고 그에 대처하며 무거운 솥[鼎]을 끌 일이 생기면 자기 힘을 헤아리지 않고 그 일에 착수합니다. 과거에 대하여 후회하지 아니하고 장래에 대하여 미리 점치지 아니하며, 그릇된 말을 두 번 거듭하지 않고 뜬 소문을 두고 따지지 않습니다. 그의 위엄은 끊이는 일이 없으며, 그의 계책을 미리 익히는 법이 없습니다. 그들의 행위가 뛰어남이 이와 같습니다.

선비는 친근히 할 수는 있어도 위협을 할 수는 없고, 가까이하게 할 수는 있어도 협박할 수는 없으며, 죽일 수는 있어도 욕보일 수는 없습니다. 그들은 사는 데 있어 음락(淫樂)을 추구하지 않으며, 음식에 있어 맛을 탐하지 않습니다. 그들의 과실은 은밀히 가려줄 수는 있어도 면대(面對)하여 꾸짖을 수는 없습니다. 그들의 꿋꿋하고 억셈이 이와 같습니다.

선비는 충성과 신의로써 갑옷과 투구를 삼고, 예의와 정의로써 방패를 삼으며, 인(仁)을 추대하여 행동하고 정의를 안고 처신합니다. 비록 폭정(暴政)이라 하더라도 그들의 입장을 바꾸어 놓을 수는 없습니다. 그들이 스스로 처신함이 이와 같습니다

선비는 좁은 집 허술한 방, 사립문에 거적 문이 달린 집에 살며, 옷을 갈아 입어야 나갈 수 있고 이틀에 한 끼밖에 먹지 못할 형편이라 하더라도, 임금이 응낙한 데 대하여는 감히 의심치 아니하며, 임금이 응낙지 않는다 하더라도 감히 아첨하지 않습니다. 그들의 벼슬하는 태도는 이와 같습니다.

선비는 지금 사람들과 함께 살고 있지만 옛 사람들에게 뜻을 두며, 지금 세상에서 행동하고 있지만 후세의 모범이 됩니다. 마침 좋은 세상을 만나지 못하여, 임금이 끌어주지 아니하고 신하들은 밀

어주지 아니하며, 아첨을 일삼는 백성들 중에 붕당(朋黨)을 이루어 가지고 그를 위협하는 자들이 있다 하더라도, 그의 몸을 위태롭게 할 수는 있으나 그의 뜻을 뺏을 수는 없습니다. 비록 위태롭다 하더라도 행동을 하는 데 있어서는 끝내 자기 뜻을 믿으며, 백성들의 고통을 잊지 않으려 합니다. 그들의 걱정은 이와 같은 것입니다.

선비는 널리 공부하되 그만두는 일이 없으며, 독실히 행동함에 지치지 아니하고, 홀로 거처하더라도 그릇된 짓을 하지 않습니다. 위로 출세를 한다 하더라도 덕이 부족하여 곤경에 빠지지 않도록 하며, 예로써 사람들을 대하되 조화를 귀중히 여기며, 충성과 신의를 찬양하고, 온화하고 유순한 것을 법도로 삼으며, 현명한 사람을 흠모하되 모든 사람들을 용납하며, 자기의 모난 것을 무너뜨림으로써 백성들과 화합하고자 합니다. 그들의 관대하고 너그러움이 이와 같습니다.

선비는 안에서 사람을 천거함에 친한 사람이라 하여 기피하지 않고, 밖에서 사람을 천거함에 원수진 사람이라 하더라도 기피하지 않습니다. 그의 공로를 드러내고 한 일들을 종합하여 현명한 사람이면 누구나 추천하여 벼슬자리에 나아가게 하되 그 보답을 바라지는 않습니다. 임금이 그의 뜻을 이해하여 사람을 씀으로써 진실로 국가를 이롭게 하려고만 하지 부귀를 추구하지는 않습니다. 그들이 현명한 이들을 천거하고 능력 있는 사람들을 추천함이 이와 같습니다.

선비는 훌륭한 것을 들으면 남에게도 알려주고, 훌륭한 것을 보면 남에게도 보여줍니다. 벼슬자리에는 서로 남을 앞세우고, 환난을 당하면 서로 죽음을 무릅쓰며, 오랜 동안라도 남이 먼저 승진(昇進)하기를 기다리고, 먼 곳의 사람이라도 능력만 있으면 서로 불러 벼슬하게 합니다. 그들이 벼슬하고 남을 내세움이 이와 같습니다.

선비는 자신을 깨끗이 건사하고 덕(德)으로 목욕을 하며, 임금에게 의견을 아뢰고는 엎드려 하회를 기다리고, 고요히 물러나서도 홀로 올바른 길을 지킵니다. 임금이 알아주지 않고 소원히 대하더라도 은근히 깨우쳐 드리되 서두르는 법이 없습니다. 낮은 사람들을 대함에 오만하지 아니하고, 자기만 못한 사람들 앞에 뽐내는 법이 없습니다. 세상이 잘 다스려진다고 해서 가벼이 행동하지 않으며, 세상이 어지럽다고 해서 자기 뜻을 잃지 않습니다. 자기와 같은 부류라 해서 무조건 친하지 않고, 자기와 다른 부류라 해서 무조건 배척하지 않습니다. 그들이 뛰어나게 홀로 바른 행실을 지킴이 이와 같습니다.

선비는 위로는 덮어놓고 천자의 신하가 되지 않고, 아래로는 덮어놓고 제후들을 섬기지 않습니다. 신중하고 냉정하며 관대함을 숭상하고, 강직하고 꿋꿋한 자세로 사람들과 어울립니다. 박학(博學)하면서도 옛 현인(賢人)을 따를 줄 알고, 문장을 가까이하고 익히며 행실을 닦아 염치(廉恥)를 압니다. 비록 나라의 땅을 쪼개어 준다 하더라도 그것을 가벼이 여기며, 외국 신하가 되지 않고 함부로 벼슬하지 않습니다. 그들의 법도를 따름이 이와 같습니다.

선비는 지키는 법도가 같은 사람과 뜻을 합치고, 닦는 법술(法術)이 같은 사람과 도를 함께 추구합니다. 친구와 같은 지위에 나란히 있게 됨을 즐기고, 서로 남의 아랫자리에 있는 것을 싫어하지 않습니다. 오래 만나지 못하였다 하더라도 친구에 관한 뜬소문은 믿지 않습니다. 그들의 행위는 반드시 올바른 법도에 근본을 두고 있고 의로움에 입각(立脚)해 있으며, 그와 뜻이 같은 친구면 나아가 협력하고 그와 뜻이 같지 않은 친구로부터는 물러섭니다. 그들이 친구를 사귀는 것은 이와 같습니다.

온화하고 선량한 것은 인(仁)의 근본이며, 공경스럽고 신중한 것은 인의 기반이며, 관대하고 너그러운 것은 인의 작용이며, 겸손하게 사물을 대하는 것은 인의 효능이며, 예의와 절조는 인의 외모이며, 말과 이론은 인의 장식이며, 노래와 음악은 인의 조화(調和)이며, 재물을 나누어 주는 것은 인의 베풂입니다. 선비는 모두 이런 것을 아울러 지니고 있으면서도 아직 감히 스스로 인(仁)하다고 말하지는 않습니다. 그들의 공경하고 사양함이 이와 같습니다.

선비는 빈천하다고 해서 구차하게 굴지 아니하며, 부귀를 누린다고 해서 함부로 행동하지 않습니다. 임금의 권세에 눌려 욕을 보지 않으며, 높은 자리의 사람들 위세에 눌려 끌려다니지 않고, 관권(官權)에 눌리어 그릇된 짓을 하지 않습니다. 그래서 그들을 선비〔儒〕라 부르는 것입니다.

이것은 위대한 도(道)의 구현자(具現者), 또는 인류문화의 중축(中軸)으로서의 자부심이나 사명감 없이는 행하기 어려운 일이다. 이러한 개인의 수양과 덕을 바탕으로 하여 자기 집안을 건사하고 나라를 올바로 다스리려는 것이 공자의 이상이었다. 공자는 언제나 사회와 인류를 전제로 하여 자기 자신의 마음과 행동을 닦았다.

제 8 장
윤리사상

제1절 공자의 도(道)와 덕(德)

그러면 공자의 모든 행동의 바탕이 되어 온 것은 무엇인가?《논어》술이(述而)편을 보면 공자는,

> 도에 뜻을 두고, 덕에 의거하고, 인에 의지하고, 육예(六藝)에 노닐어야 한다.
> 志於道, 據於德, 依於仁, 游於藝.

고 군자로서의 행동 근거를 얘기하고 있다. 그중에서도 도와 덕이라는 말은 지금까지도 흔히 쓰이고 있는데, 공자에게 있어 그것은 어떤 뜻을 지닌 말이었는가? 공자는,

> 아침에 도에 관하여 들어서 알게 된다면 저녁에 죽어도 좋다.
> 朝聞道, 夕死可矣. —《論語》里仁

고까지 말하고 있다. 공자에게 있어 '도'란 자기 목숨보다도 소중한

것임이 분명하다. 이밖에도 《논어》에는 '도'에 관한 기록이 여러 군
데 보인다.

이른바 대신이란 도로써 임금을 섬기다가 안 되면 물러나야 합
니다.
所謂大臣, 以道事君, 不可則止. ―先進

나라에 도가 행해지고 있으면 녹을 먹지만, 나라에 도가 행해지
지 않는데도 녹을 먹는 것은 수치스런 일이다.
邦有道穀, 邦無道穀, 恥也. ―憲問

나라에 도가 행해질 때에는 고답한 말과 고답한 행동을 하지만,
나라에 도가 행해지지 않을 때에는 고답한 행동은 하되 말은 겸손
하게 해야 한다.
邦有道, 危言危行, 邦無道, 危行言孫. ―憲問

이러한 말들을 보면 '도'란 정치를 하는 데 있어서의 '올바른 도리'
를 뜻하는 게 분명하다.[1]
다시 이렇게도 말하고 있다.

군자가 도를 배우면 남을 사랑하게 되고, 소인이 도를 배우면 부

---

1) 《논어》에도 '도'를 보통 '길'의 뜻으로 쓴 곳이 있기는 하다. 예를 들면
'또한 내 비록 성대한 장례식은 못 치른다 하더라도 설마 길거리에서 죽
기야 하겠느냐'(且予縱不得大葬, 予死於道路乎?―子罕), '길가에서 듣고
길거리에서 말하는 것은 덕을 버리는 짓이다'(道聽而塗說, 德之棄也. ―
陽貨) 같은 것이다. '도'란 '길'이란 뜻에서 인신(引伸)된 것임은 말할 나
위도 없다.

리기 쉽게 된다.

君子學道則愛人, 小人學道則易使. —陽貨

도가 같지 않으면 함께 일을 꾀하지 않는다.

道不同, 不相爲謀. —衛靈公

누가 나가는 데 문을 통하지 않을 수 있겠는가? 어찌하여 이 도를 따르지 않는가?

誰能出不由戶? 何莫由斯道? —雍也

이러한 말들을 보면 '도'란 일반적이고 광범한 '올바른 도리'를 뜻하는 게 분명하다.

또 이런 말도 있다.

공자께서 자산(子産)²⁾을 평해 말씀하셨다. 그에게는 군자의 도네 가지가 있었으니, 그 자신의 행동이 공손하였고, 윗사람을 섬김에 공경스러웠고, 백성을 보양함에 은혜로웠고, 백성을 부림에 있어의로웠다.

子謂子産 : 有君子之道四焉, 其行己也恭, 其事上也敬, 其養民也惠, 其使民也義. —公冶長

군자의 도가 세 가지 있는데, 나는 그것을 행하지 못하고 있다. 인한 사람은 근심하지 않고, 지혜 있는 사람은 미혹되지 않고, 용감

---

2) 자산(子産) : 춘추시대 정(鄭)나라의 대부(大夫). 본 이름은 공손교(公孫僑), 자(字)가 자산(子産). 동리(東里)에 살아 동리자산(東里子産)이라고도 부름. 정나라 간공(簡公) 때부터 정공(定公)·헌공(獻公)·성공(聲公)을 섬기어 재상(宰相)으로서 정나라를 잘 다스린 정치가이다.

한 사람은 두려워하지 않는 것이다.

君子道者三, 我無能焉. 仁者不憂, 知者不惑, 勇者不懼.

—憲問

공자께서 말씀하셨다.

"삼(參, 曾子)아! 나의 도는 하나로 관통되어 있다."

증자는

"그렇습니다."

하고 대답했다. 공자께서 나가시자, 어느 제자가

"무슨 뜻입니까?"

하고 물으니, 증자가 말하였다.

"선생님의 도는 충(忠)과 서(恕)일 따름입니다."

子曰 : 參乎! 吾道, 一以貫之. 曾子曰 : 唯. 子出, 門人問
曰 : 何謂也? 曾子曰 : 夫子之道, 忠恕而已矣! —里仁

이상을 보면 '도'는 공손〔恭〕·공경〔敬〕·은혜〔惠〕·의로움〔義〕과 인(仁)·지(知)·용(勇) 및 충(忠)·서(恕)3) 등의 훌륭한 덕목(德目)들이 모두 그 속에 포함되고 있다.

그러면 '덕'에 대하여는 《논어》에 어떻게 말하고 있는가?

덕으로써 정치를 하는 것은 마치 북극성(北極星)은 일정한 자리에 있으되 여러 별들이 그것을 떠받들며 도는 것과 같이 되는 것이다.

爲政以德, 譬如北辰, 居其所, 而衆星共之. —爲政

정치로써 인도하고 형벌로써 다스리면 백성들은 형벌이나 면하

---

3) 서(恕)는 자기 입장을 미루어 남을 너그러이 이해해 주는 것.

려 들지 수치를 모르게 된다. 덕으로써 인도하고 예로써 다스리면
수치를 알고 또 올바르게 된다.

> 道之以政, 齊之以刑, 民免而無恥. 道之以德, 齊之以禮, 有恥
> 且格. —爲政

그러므로 먼 데 사람이 복종하지 않으면 문화적인 덕을 닦아서
그들이 따라오게 해야 한다.

> 故遠人不服, 則修文德以來之. —季氏

이상에 의하면 '덕'이란 정치하는 사람이 갖추어야 할 훌륭한 성능
(性能)인 듯하다. 그러나,

도에 뜻을 두고, 덕에 의거하고, 인에 의지하고, 육예(六藝)에 노
닐어야 한다.

> 志於道, 據於德, 依於仁, 游於藝. —述而

덕 있는 사람은 반드시 올바른 말을 하지만, 올바른 말을 하는
사람이라 해서 반드시 덕이 있는 것은 아니다.

> 有德者必有言, 有言者不必有德. —憲問

고 할 때의 덕은 사람이 살아나가는 데에 '훌륭한 성능(性能)'이 되는
것임이 분명하다. 또,

어떤 사람이 물었다.
"덕으로써 원한을 갚으면 어떻겠습니까?"
공자께서 말씀하셨다.
"그러면 덕에는 무엇으로 갚겠느냐? 곧음으로써 원한을 갚고,

덕으로써 덕을 갚아야 한다."

或曰 : 以德報怨, 何如? 子曰 : 何以報德? 以直報怨, 以德報
德. ─憲問

고 말할 때에는 '덕'이란 '은덕' 또는 '은혜'를 뜻하는 말인 듯하다.

그런데 '성능'으로서의 '덕'에도 두 가지가 있는 듯하다. 하나는 사
람이나 그밖의 물건들이 본시부터 타고난 자연스런 성능이요, 다른
하나는 사람이나 다른 물건이 오랜 동안의 노력과 수양을 통해서 얻
어지는 성능인 것이다.

군자의 덕이 바람과 같다면 소인의 덕은 풀과 같은 것이니, 풀
위에 바람이 불면 반드시 바람에 쏠리게 마련이다.

君子之德風, 小人之德草, 草上之風必偃. ─顏淵

고 말할 때의 '덕'은 타고난 자연스런 '성능'을 뜻하는 것임에 틀림없
다. 그러나,

덕을 닦지 못하는 것과, 학문을 익히지 못하는 것과, 의로움을 듣
고도 옮아가지 못하는 것과, 선하지 않은 것을 고치지 못하는 것이
바로 나의 근심거리이다.

德之不脩, 學之不講, 聞義不能徙, 不善不能改, 是吾憂也.

─述而

라고 할 때의 '덕'은 사람의 노력에 의하여 '닦여지는 성능'이다. 그러나,

훌륭한 말은 그 힘 때문에 일컬어지는 것이 아니고, 그 덕 때문
에 일컬어지는 것이다.

驥不稱其力, 稱其德也. ─憲問

고 말할 때에는 타고난 덕성(德性)에 후천적으로 닦여진 덕성(德性)이 합쳐진 성능을 뜻하는 말인 듯하다. 또,

나는 덕을 좋아하기를 여색을 좋아하듯 하는 사람을 아직 보지 못하였다.

吾未見好德, 如好色者也. ―子罕

유(由, 子路)야! 덕을 아는 사람은 드문 것이다.

由! 知德者鮮矣. ―衛靈公

등의 말에서는 '덕'이 훌륭한 성능을 뜻하는 말임은 설명하지만 선천적으로 타고난 것인지 후천적으로 닦여진 것인지 분명치 않다.

중용의 덕으로서의 성격은 지극한 것이다. 백성들 중에는 그것을 지닌 이가 드물어진 지 오래되었다.

中庸之爲德也, 其至矣乎! 民鮮久矣! ―雍也

태백4)은 지극한 덕을 지녔던 분이라 하겠다. 굳이 천하를 양보했었으나 백성들은 그를 칭송할 길이 없었다.

泰伯其可謂至德也矣. 三以天下讓, 民無得而稱焉. ―泰伯

---

4) 태백(泰伯) : 주(周) 태왕(太王)의 삼형제 중의 맏아들. 둘째는 중옹(仲雍), 셋째는 계력(季歷)이었다. 계력이 아들 창(昌, 뒤에 文王이 됨)을 낳았는데, 성인(聖人)의 덕을 타고났다. 태왕은 어지러운 은(殷)나라를 멸망시키기 위해서는 왕위가 창에게로 전해지도록 계력에게 임금 자리를 물려주려는 뜻을 품었다. 태백은 아버지의 뜻을 알아차리고 동생 중옹과 함께 임금 자리를 버리고 남만(南蠻) 땅으로 도망하였다. 그리하여 주나라 왕위는 계력을 거쳐 문왕에게로 계승되었고, 문왕의 아들 무왕(武王)에 이르러 은나라를 쳐부수고 천하를 새로이 통일하게 되었다.

충성과 신의를 위주로 하고 의로움으로 옮아가는 것이 덕을 숭상하는 것이다.

主忠信, 徙義, 崇德也. ㅡ顏淵

일을 앞세우고 이득을 뒤로 하는 것이 덕을 숭상하는 것이 아니겠느냐?

先事後得, 非崇德與? ㅡ顏淵

이상의 말들을 보면 '덕' 속에는 중용(中庸)·사양[讓]·충성[忠]·신의[信]·의로움[義]과 '일을 앞세우고 이득을 뒤로 한다'는 등의 훌륭한 덕목들이 포함되어 있다. 《논어》술이(述而)편에서,

하늘이 내게 덕을 부여해 주셨거늘 환퇴5)가 나를 어떻게 하겠는가?

天生德於予, 桓魋其如予何?

고 말했을 적의 '덕'은 특히 성인으로서의 공자만이 지니고 있던 위대한 덕성을 뜻하는 것이다.

어떻든 '도'란 넓은 의미의 '올바른 도리'로서 여러 가지 유가의 덕목들도 모두 이 속에 포함되고, '덕'이란 넓은 의미의 사람들(또는 물건)이 지닌 '훌륭한 성능'으로서 여기에도 유가의 모든 덕목들이 모두 포함된다. 그러면 '도'와 '덕'은 어떻게 다른가?

객관적으로 존재하는 지극히 올바르고 합당한 도리를 총괄하여 '도'라 부르고, 그 도리를 따를 성능이 사람(또는 물건)에게 나면서부

---

5) 환퇴(桓魋)는 송(宋)나라의 사마(司馬). 공자가 기원전 495(魯 定公 15년, 공자 58세)에 위(衛)나라에서 진(陳)나라로 가는 도중 송(宋)나라를 지날 때, 환퇴가 공자를 죽이려 하였다. 이때 공자가 이런 말을 하였다.

터 또는 수양에 의하여 갖추어졌을 때 그것을 '덕'이라 한다. 따라서 '도'란 사람 없이도 존재하지만 '덕'이란 사람(또는 물건)을 떠나서는 존재할 수가 없는 것이다. 그래서 공자는 '도'에 대하여는,

> 사람은 도를 넓힐 수 있지만, 도가 사람을 넓히는 것은 아니다.
> 人能弘道, 非道弘人. ―衛靈公

고 하였고, '덕'에 대하여는 사람이란,

> 덕에 의거해야 한다.
> 據於德. ―述而

고 말했던 것이다. 공자는 학문을 통하여 자연과 인간이 존재하는 데의 올바른 원리인 '도'를 터득하여 자신의 '덕'을 이루고, 그 '덕'을 온 세상에 펴나감으로써 이 세상을 평화롭고 합리적인 세계로 개혁하려 하였던 것이다. 그러면 공자가 '도'의 터득을 통하여 이루려던 '덕'의 내용은 구체적으로 무엇인가? 공자는 사람이 지닐 수 있는 여러 가지 성능 중에서도 특히 윤리적인 면을 강조하였다. 앞 절에 번역한《예기》유행(儒行)편에서도 그것은 이미 뚜렷이 드러난 사실이다.

　《논어》만 보아도 공자가 주장한 사람의 윤리적인 성능, 곧 덕목(德目)에는 여러 가지가 있다. 그러나 공자는 무엇보다도 인(仁)을 중시했었다. 그 때문에 공자의 학문을 '인(仁)의 철학'이라고까지도 말한다. 공자는 사람들에게 인을 체득한 인인(仁人)이 될 것을 요구하며, 스스로 자기 생활을 통하여 인을 실천하려고 노력하였다. 다음에는 인을 중심으로 한 그의 구체적인 윤리사상을 알아보기로 한다.

제2절 인(仁)

공자는 군자로서 지녀야만 할 최고의 목표는 인(仁)이란 덕의 실현
이라고 생각하였다. 그래서 《논어》를 보면 '인'의 덕을 강조한 대목이
도처에 보인다.

  ……군자로서 인을 버리면 어찌 명성을 이룩하겠느냐? 군자는
밥 먹는 동안일지라도 인을 어기지 말고, 다급한 순간일지라도 반
드시 인에 의거하고, 넘어지는 순간일지라도 반드시 인에 의거해야
한다.
  ……君子去仁, 惡乎成名? 君子無終食之間違仁, 造次必於是,
顚沛必於是. —里仁

  사람으로서 인하지 못하다면 예는 무엇할 것이며, 사람으로서 인
하지 못하다면 음악은 무엇할 것이냐?
  人而不仁, 如禮何? 人而不仁, 如樂何? —八佾

  참으로 인에 뜻을 두었다면 악함이 없을 것이다.
  苟志於仁矣, 無惡也. —里仁

심지어 '인'은 군자에게 있어서는 생명보다도 더 소중한 것이라 생
각하였던 것 같다.

  지사(志士)와 인인(仁人)은 살기 위하여 인을 해치는 일은 없으
며, 자신을 죽여 인을 이룩하기도 한다.
  志士仁人, 無求生以害仁, 有殺身以成仁. —衛靈公

그 때문에 태백(泰伯)편을 보면 증자(曾子)는 '인'이야말로 선비의 임무라고 선언하고 있다.

선비는 뜻이 넓고 꿋꿋해야만 하는 법이니, 임무가 무겁고 갈 길이 멀기 때문이다. 인을 자기 임무로 삼아야 하니, 무겁지 않겠느냐? 죽은 뒤에야 가는 길을 멈추어야 하니, 멀지 않겠느냐?

士不可以不弘毅, 任重而道遠. 仁以爲己任, 不亦重乎? 死而後已, 不亦遠乎?

그러나 '인'이 무엇이냐고 물을 때 그 해답은 간단하지 않다. 《논어》에는 '인'에 관한 말이나 그것을 설명한 말이 여러 군데 보이지만 얘기하는 상대에 따라 여러 가지로 말하고 있기 때문이다. 본시 '인'이란 복잡한 개념이어서 간단히 정의(定義)를 내리기가 어려웠던 탓도 있을 것이다. 지금의 우리는 공자가 한 말들을 여러 모로 검토하여 그 결과를 종합함으로써 '인'의 정의를 찾아보는 수밖에 없다.

안연(顏淵)편을 보면 제자인 번지(樊遲)가 인에 관하여 질문했을 때, 공자는 '사람들을 사랑하는 것'(愛人)이라 대답하고 있다. 주희(朱熹)는 《논어집주(論語集註)》 학이(學而)편 '유자왈기위인야효제(有子曰其爲人也孝弟)'장의 주에서 '인이란 것은 사랑의 원리이며 마음의 덕(德)'이라고 인을 설명하고 있다. 이 때문에 흔히 '인'을 '사랑' 또는 '인애(仁愛)'의 뜻으로 파악한다.

그러나 공자의 '인'은 묵자(墨子)의 '겸애(兼愛)' 같은 절대적인 사랑은 아니다. 허신(許愼)은 《설문(說文)》에서 '인(仁)' 자를 설명하여 '친(親)의 뜻이며, 인(人) 자와 이(二) 자가 합쳐 이루어진 것'이라 하였고, 단옥재(段玉裁)는 주에서 여러 전적을 인용하면서 '사람이 둘 이상 모여 친하게 지낼 수 있는 것'이란 뜻에서 인(人) 자와 이(二) 자를 합쳐 인(仁) 자를 만든 것이라 설명하였다. 따라서 '인'은 사랑뿐

만 아니라 남과 잘 어울릴 수 있게 하는 다른 여러 가지 요건도 갖추
지 않으면 안 된다. 무엇보다도 남에 대한 이해와 깊은 동정이 앞서
지 않으면 안 된다. 그래서 공자는,

> 인한 사람은 자기가 서고자 할 때에는 남부터 서게 하고, 자기가
> 이루고자 할 때에는 남부터 이루게 한다.
> 夫仁者, 己欲立而立人, 己欲達而達人. ─ 雍也

고 설명하고 있다. 《맹자(孟子)》에서,

> 측은(惻隱)한 마음은 인의 발단이다.
> 惻隱之心, 仁之端也. ─ 梁惠王 上

고 설명하고 있는 것도, '인'이란 남에 대한 깊은 동정으로부터 출발
하는 것이라 생각했기 때문이다.
　실제로 《논어》에 실린 공자의 '인'에 대한 해설을 보면 거기에는
'사랑' 이외의 다른 여러 가지 덕목도 포함되고 있다.

> 인이라는 것은 그의 말을 조심하는 것이다.
> 仁者, 其言也訒. ─ 顔淵

> 자신을 극복하고 예로 돌아가는 것이 인이다.
> 克己復禮爲仁. ─ 顔淵

> 중궁(仲弓)이 인에 대하여 묻자, 공자께서 말씀하셨다.
> "집 문을 나서서는 곧 손님 대하듯 사람들을 대하고, 백성을 부
> 릴 때에는 큰 제사 모시듯이 하고, 자기가 바라지 않는 것은 남

에게 행하지 않는 것이다."

仲弓問仁, 子曰 : 出門如見大賓, 使民如承大祭, 己所不欲, 勿施於人. ―顔淵

번지(樊遲)가 인에 대하여 물으니, 공자께서 말씀하셨다.
"일상생활에 공손하고, 일을 처리함에는 공경스럽고, 사람들과 어울릴 때에는 충실한 것이다. 이것은 비록 오랑캐 땅에 가더라도 버릴 수가 없는 것이다."

樊遲問仁, 子曰 : 居處恭, 執事敬, 與人忠. 雖之夷狄, 不可棄也. ―子路

강직하고 꿋꿋하며 질박(質朴)하고 둔한 것은 인에 가까운 것이다.

剛毅木訥近仁. ―子路

인한 사람은 어려움에는 남의 앞에 서고, 이득은 남에 뒤져 얻으려 한다. 그러면 인하다 할 수가 있을 것이다.

仁者先難而後獲, 可謂仁矣. ―雍也

자장이 공자께 인에 대하여 질문하자, 공자께서 말씀하셨다.
"천하에서 다섯 가지를 실천할 수 있으면 인하다 하겠다."
"다섯 가지라니요?"
"공손·관대·신의·민첩·은혜이다. 공손하면 모욕을 당하지 않고, 관대하면 사람들의 마음을 얻고, 신의가 있으면 남들이 신임하게 되고, 민첩하면 공로를 이룩하게 되고, 은혜로우면 남들을 부릴 수가 있다."

子張問仁於孔子, 孔子曰 : 能行五者於天下, 爲仁矣. 請問之, 曰 : 恭寬信敏惠, 恭則不侮, 寬則得衆, 信則人任焉, 敏則有

功, 惠則足以使人. —陽貨

이상을 보면 '인'에는 '말조심' '자신을 극복하고 예로 돌아가는 것' '공손[恭]' '공경[敬]' '자기가 바라지 않는 것은 남에게 행치 않는 것 (곧 恕)' '충실[忠]' '관대[寬]' '신의[信]' '민첩[敏]' '은혜[惠]' 등도 다 포함된다. 이런 것은 물론 모두가 남을 사랑하고 남을 위하는 마음에서 출발한 것이니 '사랑'이 가장 중요한 '인'의 바탕이 됨을 알 수 있다. 그러나 '인'은 '사랑'보다는 좀더 넓은 뜻의 덕성(德性)임은 분명한 것이다. 한유(韓愈)가 〈원도(原道)〉라는 글에서 '박애를 인이라 한다'(博愛之謂仁)고 말했지만, 여기의 '박애'는 서양의 '사랑'과는 달리 '남을 위하려는 마음가짐'을 뜻하는 것이다.

따라서 공자의 '인'은 무조건의 사랑 또는 절대적인 사랑이 아니라, 자연스런 사람들의 친소관계(親疏關係)를 전제로 한 예(禮)를 바탕으로 한 사랑인 것이다. 곧 '인'의 사랑에는 차등(差等)이 있는 것이다. 예를 들면 부모와 자식 사이의 사랑과 보통 사람들 전반에 대한 사랑은 다르다는 것이다. 공자는 민중들을 상대로 할 적에는 여러 사람들에게 큰 이익이나 은혜를 끼쳐주기만 하여도 그것은 '인'이라고 생각했던 것 같다.

예를 들면 힘에 의한 다스림인 패도(覇道)에 대하여 긍정적(肯定的)인 순자(荀子)도 제(齊)나라 환공(桓公)의 재상이었던 관중(管仲)에 대하여 '관중의 사람됨은 공로에는 힘쓰되 의로움에는 힘쓰지 않고, 지식에는 힘쓰되 인(仁)에는 힘쓰지 않았으니 야인(野人)이다. 천자의 대부가 될 수는 없는 사람이었다'(《荀子》大略)고 비평하고 있는 데 비하여 공자는 그를 인자(仁者)라고 얘기하고 있다.

자로가 여쭈었다.

"환공이 공자 규(糾)를 죽이자, 소홀(召忽)은 그를 따라 죽었는데 관중은 죽지 않았으니,6) 그는 인하지 못한 게 아닙니까?"
공자께서 말씀하셨다.

"환공이 제후들을 규합(糾合)하는 데 무력을 쓰지 않은 것은 관중의 힘이었다. 그 정도면 인한 거지, 그 정도면 인한 거지!"

子路曰：桓公殺公子糾，召忽死之，管仲不死，曰未仁乎？ 子曰：桓公九合諸侯，不以兵車，管仲之力也. 如其仁！ 如其仁！ ―憲問

자공이 여쭈었다.

"관중은 인한 사람이 못 되는 듯합니다. 환공이 공자 규를 죽였는데 따라 죽지 못했을 뿐더러, 도리어 그의 재상이 되지 않았습니까?"

공자께서 말씀하셨다.

"관중은 환공의 재상으로 그를 제후들의 패자로 만들었고 천하를 크게 바로잡았었다. 그래서 백성들은 오늘에 이르도록 그의 혜택을 입고 있다. 관중이 아니었더라면 우리는 오랑캐가 되어 머리를 풀고 옷깃을 왼편으로 여미게 되었을 것이다. 그 어찌

---

6) 《좌전(左傳)》 장공(莊公) 8·9년에 이에 관한 기사가 보인다. 제(齊)나라 희공(僖公) 다음에 아들 양공(襄公)이 왕위를 계승했는데, 그는 무도한 정치를 하였다. 이에 양공의 아우 소백(小白)은 거(莒)나라로 도망하였는데 포숙아(鮑叔牙)는 그를 따랐다. 뒤에 양공이 시해(弒害)를 당하자, 다른 형제인 규(糾)가 관중(管仲)·소홀(召忽)과 함께 노(魯)나라로 도망가 있다가 제나라 왕이 되려 하였다. 그러나 소백(小白)이 먼저 왕위에 올라 환공(桓公)이 되었다. 환공은 곧 노나라에 요청하여 규를 죽이도록 하고, 관중과 소홀을 잡아달라고 하였다. 이때 소홀은 규를 따라 죽었으나 관중은 항복을 하여, 뒤에 포숙아의 추천으로 환공의 재상이 되었다. 뒤에 패자(覇者)가 된 데에는 관중의 힘이 컸으나, 절의(節義) 면에서는 문제가 있는 인물인 것이다.

보통 남녀들이 작은 신의를 지키기 위하여 스스로 목매어 도랑 속에 묻히어 아무도 모르게 되는 꼴과 같겠느냐?"

子貢曰: 管仲非仁者與? 桓公殺公子糾, 不能死, 又相之. 子曰: 管仲相桓公, 霸諸侯, 一匡天下, 民到于今受其賜. 微管仲, 吾其被髮左衽矣. 豈若匹夫匹婦之爲諒也, 自經於溝瀆而莫之知也? ―憲問

공자의 견해에 의하면 관중은 절의(節義)에 강한 사람은 아니었지만, 별로 무력을 쓰지 않고도 제후들을 규합하는 데 성공하였고, 천하를 크게 바로잡아 백성들을 오랑캐들의 침략으로부터 보호해 주었으니, 인인(仁人)이라 볼 수도 있다는 것이다. 주희(朱熹)는 《논어집주(論語集註)》에서 '관중은 인인(仁人)이 되지는 못했었지만 그가 사람들에게 끼친 이익과 은택이 인(仁)의 공로가 있었기 때문에 그렇게 말한 것'이라 설명하고 있다.

한편 학이(學而)편에서 공자는,

효제(孝弟)라는 것은 인을 이룩하는 근본이다.

孝弟也者, 其爲仁之本與!

고 말하고 있다. 또 《중용(中庸)》에서도,

인이라는 것은 사람다움이니, 어버이를 친근히 모시는 게 가장 큰 일이다.

仁者人也, 親親爲大.

고 말하고 있다. '효제'는 부모에 대한 효도[孝], 그리고 형제간에의 우애[弟]를 뜻하는 말이다. '사랑의 마음' 또는 '남을 위하려는 마음'

인 '인'은 무엇보다도 사람으로서 가장 가까운 사람들인 육친(肉親)을 사랑하고 위하는 마음, 특히 부모에게 효도하는 마음에서 출발하며, 또 그러한 '인'이 인 중에서도 가장 위대한 것일 수밖에 없다고 생각한 것이다. 이러한 부모 또는 육친에 대한 관계에서 이루어지는 '인'과 모르는 남에 대한 관계에서 이루어지는 '인' 사이에는 그 성격상 큰 차이가 없을 수가 없는 것이다. 이인(里仁)편에서 공자가,

> 오직 인한 사람만이 남을 좋아할 수도 있고 남을 미워할 수도 있다.
> 唯仁者, 能好人, 能惡人.

고 말한 것도, '인'이 친소(親疎)는 물론 사람들의 호오(好惡)에 대한 분별을 전제로 하는 것이기 때문이다. 태백(泰伯)편에서,

> 군자가 부모에게 독실하면 백성들 사이에 인의 기풍이 일어난다.
> 君子篤於親, 則民興於仁.

고 한 것도 사람들의 친소관계에 따른 '인'의 차등(差等)을 전제로 한 말이다. '부모에게 독실한 것'은 곧 효도이며 '인' 중에서도 가장 큰 것인데, 사회의 지도층에 있는 군자들이 이런 큰 '인'을 행하면 백성들도 자연히 그를 본받아 크고 작은 인을 행하게 된다는 것이다. 묵자(墨子)는 이 때문에 공자의 '인'을 차별애(差別愛)라고 공격하면서, 유가들이 가족애(家族愛)에 사로잡혀 넓은 세계에 대한 애정이 결핍되고 있다고 꼬집었다.[7] 그러나 공자는 '인'도 자연스런 인간관계, 예를 바탕으로 한 사회질서를 바탕으로 하여 이해했던 것이다.

---

7) 《묵자(墨子)》 겸애(兼愛)편 · 비유(非儒)편 참조.

'인'은 간단히 남을 사랑하거나 남을 위하는 마음가짐이라고 말할 수 있지만 그것을 꾸준히 지키고 행하기란 쉽지 않은 일이다. 공자가 안회(顔回)를 칭찬하여,

> 안회는 그의 마음이 석 달을 두고 인을 어기지 않았으나, 나머지 다른 사람들은 하루나 한 달에 한 번 인에 이르게 될 따름이다.
> 回也, 其心三月不違仁. 其餘則日月至焉而已矣. ―雍也

고 말하였다. 이 말을 보면 남을 사랑하거나 남을 위하려는 '인'이란 덕은 우연히 잠깐 동안 갖기는 어렵지 않지만 그것을 꾸준히 간직하고 행하기가 어려운 것이라 생각했던 것 같다. 공자가,

> 나는 아직 인을 좋아하는 사람이나 불인을 미워하는 사람을 보지 못했다.
> 我未見好仁者, 惡不仁者. ―里仁

고 말한 것도, 진실로 언제나 인을 좋아하여 행하고 불인을 싫어하는 사람은 보지 못했다는 뜻일 것이다. 또,

> 만약 참된 왕자가 있다 하더라도 반드시 한 세대는 다스린 뒤에 야 인이 행해지게 될 것이다.
> 如有王者, 必世而後仁. ―子路

고 말한 것도, '인'의 효용은 지속적일 때 비로소 참된 값이 발휘되므로 그토록 어려운 것이라고 말했을 것이다.

따라서 일시적 훌륭한 행동은 훌륭한 덕임에는 틀림없지만 '인'이라고 말하기는 어려운 것이라 생각했었다. 공야장(公冶長)편을 보면 맹무백(孟武伯)이 '자로(子路)는 인합니까?'하고 물었을 때 공자는 '모

르겠다'고 대답한 다음,

> 자로는 제후들의 나라에서 병사(兵事)를 다스릴 수는 있지만, 그
> 가 인한지 어떤지는 알지 못하겠다.
> 由也, 千乘之國, 可使治其賦, 不知其仁也.

고 대답하고 있다. 다시 염구(冉求)에 대하여 묻자,

> 염구는 천 호의 고을이나 경대부(卿大夫) 집에서 가신(家臣) 노
> 릇을 할 수는 있으나, 그가 인한지 어떤지는 알지 못하겠다.
> 求也, 千室之邑, 百乘之家, 可使爲之宰也, 不知其仁也.

고 말하고, 공서적(公西赤)에 대하여 묻자,

> 공서적은 예복을 입고 조정에 나아가 빈객을 응대할 수는 있으
> 나, 그가 인한지 어떤지는 알지 못하겠다.
> 赤也, 束帶立於朝, 可使與賓客言也, 不知其仁也.

고 말하고 있다. 이것은 그의 제자들이 나라의 대신으로서 백성을 위
하여 일함으로써 일시적으로 불완전하게 '인'을 행할 수는 있지만, 꾸
준히 '인'을 행할 수 있을는지 알지 못하겠다는 뜻으로 이해하여야 할
것이다. 또 같은 편에 다음과 같은 대목도 있다.

> 자장이 여쭈었다.
> "영윤(令尹) 자문(子文)8)은 세 번이나 영윤이 되었는데 기뻐하

---

8) 영윤(令尹)은 초(楚)나라의 재상 버슬 이름. 자문(子文)은 초나라 대부,
   성은 투(鬪), 이름은 곡(穀), 자는 오토(於菟) 또는 자문(子文).

는 빛이 없었고, 세 번 그만둘 적에도 노여워하는 빛이 없었으며, 전임 영윤의 정사를 반드시 신임 영윤에게 일러주었는데, 어떻습니까?"

공자께서 말씀하셨다.

"충성스럽다."

"인하다 하겠습니까?"

"잘은 모르지만 인하다고 할 수야 있겠느냐?"

"최저(崔杼)9)가 제나라의 임금을 죽이자, 진문자(陳文子)는 40필의 말이 있는 정도였으나 버리고 나라를 떠났습니다. 다른 나라에 가서는 거기서도 '우리나라 대부 최저 같다'고 하며 그곳을 떠났고, 또 한 나라에 가서도 '우리나라 대부 최저 같다'고 하며 떠났는데 어떻습니까?"

공자께서 말씀하셨다.

"청백하다."

"인하다 하겠습니까?"

"잘은 모르지만 인하다고 할 수야 있겠느냐?"

子張問曰：令尹子文, 三仕爲令尹, 無喜色, 三已之, 無慍色, 舊令尹之政, 必以告新令尹. 何如? 子曰：忠矣. 曰：仁矣乎? 曰：未知, 焉得仁?

崔子弑齊君, 陳文子有馬十乘, 棄而違之. 至於他邦, 則曰：猶吾大夫崔子也, 違之. 之一邦, 則又曰：猶吾大夫崔子也, 違之. 何如? 子曰：清矣. 曰：仁矣乎? 曰：未知, 焉得仁?

영윤 자문(子文)이나 진문자(陳文子)의 행실은 모두 매우 훌륭하

---

9) 최저(崔杼)는 제(齊)나라 대부로, 제나라 장공(莊公)을 죽이고 나라의 정치를 어지럽혔다(《左傳》襄公 25년). 진문자(陳文子)는 성이 진(陳, 또는 田), 이름은 수무(須無), 역시 제나라 대부임.

다. 그러나 공자는 그들을 '충성스럽다[忠]' 또는 '청백하다[淸]'는 말로 주저없이 칭송하면서도 그들을 '인하다[仁]'고 표현하는 데 있어서는 주저하고 있는 것이다. 그들이 '인하다'는 말을 듣기 위해서는 '충성스럽고' '청백한' 동기가 남을 위하고 사회를 위하려는 것이어야 하며, 또 그러한 마음가짐은 그의 모든 일에 계속하여 발휘되어야만 하기 때문이다. 그 때문에 '인'이란 보통 사람으로서는 지키기가 어려운 것이라 생각했던 것이다.

한편 '인'은 지키기는 어렵지만 사람들이 마음만 먹으면 간단히 이르게 되는 것이라 하였다. 실상 남을 위하려는 마음가짐을 갖는다는 것은 아주 간단한 일이다. 그래서 공자는,

인은 멀리 있는 것일까? 내가 인하게 되고자 하면 곧 인에 이르게 되는 것이다.
仁遠乎哉？ 我欲仁, 斯仁至矣. ―述而

또,

하루라도 그의 힘을 인을 위해 쓰는 이가 있던가? 나는 능력이 부족한 사람은 보지 못하였다. 혹 그런 이가 있는지도 모르나 나는 아직 본 일이 없다.
有能一日用其力於仁矣乎？ 我未見力不足者. 蓋有之矣, 我未之見也. ―里仁

고도 하였다. '인'은 누구나 간단히 체득하고 행할 수 있는 것이지만 그것을 꾸준히 실천하기가 어렵다. 그러기에 공자는 사람들에게 '인'을 위한 수양과 노력을 요구하고 있는 것이다. 공자가,

군자로서 인을 버리면 어찌 명성을 이룩하겠느냐? 군자는 밥 먹

는 동안일지라도 인을 어기지 말고, 다급한 순간이라 할지라도 반
드시 인에 의거하고, 넘어지는 순간이라 할지라도 반드시 인에 의
지해야 한다(―里仁, 앞에 인용).

고 하면서, 여러 가지 인의 수양을 강조하고 있는 것은 그 때문이다.
'자기를 이기고 예로 돌아가는 것이 인이다'(克己復禮爲仁)라고 한
것도, '인'을 위해서는 무엇보다도 자기를 위하려는 욕망을 버리고 사
회의 질서를 위한 예를 따를 수양이 필요하다는 것을 강조한 말이다.
따라서 공자는 '인'을 수양하는 방법에 대하여 여러 가지로 가르치고
있다. 예를 들면,

　　사는 마을이 인하다는 것은 아름다운 것이다. 스스로 택하여 인
　한 곳에 살지 않는다면, 어찌 지혜롭다 하겠는가?
　　里仁爲美. 擇不處仁, 焉得知? ―里仁

　　자공이 인을 행하는 법을 질문하자, 공자께서 말씀하셨다.
　　"공인은 그의 일을 잘 하려면 먼저 그의 연장을 잘 손질한다.
　그처럼 먼저 어떤 나라에 살든지 그곳의 현명한 대부들을 섬기
　고 그곳의 인덕(仁德)있는 선비들을 벗하여야 한다."
　　子貢問爲仁. 子曰：工欲善其事, 必先利其器. 居是邦也, 事
　其大夫之賢者, 友其士之賢者. ―衛靈公

는 등이다. 심지어 공자는 뜻있는 선비라면 '자신을 죽여서라도 인을
이룩하라'(殺身以成仁)고 가르쳤다.
　그러면 공자가 말하는 이상적인 인간형 가운데에는 인인(仁人)과
함께 성인(聖人)과 군자(君子)가 있는데 이들은 어떻게 서로 다른
가?10) 공자가,

성인과 인인이야 내 어찌 감히 되었겠느냐?

若聖與仁, 則吾豈敢? ─述而

고 말할 정도로, 이중 성인과 인인이란 보통 사람들로서는 이르기 어려운 경지인 것이다. 또 공자는,

성인을 나는 만나보지 못하였다. 군자라도 만날 수 있다면 다행이지.

聖人, 吾不得而見之矣. 得見君子者, 斯可矣. ─述而

하고 말하고 있으니, 성인은 군자보다 훨씬 뛰어난 인격의 소유자임이 틀림없다. 그리고,

자공이 여쭈었다.

"만약 백성들에게 널리 베풀고 민중을 구제하는 이가 있다면 어떻겠습니까? 인하다 할 수 있겠습니까?"

공자께서 대답하셨다.

"어찌 인에 그치는 일이겠느냐? 틀림없이 성(聖)이라 하겠다. 요임금과 순임금도 그렇게 하지 못함을 걱정하셨다."

子貢曰 : 如有博施於民, 而能濟衆, 何如? 可謂仁乎? 子曰 : 何事於仁? 必也聖乎! 堯舜, 其猶病諸! ─雍也

고 말하고 있으니, 성인은 또 인인보다도 훌륭한 사람이다. 다시,

군자로서 인하지 못한 사람은 있지만, 소인으로서 인한 사람은

---

10) 이밖에 사(士)·대부(大夫) 등은 사회적인 계급을 뜻하며, 현인(賢人)·지자(知者) 등은 일반적인 보통 명사로서 '훌륭한 사람' 또는 '지혜 있는 사람'을 뜻하므로 여기에서는 문제가 되지 않는다.

있어 본 일이 없다.

> 君子而不仁者有矣夫, 未有小人而仁者也. — 憲問

고 하였으니, 인인은 또 군자보다는 상급의 사람임에 틀림없다. 공자
는 실제로 성인에 관하여 자세한 설명을 하고 있지 않다. 《논어》에는
성인에 관하여 말한 대목도 별로 많지 않다. 공자는,

> 군자에게는 세 가지 두려워할 일이 있다. 천명을 두려워하고, 위
> 대한 사람을 두려워하고, 성인의 말씀을 두려워한다.
> 君子有三畏, 畏天命, 畏大人, 畏聖人之言. — 季氏

고 하였다. '두려워한다'는 것은 마음속으로 복종하며 존경함을 뜻한
다. 《논어》 하안(何晏)의 주에서는 '위대한 사람[大人]'이란 곧 성인
을 뜻한다고 하였지만, 아직 성인의 경지에는 이르지 못했어도 자기
나 일반 사람들보다는 여러 면에서 '훌륭한 사람'을 가리킨다고 보아
도 좋을 것이다. 군자가 '성인의 말씀'을 두려워해야 한다면 성인 자
체를 두려워하고 존경해야 함은 두말할 나위도 없는 것이다.

《맹자(孟子)》에서는 '성인이란 백대(百代)의 스승이다', '위대하면
서 사람들을 교화시키는 것을 성(聖)이라 한다'(盡心 下)고 설명하
고 있다. 《서경(書經)》의 공전(孔傳)에서는 '성(聖)이란 모든 것에 통
달한 것'(大禹謨)이라 설명하고 있다. 성인이란 최고의 덕을 갖추고,
모든 일을 이해할 지혜를 갖추고. 모든 일을 잘 처리할 능력을 갖추
어, 인류의 지도자로서 세상을 평화와 질서로 이끌어 나가는 사람을
뜻한다. 따라서 성인이란 옛날에는 존재하였지만 그 시대에는 존재치
않는 그런 위대한 인물인 것이다.

여기에 비하여 '인인'은 성인과 같은 덕은 지니고 있지만 그와 같은
지혜나 능력은 갖추지 못하고 있는 사람이다. 곧 인인이란 윤리적(倫

理的)인 면에서 사람으로서의 최고의 경지를 이룩한 사람이다. 인인은 언제나 남을 위하고 남을 사랑하는 마음가짐을 지니고 있다. 그러나 위대한 능력과 지혜는 갖지 못하고 있기 때문에 온 세상을 교화(教化)시키지는 못한다. 어떻든 인인이란 공자 스스로도 자처하지 못했을 정도로 사람으로서 이르기 어려운 경지이다.

끝으로 군자란 보통 사람들이 학문과 수양을 통하여 도달할 수 있는 현실적인 이상적 인간형(人間型)이다. 따라서 군자는 그 사회의 지도층이며, 그 문화의 창조자들이기도 하다. 절대적인 경지는 아니지만 원만한 덕을 닦고 있고, 모든 것에 통달하지는 못하지만 맡은 일만은 잘 처리할 지혜와 능력을 갖고 있는 사람이다. 그 때문에 공자는 무엇보다도 사람들에게 '군자'가 될 것을 역설하였다. 공자의 가르침을 '군자의 학문'이라 부르기도 하는 정도이다(제2장 제4절 참조).

사람의 기능에는 윤리적인 수양인 '인' 이외에도 여러 가지 일에 대하여 아는 지혜와 여러 가지 일을 처리할 능력 등이 있다. 그러나 공자는 무엇보다도 남을 위하고 남을 사랑하는 '인'을 윤리의 바탕으로서 가장 중시하였다. 공자가 그의 일생을 통하여 정치에 관심을 기울이고 또 제자들의 교육에 전념하였던 것은 곧 '인의 실천'이었다고 말해도 좋을 것이다. '인'은 따라서 공자 사상의 기본개념이라 말해도 좋은 것이지만, 앞에서 본 것처럼 공자 스스로 그에 대한 확실한 정의(定義)를 내리지 않고 있기 때문에 후세 학자들의 '인'에 대한 해설은 매우 구구하였다. 특히 송(宋)대 성리학자(性理學者)들에 이르러는 '인'을 공자 사상의 중심개념으로서 좀더 넓은 뜻으로 해석하는 경향이 유행하였다.

예를 들면 정호(程顥, 1023~1085)는 그의 〈정성서(定性書)〉라는 글에서,

학자는 반드시 먼저 인에 대하여 알아야만 한다. 인은 혼연(渾

然)히 만물과 동체(同體)를 이루고 있다. 의(義)·예(禮)·지(智)·
신(信)은 모두가 인이다.

고 말하고 있다. 곧 '인'은 유가의 모든 덕목(德目)의 총칭이며, 물아
일체(物我一體)의 차원에까지 이르는 절대적인 도(道)라고까지 생각
했던 것 같다. 이것은 공자의 이상에서 시작하여 우주의 근원을 탐구
하려는 성리학자들의 학문적 입장을 대변하는 것이다. 정호(程顥)가
학문하는 사람의 임무가 '인'의 파악에 있다는 것을 강조한 것은, 그
학문의 목표가 공자의 이상(儒家의 德)과 우주의 원리(物我一體의
仁, 곧 道)를 파악하는 데 있음을 강조하려는 입장에서 나온 것이다.
이 때문에 근래의 학자들은 이런 옛 학자들의 '인'에 대한 해설을 종
합하여, '인'의 뜻에는 '넓은 뜻'과 '좁은 뜻'이 있다고 주장하는 이들
이 많다.[11] 그러나 후세의 그러한 해석들은 모두 공자 본래의 '인'의
개념에서 벗어나는 해석인 듯하다.

제3절 그밖의 덕목(德目)

공자의 학문은 현실적이고 실천적인 게 또 한 가지 두드러진 특징
이다. 그는,

젊은이들은 들어와서는 효도를 하고 나가서는 우애(友愛)를 지키
며, 근신하고 신의를 지키며, 널리 여러 사람들을 사랑하여 인을 친
근히 해야 한다. 이렇게 행하고도 남는 힘이 있으면 비로소 학문을

---

11) 진대제(陳大齊) '공자소설인자의 의의(孔子所說仁字的意義)'《孔子學論
    說集》所載), 고조준(顧兆駿)《유가윤리사상(儒家倫理思想)》제3장 8
    절 등.

공부하는 것이다.

弟子入則孝, 出則弟, 謹而信, 汎愛衆而親仁. 行有餘力, 則以
學文. ─《論語》學而

고 말하면서, 실천의 중요함을 역설하고 있다. 《논어》만 보아도 공자
가 말보다는 행동이 중요하다는 것, 또는 언행이 일치하여야 함을 얘
기한 대목은 여러 군데 보인다.

말하고자 하는 바를 먼저 행하고 그뒤에 이를 따라 말해야 한다.
先行其言, 而後從之. ─爲政

옛날에 말을 별로 하지 않은 것은 자신이 행하지 못할 경우를 부
끄러워했기 때문이다.
古者, 言之不出, 恥躬之不逮也. ─里仁

군자는 말은 무디되 행동은 민첩하고자 한다.
君子欲訥於言, 而敏於行. ─里仁

자기가 한 말이 부끄럽지 않아야 하는데, 그것을 실천하기 어렵
기 때문이다.
其言之不怍, 則爲之也難. ─憲問

그러면 이토록 중요한 실천 또는 행동의 준칙이 되는 것은 무엇인
가? 공자는 무엇보다도 의(義)를 내세웠다. 그 때문에 후세에는 유가
의 덕목으로 흔히 인의(仁義)를 얘기하게까지 되었었다. 사람이란 우
선 '인'해야 하지만 '인'을 실천하는 준칙으로서 '의'가 있어야만 한다
는 것이다. 덮어놓고 남을 위하고 남을 사랑하는 것도 곤란한 일이다.

그러기에 《논어》에서 공자는 군자라면 의로워야 한다고 여러 번 강조하고 있다.

군자는 세상을 살아감에 있어 어느 한 가지만을 고집하지도 않고, 어느 한 가지만을 부정하지도 않으며, 의만을 따른다.
君子之於天下也, 無適也, 無莫也, 義之與比. ─里仁

군자는 의에 밝고, 소인은 이익에 밝다.
君子喩於義, 小人喩於利. ─里仁

군자는 의를 가장 으뜸으로 여긴다.
君子義以爲上. ─陽貨

'의'는 행동의 준칙이기 때문에 사람은 언제나 '의'를 좇도록 노력해야 한다. 공자가 자기의 걱정거리로서 '의에 대하여 듣고도 옮아가지 못하는 것'(聞義不能徙.─述而)을 들고 있거니와 안연(顏淵)편에서도,

충성과 신의를 위주로 하고 의로 옮아가는 것이 덕을 숭상하는 것이다.
主忠信, 徙義, 崇德也.

고 말하고 있다. '의로 옮아간다'는 것은 의를 따르고 의에 따라 행동하는 것을 뜻한다. 그래서 공자는,

군자는 의로써 바탕을 삼고, 예로써 그것(의)을 행하며, 겸손하게 그것을 말하고 신의로써 그것을 성취해야 한다. 그래야 군자인 것이다.

君子義以爲質, 禮以行之, 孫以出之, 信以成之, 君子哉!

— 衛靈公

은거하면서 그의 뜻을 추구하고, 의를 행함으로써 그의 도를 달성한다. 나는 이런 말은 들었으나 아직 그런 사람을 보지는 못했다.

隱居以求其志, 行義以達其道. 吾聞其語矣, 未見其人也.

— 季氏

고 한 것도 사람이란 누구나 의를 행하고 의를 행동의 준칙으로 삼아야 함을 말한 것이다.

윗사람이 의를 좋아하면 백성들은 감히 복종하지 않을 수가 없게 된다.

上好義, 則民莫敢不服. — 子路

고도 말하고 있으니 의는 곧 정치의 준칙이 되기도 한다.

《중용(中庸)》에서,

의라는 것은 마땅함이다.

義者, 宜也.

고 말한 것도, 의란 가장 합당한 행동의 기준이 되기 때문이다. 《순자(荀子)》 강국(彊國)편에서 '의라는 것은 사람들이 악한 짓과 간사한 짓을 하는 것을 금제(禁制)케 하는 것이다. ……의라는 것은 안으로 사람을 통제하고, 밖으로는 만물을 통제하는 것이다'라고 말한 것도 같은 뜻에서이다.

공자가 중시한 '예'도 결국은 앞에서 얘기한 '인'과 이 '의'를 근거로

하여 이루어지는 것이다. 그 때문에 《중용》에서는,

> 인이란 사람다움이니 어버이를 친근히 하는 것이 가장 큰 일이
> 다. 의란 마땅함이니 현명한 이를 존경하는 것이 가장 큰 일이다.
> 어버이를 친근히 하는 데서 남들을 대하는 데 이르기까지 적절한
> 차별을 두는 것과, 현명한 이를 존중하는 데서 남과의 관계에 이르
> 기까지 적절한 차등을 두는 것이, 예가 생겨나는 근거이다.
> 仁者, 人也, 親親爲大. 義者, 宜也, 尊賢爲大. 親親之殺, 尊
> 賢之等, 禮所生也.

고 말하고 있는 것이다.

그래서 공자는 사람들에게 특히 눈앞에 이익이 닥쳤을 때 '의'를 생
각하라고 가르치고 있다.

> 이익을 보거던 의를 생각하라.
> 見利思義. ─憲問

> 이득을 보면 의를 생각하라.
> 見得思義. ─季氏·子張

> 의롭다는 것을 안 뒤에야 재물을 취하라.
> 義然後取. ─憲問

는 등이 그것이다. 그래서,

> 의롭지 못하게 부하고 귀한 것은 내게는 뜬구름이나 같다.
> 不義而富且貴, 於我如浮雲. ─述而

고 하였다.

유가의 덕목 중에서 사람의 행동과 가장 직접적인 관계가 있는 게 용기[勇]이다. 그 때문에 공자는 '의'를 '용'과 관계시켜 얘기하고 있다.

군자로서 용기만 있고 의로움이 없으면 어지럽게 되고, 소인으로서 용기만 있고 의로움이 없으면 도적질을 하게 된다.
君子有勇而無義, 爲亂. 小人有勇而無義, 爲盜. ─陽貨

의로움을 보고도 행하지 않으면 용기가 없는 것이다.
見義不爲, 無勇也. ─憲問

또 공자가,

용기는 있으되 예가 없으면 어지러워진다.
勇而無禮則亂. ─泰伯

용기는 좋아하되 배우기를 좋아하지 않으면 그 폐단은 어지러워지는 것이다.
好勇不好學, 其蔽也亂. ─陽貨

고 말하고 있는 것도, '예'가 '의'를 바탕으로 한 것이며, '배움'의 목표는 '의'를 바탕으로 한 여러 가지 가치의 추구에 있기 때문이다.

공자가 '효'를 강조한 것은 부모와 자식 사이의 관계야말로 모든 훌륭한 인간 감정의 바탕이 되는 것이라 생각했기 때문이다. 공자는 군자라면 근본적인 것에 대하여 힘써야만 한다고 전제하면서,

효도와 우애는 인을 이룩하는 근본인 것이다.
孝弟也者, 其爲仁之本與. ─學而

고 말하고 있다. 공자는 부모와 자식 사이의 감정, 형제 사이의 감정을 밖으로 발전시켜 온 세상에 예에 따른 질서에 합당하는 '인'을 이룩하고자 했기 때문이다. 그리고 어떤 사람이 공자에게 '선생님께서는 왜 정치를 하시지 않습니까?'하고 물었을 때,

《서경(書經)》에 '효도하라! 오로지 효도를 다하고 형제에게 우애를 다함으로써 그것을 시정(施政)에 반영시켜라'하였다. 이것도 역시 정치를 하는 것이어늘 어찌 따로 정치를 할 것이 있겠는가?

書云 : 孝乎! 惟孝, 友于兄弟, 施於有政. 是亦爲政, 奚其爲爲政? ─爲政

고 말하였다. 이것도 부모와 자식 및 형제 사이의 관계를 바탕으로 하여 친소(親疏)의 관계에 따른 사회의 질서를 확립하는 것이 바로 정치의 요점이 된다고 생각했기 때문이다. 공자는 직접 사람들에게,

효성스럽고 자애로우면 충성스러워진다.

孝慈則忠. ─爲政

고도 말하고 있다.

그 때문에 《논어》에서 공자는 여러 번 '효'를 강조하였는데, 언제나 자연스러운 부모와 자식 사이의 공경과 사랑의 정을 뜻하는 것이었다.

부모를 섬김에 있어 잘못은 슬쩍 간하고, 나의 뜻을 안 들어줄 기미가 보이더라도 여전히 공경하며 부모 뜻을 어기지 않아야 하며, 수고로워도 원망하지 말아야 한다.

事父母, 幾諫, 見志不從, 又敬不違, 勞而不怨. ─里仁

부모가 계시면 먼 길을 떠나지 않을 것이며, 집을 떠날 때에는

반드시 향방을 알려야 한다.

父母在, 不遠遊, 遊必有方. ─里仁

3년을 두고 선친의 도를 고치지 않아야 효도라 할 수 있다.

三年無改於父之道, 可謂孝矣. ─里仁

부모의 나이는 반드시 알아두어야 한다. 한편으로는 수하심을 기뻐하고 한편으로는 노쇠하심을 두려워하기 때문이다.

父母之年, 不可不知也. 一則以喜, 一則以懼. ─里仁

맹무백이 효에 대하여 질문하자, 공자께서 말씀하셨다.
"부모는 오로지 자식의 병을 걱정하신다."

孟武伯問孝, 子曰 : 父母唯其疾之憂. ─爲政

자유가 효에 대하여 질문하자, 공자께서 말씀하셨다.
"근자에는 효를 부양하는 것만으로 생각하나, 개와 말이라 하더라도 모두 부양은 하고 있다. 공경하지 않으면 무엇이 다르겠는가?"

子游問孝, 子曰 : 今之孝者, 是謂能養, 至於犬馬, 皆能有養. 不敬, 何以別乎? ─爲政

자하가 효에 대하여 질문하니, 공자께서 말씀하셨다.
"부모의 기색을 살피어 옳게 모시기가 어렵다. 일이 있으면 제자들이 수고를 맡고, 술이나 음식이 있으면 어른께 드리는데, 이것만으로 효라 할 수 있겠느냐?"

子夏問孝, 子曰 : 色難. 有事, 弟子服其勞, 有酒食, 先生饌, 曾是以爲孝乎? ─爲政

다만 이러한 '효'도 모두 예라는 보다 넓은 사회규범 속에서 이루어

져야 한다고 생각했기 때문에, 후대로 갈수록 효도 더욱 까다로운 것
으로 되고 만다. 공자는 맹의자(孟懿子)가 효에 대하여 질문했을 때
'어기지 않는 것'(無違)이라 대답하고, 다시 그 말을 다음과 같이 설
명하고 있다.

> 부모가 살아계실 때에는 예로써 섬기고, 돌아가시면 예로써 장사
> 를 모시고, 예로써 제사를 지내는 것이다.
> 生事之以禮, 死葬之以禮, 祭之以禮. ─ 爲政

또 임금과 신하의 관계로서 '충(忠)'이 있다. 공자 스스로,

> 임금은 신하를 예로써 부리고, 신하는 임금을 충으로써 섬긴다.
> 君使臣以禮, 臣事君以忠. ─ 八佾

고 말하고 있기는 하다. 그러나 공자의 '충'은 임금에 대한 신하로서
의 절대복종을 의미하는 것이 아니라 '충실(忠實)' 또는 '성실(誠實)'
을 뜻하였다. 증자(曾子)가 '나의 도는 하나로 관통되어 있다'(吾道一
以貫之)고 한 공자의 말을 풀이하여,

> 선생님의 도는 충과 서일 따름이다.
> 夫子之道, 忠恕而已矣. ─里仁

라고 하여 '충'을 크게 내세웠지만, 역시 그것은 '충실', '성실' 또는
'자기의 성의를 다한다'는 뜻이다. 공야장(公冶長)편을 보면 초(楚)나
라의 영윤(令尹)이었던 자문(子文)이 세 번이나 영윤 벼슬에 임명되
었지만 별로 기뻐하는 빛이 없었고, 또 세 번 그 자리를 그만둘 때마
다 성내는 빛도 없었으며, 전임(前任) 영윤의 정책을 반드시 신임자

에게 얘기해 주었는데, 공자는 그를 평하여 '충'이라 말하고 있다. 이
밖에도,

> 충성과 신의를 위주로 한다.
> 主忠信. ─顔淵

> 일을 행함에는 충으로써 한다.
> 行之以忠. ─顔淵

> 충고하여 잘 인도한다.
> 忠告而善道之. ─顔淵

> 사람들과 어울림에는 충으로써 한다.
> 與人忠. ─子路

는 등의 '충'이 모두 그런 뜻으로 쓰이고 있다. 임금에게 충성을 다하
다는 것은 나랏일을 성심성의껏 하라는 뜻이지, 후세의 일부 사람들
처럼 임금에 대한 신하의 무조건 복종을 뜻하는 것이 아니다. 공자는
그러기에,

> 충성을 다한다고 해서 깨우쳐주지 않을 수 있겠느냐?
> 忠焉, 能勿誨乎? ─憲問

고 말하고 있다.
　이밖에 신의[信]·공경[敬]·공손[恭]·곧음[直]·지혜[知] 등등
공자가 설교한 덕목은 상당히 많다. 그러나 이것들은 모두 상식적으

로도 훌륭한 인이라 생각되는 일들이어서 더욱 자세한 해설은 하지 않기로 한다. 한편 이것들은 모두 '인'을 바탕으로 하고 '의'를 기준으로 삼아 '예'를 따라 발휘되는 여러 가지 덕인 것이다. 그것들이 친구 사이에 있어서는 신의[信]가 되고, 윗사람을 대하는 태도에 있어서는 공경[敬]이 되고, 부모를 대하는 태도에 있어서는 '효'가 되고 하는 것이다.

공자는 언제나 사람과 사람의 관계 또는 사람과 군체(群體)와의 관계에 가장 큰 관심을 기울이고 있었기 때문에, 그의 사상은 윤리가 중심을 이룬다 하여도 과언이 아니다. 공자는,

> 새와 짐승은 함께 어울려 살 수가 없는 것이다. 내가 세상 사람들과 함께 살지 않으면 누구와 더불어 살겠느냐? 천하에 도가 있다면 나는 그것을 개혁하려 들지 않을 것이다.
>
> 鳥獸不可與同羣. 吾非斯人之徒與, 而誰與 ? 天下有道, 丘不與易也. —微子

그는 이처럼 사람들과의 군체의식(群體意識)을 가지고 윤리사상을 바탕으로 하여 세상을 질서와 평화로 이끄는 일에 그의 평생을 바쳤던 것이다. 《중용》을 보면 지(知) · 인(仁) · 용(勇)의 세 가지를 '세 가지 달덕[三達德]'이라 말하고 있다. 《논어》에서도,

> 지자는 미혹되지 않고, 인자는 걱정하지 않으며, 용자는 두려워하지 않는다.
>
> 知者不惑, 仁者不憂, 勇者不懼. —子罕 · 憲問

고 말하고 있다. '지'에는 지혜와 지식이 다 포함되는데, '의'를 분별하고 '의'를 따라 일을 추진할 능력이 되기 때문에 중요하게 생각했을

것이다. 또 남을 사랑하는 마음가짐이 있고 일을 처리할 능력이 있다 하더라도 용기가 없으면 일을 과감히 추진하지 못한다. 일을 추진하는 동력으로서 공자는 '용'을 내세웠을 것이다. 따라서 공자의 윤리사상의 중심을 이루는 덕목으로서 지·인·용 세 가지를 내세운 것은 아니라고 보는 게 좋을 것이다. 단지 이 '달덕(達德)'이란 일을 처리하는 데 필요한 요건이며, 또 이것들은 서로 대등(對等)한 가치를 지니고 있는 것도 아닌 것이다.

제4절 하늘에 대한 신앙

공자의 가르침을 유교(儒敎)라 부르기는 하지만, 그에게 종교적 성격이 결여되어 있는 것은 사실이다. 《논어》를 보면 자로(子路)가 귀신을 섬기는 일에 대하여 물었을 때 공자는,

> 사람도 제대로 섬기지 못하는데 어찌 귀신을 섬길 수 있겠느냐?
> 未能事人, 焉能事鬼?

고 대답하고, 죽음에 대하여 물었을 때에는,

> 삶도 아직 모르는데 어찌 죽음을 알겠느냐?
> 未知生, 焉能死? ─先進

고 대답하고 있다. 또,

> 공자께서는 괴이한 것, 힘에 관한 것, 난동, 귀신 등에 대하여는 말씀하시지 않았다.

子不語怪力亂神. —述而

고도 하였다. 이것은 앞에서도 얘기했듯이 공자의 사람과 사람의 관계를 중시하는 인간주의(人間主義) 때문이다. 《논어》에는 기독교 《성경》의 경우와 같은 기적이란 한 대목도 없으며, 공자의 성격 자체가 처음부터 끝까지 인간적이다. 공자가 이처럼 귀신이나 죽은 뒤의 일에 관심을 보이지 않은 것은 유교의 종교적인 성격을 희박하게 만들고 있는 것은 사실이다. 그러나 공자는 귀신의 존재를 한 번도 부정한 일이 없을 뿐더러, 제사를 중요시하였다는 것은 누구나가 다 아는 일이다.

공자는 하늘[天]이나 하느님[上帝]을 믿으라고 가르치거나 그에 대하여 설교한 일은 없다. 그러나 《논어》에 전하는 그의 몇 마디 말들을 종합해 보면 그의 위대한 사상과 행동의 밑바닥에는 하늘 또는 하느님에 대한 확고한 믿음이 깔려 있었음을 발견할 수 있다. 공야장(公冶長)편에서 자공(子貢)이,

> 선생님의 학문과 의표(儀表)에 대하여는 들어서 배울 수가 있지만 선생님의 본성(本性)과 천도(天道)에 관한 말씀은 듣고 배울 수가 없다.
>
> **夫子之文章, 可得而聞也 ; 夫子之言性與天道, 不可得而聞也.**

고 말하고 있는데, 공자는 본성이나 천도 같은 형이상학(形而上學)의 문제를 별로 다루지 않았다는 뜻이다. 그러나 한편 공자에게도 본성과 천도 같은 문제에 대한 자기나름의 견해가 있었음을 시사하는 말이기도 하다.

무엇보다도 유명한 얘기는 노(魯)나라 정공(定公) 15년(기원전 495, 공자 57세)에 송(宋)나라를 지날 때, 송나라의 사마(司馬)인 환

퇴(桓魋)가 공자 일행을 죽이려 하여 공자를 따르던 제자들은 모두 어찌할 바를 몰랐었으나 그는 태연히,

> 하늘이 내게 덕을 부여해 주셨거늘, 환퇴가 나를 어떻게 하겠는가?
> 天生德於予, 桓魋其如予何? ─述而

고 한 말이다. 공자는 자기의 도덕적 활동의 지지자로서 하늘을 굳게 믿고 있었던 것이다. 인간의 힘으로는 자기를 어찌할 수 없다는 강한 신념이 하늘의 신앙에 뿌리박고 있는 것이다. 똑같이 광(匡) 땅에서 환난을 당했을 적에도 공자는 이런 말을 하고 있다.

> 문왕은 이미 돌아가셨지만 그의 문화는 여기에 전해져 있지 않은가? 하늘이 이 문화를 없애 버리려 한다면 후세 사람들은 이 문화에 접하지 못하게 될 것이다. 하늘이 이 문화를 없애고자 하지 않는다면 광 사람들이 나를 어찌할 수 있겠느냐?
> 文王旣沒, 文不在茲乎? 天之將喪斯文也, 後死者不得與於斯
> 文也, 天之未喪斯文也, 匡人其如予何? ─子罕

여기서는 중국문화의 계승자로서의 자부심(自負心)과 함께, 그의 자부심이 하늘에 대한 믿음에 바탕을 두고 있음을 알려준다.

또 양화(陽貨)편에는 다음과 같은 대목이 있다.

> 공자께서
> "나는 말하지 않고자 한다."
> 고 하시자, 자공이 말하였다.
> "선생님께서 말씀하시지 아니한다면 저희들은 무엇을 따르겠습니까?"

공자께서 말씀하셨다.

"하늘이 무슨 말을 하더냐? 사철이 바뀌어지고 만물이 자라나고 하지만, 하늘이 무슨 말을 하더냐?"

子曰 : 予欲無言. 子貢曰 : 子如不言, 則小子何述焉 ? 子曰 : 天何言哉 ? 四時生焉, 百物生焉, 天何言哉 ?

하늘은 말이 없지만 '사철을 운행시키고, 만물을 생성(生成)케 하고 있다'고 믿고 있었던 것이다. 공자는 제자들이 스스로 만물과 자신 속에 작용되고 있는 '하늘'의 존재를 깨닫게 되기 바랐던 것이다. 이러한 '하늘' 또는 '하느님'은 말로써 설명하거나 말로써 그 존재를 증명할 수가 없다. 그래서 공자는 말을 하지 않으려 했던 것이다. 《중용》에서,

정성이란 하늘의 도요, 정성되게 하는 것은 사람의 도이다.

誠者, 天之道也 : 誠之者, 人之道也.

고 말하고 있지만, 하늘의 뜻이나 하늘의 도는 설명하기 어려운 것이다. 그러나 공자에게는 하늘이야말로 이 우주 만물의 지배자이며, 올바른 도(道)의 근원으로서 사람들의 도덕적 행위를 감시하고 계시다는 신앙이 있었다. 공자는,

하늘에 죄를 지으면 빌 곳도 없게 된다.

獲罪於天, 無所禱也. ―八佾

고 말하고 있다. 사람으로서는 하늘의 지배를 벗어날 수도 없고, 하늘을 속일 수도 없다.

내가 누구를 속이겠는가? 하늘을 속이겠는가?

吾誰欺？欺天乎？ —子罕

고도 말하고 있다. 그러기에 공자는 그가 가장 사랑하던 제자 안연
(顔淵)이 죽었을 적에는,

아아! 하늘이 나를 망치는구나! 하늘이 나를 망치는구나!
噫！天喪予！天喪予！ —先進

하고 애통해하였고, 위(衛)나라 영공(靈公)의 부인이며 음탕하기로
유명한 남자(南子)를 만나보았을 때 자로(子路)가 불평을 하자 공자
는 자신의 결백함을 주장하기 위해 하늘을 두고 맹세하고 있다.

내게 잘못이 있었다면, 하늘이 버리실 것이다! 하늘이 버리실
것이다!
予所否者, 天厭之！天厭之！ —雍也

또 공자는,

하늘을 원망하지도 말고 사람을 탓하지도 말아야 한다. 아래의
것을 배워 위의 것에까지 통달했으니, 나를 알아주는 것은 오직 하
늘일 것이다.
不怨天, 不尤人. 下學而上達, 知我者其天乎！ —憲問

고 하면서 하늘에 대한 믿음을 선언하고도 있다.
  하늘에 대한 신앙은 중국에서는 《시경(詩經)》·《서경(書經)》에도
보이는, 공자 이전부터 있었던 고유의 것이다. 다만 여기에서는 정치
적인 작용이 가장 뚜렷하나, 하늘은 사람들에게 은총을 베풀고 벌을

주는 역할도 지니고 있었다. 하늘은 덕이 많은 사람에게 명(命)을 내리어 그를 천자로 삼고 그로 하여금 온 천하를 다스리도록 은총을 베풀지만, 천자가 덕을 잃고 어지러운 정치를 하면 은총을 거두고 명(命)은 다른 덕 많은 사람에게로 옮아간다. 이것은 공자의 '하늘이 내게 덕을 부여해 주셨다'는 자부심이나 '하늘이 버리실 것이다!'고 하면서 자신에게 죄가 있다면 하늘의 은총이 끊일 거라고 한 말과 비슷한 개념이다.

공자의 하늘에 대한 신앙이 《시경》이나 《서경》의 영향을 받았을 것임은 분명한 일이다. 다만 공자에게 이르러 하늘의 뜻 또는 하늘의 명(命)은 더욱 개인의 내면적인 여건들과 결합되어 있어, 여러 서로 다른 사람들에게 인간의 의지나 노력과는 관계없이 더욱 여러 가지로 작용하고 있다는 것이다.

《논어》에 보이는 명(命) 또는 천명(天命)이라는 말은 사람의 힘으로는 어찌할 수 없는, 모든 개개인이 타고난 운명(運命) 또는 숙명(宿命)이나 비슷한 말이다. 그러기에 묵자(墨子)는 유가를 하늘만 믿고 노력은 하지 않는 숙명론자(宿命論者)들이라고 공격을 퍼부었다.[12] 공자는 제자인 염백우(冉伯牛)가 문둥병에 걸렸을 때 문병을 가서 앓는 제자의 손을 잡고 이런 말을 하고 있다.

이럴 수가 없는데! 운명이로구나! 이런 사람에게 이런 병이 걸리다니! 이런 사람에게 이런 병이 걸리다니!

亡之, 命矣夫! 斯人也, 而有斯疾也! 斯人也, 而有斯疾也!
— 雍也

여기의 '명'은 '운명'으로 번역하는 수밖에 없었다. 공자의 제자 중 덕행(德行)에 뛰어나기로 유명한 염백우 같은 사람에게도 문둥병에

---

12) 《묵자(墨子)》 비명(非命)·비유(非儒)편 등 참조.

걸리도록 하는 게 천명(天命)인 것이다. 자로(子路)가 공백료(公伯寮)라는 자의 모함을 받아 위험한 지경에 놓였을 때, 어떤 사람이 그를 돕겠다고 나서자 공자는 다음과 같은 말을 하고 있다.

> 도가 행하여지는 것도 명이며, 도가 폐하여지는 것도 명이다. 공백료가 명을 어찌하겠느냐?
> 道之將行也與, 命也；道之將廢也與, 命也. 公伯寮其如命何？
> ― 憲問

여기의 '명'도 운명 또는 천명이다. 또 그의 제자인 자하(子夏)가,

> 생사는 운명에 정해져 있고, 부귀는 하늘에 달려 있다.
> 死生有命, 富貴在天. ― 顏淵

고 한 것도 공자의 가르침을 계승한 것이다. 이런 점에서는 공자를 숙명론자라고 공격하여도 할 말이 없을 것이다. 공자가 '쉰 살에는 천명을 알게 되었다'(五十而知天命. ―爲政)고 한 말도 실은 그가 '천명을 자각'하게 되었다, 곧 자기의 운명을 통찰하여 자신의 할 일을 자각한 것으로 풀이해도 좋을 것이다.

그러나 《논어》에서 보여주는 밝은 분위기와 공자의 평생을 통한 진지한 노력으로부터 볼 때 그를 단순한 숙명론자로 몰아붙일 수만은 없다. 공자에게 있어 하늘은 그의 도덕의 근원인 동시에, 한편으로는 사람들의 지각과 행동에 제한을 가하고 있는 존재로서 받아들여진 것이다. 어느 경우에나 하늘은 절대적인 존재이다. 그는 하늘의 뜻에 입각하여 새로운 윤리의 실현을 목표로 하는 사회개혁에 온 힘을 다 기울였지만, 그 일은 뜻대로 되지만은 않는다는 것을 절감한 것이다. 이러한 자기의 노력에 가해지고 있는 인간에 대한 제한에서도 공자는

천명(天命)을 인식했던 것이다. 그 때문에 공자는 '하늘을 원망하지 않고, 남을 탓하지도 않으며'(不怨天, 不尤人) 자기의 노력을 계속하였던 것이다. 공자의 운명에 대한 인식은 운명에의 굴복을 뜻하는 것이 아니다. 그런 운명의 제한을 인식하며 인간으로서의 노력을 계속할 수 있었기 때문에 그는 '나를 알아주는 것은 오직 하늘이다!'(知我者其天乎!)고 하면서 자신의 사명감을 다졌던 것이다.

공자의 '하늘'이 이 우주와 인간의 주재자로서의 성격을 지닌 것임에는 틀림없지만, 그것이 일정한 의지를 지닌 서양의 하느님과 같은 것이냐, 그렇지 않으면 우주와 자연에 통용되고 있는 필연적인 이법(理法)을 가리키느냐 하는 것은 분명히 말하기 어렵다.13) 그러나 공자의 하늘에 대한 신앙과 하늘에 대한 경건한 자세만은 변화가 없었다는 것은 사실이다.

　　공자께서 심한 병이 나시자, 자로가 기도를 드리기를 요청하였다. 공자께서
　　"그런 선례(先例)가 있느냐?"
　　하고 묻자, 자로는
　　"있습니다. 뇌문(誄文)에 그대에 관하여 위아래 천신(天神)과 지기(地祇)에게 빈다고 했습니다."
　　하고 말했다. 공자께서 말씀하셨다.
　　"나는 그렇게 빌어온 지 오래이다."
　　子疾病, 子路請禱. 子曰 : 有諸? 子路對曰 : 有之. 誄曰, 禱爾于上下神祇. 子曰 : 丘之禱久矣! ―述而

공자는 병들기 전부터도 언제나 하늘에 기도드리는 자세로 살아온

---

13) 풍우란(馮友蘭)·후외려(侯外廬) 같은 사람은 앞의 이론을, 곽말약(郭沫若) 같은 이는 뒤의 이론을 주장하고 있다.

것이다.

> 천둥이 치거나 바람이 세차게 불어도 반드시 정색을 하였다.
> 迅雷風烈, 必變. ─鄉黨

고 한 것도, 하늘에 대한 공경에서 나온 몸가짐일 것이다. 하늘은 말
이 없지만 '사철을 운행케 하고 만물을 생성케 한다'고 믿었던 공자로
서, 자연계의 이변(異變)은 그로 하여금 긴장과 엄숙한 태도를 갖게
하였던 것이다.

공자는 경건한 하늘에 대한 신앙을 그의 사상의 바탕으로 하고 있
었으나, 너무나 현실적이고 합리주의적(合理主義的)인 관심만을 보
였기 때문에 우리는 그에게서 종교적인 낌새를 느끼기 어려운 것이
다. 《중용》에서 '정성은 하늘의 도요, 정성되게 하는 것은 사람의 도
이다'(誠者, 天之道也 ; 誠之者, 人之道也)고 한 것은, 도덕 그 자체는
하늘에 바탕을 두고 있지만 도덕을 실천하는 것은 인간이라는 공자의
생각을 대변하는 말이다. 그 때문에 공자는 하늘의 신앙을 바탕으로
하여 인간의 지각과 합리주의의 한계를 벗어날 듯하면서도, 끝까지
인간적인 문제에만 매달려 씨름한 것이다.

제5절 중용(中庸)사상

유가사상 중에서 가장 독특한 것은 무엇보다도 '중용'의 사상인지도
모른다. 《논어》에서는 공자가,

> 중용의 덕으로서의 성격은 지극한 것이다. 백성들 중 그것을 지
> 키는 이가 드물어진 지 오래되었다.

中庸之爲德也, 其至矣乎! 民鮮久矣! ─雍也

고 말하고 있을 뿐이나, 후세에 《예기(禮記)》의 한 편으로 《중용》이 있게 되었고, 다시 송(宋)대 이후로는 그것이 사서(四書)의 하나로서 단행본으로 행세하게 되었다.

공자가 직접 중용에 대하여 설명한 말은 별로 전하지 않는다. 지금 의 《중용》은 공자의 손자 자사(子思, 이름 伋)가 지었다 하나 거기에 담긴 사상은 공자를 계승한 것임에 틀림없다.

주희(朱熹)는 그의 《중용장구(中庸章句)》 첫머리에서 정자(程子) 의 말을 인용하여 중용이란 말을 다음과 같이 풀이하고 있다.

어느 편으로도 치우치지 않는 것이 중(中)이며, 언제나 변함없는 것이 용(庸)이다. '중'이란 천하의 올바른 도이며, '용'이란 천하의 일정한 원리이다.

그리고 주희는 본제(本題) 아래 중용의 뜻을 다음과 같이 풀이하 였다.

중(中)이란 것은 치우치지도 않고 기울어지지도 않으며, 지나치 거나 미치지 못하는 일이 없는 것이다. 용(庸)이란 언제나 그러하 다는 뜻이다.

이상의 풀이를 종합하면 '언제 어디서나 한결같이 치우치지도 기울 어지지도 않는 적절한 도리'가 중용이다. 따라서 중용의 도는 지나치 거나 미치지 못하는 일도 없이 언제 어디에서나 모든 사람에게 가장 적절한 도리이다. 시간의 흐름에 따라 모든 조건은 시시각각으로 변 하고, 곳에 따라 주어진 여건이 모두 다르고, 사람에 따라 이해관계가 모두 다르다는 것을 생각할 때 중용의 도가 얼마나 실천하기 어려운 것인가는 쉽사리 짐작이 갈 것이다. 그러기에 중용의 실천에 있어서는 또 '화(和)'와 '성(誠)'이라는 조건이 요구된다.

기쁨·노여움·슬픔·즐거움의 감정이 드러나지 않은 상태를 중(中)이라 말하며, 그것이 드러나서 모두 절도에 맞는 것을 화(和)라고 한다. 중이라는 것은 천하의 큰 근본이고, 화라는 것은 천하에 통달되는 도인 것이다.

喜怒哀樂之未發, 謂之中, 發而皆中節, 謂之和. 中也者, 天下
之大本也 ; 和也者, 天下之達道也.

'화'란 결국 모든 조건에 잘 조화되고 어울리는 것을 뜻한다. 또,

정성[誠]이라는 것은 하늘의 도이며, 정성되게 하는 것은 사람의 도이다. 정성된 사람은 애쓰지 않아도 알맞게 되며 생각하지 않아도 터득하게 되어, 의젓이 도에 들어맞게 되는 것이니 성인이다. 정성되게 한다는 것은 선(善)한 것을 가리어 그것을 굳게 지키는 것이다.

誠者, 天之道也 ; 誠之者, 人之道也. 誠者, 不勉而中, 不思而
得, 從容中道, 聖人也. 誠之者, 擇善而固執之者也.

정성됨으로부터 밝아지는 것을 성(性)이라 말하고, 밝음으로부터 정성되게 되는 것을 교(敎)라 말한다. 정성되면 곧 밝아지고, 밝으면 곧 정성되어지는 것이다.

自誠明, 謂之性 ; 自明誠, 謂之敎. 誠則明矣, 明則誠矣.

오직 천하의 지극히 정성된 사람이라야 그의 성(性)을 다할 수

있다.

唯天下至誠, 爲能盡其性.

이상을 종합해 보면 '성(誠)'이란 꾸준히 인간으로서의 최선을 다하는 것이다. 위의 말을《중용》첫머리에서,

하늘이 명(命)해 준 것을 성(性)이라 하고, 성을 따르는 것을 도(道)라 하고, 도를 닦는 것을 교(敎)라 한다.
天命之謂性, 率性之謂道, 修道之謂敎.

고 한 말과 아울러 생각해 볼 때, '성'의 조건이란 매우 심각한 것이다.
이 중용을 사회의 윤리상에 적용하면 효(孝)·제(悌)·충(忠)·경(敬)·인(仁) 등으로 발휘되고, 정치에 발휘하면,

백성은 임금으로써 그의 마음을 삼고, 임금은 백성으로써 그의 몸을 삼는다.
民以君爲心, 君以民爲體. —《禮記》緇衣

는 이상적인 질서가 이룩되며, 개인 행동에 적용하면,

지나친 것은 미치지 못하는 것과 같다.
過猶不及. —《論語》先進

또는,

반드시 그래야 하는 것도 없고 그러면 안 되는 것도 없다.
無可無不可. —微子

는 소극적인 처신이 되는 것이다.

중용이란 궁극적으로는 모든 인류의 이익이 되는 위대한 사상이지만, 실제로는 위아래 눈치를 살피고 앞뒤를 재어보고 행동하는 타협적인 인간이 되기 쉽다. 이것은 공자가 본시 속해 있던 사(士)라는 계층의 성격을 대변하는 사상인 듯하다. 사(士)는 윗사람의 눈치를 보며 비위를 맞춤으로써 출세를 해야 하고, 아래 백성들과도 타협하여 일을 처리해 나가야만 하였다.

이런 타협적인 입장에서 공자에게 《중용》이란 철학이 이룩되었고, 또 그것을 바탕으로 하여 그의 모든 사상이 전개되고 있다고도 보겠다. 《예기》의 중니연거(仲尼燕居)편에서 자공(子貢)이 공자에게 '중(中)이란 도대체 무엇입니까?'하고 물었을 때, 그가 '예이다, 예야! 예는 중(中)을 절제하는 것이다'고 말하고 있다. '중용'이 어디에서 누구에게나 가장 적절한 것이라면 모든 예가 중용이 될 수 없는 것임이 명백하다. 그런데도 '중용이란 예'라고 대답한 것은 실천을 위한 공자의 '중용적 태도'에서 나온 것이라 할 것이다.

제9장
공자의 편저와 경전

제1절 육경(六經), 만인의 교과서 편저

공자는 노(魯)나라 애공(哀公) 11년(기원전 484, 공자 68세) 여러 나라의 주유(周遊)를 끝내고 노나라로 돌아와 애공 16년에 세상을 떠나기까지의 만년은 제자들의 교육에 힘쓰는 한편 영원히 만인의 교과서가 될 경서들의 편저에 온 힘을 기울였다. 공자는 실제로 정치를 통하여 자신의 이상을 실현시킬 수 없는 당시의 상황을 인식하고, 그 이상의 실현을 후대에 기대하기 위하여 교육과 만인을 위한 교과서의 편저에 몰두하였던 것이다.

그의 교과서는 후세 육경(六經)이라 부르는 시(詩)·서(書)·역(易)·예(禮)·악(樂)·춘추(春秋)의 여섯 가지가 중심을 이룬다. 때문에 이 육경 속에는 공자의 이상과 학문이 담겨 있다. 이 육경이 유가의 경전으로서 후세 중국문화 발전에 지대한 영향을 끼친 것은 말할 나위도 없다. 후세에는 유가의 경전이 십삼경(十三經)으로까지 늘어났으나, 이는 《경》에 대한 해설인 후인들의 《전(傳)》과 후세에 이루어진 책들이 유가의 경전으로 끼어들었기 때문에 그렇게 된 것이다.[1] 이밖에 육경 중에서 시·서·역 세 가지를 따로 떼어내어 삼경(三經), 또 현재는 전하지 않는 악(樂)을 제외한 나머지를 오경(五經)이라고도 부르며(漢 武帝時의 五經博士), 칠경(七經),[2] 구경(九經)·십일경(十一經)·십이경(十二經)[3] 등의 호칭도 있었다. 또 《논어》·《맹자》·《대학》·《중용》인 사서(四書)는 송(宋)대 주희(朱熹)에 의하여 이룩된 것이며, 《대학》과 《중용》은 본시 《예기(禮記)》 중의 한 편이던 것을 따로 떼어내어 독립시킨 것이다.

《사기》 공자세가(孔子世家)에는 공자가 육경을 편저한 경과가 비교적 자세히 쓰여 있다. 이밖에 《논어》에도 이에 관한 말이 여기저기 보인다.

내가 위나라로부터 노나라로 돌아온 뒤에야 음악이 올바르게 되어지고, 아(雅) 송(頌)이 제각기 올바른 자리를 찾게 되었다.

吾自衛反魯, 然後樂正, 雅頌各得其所. ─子罕

《시경》의 시는 노래의 가사였고, 아와 송은 《시경》의 내용이니 이

---

1) 십삼경(十三經)은 역(易)·서(書)·시(詩)·주례(周禮)·의례(儀禮)·예기(禮記)·춘추좌전(春秋左傳)·춘추공양전(春秋公羊傳)·춘추곡량전(春秋穀梁傳)·논어(論語)·효경(孝經)·맹자(孟子)·이아(爾雅). 청(淸) 고종(高宗)의 태학(太學)에서 십삼경을 간행함으로써 유가 경전의 정본(定本)이 되었다.

2) 칠경(七經)의 내용은 세 가지 다른 경우가 있다. (1) 육경 이외에 《논어》를 더 보탠 경우(唐 李賢 《後漢書》 註에 보임). (2) 송(宋) 유창(劉敞)의 《칠경소전(七經小傳)》에는 시·서·주례·의례·예기·춘추공양전·논어가 들어 있다. (3) 청(淸) 강희제(康熙帝)의 《어찬칠경(御纂七經)》에는 역·시·서·춘추·주례·의례·예기의 7종이 들어 있다.

3) 구경(九經)은 당(唐) 육덕명(陸德明)의 《경전석문(經典釋文)》, 십일경(十一經)은 오대(五代)의 촉(蜀)나라 임금 맹창(孟昶)의 석각십일경(石刻十一經), 십이경(十二經)은 당(唐) 문종(文宗)의 개성석경(開成石經)이다. 그러나 칠경과 이것들은 공인된 총집(叢集)이라 할 수 없다.

것은 자신의 《시경》 편찬 경위를 스스로 말한 것이다.

> 나에게 몇 년을 더 보태주어 50세에 역(易)을 공부할 수 있다면 큰 과오가 없게 될 것이다.
>
> 加我數年, 五十以學易, 可以無大過矣. ─述而[4]

이 구절은 공자가 《역경》 공부에 열심이었다는 것을 증명하는 말로 해석하는 학자들도 있다.

공자가 직접 지은 경서로는 《춘추(春秋)》가 유일한 책이다. 공자는 그 시대의 역사를 저술함으로써 후세의 정치가들이 정치를 함에 그것을 거울로 삼도록 하려는 의도에서 포폄(褒貶)의 뜻을 담아 썼다고 한다. 따라서 후세에 《춘추》를 연구하는 학자들은 그 경서의 문장 속에 깃들인 공자의 뜻, 곧 미언대의(微言大義)를 규명하는 것이 그들 최대의 목표가 되어 왔다. 《맹자(孟子)》를 보면 공자 스스로 말하기를,

> 나를 인식하게 되는 것도 오직 춘추를 통해서일 것이며, 나를 죄 주는 것도 오직 춘추를 통해서일 것이다.
>
> 孔子曰 : 知我者, 其惟春秋乎! 罪我者, 其惟春秋乎!
>
> ─滕文公 下

고 하였다 한다. 공자가 얼마나 비장한 각오 아래 《춘추》의 저작에 임했던가를 짐작케 하는 말이다.

---

4) 단 《노론(魯論)》에는 역(易) 자가 역(亦)으로 되어 있어 이를 아래 구에 붙여 '50세가 되어 학문을 하면 큰 과오가 없게 될 것이다'(五十以學, 亦 可以無大過矣)고 읽고 있으니, 역(易)은 역(亦)과 통하여 《역경》과는 관계없는 말일 가능성이 많다. 그리고 뒤의 제6절에 설명하겠지만 예부터 《역경》의 십익(十翼)은 공자가 지은 것으로 전해져 왔지만, 근래 많은 학자들이 그것은 공자의 손에 이루어진 것이 아님을 증명하였다.

공자는 스스로,

> 옛것을 전술(傳述)하기는 하되 창작하지는 않으며, 믿음을 가지
> 고 옛것을 좋아하니, 마음속으로 나를 노팽(老彭)에 비기는 바이다.
> 述而不作, 信而好古, 竊比於我老彭. ─述而

고 말하고 있다. 노팽은 은(殷)나라의 대부라는 정도 이상의 자세한
사적은 알려지지 않고 있다. 그러나 공자 스스로 새로운 문물(文物)
의 창작보다도 옛 문물제도의 전승과 발전을 중시하고 있음을 중시한
다는 선언임에는 틀림없다. 그러기에 그의 학문은 하(夏)·은(殷)·주
(周) 삼대(三代)를 중심으로 한 옛 문화와 제도의 연구가 그 중심을
이룬다.

> 나는 나면서부터 아는 사람이 아니다. 옛것을 좋아하여 부지런히
> 그것을 추구하여 알게 된 사람이다.
> 我非生而知之者. 好古敏以求之者也. ─述而

고도 말하고 있다.

> 옛것을 잘 습득하여 새로운 것을 알아낸다면 스승이 될 수 있는
> 사람이다.
> 溫古而知新, 可以爲師矣. ─爲政

고도 하였다. 이밖에도 《논어》를 보면 공자 자신이 옛날 문물제도를
존중하고 공부하려는 태도를 표명한 말들이 무척 많다.
　그가 만인을 위한 교과서로서 편찬 저술한 육경은 이러한 공자의
학문 태도를 잘 반영하는 것이다. 시·서·역·예·악은 모두가 공자

이전의 문물과 제도, 곧 문학·정치·역사·예술·사회제도·윤리 등을 대표하는 내용들이며, 그것들의 편찬과 정리에는 바로 공자의 이상과 학문이 담겨져 있는 것이다. 《춘추》만은 '옛것을 전술하기는 하되 창작하지는 않는다'(述而不作)고 한 그의 기본 태도를 벗어난 유일한 저서라 할 수 있다.

《춘추》는 자신의 이상을 자기 평생에는 도저히 실현시킬 수가 없다고 판단한 끝에, 자기의 소망을 후세에 걸어보려는 뜻에서 저술한 책이다. 그러나 그 내용이 그 시대 역사, 특히 정치에 관한 기록이라면, 저자의 주관과 이념이 깃들어 있다 하더라도 '옛것을 전술한다'는 그의 입장을 크게 벗어나는 것이라 할 수는 없다.

제2절 《시경》

《시경》은 중국 최초의 시가집(詩歌集)이어서 중국문학 발전에 무엇보다도 큰 영향을 끼쳐왔거니와, 유가의 경전으로서도 가장 중요한 책의 하나가 되어 왔다. 따라서 중국사상은 물론 중국문화 전반에 끼쳐온 《시경》의 영향은 지대(至大)한 것이다.

시는 본시 노래의 가사로서, 무엇보다도 민심을 솔직히 반영하여 가장 올바로 정치의 득실(得失)을 알 수 있게 하고, 사람뿐만 아니라 천지와 귀신까지도 감동시킬 수 있어 그 효용이 막대하다고 생각하였다.5) 그 때문에 옛날에는 채시(採詩)의 제도가 있어,6) 나라에는 각

---

5) 《모시(毛詩)》 대서(大序)에는 다음과 같은 대목이 있다.
　'치세(治世)의 음악은 편안하고도 즐겁고, 그 정치는 조화가 잘 되며, 난세(亂世)의 음악은 원망스럽고도 노여웁고 그 정치는 도리에 어긋나며, 망해 가는 나라의 음악은 슬프고도 애틋하고 그 백성들은 곤경에 빠진다. 그러므로 정치의 득실(得失)을 바로잡고, 천지를 움직이고, 귀신을 감동시

지방의 민요와 조정에서 쓰던 음악의 악장(樂章)들이 수집되어 있었다. 그 악장들을 정리하여 편찬해 놓은 것이 지금 우리가 보는 《시경》인데, 대략 서주(西周) 초기부터 동주(東周) 초기에 걸친 기간의 시가들이다.

《시경》은 예부터 공자의 손에 의하여 지금 우리가 보는 형태로 편찬된 것으로 믿어져 왔다. 《사기》의 공자세가(孔子世家)에는 '옛날에는 시 3,000여 편이 있었는데, 공자에 이르러 중복되는 것을 빼어내고 예의에 합당한 것만을 취하여' 305편의 《시경》을 편찬했다고 주장하고 있다. 그러나 이러한 주장은 《모시정의(毛詩正義)》를 지은 당(唐)대 공영달(孔穎達)을 비롯한 많은 학자들에 의하여 의문이 제기되었다. 그것은 공자 이전에 3,000여 편에 달하는 시들이 있었던 자취도 없고, 《좌전(左傳)》 양공(襄公) 29년(기원전 544, 공자 8세)의 기록에는 오(吳)나라의 계찰(季札)이 노(魯)나라를 방문하여 주악(周樂)을 감상하고 평하는 대목이 있는데, 그 내용이 15국풍(國風)[7]과 소아(小雅)·대아(大雅)·송(頌) 등 지금의 《시경》과 내용이 거의 같기 때문이다. 그러나 앞에 이미 인용했듯이 《논어》를 보면 공자 스스로,

내가 위나라로부터 노나라로 돌아온 뒤에야 음악이 올발라지고, 아(雅) 송(頌)이 제각기 올바른 자리를 찾게 되었다(子罕, 앞 제1

키는 데에는 시보다 더 좋은 게 없다. 선왕(先王)들은 이것(시)으로써 부부 사이를 다스리고, 효도와 공경을 이룩하고, 인륜(人倫)을 돈후히 하고, 교화(敎化)를 아름답게 하고, 풍속을 개량하였다.'

6) 반고(班固) 《한서(漢書)》 예문지(藝文志).

7) 《좌전(左傳)》에서는 계찰(季札)이 주남(周南)·소남(召南)·패(邶)·용(鄘)·위(衛)·왕(王)·정(鄭)·제(齊)·빈(豳)·진(秦)·위(魏)·당(唐)·진(陳)·회(鄶) 이하(曹를 포함한 듯)와 소아(小雅)·대아(大雅)·송(頌)의 순서로 들고 평을 하고 있다. 국풍의 나라들 순서만이 지금의 《시경》과 약간 다르다.

절에 인용).

고 말하였으니, 공자가 일단 《시경》을 다시 한번 정리한 것은 의심 없는 일이라 하겠다. 그리고 《시경》이 유가의 경전의 자리를 차지하게 된 것은 어떻든 공자로 말미암은 것이다.

《시경》에는 도합 305편의 시가 실려 있는데,8) 이들은 다시 풍(風, 또는 國風)·소아(小雅)·대아(大雅)·송(頌)의 네 부분으로 크게 나누어진다.

풍(風)에는 중국 북방을 중심으로 한 그 시대 15나라의 민요들이 실려 있다.9) 소아(小雅)는 대체로 궁중에서 잔치할 때 부르던 노래들이고, 대아(大雅)는 회조(會朝) 때 쓰이던 노래들이 그 중심을 이루고 있다. 그러나 소아와 대아 속에도 풍체(風體)의 시가 약간 들어 있어, 풍과 대아·소아는 노래 불리어진 장소의 성격에 의하여 분류된 것이 아니라 악곡(樂曲)의 성격 차이를 근거로 분류한 거라고 주장하는 학자들이 있다.

송(頌)은 본시 천자(天子)가 묘당(廟堂)에서 제사지낼 때 부르던 노래로, 조상의 공덕을 기린 내용들이 많다. 송에는 주송(周頌)과 노송(魯頌)·상송(商頌)이 들어 있는데, 노송과 상송은 천자가 아닌 제후(魯나라와 商나라 후손인 宋나라)의 악가이며, 개중에는 당시 임금을 기리는(또는 아부하는) 내용의 노래조차 있다. 그러나 편수로도 국풍이 160편으로 가장 많고, 내용도 사회 각 계층의 생활전반에 걸친 다양한 작품들이어서, 《시경》의 중심을 이루는 것은 각 지방의 민요가 대부분인 국풍이라 할 것이다.

《시경》은 본시 순수한 중국 고대의 가사집이었지만, 그것을 공자가

---

8) 이밖에 제목만 남아 있는 6편이 더 있는데, 이는 가사가 후세에 없어져 버린 거라고도 하고, 본시부터 가사가 없는 금곡(琴曲)이었다고도 한다.
9) 남방의 한수(漢水)와 장강(長江) 유역의 노래도 약간 들어 있다.

편찬한 경서로 떠받드는 사이에 후세의 도학자(道學者)들은 그 내용을 본뜻과는 다르게 돌려 해석하기 일쑤가 되었다. 예를 들면 《시경》의 시들 속에는 남녀간의 뜨거운 사랑을 노래한 연애시(戀愛詩)나 사회의 모순을 노래한 사회시(社會詩) 등이 있는데, 그런 시를 성인 공자께서 경전 속에 끼워놓았을 리가 없다고 생각한 것이다. 그래서 옛날 학자들은 연애시를 후비(后妃)의 덕을 노래한 시이니, 또는 현명한 신하를 생각하는 시니 하고 해석하고, 그래도 안 될 적에는 그 시대 사회상을 풍자한 것이라 하였다. 그러나 공자가,

> 《시경》 3백 편은 한마디로 표현하면 '생각에 사악(邪惡)함이 없는 것'이라고 하겠다.
> 詩三百, 一言以蔽之, 曰 : 思無邪. ―爲政

고 말하고 있는 것을 보면, 《시경》의 시들이란 옛사람들의 감정을 솔직히 노래한 것이라 생각했던 것 같다. 공자는 이처럼 순수한 여러 가지 생활감정을 노래한 시들을 사람들에게 읽힘으로써, 참된 인간교육의 효과를 꾀하였던 것 같다. 공자는 제자들에게 이런 말을 한 일도 있었다.

> 그대들은 왜 《시경》을 공부하지 않는가? 시는 사람의 감흥을 일으켜 주고, 사물을 올바로 보게 하며, 사람들과 잘 어울릴 수 있게 하며, 은근히 불평을 할 수 있게 한다. 가깝게는 어버이를 섬기고 멀리는 임금을 섬길 줄 알게 하며, 새나 짐승·풀·나무 등의 이름도 많이 알게 한다.
> 小子何莫學夫詩? 詩可以興, 可以觀, 可以羣, 可以怨. 邇之事父, 遠之事君. 多識於鳥獸草木之名. ―陽貨

그래서,

시를 배우지 않으면 남과 더불어 말할 수가 없다.

不學詩, 無以言. ─季氏

고도 했고,

사람으로서 주남(周南)·소남(召南, 모두 《詩經》 國風의 편명)을 공부하지 않으면, 그는 마치 담벽을 마주 대하고 서 있는 자나 같을 것이다.

人而不爲周南召南, 其猶正牆面而立也與! ─陽貨

고도 말한 것이다.

지금 우리에게는 한(漢) 초 모씨(毛氏)가 주석을 단 이른바 《모시(毛詩)》가 《시경》의 가장 오래된 판본으로 전해지고 있다. 《모시》는 《모전(毛傳)》이라고도 부른다. 한대에는 삼가시(三家詩)라고 부르는 《노시(魯詩)》·《제시(齊詩)》·《한시(韓詩)》라는 세 가지 해설서들이 크게 성행했다 하나, 후세에 다 없어져 버리고 지금은 일부 잔문(殘文)만이 전한다.

어떻든 《시경》이 유가의 가장 중요한 경전의 자리를 차지한 덕분에, 중국에서는 일찍부터 시가 존중되며 크게 성행하여 중국 전통문학(傳統文學)의 중심을 이루며 발전한다.

제3절 《서경》

《서경》은 예부터 나라에 전해 내려오던 사관(史官)들의 기록을 공자가 정리하여 편찬한 것이라 한다(《史記》孔子世家, 《漢書》藝文志). 그러나 《시경》의 경우와 마찬가지로 공자의 정리 편찬이 어떤 정도의 것이었는지는 확실치 않다.

《서경》에는 요(堯)·순(舜)으로부터 하(夏)·은(殷)·주(周) 삼대(三代)에 걸친 시대의 기록들이 실려 있는데, 끝머리에는 천자(天子)가 아닌 노(魯)나라 희공(僖公)과 진(秦)나라 목공(穆公)에 관계되는 글도 붙어 있다. 그 내용은 나라의 법도, 임금의 치적(治績), 나라를 다스리는 데 대한 훈계, 임금의 신하들에 대한 훈계, 전쟁을 앞두고 임금이 신하와 백성들에게 한 훈시 등 여러 가지가 있으나 모두 정치에 관한 것들이다. 지금 전하는 《서경》의 내용을 시대별로 보면, 요(堯)임금에 관한 기록 한 편, 순(舜)임금에 관한 기록 4편, 하(夏)나라의 기록 4편, 은(殷)나라의 기록 17편, 주(周)나라의 기록 32편이 있다.

다만 지금 우리에게 전하는 《서경》의 판본에는 많은 문제가 있다. 진(秦)나라 시황제(始皇帝)가 '분서갱유(焚書坑儒)'란 무단정책을 씀으로써 유가의 경전들이 대부분 세상에서 자취를 감췄었다. 한(漢)대로 들어와 다시 옛날 전적들을 찾아내기에 힘썼는데, 《서경》은 두 가지 다른 양식으로 세상에 다시 나왔다. 하나는 진나라의 박사였던 복생(伏生)이란 사람이 《서경》에 정통하고 있던 덕분에, 그로 말미암아 29편의 《서경》이 되살아났다.

다른 하나는 공자의 옛 집을 헐다가 벽 속에서 많은 옛 책들을 발견했는데, 그 속에는 복생의 《서경》보다 16편이나 더 많은 내용의 《서경》이 들어 있었다. 그래서 복생의 《서경》은 한나라 때 쓰이던 예서체(隷書體)로 쓰여져 있었으므로 이를 《금문상서(今文尙書)》, 공자의 집 벽에서 나온 것은 옛 글씨체로 쓰여져 있었으므로 이를 《고문상서(古文尙書)》라 부르게 되었다.

한대에는 경학(經學)에 있어 금문(今文)의 세력이 지배적이었으므로 《고문상서》는 내용이 풍부했음에도 불구하고 많은 학자들의 인정을 받지 못하였다. 그 결과 《고문상서》는 후한(後漢) 때부터 없어지기 시작하여 진(晉)나라 말년에 이르러서는 거의 완전히 없어졌다. 그러다가 동진(東晉) 때에 이르러 매색(梅賾)이란 사람이 다시 《고문상서》를 구하여 바침으로써(《隋書》經籍志), 지금 우리가 보는 《서경》이 있게 된 것이다. 이 《서경》에는 한(漢)대 공안국(孔安國)의 전(傳)이 붙어 있다.

그러나 송(宋)나라에 들어와 많은 학자들이 《고문상서》에 대한 의심을 품기 시작했고, 마침내 청(淸)대에 이르러 염약거(閻若璩, 1636~1704)의 《상서고문소증(尙書古文疏證)》, 혜동(惠棟, 1697~1758)의 《고문상서고(古文尙書考)》에서 이것은 매색의 위작(僞作)임이 증명되었다. 따라서 지금 우리에게 전해진 《서경》은 그 경문은 물론 이른바 공전(孔傳)까지도 가짜인 것이다. 그러나 다행히도 복생의 《금문상서》 29편도 이 가짜 속에 함께 끼여 전해지고 있다. 지금 전하는 《서경》 중에서 진짜 29편은 다음과 같다고 한다.[10]

1. 요전(堯典, 舜典도 포함) 2. 고요모(皐陶謨, 益稷도 포함) 3. 우공(禹貢) 4. 감서(甘誓) 5. 탕서(湯誓) 6. 반경(盤庚) 7. 고종융일(高宗肜日) 8. 서백감려(西伯戡黎) 9. 미자(微子) 10. 목서(坶誓) 11. 홍범(洪範) 12. 대고(大誥) 13. 금등(金縢) 14. 강고(康誥) 15. 주고(酒誥) 16. 자재(梓材) 17. 소고(召誥) 18. 낙고(雒誥) 19. 다사(多士) 20. 무일(無佚) 21. 군석(君奭) 22. 다방(多方) 23. 입정(立政) 24. 고명(顧命) 25. 강왕지고(康王之誥) 26. 비서(費誓) 27. 보형(甫刑) 28. 문후지명(文侯之命) 29. 진서(秦誓)

따라서 우리는 《서경》을 읽을 때 이 진짜와 가짜의 성분을 가려서 읽어야만 한다. 다만 위작(僞作)의 부분이나 위공전(僞孔傳)이라 하더라도 그것은 모두가 이전의 기록들에 근거를 두고 위작된 것이어서

---

10) 청(淸) 왕선겸(王先謙, 1842~1917) 《상서공전참정(尙書孔傳參正)》의 서례(序例) 의거.

무조건 무가치한 것이라고 버릴 수만은 없는 것이다.

《서경》은 특히 다른 어떤 경전보다도 중국의 역대 정치이념에 직접적인 영향을 주었다. 그리고 중국 문학사상 후세의 산문 발전에도 절대적인 역할을 하였다. 중국의 산문이 후세까지도 '사실의 기록'을 중시함으로써 허구성(虛構性)을 띤 소설(小說)·희곡(戲曲)이 발달하지 못했던 것도 《서경》으로 말미암은 산문정신 때문이라고 할 수 있다.

제4절 《예(禮)》

예에 관한 경서로는 지금 《주례(周禮)》·《의례(儀禮)》·《예기(禮記)》의 삼례(三禮)가 전한다. 이 세 가지 경전은 모두 예의제도(禮儀制度)와 관계되는 경전이기는 하나 그 내용이나 성격이 모두 서로 다르다.

《주례》는 주(周)나라 초기의 여러 가지 정치제도를 쓴 책으로서, 옛날에는 주공(周公)이 지은 것이라 믿어 왔다. 그러나 그 내용이 실지 주나라의 제도 및 다른 경전의 기록과 부합되지 않는 점이 많아 근래에 와서는 주공이 지은 게 아니라고 믿는 이들이 많다.11) 그러나 《주례》는 본시 《주관(周官)》이라 불렀고, 적어도 유가들이 지향하던 이상적인 정치제도가 쓰인 책으로 전국시대(戰國時代) 이전에 이루어진 것임에는 틀림없다.12) 《주관》이라는 책 이름을 《주례》로 고친 것은 왕망(王莽)시대의 유흠(劉歆)이라 한다.13)

---

11) 요제항(姚際恒) 《고금위서고(古今僞書考)》, 강유위(康有爲) 《위경고(僞經考)》 등.

12) 《한서(漢書)》 예문지(藝文志) 참조.

13) 순열(荀悅) 《한기(漢紀)》, 육덕명(陸德明) 《경전석문(經典釋文)》 서록(敍錄) 등 참조.

《주례》의 내용은 천관 총재(天官冢宰)·지관 사도(地官司徒)·춘
관 종백(春官宗伯)·하관 사마(夏官司馬)·추관 사구(秋官司寇)·동
관(冬官)의 여섯 편으로 이루어져 있었는데, 뒤에 끝머리 동관이 없
어져 버리어 한(漢)나라 초기에 고공기(考工記)로써 대신 보충하였다
한다.[14] 그리고 천관은 나라 전체를 통솔하는 치전(治典)을 맡는데,
명(明)·청(淸)의 관제에서는 이부(吏部)에 해당한다. 지관은 교전(敎
典)을 맡는데, 명·청대의 호부(戶部)와 비슷하다. 춘관은 예전(禮典)
을 맡는데, 명·청대의 예부(禮部)에 해당한다. 하관은 나라를 평정하
고 관리들을 바로잡는 정전(政典)을 맡았는데, 명·청대의 병부(兵部)
와 비슷하다. 추관은 형전(刑典)을 맡았는데, 명·청대의 형부(刑部)
에 해당한다. 동관은 경제생산과 관계 있는 사전(事典)을 맡았는데,
명·청대의 공부(工部)와 비슷하다.

이들 육부(六部)에는 장관(長官)인 경(卿)과 차관인 대부(大夫) 밑
에 수십 명의 여러 가지 업무를 맡은 관리들이 있었다. 그리고《주
례》의 제도와 후세 중국의 정치제도를 비교해 볼 때,《주례》가 얼마
나 중국 역대의 정치제도에 큰 영향을 미치어왔나 짐작할 수 있을 것
이다. 심지어 전한(前漢) 말의 왕망(王莽)과 송(宋)대의 왕안석(王安
石, 1021~1086) 등처럼 직접《주례》의 제도를 재현시켜 보려고 노
력한 정치가도 무수히 나왔었다.

《의례(儀禮)》는 중국 고대인들의 생활규범이 쓰여진 책으로서, 한
(漢)대까지도《사례(士禮)》또는《예(禮)》라고 불려지던 예에 관한
대표적인 경전이었다(《漢書》藝文志). 한대에는 사(士)로서 일상 지
켜야만 할 예가 적혀 있는 책이라 하여《사례》라고 불렀다.

《의례》의 저자를 고문가(古文家)들은 주공(周公)이라 주장하고 금
문가(今文家) 편에서는 공자라 주장한다. 주공이 제례(制禮)하였다는

---

14) 육덕명《경전석문》서록 참조

것은 공인된 사실이니,《의례》에 적힌 많은 예의들이 주공에 의하여 확정된 것일 가능성이 많다. 그러나《의례》라는 책의 완성은 공자의 손으로 이루어졌다고 보는 게 좋을 것이다.《예기(禮記)》단궁(檀弓) 편에 '애공(哀公)이 유비(孺悲)로 하여금 공자에게 가서 사상례(士喪禮)를 배우게 하니, 사상례는 이에 글로 씌어졌다'하였는데, 사상례는《의례》의 편명이니 적어도 그중 일부는 공자가 쓴 것임에 틀림 없다.

또《예기》예운(禮運)편을 보면 공자가 자유(子游)에게 예를 설명하는 말 가운데 '상(喪)·제(祭)·사(射)·향(鄕)·관(冠)·혼(昏)·조(朝)·빙(聘)에 통달하는 것'이라 하였는데, 이 여덟 가지는 바로《의례》17편의 내용과 부합한다. 따라서《의례》에는 후인의 손이 가해지고 없어진 부분도 있는 듯하나, 대체로 공자가 편찬한 것이라 하여도 큰 잘못은 없을 것이다.

《예기》혼의(昏義)편에도 '관·혼·상·제·조·빙·향·사의 여덟 가지는 예의 대체(大體)가 되는 것'이라 하였는데,《의례》17편은 모두 이에 관한 기록이다. '관·혼'에 관한 것으로 사관례(士冠禮)·사혼례(士昏禮)·사상견례(士相見禮) 3편, '상·제'에 관한 것으로 사상례(士喪禮)·기석례(旣夕禮)·사우례(士虞禮)·상복(喪服)·특생궤식례(特牲饋食禮)·소뢰궤식례(少牢饋食禮)·유사철(有司徹)의 7편, '향·사'에 관한 것으로 향음주례(鄕飮酒禮)·향사례(鄕射禮)·연례(燕禮)·대사(大射)의 4편, '조·빙'에 관한 것으로 빙례(聘禮)·공사대부례(公食大夫禮)·근례(覲禮)의 3편이 있다.

'관(冠)'은 남자가 20세 될 때 묘당(廟堂)에서 행하던 성년의식(成年儀式)으로, 이때부터 관을 쓰고 남들은 그의 이름을 부르지 않고 자(字)를 불렀다. '혼(昏)'은 혼(婚)과 같은 뜻의 글자로 결혼을 뜻한다. '상(喪)'은 사람이 죽어 장사지내는 것, '제(祭)'는 제사지내는 것인데, 유가에서는 이 '상·제'에 관한 예를 중시하여 그 내용과 형식이 가장 복잡하였다. '향(鄕)'은 자기가 사는 고장에서 사람들을 대하는 예, '사(射)'는 활쏘기를 하는 의식(儀式)에서의 예법을 가리킨다. '조(朝)'는 신하가 천자를 찾아뵐 때의 예법, '빙(聘)'은 제후의 나라들 사이의 외교에 관한 예법이다.

이《의례》의 예법은 시대에 따라 꼭 그대로 지켜지지는 않았지만, 수천 년의 중국역사를 통하여 중국인들의 생활규범의 뼈대가 되어 왔다.

《예기》는 흔히 예에 관한 대표적인 경전처럼 얘기되고 있지만, 실은 예뿐만 아니라 여러 가지 잡다한 내용들이 담겨져 있고, 오경(五經) 중에서는 가장 후세 사람의 손으로 이루어진 것이다. 따라서 엄격히 얘기하면《예기》는 경(經)이라 말할 수 없는 성질의 것이다. 한(漢)대에는 두 가지《예기》가 전하고 있었는데, 하나는 대덕(戴德)이 편집한《대대례기(大戴禮記)》85편으로 지금은 그중 잔본(殘本)으로 39편이 남아 전해지고 있으며, 다른 하나는 대성(戴聖)이 편집한《소대례기(小戴禮記)》49편으로 이것이 지금껏 우리에게《예기》로서 십삼경(十三經) 중에 끼어 전해지고 있다.

《예기》49편의 내용은 대체로 다음과 같은 네 종류로 크게 나누어 볼 수 있다.

첫째, 학술과 예에 관한 기본론. 예운(禮運)·학기(學記)·경해(經解)·애공문(哀公問)·방기(坊記)·중용(中庸)·표기(表記)·치의(緇衣)·유행(儒行)·대학(大學)·악기(樂記)의 11편이 이에 속한다.

둘째, 고대의 제도와 예속(禮俗)에 관한 기록, 고증(考證)적 성격을 띤 것도 있다. 곡례(曲禮) 상 하·왕제(王制)·예기(禮器)·소의(少儀)·옥조(玉藻)·대전(大傳)·월령(月令)·명당위(明堂位)·상복소기(喪服小記)·잡기(雜記) 상 하·상대기(喪大記)·상복대기(喪服大記)·분상(奔喪)·문상(問喪)·복문(服問)·간전(間傳)·삼년문(三年問)·문왕세자(文王世子)·내칙(內則)·교특생(郊特牲)·제법(祭法)·제통(祭統)·투호(投壺)의 25편이 이에 속한다.

셋째, 《의례》의 각 편을 해설한 것. 관의(冠義)·혼의(昏義)·향음주의(鄕飮酒義)·사의(射義)·연의(燕義)·빙의(聘義)·제의(祭義)·상복사제(喪服四制)의 8편이 이에 속한다.

넷째, 공자와 그의 제자 또는 다른 사람들과의 문답을 적은 것. 중니연거(仲尼燕居)·공자한거(孔子閒居)·단궁(檀弓) 상·하·증자문(曾子問)의 5편이 이에 속하며 《논어》와 비슷한 성격의 내용이다.

이중 가장 중요한 기록은 첫째 11편이라 할 것이다. 특히 이중의 두 편인 《중용》과 《대학》은 송(宋)대 이후 단행본으로 독립하여 사서(四書) 속에 포함됨으로써 유가의 가장 중요한 기본경전의 하나로 화한다.

제5절 《악(樂)》

현재 육경(六經) 중 이 음악에 관한 경전만은 전하여지지 않고 있다. 그래서 어떤 이는 진(秦)나라 시황(始皇)이 천하의 전적을 모두 모아 태워버리는 바람에 없어졌다고도 하고, 어떤 이는 《시경》 300편은 본시 모두가 악장(樂章)이니 그것이 바로 《악경(樂經)》이기도 하다고 주장하고 있다.

지금 전하는 유가의 경전들 속에는 음악에 관한 기록이 적혀 있지 않다. 특히 《주례》의 춘관종백(春官宗伯)의 대사악(大司樂)에는 음악에 관한 제도가 자세히 쓰여져 있어 이것을 바로 《악경》이라고 보는 견해도 있다. 이 《주례》의 기록을 통하여 우리는 주(周)나라 이전의 중국 고악(古樂)의 모습을 짐작이라도 할 수 있는 것이다. 또 《예기》의 악기(樂記)편은 음악에 대한 기본 이론을 해설하고 있어 《악경》에 대한 전(傳)과 같은 성질을 지니고 있다. 공자는 예에 못지않게 음악을 존중하여, 예로써 사람들의 외면을 다스리는 한편 악으로

써 사람들의 내면을 순화(醇化)시키려 했으므로, 《중용》·《대학》과
마찬가지로 《악기》도 악경으로서 독립시켜야 한다고 주장한 학자들도
적지 않았다.

제6절 《역경(易經)》

《역경》은 본시 점책으로서 팔괘(八卦)가 변화하여 이루어지는 64
괘의 변화를 따라 길흉(吉凶)을 점치는 것이었다. 역점(易占)은 본시
시초(蓍草)라는 풀 대공으로 만든 99개의 점가치인 서(筮)로 그때그
때 괘를 이루어, 《역경》에 있는 그 괘의 성격에 따라 길흉을 점치는
것이었다. 이것과 함께 말린 거북 껍질을 불로 지지어 생기는 균열
(龜裂)의 모양을 보고 길흉을 점치는 복(卜)도 매우 숭상되었다. 이
역점과 거북점을 복서(卜筮)라 불렀는데, 나라의 중요한 일은 물론
개인에 관한 중요한 일까지도 모두 이 '복서'를 통하여 실행여부를 결
정하는 것이 옛 중국 사람들의 습관이었다.

그 때문에 '복서'는 인간의 능력과 지혜를 넘어선 신비로운 뜻을 사
람들에게 알려주는 신성한 것으로 생각되었다. 《서경》의 주서(周書)
홍범(洪範)편에는 '구주(九疇)'라 불리는 인간생활에 관한 '아홉 가지
큰 규범'이 쓰여 있는데, 세상을 바로 다스리는 법칙인 황극(皇極)을
중심으로 하여 그 중 일곱번째 규범이 '복서(卜筮)'에 관한 것이다.
거기에는 점치는 행위에 대하여 이렇게 쓰여 있다.

일곱째, 의심을 묻는다[稽疑]는 것은 거북점과 시초(蓍草)점 치
는 사람을 골라 세우고, 이에 거북점과 시초점을 치게 하는 것을
말한다. ……이 사람들을 세워 거북점과 시초점을 치되, 세 사람이
점쳤다면 두 사람의 말을 따르라. 당신에게 큰 의문이 있다면, 당신

마음에 물어보고 당신 신하들과 상의하고 백성들과 상의한 뒤에 거북점과 시초점으로 물어보라……

이밖에도 《시경》·《서경》에만도 나라의 전쟁에서부터 개인의 혼사(婚事)에 이르기까지, 사전에 점을 쳐서 결정한 기록이 여러 군데 보인다.[15] 옛사람들은 이토록 점을 존중했기 때문에, 공자는 예에 대한 태도나 마찬가지로 사람들에게 올바로 점치고 올바로 행동하게 하려는 뜻에서 점책인 《역경》을 육경(六經) 속에 포함시켰던 것 같다.

공자가 《역경》을 열심히 연구하였다고 주장하는 학자들이 있으나, 확실한 증거는 없는 얘기이다. 앞에서(제1절)도 인용했지만 《논어》에 공자가 말하기를,

나에게 몇 년을 더 보태주어 50세에 역(易)을 공부할 수 있다면 큰 과오가 없게 될 것이다.

加我數年, 五十以學易, 可以無大過矣. ―述而

고 하였으나, 《노론(魯論)》에는 역(易) 자가 역(亦)으로 되어 있어 아래 구에 붙여 읽으면 '50세가 되어 학문을 하면 큰 과오가 없게 될 것이다'는 말이 된다. 또 역(易)은 역(亦)과 통하는 글자이니, 이 말은 《역경》과 아무 관계도 없는 말일 가능성이 많다. 또 《사기》의 공자 세가(孔子世家)에는,

공자는 만년에 역(易)을 좋아하여, 역을 읽는 사이 책을 엮은 가죽끈이 세 번이나 끊어졌었다. 그리고 말하기를 '내게 몇 년의 여유

---

15) 1899년(淸 光緒 25년)에 은(殷)나라의 옛 도읍지인 하남(河南) 안양현(安陽縣)에서 발견된 갑골(甲骨)은 옛날 은나라 때 거북점을 친 뼈들이며, 거기에 새겨진 갑골문(甲骨文)은 뼈의 균열(龜裂) 곁에 점친 결과를 새겨놓은 글자이다.

가 더 주어져 이처럼 해나가면 나는 역에 통달하게 될 것이다'고
말하였다

고 쓰고 있다. 옛날에는 대쪽에 글을 쓴 뒤 그 대쪽을 가죽끈으로 엮
어 책을 만들었었다. 사마천(司馬遷)이 이런 말을 쓴 것은 앞에 인용
한 《논어》의 말을 근거로 한 듯하며, 또 그 가죽끈은 점을 자주 치다
보니 세 번이나 끊어졌던 것이라고 생각할 수도 있다.

《역경》은 두 개의 효(爻, -- 또는 ─)를 서로 다르게 결합시켜 이
루어진 8괘가 기본을 이루며, 8괘를 둘로 겹쳐 6효를 서로 다르게 결
합시켜 이루어진 64괘가 있다. 그리고 64괘의 각 괘의 성격을 쓴 괘
사(卦辭)와 64괘의 각 효의 성격을 쓴 효사(爻辭)가 있다. 이 64괘와
괘사 및 효사가 점책인 《역경》으로서의 기본 구성이다. 이밖에 후세
에 보태어진 역의 원리와 괘·효의 성격 등을 해설한 이른바 십익(十
翼)이라 부르는 단(彖) 상 하·상(象) 상 하·계사(繫辭) 상 하·문
언(文言)·서괘(序卦)·설괘(說卦)·잡괘(雜卦)의 10편이 있다.

《역경》의 작자에 대하여는 설이 복잡하다. 8괘는 옛날에 복희씨(伏
羲氏)가 만들었다고 전해 오며(《易經》繫辭), 64괘로 중괘(重卦)한
사람은 주(周)나라 문왕(文王)이란 설이 가장 유력하다.[16] 그리고 64
괘에 대한 괘사(卦辭)는 문왕이 짓고, 64괘의 각 효, 곧 384효에 대
한 효사(爻辭)는 주공(周公)이 지었다는 설이 가장 유력하다(鄭衆·
馬融·賈逵 등). 정현(鄭玄)처럼 효사까지도 문왕이 지었다고 주장하
는 이도 있다.[17] 어떻든 점책으로서의 《역경》은 주나라 초기에 완성

---

16) 사마천(司馬遷) 《사기(史記)》 주본기(周本紀), 양웅(揚雄) 《법언(法言)》
　　문신(問神)·문명(問明)편, 반고(班固) 《한서(漢書)》 예문지(藝文志), 왕
　　충(王充) 《논형(論衡)》 대작(對作)·정설(正說)편 등. 단 복희씨가 이미
　　64괘로 중괘를 하였다는 설(王弼 등), 신농씨(神農氏)가 하였다는 설(鄭
　　玄 등), 하(夏)나라 우(禹)가 하였다는 설(孫盛 등) 등도 있다.

되었으므로 《주역(周易)》이라고도 흔히 부르는 것이다.

나머지 십익(十翼)은 옛날에는 모두 공자가 지은 것이라 믿어 왔다.[18] 그러나 송(宋)대 구양수(歐陽修, 1007~1072)의 《역동자문(易童子問)》을 필두로 하여 그뒤로 많은 학자들이 십익을 공자가 지었다는 설에 대하여 의문을 제기하였다. 그리하여 지금 와서는 일시(一時)에 한 사람에 의해 지어진 것이 아니라는 것이 통설(通說)로 화하였다. 십익은 역전(易傳)이라고도 부르는데 그중 일부(彖辭와 象辭?)만을 공자가 짓고, 나머지는 후세 유가들에 의하여 보충된 것이라 보는게 좋을 것이다.

이중에서도 역리(易理)를 논한 글로는 계사(繫辭) 상·하편과 문언(文言)이 가장 중요하다 할 것이다. 《역경》이 점책이었다 하더라도 그 원리를 논하자면 자연히 우주론(宇宙論)에서 시작하여 자연의 섭리(攝理)·만물의 기원·인생론·음양론(陰陽論) 같은 문제를 다루지 않을 수가 없기 때문이다. 그 때문에 송(宋)대에 이르러 만물의 근원이나 자연의 원리 및 공자의 이상 등의 탐구를 연구의 대상으로 하는 성리학(性理學)이 성행하고부터는 《역경》은 유가의 철학을 논한 경전으로 크게 각광을 받기 시작하였다.

그러나 공자의 학문 대상은 현실적인 사회와 인간의 문제로부터 벗어나는 일이 거의 없었고, 《역경》은 철학서로서보다도 중국의 옛 풍습에 따라 사람들의 행동과 결심을 크게 좌우하는 점책으로서 육경(六經) 속에 포함되었다고 보는 게 옳을 듯싶다.

---

17) 청(淸) 말의 피석서(皮錫瑞)는 《경학통론(經學通論)》에서, 괘사와 효사도 모두 공자가 지었다고 주장하였으나 잘못일 것이다.

18) 《사기》 공자세가(孔子世家), 《한서》 예문지(藝文志) 등. 당(唐)의 공영달(孔穎達)은 《주역정의(周易正義)》에서 '십익(十翼)을 공자가 지었다는데 대하여는 옛 학자들 사이에 이론(異論)이 없었다'고 말하고 있다.

제7절 《춘추(春秋)》

《춘추》는 공자의 유일한 저서인 동시에 중국 최초의 역사책이기도 하다.《맹자》이루(離婁) 하편에,

　　왕자(王者)의 치적(治績)이 사라지자《시경(詩經)》도 없어졌고,《시》가 없어진 뒤에야《춘추》가 지어졌다. 진(晉)나라의《승(乘)》과 초(楚)나라의《도올(檮杌)》과 노(魯)나라의《춘추》는 같은 것이다. 거기에서 다룬 일은 제(齊)나라 환공(桓公)과 진(晉)나라 문공(文公) 등에 관한 것이고, 그 글은 사관(史官)의 기록이다. 공자께서는 말씀하시기를 '그 뜻(《춘추》를 지은 뜻)은 내가 외람되이 취하여 썼다'고 하셨다.

고《춘추》저술에 대하여 말하고 있다. '《시》가 없어졌다'는 것은《시경》의 시를 볼 수 없게 되었다는 뜻이 아니라 시를 통하여 백성들을 교화하던 뜻이 없어졌다는 뜻이다. 그리고 공자는 전부터 내려오던 여러 가지 사관의 기록을 참고로 하여《춘추》를 지었음을 알 수 있다.[19] '그 글은 사관(史官)의 기록'이라는 것은《춘추》같은 글은 왕후(王侯)만이 사관을 시켜 지을 수 있는 글이라는 뜻이다. 그러기에

---

19) 진(晉)나라의《승(乘)》과 초(楚)나라의《도올(檮杌)》이외에도《묵자(墨子)》명귀(明鬼)편에는 주(周)나라의《춘추》, 연(燕)나라의《춘추》, 송(宋)나라의《춘추》, 제(齊)나라의《춘추》등 여러 나라의《춘추》가 보이고,《국어(國語)》초어(楚語) 상편에는 진(晉)나라 도공(悼公)과 초(楚)나라 장왕(莊王)이 각각 태자(太子)에게《춘추》를 가르치게 했다는 기록이 있다. 이로써 보면 노(魯)나라뿐만 아니라 거의 모든 나라에《춘추》라고 일반적으로 불리던 사관(史官)의 기록이 전하고 있었다.

후세 학자들은 공자가 왕위에 있지 않으면서 왕자의 일을 수행한 것이라 하여 '소왕(素王)'이라 말하기도 한다.[20] 끝으로 맹자는 공자 자신의 말을 빌어 《춘추》의 저술은 단순한 사실(史實)의 객관적인 서술이 아니라 그 나름대로의 뜻이 담긴 저술이라고도 하였다. 곧 공자는 《시》를 통하여 백성들을 교화하던 뜻이 사라져 도저히 자신의 이상을 실현시킬 수 없는 정치환경이 되었음을 절감하고, 자신의 뜻을 담은 저술을 남김으로써 후세에라도 자신의 이상의 실현을 기대하고자 《춘추》를 지었다는 것이다. 같은 등문공(滕文公) 하편에서도,

세상에 도가 쇠미(衰微)해지고 사설(邪說)과 폭행(暴行)이 생겨나며, 신하로서 자기 임금을 죽이는 자가 생기고 자식으로서 그 아비를 죽이는 자가 생겨나니 공자는 두려워서 《춘추》를 지었다. 《춘추》는 천자로서의 할 일이다.

고도 하였다. 사마천(司馬遷)은 《사기》 공자세가(孔子世家)에서 이에 대해 이렇게 쓰고 있다.

공자께서 말씀하시기를 '안 된다, 안 된다! 군자란 종신토록 이름이 칭송되지 않음을 꺼리는 법이다. 나의 도(道)가 행하여지지 않으니, 나는 무엇으로써 후세에 자신을 드러낼 것인가?'고 하셨다. 그리고는 사관(史官)의 기록에 근거하여 《춘추》를 지었는데, 위로는 은공(隱公 元年, 周 平王 49년, 기원전 722)으로부터 아래로는 애공(哀公 14년, 周 敬王 39년, 기원전 481)에 이르는 12공(公)에 걸친 기록이었다. 노(魯)나라를 근거로 하고, 주(周)나라를 친근히 받들며, 은(殷)나라를 고국(故國)으로 받드는 태도로써 삼대(三代)

---

20) 동중서(董仲舒, 기원전 179~기원전 93?)의 《대책(對策)》, 정현(鄭玄, 127~200)의 《육예론(六藝論)》 등에 보임.

의 사법(史法)을 운용한 것이다. 그 문장은 간략하면서도 그 지의
(指意)는 광박(廣博)하였다. 그러므로 오(吳)나라와 초(楚)나라 임
금은 왕(王)이라 자칭하였으나 《춘추》에서는 그들을 내치어 '자
(子)'라고 불렀고, 하양(河陽, 지금의 河南省 孟縣 서남쪽)에서 주
(周) 양왕(襄王)과 진(晉) 문공(文公)이 회견(會見)할 때에는 실은
주나라 천자가 불리어 나간 것이었으나 《춘추》에서는 그것을 돌리
어 '천자가 하양(河陽)으로 순수(巡狩)를 나가셨다'고 쓰고 있다.
이러한 방법을 미루어 나가 당세(當世)를 바로잡으려 하였었다. 내
치고 깎아내린 뜻을 후세의 왕자들이 드러내어 개진(開陳)하도록
한 것이다. 《춘추》의 뜻이 행해지면 천하의 혼란을 일삼는 신하와
역적들은 두려워하게 될 것이다. 공자가 벼슬할 적에도 송사(訟事)
를 판결한 문장은 모든 사람이 참고할 만한 것으로서 개인의 의견
과는 달랐다. 《춘추》를 지음에 있어서는 쓸 것은 쓰고 깎아낼 것은
깎아내었는데, 자하(子夏) 같은 사람들도 한마디를 더 보탤 여지
가 없었다. 제자들에게 《춘추》를 전해주면서 공자는 '후세에 나를
알아주는 것도 《춘추》를 통해서일 것이고, 나를 죄 주게 되는 것
도 《춘추》를 통해서일 것이다'고 말씀하셨다.

《장자(莊子)》 천하(天下)편에서도 '《춘추》로써 명분(名分)을 바로
잡았다'고 말하고 있다.
　《춘추》의 해설서로는 '춘추삼전(春秋三傳)'이라 하여 《좌전(左
傳)》과 《공양전(公羊傳)》·《곡량전(穀梁傳)》의 세 가지가 있다. 《좌
전》은 고문(古文)에 속하고, 다른 두 가지는 금문(今文)에 속하는 것
인데, 본시는 세 가지의 전(傳)이 모두 경(經)과 별개로 떨어져 있었
으나 뒤에 경에 전이 합쳐져서 각각 한 편을 이루었다.21)

---

21) 공영달(孔穎達, 574~648)의 《춘추좌씨전정의(春秋左氏傳正義)》 참조.
　　《좌전》은 두예(杜預, 222~284)가 주(註)를 쓸 때 경문(經文)에 쪼개어

《좌전》은《춘추좌씨전(春秋左氏傳)》또는《좌씨춘추(左氏春秋)》로
도 불리는데, 공자와 거의 같은 시대의 노(魯)나라 좌구명(左丘明)이
쓴 것이라 한다.22) 그는 춘추시대 사건을 나라를 중심으로 하여《국
어(國語)》를 쓰기도 하였다.《좌전》은 본시《춘추》를 해설하기 위하
여 쓴 것이 아니라 독자적으로 노(魯)나라를 중심으로 한 춘추시대의
역사를 쓴 것인데, 후세 사람들이 그의 저술을 인용하여《춘추》의 사
실들을 자세히 설명하는 데 쓴 것이라 한다. 따라서《좌전》은《좌씨
춘추(左氏春秋)》가 본명이며, 한(漢)나라 초기에 장창(張蒼) 등이 전
한 것도《좌씨춘추》이지《춘추좌씨전》이나《좌전》이 아니었다.23) 청
(淸)대 유봉록(劉逢祿)은《좌씨춘추고증(左氏春秋考證)》에서 이렇게
말하고 있다.

　　《좌씨춘추》는《안자춘추(晏子春秋)》·《여씨춘추(呂氏春秋)》나
　　같은 독자적인 사서(史書)이다. 곧바로《춘추》라 부르는 책들은 사
　　마천(司馬遷)이 참고했던 옛 이름이다. 그릇되이《춘추좌씨전》이라
　　부르는 것은 후한(後漢) 이후로 와전(訛傳)이 또 와전된 것이다.
　　……그러므로《좌씨춘추》가 옛 이름이고,《춘추좌씨전》이란 이름은

　　합쳐 놓은 것으로 짐작되나,《공양전》과《곡량전》은 언제 합쳐진 것인지
　　알 수 없다.
22)《논어》공야장(公冶長)편에 '그럴싸하게 말하고 낯빛을 꾸미고 지나치게
　　공손한 체하는 태도를, 좌구명이 수치스럽게 여겼거니와 나도 수치스럽
　　게 여긴다. 원한을 숨기고 그 사람과 벗하는 것을, 좌구명이 수치스럽게
　　여겼거니와 나도 수치스럽게 여긴다'(巧言令色足恭, 左丘明恥之, 丘亦恥
　　之. 匿怨而友其人, 左丘明恥之, 丘亦恥之)고 공자 스스로 말하고 있으
　　니, 그는 공자가 존경하던 인물의 하나였다. 다만 그가 바로《좌전》의 작
　　자인지는 확실하지 않다.
23)《사기》십이제후연표(十二諸侯年表), 후한(後漢) 허신(許愼)《설문해자
　　(說文解字)》서문(敍文) 등 참조.

유흠(劉歆)이 바꾸어 놓은 것이다.24)

그리고 굴만리(屈萬里) 교수는 《고적도독(古籍導讀)》에서, 유흠은 《좌씨춘추》를 근거로 이에 적절히 윤색(潤色)을 가하여 《춘추좌씨전》을 만들었을 것이라고 추리하고 있다.

어떻든 《좌전》은 문장이 뛰어나고 사건의 기록이 정확하고 자세하여, 후대에 와서는 간략한 공자의 《춘추》보다도 더 널리 읽혔다고도 할 수 있다. 실제로 춘추시대의 역사는 《춘추》가 아니라 《좌전》을 통해서 우리에게 자세히 전해지고 있으니, 《좌전》은 중국의 가장 위대한 사서(史書) 중의 하나라 할 것이다.

《공양전(公羊傳)》과 《곡량전(穀梁傳)》은 모두 자하(子夏)의 제자인 공양고(公羊高)와 곡량적(穀梁赤)에 의하여 각각 지어진 것이라 한다. 《좌전》이 《춘추》에 기록된 사건들을 자세히 서술하는 데 역점을 두고 있는 데 비하여, 《공양전》과 《곡량전》은 《춘추》의 의법(義法)을 밝히는 데 역점을 두고 있다. 이들은 《춘추》에 대한 본격적인 전(傳)이어서 《춘추》의 범위를 벗어나지 못하고 있으므로 사서(史書)로서의 가치는 《좌전》에 미치지 못한다. 이들 두 전은 본시 스승에게서 제자로 구전(口傳)되어 오던 것인데 한(漢)나라 초기에 이르러 책으로 기록되었으므로 금문(今文)이 된 것이다.

제8절 《논어(論語)》

《논어》는 공자의 손으로 편찬 또는 저술된 책이 아니며, 본격적인

---

24) 《춘추좌씨전》 또는 《좌전》이란 호칭이 유흠(劉歆, 기원전 53~기원후 23)에게서 비롯되었다는 설은 《한서(漢書)》 초원왕전(楚元王傳)에 근거를 두고 있다.

경(經)이 아닌 어록(語錄) 성질의 것이다. 그러나 공자의 생애와 학술
사상을 연구하는 데 있어서는 무엇보다도 중요한 자료여서, 다른 경
전들 못지않게 후세 유가들에 의하여 존중되었던 것이다.

《한서》 예문지(藝文志)에서는 《논어》에 대하여 다음과 같은 설명
을 하고 있다.

> 《논어》란 공자가 제자와 시인(時人)들의 물음에 응답한 것과 제
> 자들이 서로 얘기하거나 스승에게 들었던 말들을 기록한 것이다.
> 그때에 제자들이 각각 암기하고 있던 것들을, 공자가 돌아가신 뒤
> 에 제자들끼리 서로 모아 논찬(論纂)한 것이니, 그래서 《논어》라
> 부르게 된 것이다.

다만 어떤 제자들이 언제 모여 만든 것이냐 하는 것은 분명치 않
다. 아무튼 그 때문에 《논어》에는 일정한 체계도 없고 구체적인 이론
도 없으며, 짧은 대화들을 말한 그대로 적어 놓은 것이 대부분이다.

《한서》 예문지(藝文志) 논어류(論語類)의 기록에 의하면 전한(前
漢) 때에는 《고론어(古論語)》 21편, 《제론어(齊論語)》 22편, 《노론어
(魯論語)》 20편의 세 가지 《논어》가 있었다. 《고론어》는 공자의 집
벽 속에서 나온 것으로 노(魯)나라에 전해진 《노론어》와 큰 차이가
없었던 듯하며,[25] 제(齊)나라에 전해온 《제론어》는 문왕(問王) · 지
도(知道) 두 편이 더 많았고(《漢書》 藝文志 自註), 그 나머지 20편
도 《노론어》에 비하여 내용이 훨씬 많았다 한다(何晏 《論語集解》 序

---

25) 하안(何晏)의 《논어집해(論語集解)》 서(序)에 의하면 《고론어》가 한 편
   더 많은 것은 요왈(堯曰)편의 둘째 장 '자장문(子張問)'을 한 편으로
   독립시켰기 때문이라 하며, 환담(桓譚)의 《신론(新論)》에서는 《고론어》
   와 《노론어》가 다른 것이 400여 자 된다고 하였다(陸德明 《經典釋文》
   敍錄引).

의거). 이들은 《노론》과 《제론》으로 약칭되기도 한다.

지금 우리에게 전하는 《논어》 20편은 전한(前漢) 말엽에 장우(張禹)가 편정(編定)한 것이다. 장우는 본시 《노론》을 공부했는데, 뒤에 또 《제론》도 공부한 다음 《노론》을 중심으로 하여 새로운 20편의 《논어》를 편정하였다 한다.26) 이뒤로 점차 다른 판본의 책은 다 없어지고 장우의 것만이 《논어》로서 지금까지 전해지게 된 것이다.

《논어》는 보통 앞 10편을 상론(上論), 뒤 10편을 하론(下論)으로 구분한다. 그리고 상론이 《논어》의 본편이고, 하론은 그 속편과 같은 성질의 것이라 보는 이도 많다. 그리고 하론에는 믿기 어려운 기록이 일부 들어 있다고 하였다. 특히 최술(崔述)은 《수사고신록(洙泗考信錄)》에서 《논어》의 끝머리 네 편(季氏·陽貨·微子·堯曰)에는 의심스런 기록이 특히 많으며, 앞 15편도 끝머리의 각 장 중에는 의심스런 기록이 많다고 하였다. 최술의 말을 다 믿을 수는 없으나, 그중에는 잘못된 기록이라는 거의 확실한 근거가 있는 기록도 있다.

《논어》는 송(宋)나라대 주희(朱熹, 1130~1200)에 이르러 《맹자(孟子)》·《대학(大學)》·《중용(中庸)》과 더불어 사서(四書)라 불리게 되었다. 그는 《사서집주(四書集註)》를 썼는데, 이후로는 사서가 오경(五經) 못지않은 유가의 기본 경전으로 크게 읽게 되었다. 주희는 《논어》는 공자의 책, 《맹자》는 맹자의 책, 《대학》은 공자의 직계 제자인 증자(曾子)의 책, 《중용》은 공자의 손자이며 증자의 제자인 자사(子思)의 책이라 규정하고, 이 '사서'야말로 공자 → 증자 → 자사 → 맹자로 이루어지는 공맹학(孔孟學)의 도통(道統)과 사상을 이해하는 데 지름길이 되는 책이라 생각하였던 것이다.

《맹자》는 《논어》와 같이 맹자의 언행(言行)을 그의 제자들이 기록

---

26) 《한서》 장우전(張禹傳), 하안(何晏) 《논어집해》 서, 《수서(隋書)》 경적지(經籍志) 등 참조.

한 책으로서《史記》孟荀列傳), 본시는 경(經)이 아니라 제자서(諸子書)로 취급되던 책이었다(예 :《漢書》藝文志). 그러나 맹자는 공자 이후 그의 사상을 순수하게 전승(傳承)한 사상가로 일찍부터 주목을 받아 한(漢)나라 문제(文帝, 기원전 179~기원전 157 재위) 때에 이미《논어》·《효경(孝經)》·《이아(爾雅)》와 함께 그 경전을 전문으로 하는 박사(博士)가 두어졌었다.

그러나 송(宋)대 성리학자(性理學者)들이 유가의 도통론(道統論)을 내세우면서, 옛 성인(聖人)으로부터 공자(孔子)·증자(曾子)·자사(子思)를 거치며 전해 내려오던 유가의 도통은 일단 맹자(孟子)에 이르러 끊어졌다고 주장함으로써, 맹자는 유가의 정통적인 사상가로서 더욱 큰 각광을 받게 되었던 것이다. 특히 그의 민본주의(民本主義) 사상이나 성선설(性善說) 등은 공자의 사상을 보충 발전시킨 것으로 해석되어, '사서'가 유행한 뒤로는 거의《논어》와 맞먹는 중요한 유가의 경전으로 화한 것이다.

제9절 《효경(孝經)》

《한서》예문지(藝文志)에는,

> 《효경》이란 공자가 증자(曾子)를 위하여 효도(孝道)를 진술한 것이다.

고 하였고, 하휴(何休)의 《공양전(公羊傳)》 서에서는 위서(緯書)인 《효경구명결(孝經鉤命決)》의 '공자는 뜻을 《춘추》에 실었고, 행실은 《효경》에 실었다'고 한 말을 인용하여 《효경》은 공자가 지은 것이라 하였다. 그리하여 공자는 《춘추》와 《효경》의 두 가지 책을 저술한 것으로 믿는 학자들이 적지 않았다.

그러나 《효경》은 공자가 지은 것이 아님이 거의 확실하다. 우선 경전들을 '경(經)'이라 부르기 시작한 것은 전국시대(戰國時代) 만년의 일이며, 《시경》·《서경》·《역경》이란 호칭이 유행한 것은 훨씬 뒤의 일이니(屈萬里《詩經釋義》解題 참조), 공자가 책을 지으며 《효경》이란 이름을 붙일 수가 없다. 그리고 책 첫머리가 '공자님을 모시고 증자(曾子)가 앉아 있었는데⋯⋯'하는 말로 시작되는데, 공자가 지은 책이라면 자기 제자를 '증자(曾子)'라 부를 수가 없는 것이다. 이런 등등으로 미루어 《효경》은 후세 공자의 제자들의 손에 의하여 이루어진 것이라 보는 게 좋을 것이다. 기균(紀昀, 1724~1805)은 《사고전서총목제요(四庫全書總目題要)》에서 《예기(禮記)》의 한 편인 유행(儒行)·치의(緇衣)나 같은 성질의 것이라 하였다.

《한서》 예문지(藝文志)에 의하면 한(漢)대에는 22장 1편으로 된 고문(古文) 《효경》과 18장 1편으로 된 금문(今文) 《효경》의 두 가지가 있었다. 고문 《효경》에는 공안국(孔安國)의 주가 붙어 있었다고 하나 양(梁)나라 때 이미 없어져 버리고, 지금의 십삼경(十三經) 속에 끼어 있는 것은 금문 《효경》이다. 후세에 중국과 일본에서 고문 《효경》이라는 책이 세상에 나왔으나 모두가 가짜들이라는 것이 통설(通說)이다.

어떻든 후세 유가들이 공자의 윤리사상(倫理思想) 중에서도 그 기본이 되는 것으로서 '효'를 중시했기 때문에 《효경》이라는 경전이 이루어졌고, 이 《효경》은 후세까지도 중국인의 사회윤리에 큰 영향을 끼쳤음은 두말할 나위도 없다.

십삼경(十三經) 속에는 이상 애기한 경서들 이외에 또 《이아(爾雅)》가 끼어 있다. 《이아》는 여러 경전에 쓰인 말들에 대한 훈고(訓詁)를 한 것으로서 '경전용어사전(經典用語辭典)'이라고 하면 쉽게 이해될 것이다. 따라서 《이아》는 그 자체가 '경'이 될 수는 없는 것이

다.《한서》예문지(藝文志)에서 효경류(孝經類)에 붙여 놓고 있는 것
은 따로 붙여 놓을 곳이 없기 때문에 방편상 그렇게 한 것일 것이다.

《이아》는 옛날부터 주공(周公)이 지은 것이라고도 하고, 주공에 이
어 공자와 자하(子夏)가 이에 보충을 가하고 한(漢) 초의 숙손통(叔
孫通)도 보충했다고 한다고도 주장한 이가 있다(魏 張揖《上廣雅
表》). 그러나 이것은 한대의 경학자(經學者)들이 유가의 경전들을 읽
고 공부하기 위하여 편찬한 것이며, 후세에도 이것은 경전들을 읽는
데 편리하므로 십삼경(十三經) 속에 끼워 둔 것이라 봄이 옳을 것
이다.

제 *10* 장
만년(晚年)과 죽음

제1절 안온한 노년생활

공자는 68세 되던 해 여러 나라의 주유(周遊)를 마치고 노(魯)나라로 돌아와 아무런 벼슬도 하지 못하였으나 국로(國老)의 대우를 받으며 안온한 노년생활을 영위하였다. 그리고 그의 온 정력을 제자들의 교육과 교육의 교과서로 영원히 쓰일 경전들의 편저에 쏟았다. 그의 교육이 성공적이어서 많은 제자들(《史記》 孔子世家에는 3,000명이라 했다)이 모여들었고, 제자들 중에는 뛰어난 인재들이 많아 노(魯)나라를 중심으로 한 여러 나라에서 눈부신 활약을 하고 있었기 때문에, 스승 공자의 성가(聲價)는 더욱 높아져 생활에는 아무런 근심 걱정도 없는 형편이었던 듯하다.

공자의 생활습성으로 《논어》 향당(鄕黨)편에서 '검정 옷에는 검은 어린 양 갖옷, 흰 옷에는 어린 사슴 갖옷, 누런 옷에는 여우 갖옷을 입으셨다', '여우와 담비의 두터운 털가죽 옷은 집에서 입으셨다', '밥은 고운 쌀일수록 싫어하지 않으시고, 회는 가늘게 썬 것을 싫어하지 않으셨다. ……빛깔이 나빠도 먹지 않으시고, 냄새가 나빠도 먹지 않으시고, 알맞게 익히지 않아도 먹지 않으시고, 제철 음식이 아닌 것도 먹지 않으시고, 반듯하게 썰지 않은 것도 먹지 않으시고, 간이 맞지 않는 것도 먹지 않으셨다'고 한 따위의 생활습성이 몸에 밴 것도 이 만년이었으리라고 생각된다.

그러나 공자에게 많은 돈이나 재산이 모여 있던 것은 아니다. 먹고 사는 데 걱정하지 않고, 수레를 타고 다닐 수 있는 정도의 일정한 수입이 있었을 따름이었던 듯하다. 공자가 70세 되던 해(魯 哀公 13년, 기원전 482)에 그가 가장 기대를 걸고 있던 안연(顏淵)이 죽었다. 《논어》 선진(先進)편에는 그때의 일로 다음과 같은 기록이 보인다.

안연이 죽자 안로(顏路, 안연의 아버지)가 공자의 수레로써 덧관을 마련해 줄 것을 요청하였다. 이에 공자께서 말씀하셨다.
"잘났건 못났건 누구나 자기 자식을 위하여 말하게 마련이다. 내 자식 이(鯉)가 죽었을 때도 관만 있었지 덧관은 없었으니, 내가 걸어다니면서까지(수레를 팔아) 덧관을 마련하지 못하였던 것은, 나는 대부의 말석에 참여하는 신분이니 걸어다닐 수가 없기 때문이다."
顏淵死, 顏路請子之車以爲之椁. 子曰 : 才不才, 亦各言其子也. 鯉也死, 有棺而無椁, 吾不徒行以爲之椁, 以吾從大夫之後, 不可徒行也.

곧 공자는 자기 자식이나 자기의 사랑하는 제자가 죽었을 때 관(棺) 이외에 또 덧관[椁]까지 마련하여 호화로운 장사를 지낼 만한 여유는 없었다. 그렇지만 수레를 타고 다님으로써 대부(大夫)로서의 체면을 유지할 정도의 여력은 있었던 것이다.

한편 공자는 자기가 좋아하고 소중히 여기던 중국의 고악(古樂)을 정리하며 이를 즐기기도 하였다. 《논어》에서,

내가 위나라로부터 노나라로 돌아온 뒤에야 음악이 바로잡히고,

아(雅) 송(頌)이 각각 제 올바른 자리를 찾았다.

　　吾自衛反魯, 然後樂正, 雅頌各得其所. ─子罕

고 한 것은, 그의 시간 여유를 고악의 정리에 바쳤음을 얘기한 것이
다. 또,

　　사지(師摯, 魯나라의 樂師인 摯)가 처음에 연주한 관저(關雎, 《詩
　　經》國風 周南 첫머리 시)의 종장(終章)은 아름다움이 넘쳐흘러
　　귀에 가득히 남아 있다.

　　師摯之始, 關雎之亂, 洋洋乎盈耳哉! ─泰伯

고 한 것은 공자가 고악을 즐긴 상황을 알려주는 말이다. 《시경》의
정리 편찬은 공자가 만년에 손대었던 일이니, 이것들은 모두 만년의
말임에 틀림없다.

　이처럼 공자는 안온한 생활 속에 제자들의 교육과 경전의 편저에
전념하는 한편, 고악(古樂)을 즐기며 여유 있는 여생을 보냈던 것 같
다. 공자는 수양(修養)이 아니더라도 부귀(富貴)에 마음을 쓰지 않고
살아도 좋을 만한 명성을 이룩하고 대우를 받고 있었던 것 같다.

제2절 거듭되는 불행

　공자의 만년생활은 사회적으로나 경제적으로는 안온하였지만 개인
적으로는 불행을 거듭 겪었다. 무엇보다도 큰 불행은 공자가 69세 되
던 해(魯 哀公 12년, 기원전 483) 그의 아들 공리(孔鯉, 字 伯魚)가
50세의 나이로 죽었다는 것이다.[1] 중국 사람들은 옛날부터 중년(中
年)의 상처(喪妻)와 소년의 상자(喪子)를 인생의 2대불행(二大不幸)

으로 생각하여 왔다. 공자의 제자인 자하(子夏)는 노년에 아들을 잃고 울어서 눈이 멀었었다고 할 정도이다.[2] 공자는 부인도 없이 외아들 이(鯉)만을 의지하고 살아온 터이라,[3] 아들의 죽음은 공자에게 큰 충격을 주었을 것이다. 공자는 가정적으로는 만년에 부인도 자식도 없는 외롭고 쓸쓸한 노인이 되고 말았던 것이다.

중국 속담에 '화부단행(禍不單行)'이란 말이 있듯이, 재난이나 불행은 대개가 겹쳐 닥치게 마련이다. 공자에게도 불행은 겹쳐서 왔다. 그 다음해(기원전 482, 노나라 애공 13년, 공자 70세)에 그가 가장 사랑하던 제자인 안연(顔淵)이 죽은 것이다. 《논어》만 보아도 공자가 여러 제자들 중에서 안연만은 여러 번 드러내놓고 칭찬하고 있을 정도로 아주 뛰어난 제자였다. 공자는 만년에 자기 평생에 이루지 못한 희망을 안연에게 걸고 있었다. 그러한 안연이 자기보다도 먼저 젊은 나이에 죽었다는 것은 공자에게 있어서는 무엇보다도 큰 충격이었다. 공자는 안연이 죽었다는 말을 듣고는,

아아! 하늘이 나를 망치는구나! 하늘이 나를 망치는구나!
噫! 天喪予! 天喪予! ―先進

하고 통곡하고 있다. 안연의 죽음은 자기 이상의 계승의 단절까지도 생각케 하는 비통한 것이었다. 그러기에 공자는 스승으로서의 체면도 아랑곳없이 통곡을 그칠 줄 몰랐다. 《논어》의 같은 선진(先進)편에는

---

1) 《공자가어》 본성해(本姓解)편에 공자의 아들 이(鯉)는 '나이 50세에 공자에 앞서 죽었다'고 하였다. 공자가 20세 때 그를 낳았으니, 공자가 69세 되던 해에 죽은 게 된다.

2) 《사기》 중니제자열전(仲尼弟子列傳), 《예기》 단궁(檀弓) 상편 참조.

3) 공리(孔鯉)도 부인과 이혼을 했었고, 그의 아들 공급(孔伋, 字 子思)은 여러 가지 기록을 종합해 보면 공리가 죽은 해를 전후하여 출생한 것이 확실하다. 공급이 유복자(遺腹子)라고 보는 학자들도 있다.

다음과 같은 대목도 있다.

안연이 죽자 공자께서 통곡을 지나치게 하셨다. 모시고 있던 사람이

"선생님, 통곡이 지나치십니다."

고 말하자, 공자께서 말씀하셨다.

"통곡이 지나치다고? 그런 사람을 위해 통곡이 지나치지 않으면 또 누구를 위해 통곡하겠느냐?"

顏淵死, 子哭之慟. 從者曰：子慟矣! 曰：有慟乎? 非夫人之爲慟. 而誰爲?

안연의 죽음은 공자에게 '나의 도는 궁지에 왔다'는 것을 실감하게 하였던 것 같다. 공리(孔鯉)가 죽었을 적에도 그처럼 공자가 통곡하지는 않았을 것이다. 안회의 죽음은 공자에게 바로 절망(絶望)이요 이상(理想)의 종언(終焉)을 뜻하는 것이었다.

노나라 애공 14년(기원전 481) 봄에는 사람들이 노나라 서쪽으로 사냥을 나갔다가 기린(麒麟)을 잡은 일이 있었다(《左傳》哀公 14년). 다른 사람들은 처음 보는 짐승이라 몰라보았으나 공자는 그것이 곧 기린임을 알았다. 《공양전(公羊傳)》에는 이에 대하여 다음과 같이 쓰고 있다.

기린(麒麟)이란 어진 짐승이니, 올바른 왕이 있으면 나타나고 없으면 나타나지 않는다. 어떤 사람이 잡은 짐승이

"고라니 같으면서도 뿔이 났다."

고 말하니, 공자께서 말씀하셨다.

"누구를 위해 나왔느냐! 누구를 위해 나왔느냐!"

그리고는 소맷자락을 들어 얼굴을 닦았는데, 눈물이 옷자락을 적

시었다.

또 《사기》 공자세가(孔子世家)에는 다음과 같은 기록이 있다.

　서쪽으로 사냥을 나가 기린을 본 다음 공자는 말씀하시기를
　"나의 도는 궁지에 왔다!"
고 하면서 또 탄식 섞인 말씀을 하셨다.
　"나를 알아주지 않는구나!"
　자공(子貢)이 여쭈었다.
　"어째서 선생님을 알아주지 않는다고 하십니까?"
　공자께서 말씀하셨다.
　"하늘을 원망하지 말고, 사람을 탓하지 말아야 한다. 아래 것을
　배워 위의 것에까지 통달했으니, 나를 알아주는 것은 오직 하늘
　일 것이다."

　공자는 어지러운 세상에 잘못 나와 어리석은 인간들에게 잡히고 만
어진 짐승 기린(麒麟)을 보고 바로 자기의 운명을 직감했던 것이다.
이 세상에서는 절대로 자기의 이상을 실현할 수가 없다. 이것이 하늘
의 뜻이라는 것을 깨달았던 것이다. 이것은 실질적인 자기 생애의 종
결(終結)을 뜻하기도 하는 것이다. 《춘추》의 저술이 이 사건에서 끝
맺고 있는 것도, 이 '서수획린(西狩獲麟)'은 바로 자기 이상의 종말일
뿐만 아니라 자기 생애의 실질적인 종말임을 암시하려는 뜻에서였을
것이다.4)

―――――――――

4) 《춘추》의 고문경(古文經, 곧 《左傳正義》本))에는 애공(哀公) 16년 공자
　가 죽은 해까지 기록이 연장되고 있고, 공자가 죽은 월일까지 기록되어
　있으나, 이것은 공자가 쓴 게 아님이 분명하다(어떻게 자기가 죽을 날짜를
　미리 써 놓는가?). 애공 14년에 끝난 금문경(今文經, 곧 《公羊傳》·《穀梁

또 공자의 제자 중에 성격이 곧고 용감하며 가장 오랫동안 스승과 고락(苦樂)을 함께한 사람으로 자로(子路)가 있다. 공자 자신이,

> 도가 행하여지지 않아 뗏목을 타고 바닷속으로 들어간다 해도 나를 따를 자는 유(由, 子路의 이름)일 것이다.
> **道不行, 乘桴浮于海, 從我者, 其由與! ─公冶長**

고 말할 정도로, 가장 신임하던 제자 중의 한 사람이었다. 그런 자로가 또 공자가 72세 되던 해(기원전 480, 魯 哀公 15년) 위(衛)나라에서 공회(孔悝)의 가신(家臣)으로 있다가 내란 북새에 휩쓸려 그의 곧은 성격 때문에 죽었다.[5] 공자는 자로가 죽었다는 말을 듣고는 무척 애통해하였다는 말이 《예기》 단궁(檀弓) 상편에 보인다.

공자는 일찍이 '유 같은 사람은 제 죽음을 못할 것이다'(若由也, 不得其死然.─先進)고 하였고, 위(衛)나라에 내란이 일어났다는 소식을 듣고는 '자고(子羔)는 돌아오겠지만, 자로는 죽을 게다'(《左傳》)고 하며 그의 죽음을 예감하였었다 한다. 그의 제자 자고(子羔, 성은 高, 이름 柴)도 자로와 같이 위나라에서 벼슬하고 있었다. 공자는 제자들의 성격을 잘 파악하고 있어서 이런 결과를 예견하고 있었던 것이다. 《공양전(公羊傳)》을 보면 공자는 자로가 죽었다는 소식을 듣고는,

> 아아, 하늘이 나를 끊어 버리는구나!
> **噫! 天祝予! ─哀公 14년**

하고 말하며 통곡했다 한다. 안연(顏淵)이 죽었을 때의 '하늘이 나를 망치는구나!'(天喪予!) 하는 말보다도 더욱 절망을 나타내는 말이다. 이러한 70 노인으로서의 공자가 받은 정신적인 타격은 너무나 컸던

傳》本)의 체제가 옳다는 게 모든 학자들의 공통된 견해이다.
 5) 다음 제11장 참조.

것 같다. 결국 그 다음해에는 공자 자신도 위대한 자신의 포부를 이룩
해 보지 못한 채 뜻을 후세에 기탁(寄託)하고는 이 세상을 하직한다.

제3절 공자의 죽음

공자는 거듭 겪은 불행 때문에 이미 자로(子路)가 죽기에 앞서 병
이 났었던 것 같다. 《논어》에는 다음과 같은 대목이 있다.

공자께서 병이 심하게 나시니, 자로가 문인으로 하여금 공자의
가신(家臣) 노릇을 하게 하였다. 병이 약간 나아지자 이를 알고 말
씀하셨다.
"오래도록 유(자로)가 속여 왔구나! 가신이 없는데도 가신이 있
는 꼴로 꾸몄지만, 내가 누구를 속이겠는가? 하늘을 속이겠는
가? 또한 나는 가신들 손에 장사지내지느니보다는 차라리 자네
들 손에 장사지내지고 싶다. 또 내 비록 성대히 장사지내어지지
못한다 할지라도 설마 길거리에서 죽게 되지는 않겠지?"
子疾病, 子路使門人爲臣. 病閒曰 : 久矣哉, 由之行詐也! 無
臣而爲有臣, 吾誰欺? 欺天乎? 且予與其死於臣之手也, 無寧
死於二三子之手乎! 且予縱不得大葬, 予死於道路乎? ―子罕

공자의 초연(超然)한 태도가 엿보이는 말이다. 노(魯)나라의 실권
자인 계강자(季康子)가 약을 보내주었던 것도《論語》鄕黨) 이 무렵
이었을 것으로 생각된다. 또 공자가,

심히도 내가 노쇠하였구나! 오랫동안 나는 주공을 다시는 꿈에
보지 못하고 있다!

甚矣, 吾衰也! 久矣, 吾不復夢見周公. —述而

고 말한 것도 이 무렵일 것이다. 주공(周公)은 공자가 이상으로 삼았던 주(周)나라 초기의 예의제도를 제정하였던 어진 인물이다. 공자가,

　　주나라는 하(夏)·은(殷) 두 왕조를 본떴으므로 문물제도가 찬란하다. 나는 주나라를 따르겠다.
　　周監於二代, 郁郁乎文哉! 吾從周! —八佾

고 말한 것도, 주나라에는 주공 같은 인물이 있어 실제로 공자가 본받고 따를 근거가 되는 여러 가지 문물제도를 남기고 있었기 때문이다. 공자는 그 때문에 평생을 두고 주공을 흠모하며 주공을 꿈꾸어왔던 것 같다. 공자가 이제는 '다시는 주공을 꿈에 보지 못하고 있다'고 한 탄식은, 자기 이상의 실현에 대한 절망뿐만 아니라 자기 생애의 종언(終焉)을 예견하고 있었음을 뜻한다. 또 그는,

　　봉황새도 날아오지 않고, 하도(河圖)도 나타나지 않으니, 나는 끝장이로다!
　　鳳鳥不至, 河不出圖, 吾已矣夫! —子罕

고도 말하였다. 봉황새는 세상이 올바로 다스려지는 태평성대에 나타난다는 전설적인 새이다. 하도(河圖)는 복희씨(伏羲氏) 때에 황하에서 용마(龍馬)가 지고 나타났다는 중국의 고대 문물(文物)을 상징하는 전설적인 도문(圖文)이다. 따라서 '봉황새도 날아오지 않고, 하도도 나타나지 않는다'는 것은, 자기의 이상적인 정치를 실현하지도 못하고 옛 문물제도를 부흥시켜 놓지도 못하게 되었음을 상징하는 말이다. 이것도 공자의 생애가 막판에 다다랐음을 자기 스스로 깨달은 데

서 나온 탄식일 것이다.

《예기》 단궁(檀弓) 상편에는 죽음을 앞둔 공자의 모습에 대하여 다음과 같은 기록을 하고 있다.

'다시는 주공을 꿈에 보지 못하고 있다'고 한 탄식은, 자기 이상의 실현의 실패뿐만 아니라 자기 생애의 종언(終焉)을 예견하고 있는 것이다.

어느 날 공자께서는 아침 일찍이 일어나셔서, 뒷짐을 짚고 지팡이를 끌면서 문 앞을 거닐면서 노래를 하셨다.

'태산이 무너지려는도다!
들보가 부러지려는도다!
철인이 시들려는도다!'
(泰山其頹乎! 梁木其壞乎! 哲人其萎乎!)

노래를 마치고는 들어가 문 앞에 앉아 계셨다. 자공(子貢)이 그 노래를 듣고서는,

"태산이 무너지면 우리는 앞으로 무엇을 우러르며, 들보가 부러지고 철인이 시들어 버린다면 우리는 장차 무엇을 의지하여야 한다는 건가? 선생님께선 아마도 병이 더하시기 때문인가보다."

하고 말하고는 종종걸음으로 방으로 들어갔다.

공자께서 말씀하셨다.

"사(賜, 子貢의 이름)야! 네 오는 게 어찌 그리 더디냐? 옛날 하(夏)나라 사람들은 동쪽 섬돌 위에 빈소(殯所)를 차렸는데, 마치(죽은 이가) 손님을 대하는 주인 노릇을 하듯 하게 하려는 것이었다. 은(殷)나라 사람들은 양편 기둥 사이에 빈소를 만들었으니, 손님과 주인 사이에 있도록 하게 하려는 것이었다. 주(周)나라 사람들은 서쪽 섬돌 위에 빈소를 만들었으니, 마치(죽은 이가) 손님으로써 있듯이 하려는 것이었다.[6] 그런데 나는 은나라

사람인데, 지난 밤에 두 기둥 사이에 앉아서 상(床)을 받는 꿈을
꾸었다. 명철한 임금이 나오지 않으니, 천하에서 그 누가 나를
존중해 주겠느냐? 나는 아마도 죽으려나보다."
그리고는 7일 동안 앓아 누워계시다가 돌아가셨다.7)

공자가 돌아간 것은 기원전 479년(魯 哀公 16년, 73세 때) 4월 기
축(己丑)날이었다.8) 공자가 죽자 노나라 애공(哀公)도 공자의 덕을
추모하는 뇌문(誄文)을 지어 보냈다. 공자의 제자인 자공(子貢)은 그
뇌문에 대하여, 공자의 생전에는 등용하지도 않다가 죽은 뒤에는 그
처럼 그의 덕을 칭송하는 것은 예에도 맞지 않고, 또 뇌문에서 애공
자신이 '일인(一人)'이란 칭호로 왕자임을 자칭하고 있는 것도 예에
어긋난다는 등 못마땅한 비평을 가하고 있지만《史記》孔子世家 참
조), 나라의 임금이 뇌문을 지어 보낼 만큼 만년의 공자의 명성이 대
단했던 것은 사실이다.
공자는 노성(魯城)의 북쪽 사수(泗水) 가에 묻혔는데, 제자들은 모

---

6) 옛날 중국의 집 안채(궁전 등)는 섬돌 양편에 계단이 있었는데, 손님이 오
   면 주인은 동쪽 계단, 손님은 서쪽 계단으로 올라가 각각 동서쪽 섬돌 위
   에 서서 첫 인사를 하였다. 따라서 동계(東階)는 주인, 서계(西階)는 손님
   의 위치를 뜻한다《禮記》·《儀禮》 여러 편의 鄭玄의 註 참조).
7) 《사기》 공자세가(孔子世家)에도 비슷한 기록이 있다. 최술(崔述)은 《수사
   고신록(洙泗考信錄)》에서, 대체로 《논어》의 공자의 말을 보면 언제나 겸
   손한데 여기에서는 스스로를 '태산'·'들보'·'철인'에 비유하고 있으니 공
   자가 한 말이라 볼 수 없다고 주장하였다. 《사기》에서는 《예기》를 근거로
   이 얘기를 쓰면서 공자가 스스로를 위대한 인물로 말한 듯이 느껴지지
   만, 《예기》의 '태산'·'들보'·'철인'은 자기보다도 세상의 올바른 도(道)와
   도를 실현할 명철한 사람을 뜻하는 것으로 생각된다.
8) 《사기》 공자세가(孔子世家) 의거. 4월은 주력(周曆)이며, 하력(夏曆, 지금
   의 陰曆)으로 환산하면 2월 11일(吳程 說)이라는 등 여러 가지 설이 있다.

두 상복(喪服)만은 입지 않았으나 부모에게나 마찬가지로 3년 동안 상을 치르었다. 공자에게는 자식도 없었고 손자는 어렸기 때문에 모든 상사(喪事)를 제자들이 맡아 처리하였다. 제자들은 3년이 지나자 모두 통곡을 하고는 헤어져 돌아갔지만, 자공(子貢)만은 무덤 곁에 움막을 짓고 3년 동안 더 상을 치르었다고 한다. 그러나 뒤에는 제자들 중의 몇 사람과 많은 사람들이 공자의 덕을 흠모하고 무덤 곁으로 이사와 사는 사람들이 100여 호에 이르게 되었으므로 그곳을 공리(孔里)라 부르게 되었다 한다(이상 《史記》 孔子世家 참조).

공자의 무덤은 산동성(山東省) 곡부현(曲阜縣) 북쪽 공림(孔林)이라 부르는 숲속에 남아 있다. 공림은 다시 이림(裏林)과 외림(外林)으로 구분되는데, 이림 한가운데 공자의 무덤이 있고, 그 동쪽에 아들 공리(孔鯉)의 무덤, 그 남쪽에 손자 공급(孔伋, 子思)의 무덤이 있다 한다. 이밖에도 이림과 외림에는 여러 공자 후손들의 무덤이 50여 개가 더 있다. 공림은 특히 100여 종에 달하는 여러 가지 고목이 자라 있어 유명한데, 이는 각 지방의 공자 제자들이 각기 다른 종류의 나무를 가져다 심어놓았기 때문이라 한다. 공림은 넓이가 40여 경(頃)이고, 공자의 무덤은 묘역(墓域)이 100묘(畝), 무덤의 남북 너비는 10보(步), 동서가 13보, 높이가 1장(丈)[9] 2척(尺)이라 하였다.[10]

《사기》 공자세가(孔子世家)에는 또,

노(魯)나라에서는 대대로 서로 전하여 가며 세시(歲時)에 공자의 무덤에 제사를 지냈고, 여러 선비들은 거기에 모여 예(禮)를 강습(講習)하고 향음(鄕飮)과 대사(大射)의 의식을 행하였다. 공자의

---

9) 1경(頃)은 100묘(畝), 1묘는 6,000평방척(尺). 1보(步)는 6척(尺), 1장(丈)은 10척.

10) 이상은 굴만리(屈萬里) 《궐리성적술증(闕里聖蹟述證)》(陳大齊 等編 《孔學論集》 二) 참조.

무덤은 넓이가 1경(頃)이었다. 공자가 살던 집안에 후세에는 묘(廟)를 짓고 공자의 의관(衣冠)과 금(琴)·수레·책 등을 보관하였는데 한(漢)대에 이르기까지 200여 년 동안 끊임없이 잘 보전되었다. 한나라 고조(高祖)는 노(魯)나라를 지나다가 태로(太牢)[11]로써 제사를 지내었다. 제후들이나 경상(卿相)이 그 고장에 찾아오면 언제나 먼저 공자묘(孔子廟)에 배알(拜謁)한 다음에야 정사(政事)를 처리하였다.

고 쓰여 있다. 공자묘가 언제 세워졌는지는 확실치 않다. 원(元)대의 공원조(孔元措)가 쓴 《조정광기(祖庭廣記)》에선 《공자가어》를 인용하여 노(魯)나라 애공(哀公) 17년에 공자의 옛집 안에 묘(廟)를 세웠다 하였다. 그러나 지금 전하는 《공자가어》에는 그런 말이 없으니 믿을 수가 없다. 그러나 《사기》 공자세가(孔子世家) 끝머리에서 사마천(司馬遷)은 자신이 노나라에 가서 공자묘에 있는 공자의 수레와 옷과 예기(禮器)들을 보았고, 유생(儒生)들이 그곳에서 예를 강습하는 것을 구경하였다고 쓰고 있다. 한(漢)대에는 이미 공자묘가 있었음이 분명하며, 그것은 공자 집안의 조묘(祖廟)를 증수(增修)한 것일 가능성이 많다.

한대 이후로도 공자묘는 대대로 무수히 증수가 가해져 그 규모나 외관이 더욱 웅대(雄大)해진 듯하다. 청(淸) 강희(康熙) 29년(1690)에 대대적으로 보수(補修)한 이래 몇 차례의 보수를 더 겪은 모습이 지금까지 전해지고 있다. 그 건물은 대성전(大成殿)·규문각(奎文閣)·침전(寢殿)이 중심을 이루는데, 대성전은 넓이 9간(間), 높이 7장(丈) 8척(尺) 6촌(寸), 너비 14장 2척 7촌, 폭 8장 4척, 규문각은 넓이 7간, 높이 7장 4척, 너비 9장 4척 5촌, 폭 5장 5척 9촌, 침전은

---

11) 태로(太牢)는 천자가 사직(社稷)을 제사지낼 때 갖추는 가장 융숭한 제물 《禮記》 王制). 소·양·돼지를 통째로 제물로 차린 것이라 한다(同 註).

넓이 7간, 높이 6장 4척, 너비 9장 5척, 폭 5장의 규모라 한다.

중국의 내전 통에 공자묘는 크게 퇴락하여 민국(民國) 24·5년 (1935·6년) 무렵에 정부에서는 대대적인 보수공사를 계획하였으나, 다시 일어난 중일전쟁(中日戰爭) 때문에 손을 대지 못하고 말았다 한 다.12) 그러니 지금의 공자묘는 어떤 모양일까? 생각만 하여도 인간 들의 죄를 느끼게 한다.

---

12) 이상은 굴만리(屈萬里) 《궐리성적술증(闕里聖蹟述證)》(陳大齊 等編 《孔 學論集》 二) 참조.

제 *11* 장

현 산동(山東) 곡부(曲阜)의 공자 관련 유적

곡부(曲阜)는 옛 노(魯)나라의 도성이었고, 공자의 출생지이며, 춘추전국(春秋戰國)시대를 통하여 중국문화의 중심지 중의 한 곳이기도 했던 고장이다. 따라서 곡부는 역대 왕조에서 중시되어 특히 공자와 관련된 유적들은 잘 보전되고 있다. 그 중에서도 가장 중심을 이루는 것은 공자를 제사지내는 공묘(孔廟)와 공자가 살던 공자고택(孔子故宅)과 공자의 직계 후손들이 살아온 공부(孔府)와 공자의 직계후손들이 묻히는 공림(孔林)이라 할 것이다. 그것들을 중심으로 하여 공자와 관계되는 유적들의 현황을 다음에 간단히 소개한다.

제1절 공묘(孔廟)

곡부(曲阜) 성안에 있으며, 공자가 작고한 지 1년 뒤 노(魯)나라 애공(哀公)이 공자가 살던 집 3칸을 개축해서 묘당(廟堂)을 만들고 세시봉사(歲時奉祀)케 한 것이 공묘의 시작이다. 그 뒤 동한(東漢) 영흥(永興) 원년(153)에 한(漢) 환제(桓帝)가 조명(詔命)을 내리어 묘당(廟堂)을 건축케 하였고, 위(魏) 문제(文帝)의 황초(黃初) 2년

(221)에서 시작하여 청(清)나라 목종(穆宗)의 동치(同治) 3년(1864)에 이르기까지 모두 57차에 걸친 중수(重修)와 증건(增建)을 거쳐 현재의 공묘를 이루었다.

공묘는 북경(北京)의 고궁(故宮)·승덕(承德)의 피서산장(避暑山莊)과 함께 중국의 삼대고건축군(三大古建築群)이라 일컬어지고 있다. 전묘가 남북의 길이 1,120미터, 동서의 폭이 140여 미터가 되는 땅 위에, 아홉 곳의 정원과 전(殿)·당(堂)·각(閣)·무(廡)·정(亭) 등 각종 건축 466칸이 남북으로 뻗은 중축선(中軸線)의 좌우로 대칭이 되도록 배치되어 있다. 중요한 건물들만을 소개해 보기로 한다.

공묘의 바로 앞에는 수백 년이 지났을 듯한 늙은 향나무 종류의 고백(古柏)이 양길 가에 늘어서 있는 한 길가에 앙성문(仰聖門)과 금성옥진방(金聲玉振坊)이 서있고, 공묘의 첫째 대문 영성문(欞星門)을 들어가 다시 둘째 대문 성시문(聖時門)을 지나면 벽수교(璧水橋) 남서쪽에 돌로 조각된 한대(漢代)의 인물상을 두 개 모셔놓은 한석인정(漢石人亭)이 있다.

다시 다섯 번째 대문 동문문(同文門)을 지나면 장서루(藏書樓)라고도 불렀던 도서관인 규문각(奎文閣)이 있다. 그리고 규문각에서 일곱 번째 대문인 대성문(大成門)에 이르는 사이에는 당송(唐宋) 이래의 공자를 제사지내고 공묘를 수리하면서 세운 비석들이 서있는데, 이것들을 보호하기 위하여 금(金)나라 때부터 청(清)나라에 이르는 사이에 건축한 비정(碑亭) 13개가 있어 이를 13어비정(十三御碑亭)이라 한다.

대성문을 들어가면 공자가 학문을 하다가 쉬었다는 행단(杏壇)이 있고 다시 그 앞에 공묘의 정전(正殿)인 대성전(大成殿)이 있다. 대성전은 북경 고궁(故宮)의 태화전(太和殿)·태안(泰安) 대묘(岱廟)의 천황전(天貺殿)과 함께 중국 고대의 3대전(三大殿)이라 일컬어온다. 당(唐)대에는 문선왕전(文宣王殿)이라 불렸는데, 송(宋) 휘종(徽宗)

이 대성전이라 이름을 바꾸고 친필로 편액(扁額)을 썼다. 명청대를 거치면서 몇번의 대대적인 중수가 있었다. 2미터 높이에 동서로 약 46미터, 남북으로 약 35미터 되는 석대기(石臺基) 위에 세워진 웅장한 건물이다. 건물 중간에 걸려있는 '대성전'이란 큰 편액은 글씨 한 자의 폭이 1미터라 한다.

대성전 안의 중앙에는 '지성선사(至聖先師)'라는 큰 편액이 걸려있고, 그 아래 공자상(孔子像)이 세워져 있다. 다시 그 양편으로 사배(四配)라 하여 안회(顏回)·증삼(曾參)·자사(子思)·맹자(孟子)의 조상(造像)과 12철(哲)이라 하여 민손(閔損)·염옹(冉雍)·단목사(端木賜)·중유(仲由)·복상(卜商)·유약(有若)·염경(冉耕)·재여(宰予)·염구(冉求)·언언(言偃)·전손사(顓孫師)·주희(朱熹) 등의 조상이 배열되어 있다. 그리고 안에는 다시 제사지낼 때 쓰는 각종 제기(祭器)와 고악기(古樂器)가 진열되어 있다.

대성전 앞 양쪽의 동서무(東西廡)에는 본시 공자의 제자 72현(賢)과 역대 유가의 선현(先賢)들이 모셔져 있었으나, 지금은 한위육조(漢魏六朝)의 비각(碑刻)과 옥홍루(玉虹樓) 법첩석각(法帖石刻) 및 한(漢) 화상석(畵像石)의 진열실로 쓰이고 있다.

대성전 바로 뒤에는 공자의 부인 기관씨(亓官氏)를 모신 침전(寢殿)이 있다. 이는 공묘의 삼대주체건축(三大主體建築) 중의 하나로 친다. 다시 침전 뒤에는 성적도(聖跡圖)가 모셔져 있는 성적전(聖跡殿)이 있다. 성적전의 너비는 5칸인데, 그 안에 돌에 새긴 성적도 120폭(幅)이 있다. 이는 명(明) 만력(萬曆) 20년(1592)에 만든 것으로, 공자의 부모가 이산(尼山)에 공자를 낳게 해 달라고 비는 장면에서부터, 공자가 나서 죽은 다음 그의 제자들이 묘를 지키는 장면까지의 애기를 연환화(連環畵) 형식의 그림으로 바윗돌에 새겨놓은 것이다.

그밖에 한위육조비각진열실(漢魏六朝碑刻陳列室)·한화상석진열실(漢畵像石陳列室)·옥홍루법첩석각(玉虹樓法帖石刻) 등이 공묘의 중요한 시설들이다.

제2절 공자고택(孔子故宅)

공묘의 동로(東路)를 거쳐 승성문(承聖門)을 지나면 공묘와 공부(孔府) 사이에 공자가 살았다는 궐리고택(闕里故宅)이라고도 부르는 옛날 공자가 살던 집터가 있다. 승성문을 들어가면 바로 시례당(詩禮堂)이 있는데, 습례학시(習禮學詩)를 하던 곳이며, 청대(淸代)의 희곡 도화선(桃花扇)의 작자 공상임(孔尙任)이 강희제(康熙帝)에게 이곳에서 강경(講經)을 한 일이 있다 한다. 그 앞뜰에는 당대(唐代)에 심은 느티나무와 송대(宋代)에 심은 은행나무가 자라고 있고, 공자시대부터 있었다는 우물이 있다.

시례당 동쪽 건물은 예기고(禮器庫)이며, 우물 안쪽 동쪽에는 노벽(魯壁)이 있다. 한(漢)나라 경제(景帝, 기원전 156~기원전 141 재위) 때 노(魯)나라 공왕(恭王)이 공자 고택을 수리하다가 이곳 벽 속에서 고문(古文)으로 쓰여진 《논어(論語)》·《효경(孝經)》·《상서(尙書)》 등을 발견했다는 곳이다. 노벽 뒤에는 공자의 5세(世) 조상들을 제사 지내는 숭성사(崇聖祠)가 있다.

다시 공묘의 서로(西路)를 거쳐 계성문(啓聖門) 안으로 들어가면 금사당(金絲堂)이 있다. 옛날 노나라 공왕(恭王)이 공자가 살던 집을 헐어 버리려 하였는데, 옛집에 손을 대자 근처에서 여러 가지 악기 소리가 울려나와 일꾼들은 일을 하지 못하였고, 공왕도 두려워져서 헐려던 계획을 중지하였다. 그리고 곁에 금사당을 지었는데, '금사(金絲)'란 쇠로 만든 악기와 현악기를 뜻한다. 금사당 서쪽엔 9칸의 악기고(樂器庫)가 있어, 공자고택 중의 예기고(禮器庫)와 짝을 이룬다. 금사당 뒤쪽엔 다시 공자의 아버지 숙량흘(叔梁紇)을 제사지내는 계성

전(啓聖殿)과 공자의 어머니 안씨(顔氏)를 제사지내는 침전(寢殿)이
있다.

제3절   공부(孔府)

전에는 연성공부(衍聖公府)라 부르던 공자 후대의 장자(長子)와 장
손(長孫)들의 사저(私邸)이다. 본시 공자의 직계 자손들은 궐리고택
(闕里故宅)에 살았고, 습봉택(襲封宅)이라 불리었다. 그러나 송(宋)
인종(仁宗)의 지화(至和) 2년(1055)에 공자 46대 손자에게 연성공(衍
聖公)이란 작위가 내려졌고, 휘종(徽宗)은 그 작위를 세습(世襲)케
하였다. 다시 인종의 보원(寶元) 연간(1038~1040)에 새 집을 짓고
연성공부라 부르게 되었는데, 명(明) 청(淸)대를 거치며 여러 차례 중
수하여 현재의 규모가 되었다.

240여묘(畝) 너비의 대지 위에 9개 처의 정원과 463칸의 청(廳)·
당(堂)·누(樓)·헌(軒) 등이 배치되어 있다. 그리고 그 안에는 상주
10기(商周十器) 등 진귀한 예기(禮器)와 문물(文物)이 잔뜩 소장되어
있다. 특히 원(元)·명(明)·청(淸) 수대에 걸친 의관포리(衣冠袍履)
와 검홀기명(劍笏器皿) 및 명인(名人)의 글씨와 그림 조각 등이 수천
점에 달한다.

공부는 삼로(三路)로 나뉘어 배치되어 있는데, 가묘(家廟) 등이 있
는 동로(東路)와 연성공이 공부하던 곳으로 홍악헌(紅萼軒) 등이 있
는 서로(西路), 공부의 주체부분으로 주거(住居)와 관아(官衙) 등이
있는 중로(中路)의 세 갈래이다.

공부의 맨 앞에는 명대 중기에 지어진 공부대문(孔府大門)이 있고,
문안에는 동서 양편으로 공부의 일을 처리하는 데 쓰이던 건물이 있
다. 성인지문(聖人之門)이라 부르는 둘째 문은 평시엔 양 곁의 쪽문

만을 열어 사람들을 드나들게 하고 정문(正門)은 열지 않는다. 다시 성인문 안에는 양옆이 담과 전혀 연결되지 않고 마당 가운데 우뚝 서 있는 중광문(重光門)이 있다. 건축이 정교한데, 공부에 큰 잔치가 있거나 황제가 친히 오거나, 조칙(詔勅)이 들어오거나 큰제사를 지낼 경우만 연다고 한다.

중광문 양편에는 동서로 3청(廳)씩 공부의 여러 가지 일을 처리하는 육청(六廳)이 있다. 그리고 중광문 안쪽에는 연성공이 황제의 조서(詔書)를 읽거나 관원들을 접견하고 중요한 의식을 거행하는 대당(大堂)이 있다. 여기에는 여러 가지 의장(儀仗)들이 벌여있어 볼만하다.

다시 대당 안쪽에는 후당(後堂)이라고도 부르는 이당(二堂)이 있는데, 연성공이 4품(品) 이상의 관리들을 접견하고 전장(典章)을 선시(宣示)하는 등의 일을 하던 곳이다. 다시 이당 안쪽에는 삼당(三堂)이 있는데, 공부에서 가족간의 분규를 처리하거나 하인들이 잘못이 있을 적에 처벌하는 곳이다. 그리고 당의 동쪽 내간(內間)은 연성공이 일반 손님을 접대하던 곳이고, 서쪽 내간은 서사관(書寫官)이 필요한 문서를 작성하던 곳이다. 그리고 당 앞에는 두 그루의 무척 오래된 고백(古柏)이 있다.

삼당 안쪽에는 내택문(內宅門) 또는 내택금문(內宅禁門)이라 부르는 대문이 있는데, 공부의 주택 마당으로 들어가는 유일한 대문이다. 문 양편엔 청나라 황제가 내린 호미곤(虎尾棍)·연시당(燕翅鐺)·금정옥곤(金頂玉棍)을 든 수위들이 있었는데, 이 무기로는 사람을 때려 죽여도 괜찮은 것이라 한다.

공부의 안마당으로 들어가면 첫번째 정청(正廳)으로 전상방(前上房)이 있는데, 공부에서 친척들이나 친한 손님들을 접대하고 또 집안의 잔치나 혼례와 상례(喪禮) 등도 거행하던 곳이다. 그곳 동쪽 칸에는 황제가 하사한 식탁과 의자 및 여러 가지 404종의 그릇들이 있는

데, 한 번에 196종의 요리가 상에 오르기도 하였다 한다. 서쪽 칸은
공자의 76대 손자 공령이(孔令貽)가 문서들을 읽고 처리하던 곳이다.
그리고 이 건물의 동서쪽엔 각각 5칸의 건물이 있는데, 공부에서 일
용하는 예기(禮器)를 넣어두던 내고방(內庫房)과 장부 같은 것을 처
리하고 놓아두던 관장방(管帳房)이다.

전상방의 안마당으로 들어가면 여러 개의 2층 건축으로 이루어진
당루원(堂樓院)이 있다. 그중 전당루(前堂樓)는 공자의 76대 손자 공
령이(孔令貽)와 그의 부인들의 거처였다. 다시 그 안쪽은 공령이의
부인 도씨(陶氏)의 침실이고, 가장 동쪽 방은 그의 두 딸의 침실이었
다. 그리고 서쪽 안의 방은 공령이의 아들인 77대 연성공 공덕성(孔
德成)을 낳은 왕보취(王寶翠)의 침실이었다. 그리고 다시 그 서쪽 방
은 공령이의 또 다른 부인 풍씨(豊氏)의 방이다. 그리고 전당루의 동
서쪽엔 각각 전동루(前東樓)와 전서루(前西樓)가 있는데, 동루(東樓)
는 집안일을 보는 사람들의 거처였고, 서루(西樓)는 오래 집안에서
일해온 사람들의 거처였다.

당루원의 후당루(後堂樓)는 최후의 연성공으로 대만(臺灣)에 가서
살고있는 공덕성(孔德成) 부부의 거실이었다. 1936년 결혼했을 적에
신방(新房)을 차린 곳으로 그 당시의 가구와 물건들이 고스란히 모두
진열되어 있다. 다시 그 안쪽에 공덕성 부인 손기방(孫琪芳)의 침실
이 있다. 그 방 동쪽 벽엔 공덕성 부부와 자녀들의 사진이 걸려있다.
그리고 그 서쪽 방은 유모의 침실이었다. 후당루의 동서쪽에도 후동
루(後東樓)와 후서루(後西樓)가 있는데, 각각 바느질을 하거나 친척
등의 손님이 왔을 때 침실로 쓰던 곳이다.

후당루 서쪽엔 연성공이 배불(拜佛)을 하던 불당루(佛堂樓)가 있
고, 그밖에도 몇개의 부속 건물들이 더 있다.

공부의 서로(西路)에는 남쪽으로부터 북쪽으로 홍악헌(紅蕚軒)·충
서당(忠恕堂)·안회당(安懷堂)·남화청(南花廳)·북화청(北花廳)·

학옥(學屋) 등의 서학원(西學院)이라 부르는 건물들이 충서당을 중심으로 하여 배치되어 있다. 그리고 그 사이 정원에는 갖가지 기화요초(琪花瑤草)와 석각(石刻)·태호석(太湖石) 등이 아름답게 배치되어 있다. 그곳에서는 연성공이 시를 배우고 예를 익히며 공부하던 곳이다. 그리고 동·서의 화청(花廳)은 공부의 비서실(秘書室)이었고, 남·북의 화청(花廳)은 손님들을 접대하고 손님들과 함께 시회(詩會)도 하던 곳이다. 그리고 학옥은 공덕성(孔德成)이 어렸을 적에 공부하던 곳이다.

공부의 동로(東路)에는 5칸의 모은당(慕恩堂)이 있는데, 공자의 72대 손자 공헌배(孔憲培)와 그의 부인 우씨(于氏)를 제사지내는 곳이다. 우씨 부인은 청나라 건륭(乾隆) 황제의 딸로, 만주족과 한족은 통혼을 할 수 없도록 되어 있었는데도 건륭황제는 딸을 공자 집안에 출가시키고자 하여 먼저 한족의 신하인 우민중(于敏中)을 딸의 양부(養父)로 삼게 한 뒤 출가를 시켜 '우씨'가 된 것이다. 우씨가 출가해 온 이후로는 청나라 황실에서 공씨 집안을 더욱 풍성하게 돌보아주어, 뒤에 공부에서는 황실의 은혜에 보답하기 위하여 모은당을 지은 것이다.

당 북쪽에는 일관당(一貫堂)이 있는데, 공부의 가까운 지파(支派)들이 거주하던 곳이다. 본시 연성공의 맏아들은 연성공의 작위를 그대로 물려받지만, 차자(次子)는 한림원오경박사(翰林院五經博士)가 주어졌다. 공부에서는 제1대 한림원오경박사는 일관당에 거주하고, 다음 세대부터는 나가 살도록 규정하고 있었다. 지금은 이 공부의 동로를 곡부문관회(曲阜文管會)와 공부당안관(孔府檔案館) 사무실로 쓰고 있다.

공부의 뒤쪽에는 철산원(鐵山園)이라 부르는 50여묘(畝) 너비의 화원(花園)이 있다. 명대에 만든 뒤 몇 차례 확건(擴建)된 것으로 여러 가지 정자(亭子)와 연못 및 가산(假山) 등이 있고, 기화요초(琪花瑤

草)와 함께 수백년 된 특수한 나무들이 많다.

제4절 공림(孔林)

지성림(至聖林)이라고도 부르며 곡부의 성 북쪽 1.5km 되는 곳에 있는 공자와 그의 후손들의 가족묘지이다. 한(漢)나라 때부터 시작하여 청대(淸代)에 이르기까지 대대적인 확장과 수건(修建)만도 13차례나 하여, 지금은 담 둘레의 길이 2.25km, 총면적 2km² 에 이르게 되었다. 공림 안에는 공자와 아들 공리(孔鯉), 손자 공급(孔伋)의 묘를 비롯하여 무수한 역대 공씨들의 묘가 있고, 묘 사이에는 고목만 2만여 그루, 기타 약 10만 그루의 나무들이 자라고 있다.

공림의 문 앞은 바로 곡부성으로 통하는 공로(公路)인데, 옛날에는 신도(神道)라 흔히 불렀고, 그 길 양편에는 수백년쯤 되었을 듯한 고백(古柏)이 늘어서 있다. 이 신도(神道) 중간에는 만고장춘방(萬古長春坊)이 서있는데, 오문비방(五門碑坊)이라고도 흔히 부르는 육주오문(六柱五門)으로 이루어진 석비방(石碑坊)이다. 기둥 위아래로는 용(龍)·봉(鳳)·기린(麒麟)·석사(石獅) 등이 정교하게 여러 가지 형태로 조각되어 있고, 중간에는 '만고장춘(萬古長春)'이란 네 자의 액자가 걸려있다. 이 장춘방 앞쪽의 양옆에는 이 방을 세운 명(明) 만력(萬曆) 22년(1594)과 다음해인 23년에 각각 세운 비정(碑亭)이 서있는데, 동쪽 비정 안의 비는 '대성지성선사공자신도(大成至聖先師孔子神道)'라는 비제(碑題), 서쪽 비정 안에는 '궐리중수임묘비(闕里重修林廟碑)'라는 비제가 쓰인 비석이 큰 거북 위에 서있다.

공림의 대문은 지성림방(至聖林坊) 또는 대림문(大林門)이라 부르며, 중간에 '지성림(至聖林)'이라는 금자로 쓰인 액자가 걸려있다. 이 대문을 들어가면 푸른 기와가 얹힌 붉은 담으로 이어지는 협도(夾道)

가 지성림문(至聖林門)까지 이어지는데, 이 길가에도 고백(古柏)이 늘어서 있다.

지성림문은 이림문(二林門)이라 흔히 부르며, 지성림방 북쪽으로 0.5km 되는 거리에 있다. 이 문은 본시 옛 노성(魯城)의 북문(北門) 자리라 하며, 이 문 안으로 동서쪽으로 뻗으면서 공림을 한바퀴 도는 5km 길이의 환림로(環林路)가 있다.

이림문에서 100m쯤 거리에 수수(洙水)가 흘러 그 위에 수수교(洙水橋)가 놓여있고, 그 북쪽에 당묘문(擋墓門)이 있다. 문 동쪽엔 사당(思堂)이라 부르던 3칸의 건물과 동서로도 각각 3칸의 부속건물이 있다. 모두 옛날 제사를 지낼 적에, 제주(祭主)들이 옷을 갈아입기도 하고 제물을 마련하기도 하던 곳이다.

당묘문에서 더 들어가 용도(甬道)가 끝나는 곳에 향전(享殿) 또는 향당(享堂)이라 부르는 공씨 조상들을 제사지낼 적에 향단(香壇)으로 쓰던 건물이 있는데, 동한(東漢)대로부터 청대(淸代)에 이르기까지 중수(重修)를 거친 것이다. 향전 앞의 용도(甬道)에는 네 개의 커다란 송(宋)·명(明)대의 석조물(石彫物)이 서있다. 첫번째 것이 화표(華表)로 망주(望柱)라고도 부르며 이곳으로부터 천문(天門)으로 들어간다는 표지이다. 다음이 표범 모양의 문표(文豹)로 충성(忠誠)을 나타내며, 다음은 하루 만리를 달리고 사방 말을 하며 모든 일을 안다는 괴수(怪獸) 모양의 녹단(角端)으로 정명(精明)을 나타내고, 다음은 사람 모양의 진(秦)나라 장수로 변경에서 맹위를 떨쳤다는 옹중(翁仲)으로 위엄을 나타낸다.

향전으로부터 약 0.5km 정도 들어가면 중간에 공자묘(孔子墓)가 있는데, 분묘가 말등 같다 하여 흔히 마렵봉(馬鬣封)이라 부른다. 묘 앞뒤로 묘비가 서있는데, 앞의 것은 명(明) 정통(正統) 8년(1443)에 세운 '대성지성문선왕묘(大成至聖文宣王墓)'라 전각(篆刻)된 것이고, 그 앞에 석조(石彫) 향로가 놓여있다. 뒤의 것은 송대(宋代)에 세운 비로 '선성묘(宣聖墓)'라 전각되어 있다.

공자묘 동쪽에 그의 아들 공리(孔鯉)의 묘가 있고, 그 남쪽에는 그의 손자 공급(孔伋)의 묘가 있다. 공급의 묘 앞에는 북송(北宋) 선화(宣和) 연간에 세운 석조(石彫) 옹중(翁仲) 한 쌍이 세워져 있고, 공자묘의 서쪽에는 3칸의 와방(瓦房)이 있는데 곁에 '자공려묘처(子貢廬墓處)'란 비석이 서있다. 공자가 죽은 뒤 다른 제자들은 3년 동안 복상(服喪)을 하였으나 자공만은 무덤 곁 이곳에 움막을 짓고 3년 더 연장하여 6년 동안 무덤을 지켰다는 것이다.

다시 공자묘 동남쪽엔 송나라 진종(眞宗)과 청나라 강희(康熙)·건륭(乾隆) 황제가 와서 공자를 제사지낼 적의 주필정(駐蹕亭)이 3좌(座) 있다. 다시 남쪽엔 해정(楷亭)이 있는데, 정자 안의 비석에는 오래된 해수(楷樹)가 조각되어 있고, 정자 곁에는 말라죽은 늙은 나무가 남아있다. 자공이 옛날 움막을 짓고 묘를 지킬 적에 심은 해(楷)나무라는데, 청 강희(康熙) 연간에 벼락을 맞아 타죽어 버려 그것을 기념하기 위하여 비석과 정자를 세웠다 한다.

이밖에도 청대에 《도화선(桃花扇)》이란 희곡인 전기(傳奇)를 쓴 공상임(孔尙任, 1648~1718)의 묘, 공덕성(孔德成)의 아버지 76대 연성공 공령이(孔令貽, 1872~1919)의 묘, 72대 연성공 공헌배(孔憲培)의 부인이며 건륭(乾隆) 황제의 딸인 우씨(于氏)의 묘 등 특히 유명한 묘들이 있다.

제5절 안묘(顔廟)

복성묘(復聖廟)라고도 하며 공자의 수제자 안회(顔回, 기원전 521~기원전 490?)를 제사지내는 곳이다. 공묘의 동쪽 2km 정도 되는 곡부 성안의 안회가 가난하게 살던 누항고지(陋巷故地)에 세워진 것이라

한다. 한(漢)나라 고조(高祖, 기원전 206~기원전 195 재위)가 공자를
제사지내고는 처음 세운 다음 역대 황제들에 의하여 확장중수(擴張重
修)된 것이다. 지금은 85묘(畝)의 면적 대지 위에 159칸의 묘(廟)·당
(堂)·전(殿)·고(庫)·문(門)·방(坊) 등이 들어서 있고, 앞뒤로 다섯
정원에 중(中)·동(東)·서(西) 삼로(三路)로 나뉘어 배치되어 있다.

복성묘의 문앞에는 석방(石坊)이 하나 서있고 중간에 복성묘(復聖
廟)란 세 글자가 전각(篆刻)되어 있으며 좌우 마당에는 고백(古柏)이
자라있다. 그리고 마당의 동서 양편에는 각각 3칸의 석방이 있는데,
동쪽 석방에는 '탁관현과(卓冠賢科)', 서쪽 석방에는 '우입성역(優入
聖域)'이란 액자가 걸려있다. 이들 묘문 밖의 건축도 고아수려(古雅秀
麗)하고 기세가 비범하다.

이 석방 뒤쪽에 안묘의 대문인 복성문(復聖門)이 있다. 대문 안 동
서쪽에 각각 문이 있는데, 동쪽이 박문문(博文門), 서쪽이 약례문(約
禮門)이다. 복성문 안에는 샘이 하나 있는데, 가정(嘉靖) 30년(1551)
에 세운 누항정(陋巷井)이란 돌비석이 샘 북쪽에 서있다.

대문으로부터 다시 안으로 들어가면 두 번째 대문이 나타나는데,
여기엔 3개의 문이 나란히 서있다. 가운데가 귀인문(歸仁門), 동쪽이
극기문(克己門), 서쪽이 복례문(復禮門)이다. 모두《논어(論語)》의
안회와 관계되는 구절에서 따온 교훈이 되는 명칭들이다. 대문의 문
안에는 동서로 명대에 세운 비석이, 안에 서있는 비정(碑亭)이 두 개
있다.

이 비정 북쪽으로는 다섯 개의 문을 통해서 내원(內院)으로 들어
가게 되어있는데, 가운데 것이 앙성문(仰聖門)이다. 앙성문 안에 안
묘의 중심 건물인 웅장한 복성전(復聖殿)이 있다. 넓이 5칸, 깊이 3
칸의 이 정전(正殿) 동서로 각각 7칸의 건물이 있는데, 그곳에서는
안흠(顔歆)·안검(顔儉)·안견원(顔見遠)·안자추(顔子推)·안사고
(顔師古)·안진경(顔眞卿)·안고경(顔杲卿) 등 안씨 선현들을 제사

지낸다.

정전의 앞에는 낙정(樂亭)이라는 네모의 양정(凉亭)이 있는데, 소식(蘇軾)이 지은 〈낙정기(樂亭記)〉란 글로도 유명하다. 복성전 뒤에는 안회의 부인 송국대씨(宋國戴氏)를 제사지내는 침전(寢殿)이 있다.

앙성문의 동쪽에 견진문(見進門)이 있는데, 이 문 안이 동로(東路)이다. 동문으로 들어가면 명대에 세운 안회의 좌상석비(座像石碑)와 안자찬비(顔子贊碑)를 모신 퇴성당(退省堂)이 있다. 그리고 이 당 뒤에는 삼대사(三代祠)와 신주(神廚)가 있다.

앙성문 서쪽에는 기국공문(杞國公門)이 있고, 그 안이 서로(西路)이다. 거기에는 안회의 부친 안로(顔路)를 제사지내는 기국공전(杞國公殿)과 안회의 모친 강씨(姜氏)를 제사지내는 침전(寢殿)이 있다. 이 두 건축은 원대(元代)에 지어진 대표적인 궁전식 목조 건물이다.

이밖에도 안묘 안에는 60여개의 비갈(碑碣)이 있는데, 특히 복성전 동쪽 섬돌 밑의 원(元)나라 지원(至元) 9년(1349)에 세운 비석과 복성전 동쪽의 원대의 비석이 몽고(蒙古) 문자와 한자로 쓰여있어 역사적으로 주목할만한 것이다.

제6절 수사서원(洙泗書院)

곡부성 동북쪽 4km 되는 곳에 있으며, 그 남쪽에는 수수(洙水), 북쪽 가까이에는 사하(泗河)가 흐르고 있다. 본시는 공자강당(孔子講堂)이라 불렀는데, 공자가 만년에 여러 나라를 두루 돌아다니다가 68세(기원전 484)에 노(魯)나라로 돌아와 이곳에서 만인의 교과서로 〈육경(六經)〉을 편정(編定)하고 제자들에게 강학(講學)을 하였다 한다.

원나라 지원(至元) 연간에 옛 강당 자리에 서원을 세웠고, 명(明)나라 가정(嘉靖) 3년(1524)에 중수(重修)하여 현재의 규모가 되었다.

서원은 붉은 담으로 둘러싸였는데, 남북의 길이 136미터, 동서 너비 99.4미터이며, 그 안에 전(殿)·당(堂)·문(門)·방(坊) 등 41칸과 늙은 나무 260여 그루가 자라는 세 곳의 정원이 있다.

높다란 석대(石臺) 위에 서원의 대문이 있고, 문 좌측에 수사서원(洙泗書院)이란 명대의 돌비석이 서있다. 대문 앞에는 남쪽으로 193.4미터 길이에 30.4미터 너비의 신도(神道)가 있는데, 양편에는 고백(古柏)이 늘어서 있다.

대문을 들어서면 정원엔 여러 가지 나무들이 울창하고, 다시 둘째 문을 들어가면 안에 5칸의 대성전(大成殿)이라 부르는 정전(正殿)이 있다. 그 안에는 공자와 양편에 안회(顏回)·증자(曾子)·자사(子思)·맹자(孟子)가 모셔져 있다. 대성전 동서쪽에는 3칸의 건물이 있는데, 서쪽은 예기고(禮器庫)이며, 그 뒤에 신포(神庖)·신주(神廚)가 있다. 동쪽에는 본시 경의정(更衣亭) 등이 있었다 하나 지금은 없다.

제7절 양공림(梁公林)

곡부성 동쪽으로 13km 지점에 있으며, 남쪽은 방산(防山)이 솟아 있고, 북쪽엔 사하(泗河)가 흐르고 있다. 공자의 아버지 숙량흘(叔梁紇)과 어머니 안징재(顏徵在)를 합장한 묘지가 있는 곳이다.

역대 황제들이 공자를 추존(推尊)하면서 공자의 부모에게도 높은 작위(爵位)가 주어지게 되었고, 그에 따라 묘지도 공림의 형식을 따라 여러번 확건(擴建)되어 지금의 규모가 되었다.

땅의 너비 630묘(畝)이고, 사방이 돌담으로 둘러싸였으며, 그 안에는 고백(古柏)을 비롯하여 여러 가지 나무가 울창하다. 양공림의 대문 앞에는 청대(淸代)에 만든 돌사자 한 쌍이 양편에 서있고, 문안의 용도(甬道) 양편에는 모두 송대(宋代)에 조각한 망주(望柱)·문표(文

豹)·녹단(甪端)·옹중(翁仲)이 각각 한 쌍씩 양 옆에 서있다. 용도 끝머리에 넓이 5칸, 폭 3칸의 향전(享殿)이 있다.

향전 양편에 있는 문으로 들어가면 공자 부모를 합장한 묘가 있다. 묘 앞에는 성고계성왕묘(聖考啓聖王墓)라 쓰인 비석이 서있다. 그리고 이 묘의 동남쪽 10미터 거리에는 공자의 이복형 맹피(孟皮)의 묘가 있다.

제8절 이산공묘(尼山孔廟)

곡부성에서 동남쪽으로 30km 거리의 이산(尼山) 동쪽 기슭, 동쪽에는 기하(沂河)가 흐르고 남쪽에는 이산 댐이 있는 곳에 있다. 이산은 이구산(尼丘山)이라고도 부르며, 공자의 부모가 공자를 낳기 위하여 이 산에 기도를 드렸다는 곳이다.

오대(五代) 후주(後周) 세종(世宗)의 현덕(顯德) 연간(954~959)에 이곳에 공묘(孔廟)를 처음 세웠고, 송대 이후로 여러번 확건(擴建)하고 중수(重修)하여 지금의 규모가 되었다. 안에는 다섯 군데의 정원이 있고, 전(殿)·당(堂)·문(門)·방(坊) 등 69칸의 건물로 구성되어 있다.

이 공묘의 정문이 대성문(大成門)이며, 문앞의 사주석방(四柱石坊) 한가운데 영성문(欞星門)이라 새겨져 있다. 대성문을 들어가면 대성전(大成殿)이 있는데, 대성전 앞에는 이산공묘와 서원(書院) 등을 수건(修建)한 경과가 새겨진 원대(元代)와 청대(淸代)의 비석 두 개가 서있다. 대성전 뒤쪽에 침전(寢殿)이 있다.

대성전 마당의 동서 양편에는 각각 양편 과원(跨院)으로 통하는 문이 있다. 서과원(西跨院)에는 이산의 산신(山神)을 제사지내는 육성후사(毓聖候祠)가 있고, 다시 더 서쪽에는 공자의 부모를 각각 제사지내는 계성전(啓聖殿)과 침전(寢殿)이 있다. 동과원(東跨院)에는 강당(講堂)·후토사(后土祠) 등이 있다.

이산공묘의 북쪽 옆에는 독립된 이산서원(尼山書院)이 있다. 그리고 묘의 동남쪽 모퉁이에는 네모꼴의 방정(方亭)이 있는데, 관천정(觀川亭)이라 부르며, 옛날에 공자가 흐르는 냇물을 바라보면서 '지나가고 있는 것들은 이와 같다'(《論語》〈子罕〉)고 말한 곳이라 한다.

묘문 앞의 석방(石坊) 앞에는 다리가 하나 있는데, 그 다리 밑의 개울을 공자의 지혜의 원천이란 뜻에서 지원계(智源溪)라 부른다. 묘의 동남쪽 절벽 아래, 곧 지원계의 서쪽 가에는 곤령동(坤靈洞)이라 부르는 천연 석굴(石窟)이 있다. 공자의 부모가 이산에 기도를 드린 다음 그곳에서 쉬었다는 전설이 있다. 묘의 북쪽에는 남북으로 뻗은 골짜기가 있는데, 공자의 중용(中庸) 사상을 뜻하여 중화학(中和壑)이라 부른다.

이산공묘는 댐의 물과 기수(沂水) 가 나무가 우거진 산과 어우러져 산수가 아름답고, 자연경관과 옛 건축이 조화를 이루고 있다 한다.

이밖에도 공자와 간접적인 관계가 있는 중요한 유적으로, 곡부성 남쪽 소설향(小雪鄕) 부촌(鳧村) 동쪽에 있는 맹모림(孟母林)은 맹자(孟子)의 부모 묘와 일부 맹자의 후손들의 묘가 있는 곳이다. 그리고 곡부 남쪽 20여km 거리의 추현(鄒縣)에는 아성(亞聖)이란 칭호에 걸맞는 규모의 맹묘(孟廟)와 맹부(孟府)·맹림(孟林)이 있다.

제 *12* 장

제자열전(弟子列傳)

제1절 공자의 제자들

《사기》의 공자세가(孔子世家)에서는 공자의 전체 제자 수가 3,000명에 이르렀는데, 그중 육예(六藝)에 통달한 사람이 72명이었다고 쓰고 있다. 그리고 같은 책의 중니제자열전(仲尼弟子列傳)에는 공자로부터 학업을 공부하여 이에 통달한 제자가 77명 있었다고 하면서 이들의 전기(傳記)를 쓰고 있다. 이들의 전기는 모두가 간단한 내용이고, 심지어는 그 이름만이 적혀 있는 사람들도 여러 명 있다.

이밖에 공자의 제자들에 관해 얘기한 중국의 옛날 책들에는 공자의 제자를 70명 또는 70여 명이라고 쓴 것들이 많다. 예를 들면《맹자(孟子)》공손추(公孫丑)편에서는 70명,《대대례(大戴禮)》위장군문자(衛將軍文子)에는 70여 명,《회남자(淮南子)》요략(要略)에는 70명,《한서(漢書)》예문지서(藝文志序)에도 70명의 제자들 수를 얘기하고 있다. 70이란 숫자는 개수(槪數)일 것이며, 공자에게 배운 사람들의 전체 숫자는 몇천 명에 달할는지 모르지만, 그 이름이라도 확인할 수 있는 사람의 수는 77명 정도였음이 확실하다.

공자의 제자들에 관한 전문적인 기록으로는 《사기》중니제자열전이 가장 자세하다.《공자가어》제자해(弟子解)에도 76명의 제자 이름이 보이고,《사기》에는 기록되지 않은 이름이 4명이 더 보이기는 한다. 이들까지 합치면 모두 81명의 제자 이름이 알려지고 있는 셈이다.

《사기》중니제자열전을 보면 77명의 제자 중 자석(子石, 公孫龍의 字)에 이르기까지의 앞 35명은 비교적 나이와 이름이 확실하고, 그들의 수업(受業)에 대하여 옛글에 전해지고 있는 사람들이다. 나머지 42명은 '나이도 알 수 없고 옛글에도 보이지 않으나, 뒤에 이름만을 기록해 둔다'고 쓰고 있다. 또 앞 35명 중에서도 나이와 이름만이 쓰여 있는 사람이 여섯 명 있으니, 실제로 그의 생애의 사적(事蹟)들이 얼마간이라도 전해지고 있는 사람들은 29명에 불과하다.

또 공자와 그의 제자들에 관한 기록으로는《논어》가 가장 믿을 만한데, 29명 중 공석애(公晳哀, 자 季次)와 상구(商瞿, 자 子休)가 전혀 보이지 않고, 공백료(公伯繚, 자 子周)는 헌문(憲問)편에 보이지만 자로(子路)를 계손(季孫)에게 모함하는 기록이니 공자의 제자였다고 믿기 어렵다. 그리고 남은 확실한 26명의 제자들이란 다음과 같은 사람들이다.

안회(顔回, 자 子淵)・민손(閔損, 자 子騫)・염경(冉耕, 자 伯牛)・염옹(冉雍, 자 仲弓)・염구(冉求, 자 子有)・중유(仲由, 자 子路)・재여(宰予, 자 子我)・단목사(端木賜, 자 子貢)・언언(言偃, 자 子游)・복상(卜商, 자 子夏)・전손사(顓孫師, 자 子張)・증삼(曾參, 자 子輿)・담대멸명(澹臺滅明, 자 子羽)・복부제(宓不齊, 자 子賤)・원헌(原憲, 자 子思)・공야장(公冶長, 자 子長)・남궁괄(南宮括, 자 子容)・증점(曾點, 자 子晳)・안무유(顔無繇, 자 路)・고시(高柴, 자 子羔)・칠조개(漆雕開, 자 子開)・사마경(司馬耕, 자 子牛)・번수(樊須, 자 子遲)・유약(有若)・공서적(公西赤, 자 子華)・무마시(巫馬施, 자 子旗).

또 공자의 제자는 공자가 노(魯)나라를 떠나기(기원전 496) 이전부터 제자가 되어 공자를 따라다니며 공부한 선배(先輩)들과, 공자가 노나라로 돌아온(기원전 484) 뒤에 공자를 찾아와 공부하기 시작한 후배(後輩)의 두 부류(部類)로 나누어 볼 수 있다. 이중 선배에 속하는 사람들은 오랫동안 공자의 실제 정치활동에 따라다니며 참여하였기 때문에 그들은 대체로 정치·군사·외교 등 실제적인 방면에서 많은 성공을 거두고 있고, 후배에 속하는 사람들은 공자가 만년에 고대문화의 연구와 경전의 편저에 종사하는 동안에 공부하였으므로 대체로 학술·사상 방면에 많은 업적을 올리고 있다.

자로(子路)·염유(冉有)·재여(宰予)·자공(子貢)·민자건(閔子騫)·염백우(冉伯牛)·중궁(仲弓)·원헌(原憲)·자고(子羔)·공서화(公西華) 같은 사람들이 선배에 속하는 제자들이고, 자유(子游)·자하(子夏)·자장(子張)·증자(曾子)·유약(有若)·번지(樊遲)·칠조개(漆雕開)·담대멸명(澹臺滅明) 같은 사람들이 후배에 속하는 제자들이다.

그리고 《논어》 선진(先進)편에 보이는 공문(孔門)의 사과(四科)에 보이는 십철(十哲)은 이들 중에서도 뛰어난 제자들임에 틀림없다. '덕행(德行)에 안연(顏淵)·민자건(閔子騫)·염백우(冉伯牛)·중궁(仲弓), 언어(言語)에 재여(宰予)·자공(子貢), 정사(政事)에 염유(冉有)·자로(子路), 문학(文學)에 자유(子游)·자하(子夏)'가 그것이다. 이중 학문을 뜻하는 문학(文學)의 자유와 자하를 제외하면 모두가 선배에 속하는 사람들이다. 덕행·언어·정사가 모두 실제 행동에 속하는 것들이라 선배들이 많이 들어가기도 했겠지만, 후배보다는 선배를 더 내세우던 풍조도 어느 정도 작용했을 것이다. 특히 증자(曾子) 같은 제자가 십철 속에 끼지 못하고 있다는 것은 후세 유가들 대부분이 불합리하다고 생각하고 있다. 후대의 유학의 발전에는 누구보다도 자하와 함께 증자의 영향이 크기 때문이다.

여기에서는 공문십철(孔門十哲)을 중심으로 하여 중요한 공자의 제자들의 생평(生平)을 정리하고자 한다.

제2절 직계 제자들

① **안회**(顔回) : 자는 자연(子淵), 흔히 안연(顔淵)이라고도 부르며, 아버지 안무유(顔無繇)와 함께 부자가 공자에게 배웠다. 《사기》의 중니제자열전에는 이들 부자 이외에도 6명의 안씨 성을 지닌 제자들이 더 보이며 모두가 노나라 사람인 것을 보면, 이들은 공자의 외가(外家) 사람들이 아니었나 생각된다. 공자보다 나이가 30세 아래였다 한다.

안회는 공자가 가장 사랑하고 가장 큰 기대를 걸고 있던 제자 중의 한 사람이었다. 《논어》를 보면 제자 중에서 유독 안회에 대하여만은 공자가 여러 가지로 칭찬을 아끼지 않고 있다.

내가 안회와 종일토록 말을 해봐도 전혀 어기는 일이 없어 어리석은 사람만 같다. 그러나 물러나 그의 사생활에서 성찰(省察)하면서 내 말을 더욱 밝혀내고 있다. 안회는 어리석지 않다.

吾與回言終日, 不違如愚, 退而省其私, 亦足以發. 回也不愚.
— 爲政

안회는 나에게 도움을 주는 사람이 못 된다. 그는 내 말이면 무엇이나 기뻐한다.

回也非助我者也. 於吾言, 無所不說. — 先進

말해 주면 게을리하지 않는 사람은 안회뿐일 것이다.

語之而不惰者, 其回也與! — 子罕

안회는 그의 마음이 석 달을 두고 인(仁)을 어기지 않으나, 나머지 다른 사람들은 하루나 한 달에 한 번 인에 이르를 따름이다.
回也, 其心三月不違仁. 其餘則日月至焉而已矣. ―雍也

어질도다, 안회여! 한 그릇 밥과 한 쪽박 물을 마시며 누추한 거리에 살고 있다면, 남들은 그 괴로움도 감당치 못할 것이어늘, 안회는 그의 즐거움을 변치 않으니, 어질도다 안회여!
賢哉, 回也! 一簞食, 一瓢飮, 在陋巷, 人不堪其憂, 回也不改其樂, 賢哉, 回也! ―雍也

안회는 너무나 가난하게 살았던 탓일까? 그의 나이 29세 때에는 온 머리가 하얗게 희었었다 한다(《史記》仲尼弟子列傳). 그리고는 스승 공자에 앞서(魯 哀公 13년, 기원전 482) 젊은 나이에[13] 죽어 버렸다. 그 때문에 공자는 '하늘이 나를 망치는구나! 하늘이 나를 망치는구나!'(天喪予! 天喪予! ―先進)하며 통곡을 그치지 않았었다. 공자에게 있어 안회의 죽음은 자기 아들의 죽음보다도 큰 슬픔을 안겨 주었다. 그리고 공자는 안회의 장사를 치를 때 마치 자기 친자식의 장사를 치르는 태도로 임하였다.

안연이 죽자, 문인들이 성대히 장사지내고자 하니 공자께서는
"안 된다."
고 말씀하셨다. 그러나 문인들은 성대히 장사를 치렀다. 이에 공자

---

13) 이때의 안회의 나이를 《공자가어》에서는 31세, 《열자(列子)》에서는 32세라 하였고, 주희(朱熹)의 《논어집주(論語集註)》도 이에 따르고 있다. 전목(錢穆)의 《선진제자계년고변(先秦諸子繫年考辨)》26 같은 데에서는 이때의 나이를 41세라 고증하고 있으나, 공자가 '단명(短命)했다'고 말하고 있으니 30대에 죽은 게 아니었을까 하고 생각된다.

께서 말씀하셨다.

"안회는 나를 친아버지처럼 생각했었는데, 나는 그를 친자식처럼 대해 주지 못하였다. 그것은 나 때문이 아니고 너희들 때문이었다."

顔淵死, 門人欲厚葬之. 子曰：不可. 門人厚葬之, 子曰：回也視予猶父也, 予不得視猶子也. 非我也, 夫二三子也. —先進

그리고 안회가 죽은 뒤에도 공자는 여러 번 그의 죽음을 애석히 여기는 말을 하였다.

애공이 물었다.

"제자 중에서 누가 학문을 가장 좋아합니까?"

공자께서 대답하셨다.

"안회라는 사람이 학문을 좋아해서, 노여움을 남에게 옮기지 않고, 과실을 거듭 범하지 않았었는데, 불행히도 단명하여 죽어 버렸습니다. 지금은 없으니, 학문을 좋아하는 사람이 누구인지 알지 못하고 있습니다."

哀公問：弟子孰爲好學？ 孔子對曰：有顔回者好學, 不遷怒, 不貳過, 不幸短命死矣. 今也則亡, 未聞好學者也. —雍也

애석하도다! 나는 그가 진보하는 것만을 보았지 멈춰 있는 것은 보지를 못했었다.

惜乎! 吾見其進也, 未見其止也. —子罕

공자는 안회를 자기 학문의 후계자로 지목하고 있었던 것 같다. 그런 안회가 젊은 나이에 자기보다도 먼저 죽어 버렸으니 얼마나 애통했겠는가! 그의 죽음은 공자 자신의 죽음을 재촉할 만큼 큰 충격을 스승에게 주었던 것 같다.

② **민손**(閔損) : 자는 자건(子騫), 공자보다 15세 아래였다. 《논어》에서 공자는 그의 효행을 칭찬하여 다음과 같은 말을 하고 있다.

효성스럽다, 민자건이여! 그의 부모 형제들이 칭찬하는 말에 다른 사람들도 이의를 제기하지 못한다.

孝哉, 閔子騫! 人不間於其父母昆弟之言. ―先進

그 때문인지는 몰라도 민손은 옛날부터 증자(曾子)와 함께 효행에 뛰어났던 인물로 칭송되어 왔다. 당(唐)대 구양순(歐陽詢, 557~641)이 편찬한 《예문류취(藝文類聚)》에는 《설원(說苑)》에서 인용된 그에 관한 얘기가 다음과 같이 실려 있다.

민자건은 두 형제였는데, 그의 어머니가 죽자 그의 아버지는 다시 장가를 들어 또 두 아들을 낳았다. 한번은 민자건이 아버지의 수레를 몰고 가다가 말고삐를 놓쳤는데, 그때 그의 아버지가 그의 팔을 잡아주다가 문득 그의 옷이 매우 얇다는 것을 알았다. 아버지는 돌아와서 그의 계모가 낳은 아이를 불러 그의 팔을 만져 보았는데, 그의 옷은 매우 두툼하였다. 그러자 아버지는 계모를 불러 꾸짖었다.

"내가 당신에게 장가를 든 것은 무엇보다도 내 자식을 위해서였소. 그런데 당신은 나를 속이고 있으니 당장 나가오!"
이때 민자건이 말하였다.
"어머니가 계시면 한 아들만 옷이 얇지만 어머니가 떠나가시면 네 아들이 모두 헐벗게 됩니다."
그의 아버지는 더 이상 말을 못하였다. 그래서 '효성스럽다, 민자건이여!'라는 말이 나오게 되었으니, 그의 말 한마디로 어머니가 떠나지 않게 되었고, 그의 말 두 마디로 세 아들들은 그대로 따스한 옷을 입고 지내게 되었던 것이다.

후세의 중국 민간에는 민자건의 계모가 자기 자식에게는 솜을 두어 입히고, 민자건에게는 갈대 꼬리[蘆花]를 두어 입히다가 그의 아버지에게 발견되었던 것으로 얘기가 바뀌어 전해졌다(《孝子傳》).

민손은 효자였을 뿐만 아니라 권세 앞에도 굴하지 않는 의기(義氣)의 사나이였다. 《논어》에는 또 다음과 같은 얘기가 실려 있다.

　계씨가 민자건을 비(費)의 읍재(邑宰)로 삼으려 하자, 민자건이 말하였다.
　"제발 저를 위해 사절해 주십시오. 만약 다시 저를 부른다면 저는 반드시 문수(汶水) 가로 나가 숨을 것입니다."
　季氏使閔子騫爲費宰. 閔子騫曰：善爲我辭焉. 如有復我者, 則吾必在汶上矣. ─雍也

노나라의 세도가인 계손씨(季孫氏)가 자기 채읍(采邑)인 비(費)의 읍재(邑宰)라는 큰 벼슬을 시키려고 사람을 시켜 민자건을 불러오도록 했던 것이다. 그러나 그는 어질지 못한 세도가의 밑에서 벼슬할 수 없다고 생각하고 감연히 이를 사절하였던 것이다. 그러한 깨끗한 태도가 그를 지극한 효자로 만들었을 것이다.

③ **염경**(冉耕) : 자는 백우(伯牛)이며 노나라 사람. 그는 공자의 제자 중 덕행(德行)에 뛰어난 사람 중의 하나였으나, 뒤에 문둥병에 걸렸었다 한다(《淮南子》). 《논어》에도 다음과 같은 대목이 실려 있다.

　염백우가 병이 나자 공자께서 문병을 가시어, 창 너머로 그의 손을 잡고 말씀하셨다.
　"이럴 수가 없는데! 운명이로구나! 이런 사람에게 이런 병이 걸리다니! 이런 사람에게 이런 병이 걸리다니!"
　伯牛有疾, 子問之. 自牖執其手, 曰：亡之, 命矣夫！斯人也,

而有斯疾也! 斯人也, 而有斯疾也! —雍也

공자가 창 너머로 문병을 한 것은 그의 병이 악질(惡疾)이어서 염
경 스스로 사람들을 대하지 않으려 했기 때문이라 한다.

④ **염옹**(冉雍) : 자는 중궁(仲弓), 노나라 사람으로 공자보다 29세
아래였다. 공자 자신이,

염옹은 임금 노릇을 하게 할 만하다.
雍也, 可使南面. —《論語》雍也

고 말했을 정도로 염옹은 덕망이 많은 사람이었다. 그리고《논어》공
야장(公冶長)편에서는 어떤 사람이 공자에게,

염옹은 인하지만 구변은 없다.
雍也仁而不佞!

고 말하고 있는데, 공자도 그 말을 부정하지는 않고 있다. 또 옹야(雍
也)편에는 다음과 같은 대목도 있다.

중궁이 자상백자에 대하여 질문하자, 공자께서는
"괜찮다. 사람이 단순하다."
고 답하셨다. 중궁이 또 여쭈었다.
"몸가짐이 공경스럽고 단순한 태도로 백성들에게 임하면 좋은
것이 아니겠습니까? 몸가짐도 단순하고 태도도 단순하면 지나치
게 단순한 것이 아니겠습니까?"
공자께서 대답하셨다.
"염옹의 말이 옳다."

仲弓問子桑伯子, 子曰 : 可也, 簡. 仲弓曰 : 居敬而行簡, 以臨
其民, 不亦可乎? 居簡而行簡, 無乃大簡乎? 子曰 : 雍之言, 然.

그는 공자도 동의할 수밖에 없는 이론을 전개하고 있는 것이다. 특
히 《순자(荀子)》에서는 흔히 공자와 자궁(子弓)을 나란히 들어 얘기
하고 있는데 대부분의 학자들이 자궁은 곧 중궁이라고 주장하고 있다.
염경과는 한집안 사람이었다《史記》).

⑤ **재여**(宰予) : 자는 자아(子我), 공문사과(孔門四科) 중 '언어(言
語)'에 자공(子貢)보다도 먼저 그를 들고 있다. 그는 말을 썩 잘했다
는데,14) 공자는 말을 잘하는 것을 싫어했기 때문에 《논어》를 보면 공
자는 여러 가지로 그에 대하여 좋지 않은 말을 하고 있다.

　애공이 사(社)에 대하여 재아에게 묻자 재아가 대답하였다.
　"하나라에서는 소나무를 심었고, 은나라 사람들은 잣나무를 심
었고, 주나라 사람들은 밤나무[栗]를 심었었습니다."
　그리고 덧붙여
　"백성들로 하여금 두려워 떨게[慄] 하려는 것이었습니다."
고 말하였다. 이를 듣고 공자께서 말씀하셨다.
　"다 된 일을 얘기하지 말고, 끝난 일을 간하지 말고, 지난 일을
탓하지 말아야 한다."
　哀公問社於宰我, 宰我對曰 : 夏后氏以松, 殷人以柏, 周人以
栗. 曰 : 使民戰栗. 子聞之曰 : 成事不說, 遂事不諫, 旣往不
咎. ─八佾

공자는 재여가 밤나무 '율(栗)'자와 두려워 떤다는 '율(慄)'자가 음

---

14) 《사기》 공자세가(孔子世家), 《공자가어》 제자해(弟子解) 의거.

이 같은 것을 이용하여, 주(周)나라에서 땅의 신(神)에게 제사지내는 곳인 사(社)에 밤나무를 심었던 이유를 설명하고 있는 것을 못마땅하게 생각한 것이다. 재여의 설명에는 일리(一理)가 없는 것은 아니지만 그것은 곧 애공(哀公)에게 위압정치(威壓政治)를 하라는 간접적인 권고도 되기 때문이다.

　　재여가 낮잠을 잤다. 공자께서 말씀하셨다.
　　"썩은 나무에는 조각할 수 없고 더러운 흙담은 흙손으로 다듬을 수 없다. 재여 같은 인간에게 무엇을 책하겠느냐!"
　　공자께서 또 말씀하셨다.
　　"전에 나는 남을 대함에 있어 그의 말을 듣고 그의 행실을 믿었지만, 이제 나는 남을 대함에 있어 그의 말을 듣고서도 그의 행실도 살피게 되었는데, 재여로 인하여 이렇게 태도가 바뀌게 된 것이다."
　　宰予晝寢, 子曰：朽木不可雕也, 糞土之牆, 不可杇也. 於予與, 何誅！子曰：始吾於人也, 聽其言而信其行, 今吾於人也, 聽其言而觀其行, 於予與, 改是. ―公冶長

　재여가 낮잠을 자고 있다고 해서 그를 썩은 나무나 더러운 흙담에 비유한 것은 스승으로서 지나친 표현인 듯하다. 그는 말은 유창하게 잘하여 외교에는 능했지만 말과 행동이 합치되지 않아서 그토록 미움을 받았던 것이다.

　　재여가 여쭈었다.
　　"3년의 상은 기한이 너무 오래입니다. 군자가 3년 예를 지키지 못하면 예는 반드시 무너질 것이고, 3년 음악을 못하면 음악이 반드시 붕괴될 것입니다. 이미 묵은 곡식은 없어지고 햇곡식이

나며, 불씨를 일으키기 위하여 수(燧)나무를 비벼 뚫는 데도 나무 종류가 완전히 바뀌어지는 기간이니, 복상도 1년으로 끝내는 게 좋겠습니다."

공자께서 물으셨다.

"1년 만에 쌀밥을 먹고 비단옷을 입는 것이 네 마음에 편하겠느냐?"

"편합니다."

"네가 편하거든 그렇게 하라. 원래 군자는 상중에는 맛있는 것을 먹어도 달지 않고, 음악을 들어도 즐겁지 않고, 편히 지내도 편하지 않기 때문에 그렇게 하지 않는 것이다. 그러나 이제 네 마음이 편하다면 그렇게 하라."

재여가 나가자 공자께서 말씀하셨다.

"재여는 어질지 못하구나. 자식은 나서 3년이 되어야 부모의 품에서 벗어난다. 3년의 상은 천하에 통용되는 상례(喪禮)이다. 재여도 자기 부모로부터 3년 동안은 사랑을 받았을 터인데!"

宰我問：三年之喪, 期已久矣. 君子三年不爲禮, 禮必壞；三年不爲樂, 樂必崩. 舊穀旣沒, 新穀旣升；鑽燧改火, 期可已矣. 子曰：食夫稻, 衣夫錦, 於女安乎？曰：安. 女安則爲之. 夫君子之居喪, 食旨不甘, 聞樂不樂, 居處不安, 故不爲也. 今女安, 則爲之. 宰我出, 子曰：予之不仁也. 子生三年然後免於父母之懷. 夫三年之喪, 天下之通喪也. 予也有三年之愛於其父母乎. —陽貨

공자는 3년상이 너무 길다고 말하는 재여에 대하여, 그를 '어질지 못하다'고 말하고 있는 것이다. 공자는 그가 뛰어난 인물임을 잘 알기는 하면서도 한편 그의 번드르르한 말과 논리를 무척 싫어했던 것 같다.

그러나 《맹자》공손추(公孫丑)편에서는,

　재여(宰予)와 자공(子貢)과 유약(有若)은 그들의 지혜가 성인을 알아보기에 족하였고, 그들이 좋아하는 것에만 아첨하기에까지는 이르지 않았었다.

고 말하면서 재여의,

　내가 선생님에 대하여 살펴본 것으로는 요(堯)임금 · 순(舜)임금 보다도 훨씬 더 현명하시다.

고 공자를 칭송한 말을 인용하고 있다. 맹자에게도 재여가 공자의 제자들 중에서도 뛰어난 인물로 알려졌던 것만은 의심 없는 일이다.

　⑥ **단목사**(端木賜) : 위(衛)나라 사람으로 자는 자공(子貢), 그는 이름보다도 자로써 널리 알려졌다. 공자는 죽은 뒤 곡부(曲阜) 북쪽 사수(泗水) 가에 묻혔는데, 제자들의 부모의 상(喪)처럼 3년 복상(服喪)을 하고는 헤어져 갔는데 자공만은 무덤 곁에 움막을 짓고 계속 6년 무덤을 보살폈다 한다《史記》孔子世家). 그 정도로 자공은 스승에 대한 숭앙이 철저했던 제자이다.

　자공은 공자보다 31세 아래인데, 특히 외교면에 눈부신 활동을 하였다. 《사기》의 중니제자열전(仲尼弟子列傳)만 보아도 다음과 같은 자공의 외교활동이 제자들의 열전 중 가장 긴 편폭에 걸쳐 기록되어 있다.

　제(齊)나라의 권신(權臣)인 전상(田常)은 반란을 계획하고 있었다. 그는 먼저 자기에게 복종치 않는 병력을 내보내어 노(魯)나라를 정벌케 함으로써, 자기의 반대세력을 약화시키려 하고 있었다. 공자는 전상의 침략계획을 알고는 제자들과 상의한 끝에 자공을 파견하여 제나라의 전쟁 계획을 막도록 하였다. 자공은 곧 제나라로 가서 전상을 만나, 정벌의 대상을 노나라에서 오(吳)나라로 바꾸도록 설복하였다. 전상은 이미 노나라에 대한 정벌군이 나가 전쟁 중이고, 오나라는 정벌할 명분이 없다고 대답한다. 이에 자공은 제나라에게 오나라를 칠 구실을 마련해 주기 위하여 다시 오나라로 가서 오나라 임금을 설복하여 노나라에 원병을 보내게 함으로써, 제나라와 오나라의 충돌을 유발시킨다. 이때 오왕(吳王) 부차(夫差)는 자기들이 제나라와 싸우는 사이에 월(越)나라가 공격해 오는 것을 무척 걱정하였으므로, 자공은 다시 월나라로 가서 월왕(越王) 구천(句踐)으로 하여금 군사를 내어 제나라를 치려는 오나라를 돕도록 한다.

자공은 이러한 일련의 외교활동에 성공한 다음에는 다시 진(晉)나라로 가서, 오나라가 제나라와 싸워 이긴 다음에는 반드시 진나라를 공격할 것임을 알려 무비(武備)를 든든히 하게 한다. 오나라 군사는 애릉(艾陵)이란 곳에서 제나라 군사를 크게 쳐부수고는 과연 진나라를 공격하기 시작하였다. 그러나 오나라 군사는 도리어 무비가 든든한 진나라에게 크게 패하였다. 이 소식을 들은 월왕은 다시 오나라를 공격하여, 오나라는 월나라와 싸운 끝에 결국 멸망당하고 만다.

《사기》에서는 이러한 자공의 외교활동의 결과가 '노나라를 보전시키고(存魯), 제나라를 혼란에 빠트리고(亂齊), 오나라를 패망케 하고(破吳), 진나라를 강하게 만들고(彊晉), 월나라를 패자가 되게 하였다(覇越)'고 말하고 있다. 자공은 외교활동을 통하여 10년 사이에 다섯 나라의 형세를 크게 변화시키면서 당시의 국제정세를 뜻대로 조종한 유능한 인물이었다.15)

---

15) 다만 이상의 《사기》의 기록은 사실(史實)과 어긋나는 점이 있어 많은 사학자들의 의심을 사고 있다. 예 : 전목(錢穆) 《선진제자계년고변(先秦諸

이밖에도 《좌전(左傳)》을 보면 자공은 노(魯)나라를 위하여 다음과 같은 외교활동을 하고 있다.

1) 노나라 애공 7년(기원전 488)에 노나라 임금이 오왕(吳王) 부차(夫差)와 증(鄶)에서 회합을 하였는데, 오나라의 권신(權臣)인 태재비(太宰嚭)는 사람을 보내어 그 회합에 계강자(季康子)를 초청하였다. 이때 계강자는 그 회합에 나가지 않고 대신 자공을 보내어 태재비에게 자기가 못 가게 된 이유를 변명케 하였다.

2) 노나라 애공 11년(기원전 484)에 오나라와 노나라 군대가 함께 애릉(艾陵)에서 제(齊)나라 군대를 무찔렀을 적에 자공은 숙손무숙(叔孫武叔)을 대신하여 오왕 부차의 여러 가지 질문에 대답하였다.

3) 노나라 애공 12년(기원전 483)에 노나라 임금과 오왕 부차가 탁고(橐皐)에서 회견하였는데, 오왕이 이전의 맹약(盟約)을 그대로 계속시키자고 요구하였으나 노나라 임금은 그럴 뜻이 없어 자공을 파견하여 적절히 거절하도록 하였다. 그해 가을 오왕 부차와 노나라 임금, 위(衛)나라 임금 및 송(宋)나라의 대표가 운(鄆)에서 회합했을 적에 오나라는 위나라 임금을 억류하고 돌려보내주지 않았다. 이때 노나라와 위나라는 형제의 나라 관계였으므로, 노나라의 대신 자복경백(子服景伯)은 자공에게 태재비에게 가서 위나라 임금을 석방해 주도록 교섭해 줄 것을 요청하였다. 자공은 곧 오나라로 가서 태재비를 설득시켜 위나라 임금을 돌려보내도록 하였다.

4) 노나라 귀족 맹손씨(孟孫氏)의 성(成)의 읍재(邑宰)인 공손숙(公孫宿)이 조국을 배반하고 제나라에 투항하였다. 노나라 애공 15년(기원전 480) 겨울에 자공은 자복경백(子服景伯)을 따라 제나라로 가서 공손숙을 만나 그를 설복하여 잘못을 자인(自認)케 하였다. 그리고 자복경백이 제나라와 정식 외교절충을 벌일 때, 자복경백은 자공

_____

子繫年考辨)》 권27.

에게 전권(全權)을 맡겨 제나라 사람들을 설득시킴으로써 성읍(成邑)을 노나라에 되돌려 주도록 만들었다. 이때 공손숙이 자공에게 감동되어 심경의 변화를 일으키고 있었기 때문에 성공할 수 있었을 것도 같다.

이처럼 자공은 외교에만 뛰어난 재능을 가졌을 뿐 아니라 치재(治財)도 잘하였던 것 같다. 《논어》를 보면 공자가 자기의 뛰어난 제자인 안회(顏回)와 자공의 경제상태를 다음과 같이 비교하고 있다.

> 안회는 거의 도에 가까워져 있지만, 쌀통이 자주 비었다. 자공은 천명(天命)대로만 살지 않고 재산을 불렸고, 그의 예측은 거의 적중하였다.
> **回也其庶乎, 屢空. 賜不受命, 而貨殖焉, 億則屢中.** ─ 先進

사마천(司馬遷)의 《사기》 화식열전(貨殖列傳)에도 자공에 관한 얘기가 있는데, 그는 뒤에 조(曹)나라와 노나라 사이에서 장사를 하여 돈을 많이 벌어 공자의 제자들 중 가장 부자가 되었다고 하였다.

자공은 이처럼 외교와 치재에 뛰어난 인물이었다. 노나라 애공 27년(기원전 468)에 그는 이미 노나라를 떠나 위(衛)나라로 가서 벼슬을 하고 있었는데, 노나라가 월(越)나라에 강요당하여 회맹(會盟)을 하는 어려움을 당하게 되자 노나라 권신(權臣)들이 '만약 자공만 있었다 해도 이런 치욕은 당하지 않았을 것'이라고 그를 떠나보낸 일을 후회하였다 한다. 뒤에 그는 결국 외국인 제나라에서 일생을 마치게 된다.

자공은 이처럼 유능했기 때문에 많은 사람들이 오히려 스승인 공자보다도 훌륭한 게 아닌가고 생각하였던 것 같다. 《논어》 자장(子張)편에는 이러한 일반 사람들 일부의 그릇된 생각과 자공의 스승에 대한 신념을 알리는 다음과 같은 세 대목의 글이 실려 있다.

숙손무숙(叔孫武叔)이 조정에서 한 대부에게
"자공이 공자보다 현명하다."
고 말하였다. 이 말을 자복경백(子服景伯)이 자공에게 알리자, 자
공이 말하였다.

"궁궐의 담에 비유하면, 나의 담은 어깨 정도의 높이여서 담 너
머로 궁궐 속의 훌륭함을 엿볼 수 있으나, 선생님의 담은 여러
길의 높이라 정식으로 문으로 들어가지 못하면 궁궐과 종묘의
아름다움이나 여러 관서의 부려(富麗)함을 볼 수가 없습니다.
그런데 그 문을 찾아들어가는 사람이 아주 드뭅니다. 숙손무숙
이 그렇게 말하는 것도 무리는 아닐 것입니다."

叔孫武叔語大夫於朝曰 : 子貢賢於仲尼. 子服景伯以告子貢, 子
貢曰 : 譬之宮牆, 賜之牆也及肩, 窺見室家之好. 夫子之牆數
仞, 不得其門而入, 不見宗廟之美, 百官之富, 得其門者或寡
矣. 夫子之云, 不亦宜乎!

진자금(陳子禽)이 자공에게 말하였다.
"당신이 겸손해서 그렇지 공자가 어찌 당신보다 더 현명하겠습
니까?"
이에 자공이 말하였다.

"군자는 말 한마디로 지혜롭다고도 하고, 또 말 한마디로 무지
하다고도 하는지라, 말을 삼가지 않으면 안 되오. 우리 선생님에
게 우리가 미칠 수가 없는 것은 마치 하늘에 사다리를 놓고 올
라갈 수 없음과 같소. 선생님께서 일단 나라를 맡아 다스리기만
한다면, 이른바 백성들을 세워 주어 곧 그들이 자립케 하고, 백
성들을 인도하여 곧 그대로 행하게 하고, 백성들을 편안하게 해
주어 곧 모두가 따르게 하고, 백성들을 고무해 주어 곧 모두가
평화롭게 해주게 될 것이오. 선생님께서는 살아 계시면 영광을

받으시고, 돌아가실 적에는 애도(哀悼)를 받으실 것이니, 어찌
그런 분에게 미칠 수가 있겠소?"
陳子禽謂子貢曰：子爲恭也, 仲尼豈賢於子乎? 子貢曰：君子
一言以爲知, 一言以爲不知. 言不可不愼也. 夫子之不可及也,
猶天之不可階而升也. 夫子之得邦家者, 所謂立之斯立, 道之
斯行, 綏之斯來, 動之斯和. 其生也榮, 其死也哀, 如之何其可
及也?

숙손무숙이 공자를 비방하였다. 이에 자공이 말하였다.
"그러지 마시오. 선생님은 비방할 수가 없는 분입니다. 다른 현
명한 사람은 언덕과 같아서 누구나 넘어갈 수가 있으나, 선생님
은 해나 달 같은 분이라서 아무도 넘어갈 수가 없습니다. 비록
남들이 자기 스스로 선생님의 가르침을 끊으려 한다 하더라도
해나 달에게 무슨 손상이 가겠습니까? 그러는 사람이 분수를 모
름을 더욱 드러낼 따름입니다."
叔孫武叔毁仲尼, 子貢曰：無以爲也. 仲尼不可毁也. 他人之
賢者, 丘陵也, 猶可踰也；仲尼, 日月也, 無得而踰焉. 人雖欲
自絶, 其何傷於日月乎? 多見不知量也.

이토록 유능한 자공이 자기 스승에 대하여 절대적인 신념을 가지고
있는 것으로 보아, 공자는 특히 만년의 제자교육에 크게 성공하였을
뿐만 아니라 또 교육을 통하여 그의 학문은 후세에 더욱 널리 알려지
고 더욱 위대한 사상으로 발전하였음을 새삼 깨닫게 된다.

⑦ **염구**(冉求)：자는 자유(子有)여서 흔히 염유(冉有)라 불렸으며,
노나라 사람으로 공자보다 29세 아래였다. 그는 자로(子路)·자공(子
貢)과 함께 공자의 제자 중 정치적 재능이 뛰어난 인물로 알려져 있

다. 자로는 군사, 자공은 외교에 뛰어났던 데 비하여, 염유는 행정과 군사에 뛰어난 재능을 발휘하였다. 그 때문에 그가 공자를 따라 여러 나라를 여행하는 중, 노나라 애공(哀公) 3년(기원전 492)에 계강자(季康子)가 그를 불러들여 자기 집안의 가재(家宰)로 삼았었다.

염유는 계씨(季氏)의 가재가 된 이후 노나라 애공 11년(기원전 484)에는 제(齊)나라와의 전쟁에서 특히 큰 공을 세웠었다. 제나라가 노나라를 정벌하려고 군대를 동원하자 노나라의 집정자인 계강자는 감히 대항할 엄두도 내지 못하고 있었는데, 염유의 격려로 노나라는 제나라와 전쟁을 하게 되었었다. 이때 노나라 군대는 좌로(左路)와 우로(右路)의 이군(二軍)으로 나뉘어져 싸웠는데, 좌로는 염유가 이끄는 계손씨네 군대였고 우로는 맹손씨(孟孫氏)네 군대가 주축을 이루었다.

제나라 군대와의 싸움에서 우로의 군대는 곧 패하여 후퇴하였으나 염유가 이끄는 좌로의 군대는 제나라 군사를 크게 쳐부수어 나머지 제나라 군사를 모두 도망가게 하였다. 이때 염유는 창[矛]을 이용한 공격으로 크게 승리를 거두었다니, 염유는 전술과 무기의 사용에도 대단히 유능한 사람이었음을 알 수 있다.16) 이 승리는 염유 개인의 영광이었을 뿐만 아니라 공문(孔門) 전체에 미치는 영광이 되었으니, 이 덕분에 계강자는 여러 해를 두고 외국에 떠돌아다니고 있던 공자를 노나라로 맞아들이게 되었던 것이다.

공자는 비록 염유의 재능을 인정하기는 하였지만,17) 염구가 계씨(季氏)의 가신(家臣)으로서 계강자의 가렴주구(苛斂誅求)를 돕고 있

---

16) 《사기》 공자세가, 《좌전(左傳)》 애공(哀公) 11년에 비슷한 기록이 보임.

17) 《논어》 옹야(雍也)편 : 계강자가 물었다. "염구는 정치에 종사케 할 만합니까?" 공자가 대답하였다. "염구는 재간이 많으니 정치에 종사하는 게 무슨 문제겠습니까?"(季康子)曰 : 求也可使從政也與 ? (孔子)曰 : 求也藝, 於從政乎何有 ?

는 데 대하여는 대단히 노했었다.

　　계씨는 주공보다도 부유했는데, 염구는 그를 위하여 세금을 거둬들임으로써 그의 부를 더해 주었다. 이에 공자께서 말씀하셨다.
　　"그는 나의 제자가 아니다! 너희들이 북을 울리며 그를 공격해도 괜찮다!"
　　季氏富於周公, 而求也爲之聚斂而附益之. 子曰 : 非吾徒也, 小子鳴鼓而攻之可也. ─《論語》先進

《논어》 옹야(雍也)편을 보면, 염유가 '저는 선생님의 도를 좋아하지 않는 것은 아니나 힘이 모자랍니다'하고 말했을 때 공자는,

　　힘이 모자라는 자는 중도에 그만두게 되는데, 지금 자네는 스스로 움츠리고 있네.
　　冉求曰 : 非不說子之道, 力不足也. 子曰 : 力不足者, 中道而廢, 今女畫.

하고 말하고 있다. 공자는 염유가 노나라의 권신(權臣)인 계강자의 가신(家臣)으로서, 계강자의 횡포를 막지 못하고 있는 데 대하여 언제나 불만을 지니고 있었던 것 같다. 염유의 능력으로 진실로 자신의 이익을 돌보지 않고 일한다면 계강자를 올바로 이끌어 줄 수 있을 터인데도 그는 그렇게 하지 않는다고 생각하고 있었던 것이다.

　　⑧ 중유(仲由) : 자를 자로(子路) 또는 계로(季路)라 하였고, 나이는 공자보다 9세 아래였다. 그는 성격이 과감하고도 거칠었으나 한편 솔직하고 곧아서, 공자는 그에 대하여 늘 걱정을 하면서도 무척 좋아하였던 것 같다. 《논어》를 보면 공자가,

한마디로써 송사(訟事)의 판결을 내릴 수 있는 사람은 중유일 것이다. 그는 승낙한 일을 묵혀 두는 일이 없다.

　　子曰：片言可以折獄者, 其由也與！子路無宿諾. ―顔淵

자로는 가르침을 듣고 그것을 미처 실천하지 못했으면 또 다른 가르침을 듣게 될까 두려워하였다.

　　子路有聞, 未之能行, 唯恐有聞. ― 公冶長

중유는 용맹하기로는 나보다 더하지만, 사리를 재량할 줄은 모른다.

　　子曰：由也好勇過我, 無所取材. ―公冶長

다 떨어진 형편없는 옷을 입고서도 여우나 담비 털옷을 입은 사람과 함께 서 있으면서 부끄러워하지 않을 사람은 중유이다.

　　子曰：衣敝縕袍, 與衣狐貉者立而不恥者, 其由也與！―子罕

하고, 자로의 장단점을 말하고 있다. 이밖에도 《논어》에는 자로의 용감하고도 곧은 성격을 알리는 대목이 여러 군데 있다. 그리고 또,

도가 행하여지지 않아 뗏목을 타고 바닷속으로 들어가게 될 때, 나를 따를 사람은 중유일 것이다.

　　道不行, 乘桴浮于海, 從我者, 其由與！―公冶長

고, 자로에 대한 신임을 얘기하고도 있다. 자로는 성격이 군인다웠을 뿐만 아니라 군사에 뛰어난 재능을 지니고 있었다. 본시 그는 어렸을 때부터 백 리 넘는 길을 쌀을 날라다 부모를 봉양해야 할 정도로 가난한 집안 출신이었다.[18] 그러나 공자의 문하로 들어온 뒤로는 거친 자기의 성품을 억누르고 꾸준히 공자를 따라 수양을 쌓았다. 그는 노

나라 정공(定公) 12년(기원전 498)에 계손씨네 가신(家臣)이 되었었으나, 공자가 노나라를 떠나 여러 나라를 돌아다닐 적에는 누구보다도 열심히 공자를 모시고 다녔다. 그리고 공자가 노나라로 돌아올 적에는 자로도 함께 돌아왔었다.

그러나 그는 얼마 뒤에 다시 위(衛)나라로 가서 공회(孔悝)의 읍재(邑宰)가 되었다. 그러나 노나라 애공(哀公) 15년(기원전 480) 겨울에는 위나라에 내란이 일어나 공회가 위기에 처하게 되었다. 자로는 공회를 구하려고 홀로 적중에 뛰어들어 싸우다가 비참한 최후를 마치었다. 공자는 노나라에 있으면서 위나라에 내란이 일어났다는 소식을 듣자마자 '자로가 죽었겠구나!'하고 말하였다 한다. 그리고 자로가 죽었다는 소식을 듣고는 '아아, 하늘이 나를 끊어 버리는구나!'고 하는 절망적인 탄식을 말했었다 한다.[19] 자로의 죽음에 대하여 공자가 얼마나 애통해하였는가를 알 수 있는 말이다. 공자가 전에,

중유 같은 사람은 제 명에 죽지 못할 것이다!
若由也, 不得其死然. ─《論語》先進

고 한 예언이 그대로 들어맞았던 것이다.

⑨ **언언**(言偃) : 자는 자유(子游)이고 노나라 오군(吳郡) 사람[20]이며, 공자보다 45세 아래였다 한다. 자하(子夏)와 함께 공문십철(孔門

---

18) 유향(劉向)《설원(說苑)》건본(建本)편에 보임.
19) 앞의 제9장 제2절 참조 바람.
20) 《사기》중니제자열전(仲尼弟子列傳)에는 '오(吳)나라 사람'이라 하였다. 《공자가어》제자해(弟子解)에는 '노나라 사람'이라 하였는데, 사마정(司馬貞)은《사기색은(史記索隱)》에서 '자유(子游)는 노나라의 무성재(武城宰)란 벼슬을 지냈고, 지금도 오군(吳郡)에는 언언총(言偃冢)이 있으니 오군(吳郡) 사람(노나라의)이 옳을 것이다'고 설명하고 있다.

十哲) 중 후배에 속하는 제자이다. 자유는 노나라의 무성(武城)의 읍재(邑宰) 벼슬을 지냈는데, 공자가 위(衛)나라로부터 노나라로 돌아올 때 그는 24세였고, 공자가 죽을 때도 그는 29세였으니, 20여 세의 젊은 나이에 그런 벼슬을 했던 것이다. 《논어》에는 그가 무성의 읍재로 있을 때의 기록이 두 곳에 보인다.

자유가 무성의 읍재(邑宰)가 되었는데, 공자가 말씀하셨다.
"그대는 쓸 만한 사람을 구했는가?"
자유가 대답하였다.
"담대멸명이라는 사람이 있는데, 그는 좁은 지름길을 다니지 않고, 공무가 아니면 제 방에 찾아오는 일이 없습니다."
子游爲武城宰, 子曰：女得人焉爾乎？曰：有澹臺滅明者, 行不由徑, 非公事, 未嘗至於偃之室也. —雍也

공자께서 무성에 가셨다가 악기와 노랫소리를 들으시고 빙그레 웃으시며 말씀하셨다.
"닭을 잡는데 어찌 소 잡는 칼을 쓸 필요가 있겠느냐?"
자유가 대답하였다.
"전에 제가 선생님께서 군자가 도를 배우면 사람들을 사랑하게 되고, 소인이 도를 배우면 부리기 쉽게 된다고 말씀하신 것을 들은 일이 있습니다."
공자께서 말씀하셨다.
"애들아, 언(자유)의 말이 옳다. 아까 한 말은 농담이었다."
子之武城, 聞弦歌之聲, 夫子莞爾而笑曰：割鷄, 焉用牛刀？
子游對曰：昔者偃也, 聞諸夫子曰：君子學道則愛人, 小人學道則易使也. 子曰：二三子, 偃之言是也. 前言戲也. —陽貨

자유는 '문학(文學)'에 뛰어났다고 했지만 이로써 보면 행동도 방정

(方正)하고 모든 면에 뛰어난 인물이었던 듯하다. 그리고 '문학'이란 지금의 '학문'이나 같은 말이며, 위의 《논어》에서의 두번째 인용문을 통하여 짐작할 수 있는 바와 같이 그는 특히 예악(禮樂) 방면의 전문가였던 것 같다. 특히 《예기(禮記)》의 단궁(檀弓)편에는 도합 14대목의 자유에 관한 기록이 실려 있어, 많은 사람들이 단궁편은 자유의 문인들이 편찬한 것이라 주장하고 있는데, 그가 특히 예에 대하여 깊은 연구를 하고 있었음은 거의 틀림없는 일이라 할 것이다.

⑩ **복상**(卜商) : 자는 자하(子夏), 옛 기록에 보면 흔히 자유(子游)와 함께 얘기되고 있다. 자하는 공자보다 44세 아래였다니, 자유와는 나이도 한 살 차이밖에 안 난다. 그리고 그의 고향은 온(溫)나라 사람, 위(衛)나라 사람, 위(魏)나라 사람 등의 여러 설이 있으나, 위(衛)나라 사람이라는 게 옳을 듯하다.[21]

공자가 만년에 경전의 편저와 고대문화의 연구에 종사하는 데 따라 자유와 함께 자하는 중국의 옛 경전 및 고대문화에 대하여 많은 공부를 한 사람들이다. 그 때문에 자하는 공자가 편저한 경전과 고대문화 연구의 성과를 다시 해석하고 또 후세에 전하여, 공자의 학문을 후세에까지 전해지고 더욱 발전케 하는 데 많은 공헌을 하였다. 그러므로 자하는 공자의 제자 중 비교적 후배에 속하는 인물이지만 유학(儒學)의 전승(傳承)과 발전에는 다른 어떤 선배의 제자들보다도 공로가 크다.

---

21) 후한(後漢)의 정현(鄭玄, 127~200)은 온(溫)나라 사람이라 하였고,《공자가어》제자해(弟子解)에선 위(衛)나라 사람,《예기》단궁(檀弓) 상편 공영달(孔穎達)의 소(疏)에서는 《중니제자전(仲尼弟子傳)》을 인용하여 위(魏)나라 사람이라 하였다. 온(溫)나라는 지금의 하내(河內) 온현(溫縣)이어서 본시 위(衛)나라에 속하던 곳이며, 뒤에 자하는 위(魏)나라에 산 일이 있어 이렇게 서로 다르게 쓰여 있는 듯하다.

옛날의 전설에 의하면 중요한 유가의 경전들은 거의 모두 그 전승 (傳承)에 있어 자하와 관련이 있다. 이러한 전설들은 다 그대로 믿을 수는 없지만, 자하가 시(詩)·서(書)·예(禮)·악(樂)·춘추(春秋) 같은 경전에 대하여 누구보다도 깊이 연구하였었다는 것을 증명하기에 족하다. 이에 대하여 송(宋)대의 홍매(洪邁, 1123~1202)는 《용재수 필(容齋隨筆)》 2집 권14 자하경학(子夏經學)에서 다음과 같이 쓰고 있다.

　　공자의 제자들 중 오직 자하(子夏)만이 여러 경서에 관하여 홀로 저서가 있다. 비록 그러한 전기(傳記)나 잡언(雜言)을 다 믿을 수는 없다고는 하지만, 요컨대 그는 다른 사람들과는 다른 것이다.《역 (易)》에 있어서는 전(傳)이 있고,《시(詩)》에 있어서는 서(序)가 있고, 또 모시(毛詩)의 학문은 자하가 고행자(高行子)에게 전한 것 이 사전(四傳)되어 소모공(小毛公)에게까지 전해진 것이라고도 하 고, 일설에는 자하가 증신(曾申)에게 전한 것이 오전(五傳)되어 대 모공(大毛公)에 이르게 된 것이라고도 한다.《예(禮)》에 있어서는 곧《의례(儀禮)》 상복(喪服) 한 편이 있는데, 마융(馬融)·왕숙(王 肅) 같은 여러 학자들이 그것에 대하여 해설을 가하였다.《춘추(春 秋)》에 있어서는 자하도 한 마디도 더 보탤 수가 없었다고 하였으 니, 일찍이 그것에 대하여 연구한 일이 있음을 뜻하는 것이다.《공 양전(公羊傳)》을 쓴 공양고(公羊高)는 실상 그것을 자하에게서 전 수받은 것이며,《곡량전(穀梁傳)》을 쓴 곡량적(穀梁赤)도《풍속통 (風俗通)》에서는 역시 자하의 문인이라 하였다.《논어(論語)》에 있 어서는 정현(鄭玄)이 중궁(仲弓)과 자하 등이 편찬한 것이라 하 였다. 후한(後漢) 서방(徐防)이 상소문(上疏文)에서 '시(詩)·서 (書)·예(禮)·악(樂)은 공자가 편정(編定)하였으나, 그 장구(章句) 의 뜻을 밝히는 일은 자하에게서 비롯된 일이다'고 말한 것도 이것을 증명해 준다.

자하가 여러 경전들을 전수(傳授)하였다는 말은 대부분이 한(漢)대의 얘기여서 그대로 다 믿기는 어렵다. 그러나 한대에 대부분의 경전의 전수 근원을 자하에게 두었다는 것은, 그가 공자의 제자들 중에서도 학문에는 가장 뛰어난 인물이었음을 알려주는 것이다.

자하는 만년에는 서하(西河)에 살면서 제자들 교육에 힘썼고, 위(魏)나라 문후(文侯)의 스승이 되었었다. 이 때문에 위나라는 문후의 시대에는 자공(子貢)의 제자인 전자방(田子方)·단간목(段干木)·이극(李克)을 비롯하여, 오기(吳起)·서문표(西門豹)·악양(樂羊) 등의 현인(賢人)들이 활약하여, 한때 중국문화의 중심지를 이루었었다. 그리고 그가 만년에 당한 가장 큰 불행은 아들을 잃고 지나치게 애통한 나머지 너무 울어 눈이 멀었다는 일이었다.[22]

이밖에도 《논어》를 보면 각 편에 자하의 말이 적지 않게 인용되어 있다. 이로써 보면 《논어》를 편찬할 무렵에는 학문에 있어서 뿐만 아니라 모든 면에서 자하는 공자의 제자들 중 가장 뛰어난 인물의 하나로 받들어졌음에 틀림없다.

⑪ **유약**(有若): 《논어》의 공문십철(孔門十哲) 이외에도 뛰어난 제자들이 많지만 여기에는 유약(有若)·증삼(曾參)·전손사(顓孫師) 세 사람을 더 소개하려 한다. 그는 노나라 사람이며, 《사기》중니제자열전(仲尼弟子列傳)에는 공자보다 43세 아래라 하였으나, 《공자가어》 제자해(弟子解)에서는 33세 아래라 하였다. 《좌전(左傳)》의 기록에 의하면 노나라 애공(哀公) 8년(기원전 487) 오(吳)나라가 노나라를 칠 때 노나라의 대부 미호(微虎)가 300명의 결사대(決死隊)를 조직

---

22) 이상은 《사기》 중니제자열전(仲尼弟子列傳) 참조

하여 오나라 군대를 기습하려 했었는데, 유약도 거기에 참여했었다. 이때 공자보다 43세 아래의 나이였다면 유약은 24세였을 것이니 결사대에 들어가기에 알맞은 나이이다. 따라서 《사기》의 기록이 옳을 듯하다.

《논어》를 보면 첫머리에 공자의 말에 뒤이어 유약(有若)과 증삼(曾參)의 말이 보이며, 《논어》에서 제자들을 얘기하는 데 있어 다른 제자들은 모두 그들의 자(字)를 부른 데 비하여 유약·증삼·민손(閔損) 등의 몇 사람만은 공자처럼 유자·증자·민자의 식으로 성 밑에 '자(子)'를 붙여 존경의 뜻을 표시하고 있다. 이것은 《논어》의 편찬자들과 이들과의 특별한 관계를 뜻하는 것이기도 하지만, 이들이 공자의 제자들 중 비교적 높은 지위에 있었음을 암시해 주기도 하는 것이다.

《맹자》 등문공(滕文公) 상편을 보면, 공자가 죽은 뒤 자하(子夏)와 자장(子張)과 자유(子游)는 유약의 모습이 공자를 닮았다 하여, 공자를 섬기던 것같이 그를 섬기려 하였으나 증자(曾子)가 반대하였다고 기록되어 있다. 그리고 《사기》 중니제자열전에는 공자가 죽은 뒤 공자의 제자들은 유약의 모습이 공자와 비슷하다 하여 그를 공자처럼 떠받들기로 하였으나, 뒤에 그는 공자처럼 여러 가지 문제들에 대한 제자들의 질문에 만족할 만한 해답을 해주지 못했으므로 공자처럼 모시지 않게 되었다 하였다. 어떻든 유약은 공자가 죽은 뒤 가장 존경을 받던 제자 중의 한 사람이었음에는 틀림없다. 유약이 죽었을 적에도 노나라 도공(悼公)이 직접 가서 조상(弔喪)을 한 것을 보면 그가 얼마나 노나라에서 존경을 받고 있었는가 알 수가 있다.

《논어》에는 다음과 같은 유약에 관한 중요한 기사가 두 군데 보인다.

유자가 말하였다.

"그 사람됨이 효제(孝弟)를 다하면서도 윗사람을 범하는 사람은 드물다. 윗사람을 범하지 않으면서도 난을 일으키기 좋아하는 사람은 있은 일이 없다. 군자는 근본에 서야 도(道)가 생겨난다. 효제라는 것은 인(仁)을 이룩하는 근본인 것이다."

有子曰：其爲人也孝弟, 而好犯上者, 鮮矣. 不好犯上, 而好作亂者, 未之有也. 君子務本, 本立而道生. 孝弟也者, 其爲仁之本與！ －學而

애공이 유약에게 물었다.

"금년에는 기근이 들어 비용이 모자라니 어떻게 하면 좋겠소?"

유약이 말하였다.

"왜 10분지 1의 세법〔徹〕을 쓰지 않습니까?"

"10분지 2의 세법으로도 나는 부족한데 어떻게 10분지 1의 세법을 쓴단 말이오?"

유약이 대답하였다.

"백성이 풍족하면 어떤 임금이 부족하겠습니까? 백성이 부족하면 어떤 임금이 풍족하겠습니까?"

哀公問於有若曰：年饑用不足, 如之何？ 有若對曰：盍徹乎？ 曰：二吾猶不足, 如之何其徹也？ 對曰：百姓足, 君孰與不足？ 百姓不足, 君孰與足？ －顏淵

이밖에도 《논어》에는 예(禮)와 신의(信義) 등 덕목(德目)에 관한 유자의 말이 몇 대목 더 보인다. 위의 경우만 놓고 보더라도 그는 사회생활에 있어 무엇보다도 윤리(倫理)를 중시하고, 정치에 있어서는 백성들의 안락한 생활을 위주로 하는 사상의 소유자였음을 알 것이다. 외모만이 스승 공자와 비슷하다고 해서 사람들의 존경을 받을 수는 없었을 것이다.

⑫ 증삼(曾參)：자는 자여(子輿), 노나라 남무성(南武城) 사람으

로, 공자보다 46세 아래였다. 그는 아버지 증석(曾晳)과 함께 공자에게 배웠는데, 공자의 제자 중 특히 효도에 뛰어났던 사람으로 유명하며, 그는 흔히 증자라는 존칭으로 불리운다. 후세에 《효경(孝經)》도 공자가 증자를 위하여 효도를 진술한 내용이라고 알려졌을 정도이다. 《맹자》에는 증자의 효행에 대하여 다음과 같은 구체적인 예가 적혀 있다.

이루(離婁) 상편을 보면, 증자는 아버지 증석에게 끼니마다 반드시 술과 고기를 올렸고, 아버지가 다 먹고 난 뒤 그 음식이 또 남아 있는가고 물으면 언제나 또 있다고 대답하였다 한다. 증자는 부모님의 몸을 봉양(奉養)했을 뿐만 아니라 부모님의 정신까지도 봉양하였다는 것이다. 또 진심(盡心) 하편을 보면, 증석은 생전에 고욤을 즐겨 먹었는데 증석이 죽은 뒤로 증자는 차마 고욤을 먹지 못했다 한다. 이것은 증자가 얼마나 경건한 자세를 가지고 효도에 임했는가를 알려주는 얘기이다.

《논어》에는 증자가 죽기 직전의 일로 다음과 같은 얘기가 기록되어 있다.

> 증자가 병이 나자 제자들을 불러놓고 말하였다.
> "내 발을 펴보아라! 내 손을 펴보아라! 《시경》에 '전전긍긍하며 깊은 못 가에 서 있듯, 얇은 얼음판을 밟고 가듯 한다'하였다. 이제부터는 내 걱정을 면하게 되었음을 알게 되었다. 얘들아!"
> 曾子有疾, 召門弟子曰: 啓予足, 啓予手! 詩云, 戰戰兢兢,
> 如臨深淵, 如履薄冰. 而今而後, 吾知免夫, 小子! 一泰伯

그는 생전에 부모에게서 물려받은 신체발부(身體髮膚)를 손상시키지 않으려고 무척 조심하며 살아왔다.23) 그러기에 죽기 전에 자기 몸에 아무런 손상도 받지 않았음을 확인하고, 이제 죽을 것이니 자기 몸을 조금도 손상시키지 않으려던 평생의 걱정을 덜게 되었다고 말한 것이다. 여기에서도 증자의 효도의 깊은 바탕을 느끼게 된다.

《논어》에는 이밖에도 증자의 언행이 여러 곳에 기록되어 있다. 특히 다음과 같은 대목을 보면 증자는 다른 어떤 제자들보다도 공자의 사상에 대하여 깊이 알고 있었던 것 같다.

> 공자께서 말씀하셨다.
> "삼(증자의 이름)아! 나의 도는 하나로 관통되어 있다."
> 증자가 대답하였다.
> "그렇습니다."
> 공자께서 나가시자 다른 제자가 물었다.
> "무슨 뜻입니까?"
> 증자가 말하였다.
> "선생님의 도는 충(忠)과 서(恕)일 따름이다!"
> 子曰：參乎！ 吾道一以貫之. 曾子曰：唯. 子出, 門人問曰：
> 何謂也？ 曾子曰：夫子之道, 忠恕而已矣. －里仁

뒤의 위령공(衛靈公)편에서도 공자는 스스로 '일이관지(一以貫之)'란 말을 하고 있지만, 이것은 후세에까지도 유학을 연구하는 학자들의 많은 논의를 불러일으킨 문제이다.

그리고 증자는 여러 가지 중요한 말을 하고 있지만 특히 그가 하루에 다음 세 가지에 대하여 매일 반성했다는 것은 유명한 얘기이다.

> 나는 매일 내 자신에 대하여 다음과 같은 세 가지를 반성한다. 남과 일을 꾀함에 있어 불충실하지 않았는가? 친구들과 사귐에 있

---

23) 《효경(孝經)》개종명의(開宗明義)장에 '신체발부는 부모에게서 물려받은 것이니 감히 훼상(毀傷)시키지 않는 것이 효도의 시작이다'고 하였다.

어서 신의를 잃지 않았는가? 스승에게서 배운 것을 익히지 않은 바
없는가?

曾子曰 : 吾日三省吾身 : 爲人謀而不忠乎？　與朋友交而不信
乎？ 傳不習乎？ ―學而

이를 보면 그가 공자의 가르침을 이행하는 데 있어 얼마나 성실하
였는가를 알 수 있다. 또 증자는 다음과 같은 말도 하고 있다.

어린 임금을 부탁할 수 있고, 백 리 사방의 나랏일을 맡길 수 있
고, 큰 위기를 당해서도 지조를 굽히지 않는다면, 군자다운 사람이
겠지? 군자다운 사람이야!

曾子曰 : 可以託六尺之孤, 可以寄百里之命, 臨大節而不可奪
也, 君子人與？ 君子人也. ―泰伯

선비는 뜻이 넓고 꿋꿋해야만 하는 것이니, 임무는 무겁고 갈 길
은 멀기 때문이다. 인(仁)을 자기 임무로 삼고 있으니 무겁지 않겠
느냐? 죽은 뒤에야 갈 길을 멈추니 또한 먼 것이 아니겠느냐?

曾子曰 : 士不可以不弘毅, 任重而道遠. 仁以爲己任, 不亦重
乎？ 死而後已, 不亦遠乎？ ―泰伯

이처럼 증자는 도덕면에 있어서나 정치면에 있어서나 굉장히 큰 포
부의 소유자였다.

증자가 공자의 후배·제자들 중에서 가장 존경을 받았던 것은 우연
이 아니다. 한편 증자에게는 다른 사람들보다도 제자가 많았었다. 특
히 공자의 손자인 공급(孔伋, 자 子思)에게 공자의 사상을 전수하고,
다시 자사는 그것을 맹자에게 전수한 것으로 알려지고 있다. 특히 송
(宋)대 이후 주희(朱熹)가 《대학(大學)》의 전(傳)을 증자가 쓴 것이

라고 단정한 이후로 유가의 도통(道統)은 공자에게서 증자를 거쳐 자사·맹자에게로 전해졌던 것이라고 생각하게 되었다. 그 때문에 증자를 흔히 '종성(宗聖)'이라 떠받들기도 한다.

⑬ **전손사**(顓孫師) : 자는 자장(子張), 진(陳)나라 사람으로 공자보다 48세 아래였다. 자공(子貢)이 '자장과 자하(子夏)는 누가 더 현명합니까?'하고 물었을 때 공자가,

> 사(자장의 이름)는 지나치고, 상(자하의 이름)은 미치지 못한다.
> **師也過, 商也不及.** ─ 先進

고 말하고 있고, 또 같은 편에서 그는 '편벽되다[辟]'고도 평하고 있다. 이것은 그가 젊어서 성격이 팔팔했던 때문인지도 모른다. 여하튼 《논어》에서 거듭 공자가 여러 제자들과 비교하며 그의 독특한 성격을 얘기하고 있는 것을 보면 그가 여러 제자들 중에서도 특수한 인물이었음을 알 수 있다. 또 《논어》위령공(衛靈公)편에는 그에 관한 다음과 같은 기록이 있다.

> 자장이 행실에 대하여 여쭙자, 공자께서 말씀하셨다.
> "말을 충실하고 신의 있게 하고 행동을 독실하고 공경스럽게 하면 비록 오랑캐의 나라에서도 통할 것이나, 말에 충성과 신의가 없고 행동이 독실하고 공경스럽지 않으면 비록 향리(鄕里)에서라 하더라도 통하겠느냐? 서 있을 때에도 눈앞에 그러한 말과 행동으로 어울리고 있는가 살펴보고, 수레를 탈 때에도 수레 멍에에 그러한 말과 행동을 걸고 있는가 살펴보아라. 그래야 올바른 행실을 할 수가 있다."
> 자장은 이 말을 자기 띠에 적어 두었다.

子張問行, 子曰 : 言忠信, 行篤敬, 雖蠻貊之邦行矣. 言不忠
信, 行不篤敬, 雖州里行乎哉? 立則見其參乎前也, 在輿則見
其倚於衡也, 夫然後行. 子張書諸紳.

공자가 자장에게 이처럼 말과 행동에 대하여 성실할 것을 소상히
당부한 것도 주목이 되거니와, 또 그 말을 평생토록 잊지 않고 지키
기 위하여 자기 띠에 적어 놓는 자장의 태도에도 대단한 열의가 보인
다. 자장은 스스로,

선비는 위급함을 보면 생명을 내걸고, 이득을 보면 의(義)를 생
각하고, 제사 때에는 공경할 것을 생각하고, 상사(喪事)에는 애통한
것을 생각하여야만 되는 것이다.
　子張曰 : 士見危致命, 見得思義, 祭思敬, 喪思哀, 其可已矣.
　　　　　　　　　　　　　　　　　　　　　　　　　　　—子張

고 말하고 있다. 첫머리에서 '위급함을 보면 생명을 내걸고, 이득을
보면 의(義)를 생각하라'고 한 말은 보통 유가사상과는 다른 낌새를
느끼게 한다.《한비자(韓非子)》현학(顯學)편을 보면 공자가 죽은 뒤
에 유가는 여덟 파(派)로 나누어졌다고 하면서, 자장의 유(子張之儒)
를 비롯하여 자사의 유(子思之儒)·안씨의 유(顔氏之儒)·맹씨의 유
(孟氏之儒)·칠조씨의 유(漆雕氏之儒)·중량씨의 유(仲良氏之儒)·
손씨의 유(孫氏之儒)·악정씨의 유(樂正氏之儒)를 들고 있다.
　이중 '자장의 유'는 다른 파의 유가들보다도 의협(義俠)의 성격을
크게 띠고 있던 것으로 많은 학자들이 생각하고 있다. 전국시대(戰國
時代) 말엽 한비(韓非)가 살았던 시대만 하더라도, 자장은 자사(子
思)·맹자(孟子)·순자(荀子) 등과 대등한 지위에 있던 유학의 한 파
벌을 이루고 있었던 것이다. 당대 이후로 맹자의 지위가 점점 높아져

'공맹(孔孟)'이란 말이 생겨나고, 증자・자사・맹자 일파의 학문이 유학의 정통(正統)으로 받들어지면서 다른 파들은 자연히 빛을 더욱 잃게 되었던 것이다.

이 가운데 유약(有若) 이외의 12명은 《사기》 중니제자열전(仲尼弟子列傳)에서도 앞머리에 놓여 있는 제자들이다. 이들 이외에도 복부제(宓不齊, 자 子賤)・원헌(原憲, 자 子思), 공야장(公冶長, 자 子長)・남궁괄(南宮括, 자 子容)・고시(高柴, 자 子羔)・칠조개(漆雕開, 자 子開)・공서적(公西赤, 자 子華) 같은 제자들은 모두 뛰어난 인물들인 듯하나, 모두 자세한 그들의 사적이 전하지 않고 있다.

제3절   맹자(孟子)와 순자(荀子)

《사기》 유림전(儒林傳)에는 공자가 죽은 뒤의 공자 제자들의 동태에 대하여 다음과 같이 쓰고 있다.

공자가 죽은 뒤로 70명의 제자들은 제후의 나라들로 흩어져, 큰 자는 사부(師傅)나 경상(卿相)이 되었고, 작은 자는 사대부(士大夫)들을 가르치거나 숨어서 나타나지 않았다. 그러므로 자로(子路)는 위(衛)나라에, 자장(子張)은 진(陳)나라에, 담대(澹臺)와 자우(子羽)는 초(楚)나라에, 자하(子夏)는 서하(西河)에 살면서 벼슬하였고, 자공(子貢)은 제(齊)나라에서 일생을 마쳤던 것이다. 그리고 전자방(田子方)・단간목(段干木)・오기(吳起)・금골희(禽滑釐)의 무리들이 모두 자하 같은 이에게 공부하여 임금의 스승이 되었었다. 이때 오직 위(魏)나라 문후(文侯)만이 학문을 좋아했었고, 이뒤로 쇠퇴하여 진(秦)나라 시황(始皇)에게까지 이르렀었다. 전국시대에는 온 천하가 서로 다투었던 시대이니 유술(儒術)은 이미 버려졌던 셈이다. 그러나 제(齊)·노(魯) 지방에서만은 유학자(儒學者)들이 끊이지 않았다. 그리고 제(齊)나라 위왕(威王)과 선왕(宣王) 시대(기원전 357~기원전 299, 《竹書紀年》 근거)에 맹자(孟子)와 순경(荀卿)의 무리가 모두 공자의 학문을 계승하여 윤색(潤色)함으로써 학문으로 그 시대에 드러났었다.

이처럼 전국 말년에는 공자의 제자의 제자들 중에서 맹자와 순자라는 두 위대한 사상가가 나와 더욱 유가의 학문을 발전시켰던 것이다.

맹자(孟子, 기원전 372~기원전 289)는 자기 스스로 공자 학문의 계승자로 자처하면서 어지러운 세상에 대해 인(仁)·의(義)를 설교하여, 후세에 유가사상을 공맹사상(孔孟思想)이라 부르게 되었을 정도로 공자의 정통(正統)을 이은 사상가로 인정받고 있다. 그는 서양철학사에 있어 소크라테스(Socrates, 기원전 470?~기원전 399?)에 대한 플라톤(Plato, 기원전 427~기원전 347)과 같은 존재로 중국유학사(中國儒學史)에서는 공자와의 관계가 인식되고 있다. 《맹자》 등문공(滕文公) 하편을 보면 다음과 같이 자신의 포부를 말하고 있다.

옛날에 우(禹)는 홍수를 막아 천하를 평화롭게 하였고, 주공(周公)은 오랑캐들을 회유하고 맹수들을 몰아내어 백성들을 편안케 하였고, 공자께서는 《춘추(春秋)》를 지어 어지러운 신하들과 도적들을 두려워하게 했었다. ……나도 사람들의 마음을 바로잡고, 사설(邪說)을 없애고, 비뚤어진 행동을 막고, 음탕한 말들을 몰아냄으로써 세 분의 성자(聖者)를 계승하려고 한다. 내 어찌 논쟁을 좋아하겠느냐? 나는 부득이해서 그러는 것이다.

따라서 그의 사상 내용은 원칙적으로 공자의 그것과 크게 다르지는 않다. 여기에서는 공자보다 더 적극적으로 발전시킨 몇 가지 특징만을 지적하고자 한다.

첫째, 맹자는 뚜렷이 정치에 있어 덕을 바탕으로 하는 왕도정치(王道政治)를 내세운다. 공자는 제(齊)나라 환공(桓公)의 재상인 관중(管仲)을 높이 평가하기도 했었지만《論語》憲問), 맹자는 '공자의 무리는 제(齊) 환공(桓公)과 진(晋) 문공(文公)의 일은 얘기하지 않았다'고 하면서 그들의 패업(覇業)을 무시하고 있다. 맹자의 생각으로는,

> 무력으로써 인(仁)을 대신하는 것이 패도(覇道)이고, ……덕(德)으로써 인을 행하는 것이 왕도(王道)이다. ……무력으로 남을 복종시키는 것은 마음으로써 복종케 하는 것이 아니며 힘이 모자라 그렇게 되는 것이다. 덕으로써 남을 복종시키는 것은 마음속으로부터 기뻐하며 성심으로 복종케 하는 것이니, 마치 70명의 제자들이 공자에게 복종하는 것과 같은 것이다. ─공손추(公孫丑) 상편

고 왕도(王道)와 패도(覇道)의 구분이 명확하였다.

둘째, 정치에 있어, 특히 경제정책에 있어 민본사상(民本思想)이 뚜렷하였다. 맹자는,

> 백성이 가장 귀중하고, 국가는 그 다음이며, 임금은 가벼운 것이다. 그러므로 밭일하는 백성들 마음에 들게 되면 천자(天子)가 되고, 천자의 마음에 들게 되면 제후(諸侯)가 되고, 제후의 마음에 들게 되면 대부(大夫)가 되는 것이다. ─진심(盡心) 하편

고 선언하고 있다. 또,

> 군자가 없다면 야인(野人)을 다스리지 못하겠지만, 야인이 없다

면 군자들을 먹여 살리지 못하게 된다. —등문공(滕文公) 상편

고 하면서, 지배계급과 피지배계급은 서로 의존하며 질서를 유지해 가야 한다고 생각하였다. 이러한 개념들은 유가의 정치사상을 한 단계 더 발전시키고 있는 것이다.

셋째, 그는 윤리사상(倫理思想)의 바탕으로서 심성론(心性論)을 연구하고 있는데, 특히 그의 성선설(性善說)은 유명하다. 그는 '사람마다 모두 남의 불행을 차마 그대로 보고 있지 못하는 마음'이 있다고 하면서, 사람들은 본시부터 지니고 있는 선한 본성(本性)을 가지고 있는데,

그것을 불이 처음 타오르고 샘물이 처음 솟아나는 것과 같이 만들어, 진실로 그것을 확충(擴充)시킬 수 있다면, 온 세상을 편안하게 하기에도 족한 것이다. —공손추 상편

고 말하고 있다.

이밖에도 사람들의 정신상태에 있어서의 최고의 경지를 논한 '호연지기(浩然之氣)'에 관한 이론, 사람이 본시부터 지니고 있는 덕성(德性)으로서의 '사단론(四端論)' 등 그의 독특한 사상은 더 자세히 얘기할 수 있을 것이다. 그러나 다른 어떤 제자보다도 맹자는 성실한 공자 사상의 발양자(發揚者)였으므로 소개를 간단히 줄인다.

맹자와 쌍벽을 이루는 순자(荀子, 기원전 298~기원전 238 전후)는 유가에 있어 약간 이단적(異端的)인 학자로 받아들여지고 있다. 그러나 유가사상을 더욱 체계화하여 한 단계 더 발전시킨 공로는 조금도 맹자에 못지않다. 공자와 맹자를 소크라테스와 플라톤에 비유한다면 순자는 아리스토텔레스(Aristoteles, 기원전 384~기원전 322)에 비길 만한 성격의 학자이다.

공자의 가르침에는 본시 인(仁)·의(義)·충(忠)·신(信) 같은 덕을 숭상하는 내면적(內面的)인 정신주의(精神主義)와 실천과 예의를 존중하는 외면적(外面的) 형식주의(形式主義)의 두 면이 있었다. 그런데 대체로 그의 정신주의적인 면은 증자(曾子)·자사(子思)를 거쳐 맹자로 발전한 데 비하여, 그의 형식주의적인 면은 자유(子游)·자하(子夏)를 거쳐 순자에게로 계승 발전되었다고 할 수 있다. 맹자가 주관적(主觀的)이고 이상적(理想的)이었다면, 순자는 객관적(客觀的)이고 현실적(現實的)이었다고 할 수 있는 요소들을 다분히 지니고 있는 것이다. 다음에는 순자의 사상 중에서도 특징을 이루고 있는 몇 가지를 설명하고자 한다.

첫째, 자연론(自然論)에 있어, 그는 자연과 사람의 분계(分界)를 분명히 하였다. 하늘이나 땅에는 하늘과 땅의 법칙이 따로 있고, 사람에게는 사람으로서의 법칙이 또 따로 있다는 것이다. 그는,

> 하늘은 만물을 생성하기는 하지만 만물을 분별하지는 못하며, 땅은 사람들을 그 위에 살게 하기는 하지만 사람들을 다스리지는 못한다. ―예론편(禮論篇)

> 하늘에는 그 철이 있고 땅에는 그 재물이 있으며, 사람에게는 그 다스림이 있다. ―천론편(天論篇)

고 하였다. 이는 하늘이 사람에게 상벌을 내리고, 사람의 운명이 하늘에 달려 있고, 하늘의 도(道)는 사람의 도에까지 통한다는 등의 전통적인 중국인들의 개념과 크게 다른 것이다. 순자의 이러한 사상은 인간에 대한 가능성(可能性)의 확신을 바탕으로 하는 것이다. 그 때문에,

> 물과 불에는 기운은 있으나 생명이 없고, 풀과 나무에는 생명은

있으나 지각이 없고, 새와 짐승은 지각은 있으나 의(義)가 없다. 사람에게는 기운도 있고 생명도 있고 지각도 있고 의도 있다. 그래서 가장 존귀한 존재인 것이다. ―왕제편(王制篇)

고도 말하고 있다.

둘째, 맹자의 성선설(性善說)과 대조를 이루어 유명한 그의 성악설(性惡說)이 있다. 이 성악설은 유가 자체에서도 가장 나쁜 평판을 받아온 이론이다. 그러나 그가 말하는 '성(性)'이란 사람의 욕망작용뿐이지 사람의 사고(思考)작용은 포함되지 않고 있다. 그는 '성'과 지려(知慮)를 따로 떼어놓고 인성(人性)을 논하고 있는 것이다.

사람의 본성[性]은 악하다. ……지금 사람의 본성은 나면서부터 이익을 좋아하기 때문에 이것을 따르면 쟁탈(爭奪)이 생기고 사양(辭讓)이 없어진다. 나면서부터 질투하고 미워하기 때문에 이것을 따르면 남을 해치고 상케 하는 일이 생기고 충성과 믿음이 없어진다. 나면서 귀와 눈의 욕망이 있어 아름다운 소리와 빛깔을 좋아하기 때문에 이것을 따르면 지나친 혼란이 생기고 예의와 조리 있는 수식이 없어진다. 그러니 사람의 본성을 따르고 감정을 좇으면 반드시 서로 쟁탈을 하게 되고 분수를 어기고 이치를 어지럽히어 난폭함으로 귀결될 것이다. ……이로써 본다면 사람의 본성이 악한 게 분명하다. ―성악편(性惡篇)

따라서 이러한 사람들의 악한 본성은 사람들의 교육과 노력에 의하여 순화(醇化)되어야만 한다는 것이다.

셋째, 그는 이러한 악한 본성을 바로잡는 규범으로서 '예(禮)'를 중시한다. 개인이 예를 지키면 처신이 바르게 되고, 나라가 예를 따르면 정치가 올바로 된다. 순자의 예의는 개인의 행동규범인 동시에 사회적으로는 계급질서의 바탕이 되는 것이다. 그렇지만 '예'는 일방적으로 사람들의 욕망을 억누르기만 하는 것이 아니다. 그는,

　　모든 사람들의 욕망을 충족시키면서, 물건의 부족 때문에 욕망이 충족되지 못하거나 욕망을 멋대로 방임하여 물건이 다하지 않도록 하여, 양편이 서로 균형 있게 발전하도록 하는 것 ― 예론편(禮論篇)

이 '예'이며, 또 '통일된 조화 속에 평화롭게 살도록 하기 위한 것이 예'(榮辱篇)라고도 하였다.
　그러나 한편,

　　대체로 예로 삶을 섬김은 기쁨을 수식하는 것이고, 장사를 지냄은 슬픔을 수식하는 것이고, 군례(軍禮)는 위엄을 수식하는 것이다.
　　　　　　　　　　　　　　　　　　　　　― 예론편(禮論篇)

고 말하고 있듯이, 그의 예에 대한 개념은 '사양하는 마음은 예의 발단(發端)'이라고 말한 맹자에 비하여 훨씬 형식적인 것이다.
　넷째, 그의 정치사상은 극히 현실적이다. 그는 '사람은 나면서부터 무리를 이룬다'(富國篇)고 하면서 인간의 사회성을 중시하였기 때문에, 국가나 정치제도도 '무리를 이루는'사람들의 습성을 원만히 하기 위한 제도라고 생각하였다. 그리하여,

　　하늘이 백성을 낳은 것은 임금을 위한 것이 아니며, 하늘이 임금을 세운 것은 백성을 위한 것이다. ― 대략편(大略篇)

는 민본사상(民本思想)을 정치론의 바탕으로 삼고 있다. 그러면서도 그는 법이나 다스림을 중시하여 왕도(王道)와 함께 패도(覇道)까지도

승인하고 있다. 어지러운 세상을 다스리기 위하여는 처음부터 왕도를 행하기는 어렵고, 패도로써 질서를 회복한 뒤에 왕도로 넘어가는 것이 가장 합리적인 순서라고 생각했기 때문이다.

그의 정치사상 가운데에서도 가장 특색 있는 것은 그의 후왕(後王) 사상이다. 순자는 공자처럼 옛 선왕(先王)들의 이상정치를 인정하기는 하였다. 그러나 선왕의 정치는 현대에 그대로 부활시켜 보아도 무의미한 것이며, 선왕의 전통을 계승하여 현실에 가장 알맞는 정치를 하는 후왕(後王)만이 이상정치를 실현할 수 있다는 것이다. 이러한 시대성(時代性)의 인정은 그의 현실주의적인 경향과도 관련이 있는 것이다. 순자는,

> 대략 선왕(先王)을 본받으면서도 그 정통(正統)을 알지 못하는데……이것은 곧 자사(子思)와 맹자의 죄이다.
>
> ― 비십이자편(非十二子篇)

고 하면서, 특히 이 점에서 자사와 맹자 계열의 유가까지도 공격하고 있다.

이밖에도 그의 사상은 존재론(存在論)·인식론(認識論) 등 여러 면에서 독특한 체계를 이룩하고 있다. 현실을 수긍하는 그의 태도가 현실의 변화에 적응하는 다양한 사상을 이룩하게 하였던 것 같다. 더욱이 순자는 공자가 편찬 정리한 유가의 경전들에 대하여도 깊은 연구를 하고 있었기 때문에, 학계·사상계에 큰 영향을 주었다. 유가뿐만 아니라 법가(法家)를 비롯한 전국시대 말엽의 제자백가(諸子百家)들에게 그가 준 영향은 대단하다. 어떻든 맹자와 순자에 이르러 공자의 사상은 유가사상으로서의 완전한 체계와 형식을 갖추게 되었던 것이다.

제 **13** 장
유가사상의 변전

　공자의 사상은 공자가 죽은 뒤 맹자(孟子)와 순자(荀子) 이후로 유가(儒家)를 이루어 발전하다가, 진(秦)나라에 이르러 시황제(始皇帝)의 유명한 분서갱유(焚書坑儒)의 정책으로 말미암아 일시 자취를 감춘다. 그러나 한(漢)대로 들어오면서 다시 그의 사상과 학문을 존중하기 시작하여 무제(武帝, 기원전 140~기원전 87 재위) 때에 오경박사(五經博士)가 갖추어지면서 공자의 학문은 유학(儒學)으로서 정립(定立)되고, 이후 2000여 년의 중국역사를 통하여 유학은 중국 정치의 기본 원리이며 사회 윤리의 바탕을 이루는 학문으로 군림하게 된다. 이러한 역사적인 배경을 통하여 유교는 기독교·불교와 함께 세계의 3대종교(三大宗敎)로 발전하는 것이다.

　그런데 공자의 유학은 역사적인 발전을 함에 있어 시대에 따라 여러 가지로 크게 변화를 일으킨다. 그 학문 방법에 있어서뿐만 아니라 학문의 내용에 있어서까지도 큰 변화를 보여준다. 유학이 중국 2000여 년의 역사를 통하여 정치 원리와 사회 윤리의 바탕을 이루어 왔다면, 시대적인 정치 사회의 여건의 변화에 따른 유학의 변화는 부득이한 것이었다고도 할 수 있다.

　중국 최초의 본격적인 경학사(經學史)인 청(淸) 말 피석서(皮錫

瑞)의 《경학역사(經學歷史)》에서는 그 시대구분을 다음과 같이 하고
있다.

제1장 경학개벽시대(經學開闢時代)─공자의 시대
제2장 경학유전시대(經學流傳時代)─공자의 제자 시대
제3장 경학창명시대(經學昌明時代)─전한(前漢)대
제4장 경학극성시대(經學極盛時代)─전한 말엽부터 후한(後漢)대
제5장 경학중쇠시대(經學中衰時代)─후한 말엽부터 위(魏)·진(晉)
　　　　　　　　　　　　　　　　　　대
제6장 경학분립시대(經學分立時代)─남북조시대(南北朝時代)
제7장 경학통일시대(經學統一時代)─수(隋)·당(唐)대
제8장 경학변고시대(經學變古時代)─송(宋)대
제9장 경학적쇠시대(經學積衰時代)─원(元)·명(明)대
제10장 경학복성시대(經學復盛時代)─청(淸)대

　이상의 시대구분은 유학의 변전과정(變轉過程)의 대강을 한눈으로
더듬을 수 있게 한다. 제1·2장은 공자와 그의 제자의 시대이니 앞에
서 이미 얘기한 셈이고, 제3·4장의 전한(前漢)·후한(後漢)은 유가
의 경학 발전상 중요한 시대였음을 알려준다. 제5·6장은 경학이 별
로 성행하지 못하던 시대였고, 제7장 수(隋)·당(唐)의 통일시대는 오
히려 변화를 줄였던 시대이니 크게 문제될 것 없으며, 제8장 송(宋)
대의 변고시대(變古時代)는 다시 한번 큰 변화가 있었던 시대임을 짐
작할 수 있다. 제9장의 원(元)·명(明)대는 다시 쇠퇴한 시기이니 문
제삼을 것 없고, 제10장 청(淸)대의 복성시대(復盛時代)는 다시 경학
이 흥성하기는 하였으나, 전체적으로 복고(復古)의 범위를 크게 벗어
나지 않았으니 변전을 얘기하는 데 있어서는 크게 문제되지 않는다.
　따라서 중국의 역사를 통하여 유학의 변전상 크게 문제가 되는 것

은 한대와 송대이다. 한대와 송대는 유학의 방법이나 성격상 큰 변화
가 있었으므로 청대에 이르기까지도 서로 다른 학문의 방법과 성격을
'한학(漢學)과 송학(宋學)'이란 말로 구별하였을 정도이다.

　그러면 '한학'과 '송학'이란 말을 낳은 한대와 송대는 공자의 학문에
있어 어떤 변화가 일어났던 시대인가? 여기에는 그 학문 방법과 성
격·내용상의 변화를 대강 그 특징만을 간추려 쓰기로 한다. 이것은
현대의 우리가 '공자사상' 또는 '유가사상'이란 말을 쓸 때 그 말의 함
의(含義)를 올바로 파악하는 데 큰 도움이 될 것이라 생각하기 때문
이다.

제1절　한(漢)대의 유학

　한대는 '분서갱유(焚書坑儒)'를 통하여 유가의 경전을 세상에서 사
라지게 만든 진(秦)대를 뒤이은 왕조이다. 다행히도 진나라는 오랫동
안 세상을 통치하지 못하고 곧 망해 버려 세상에는 적지 않은 경적
(經籍)들이 남아 있을 수 있었다. 한대에 들어와 혜제(惠帝, 기원전
194~기원전 188 재위) 때 이전의 경전들의 개인 소장을 금하던 법
령인 '협서지금(挾書之禁)'을 해제한 이후로, 일단 사라졌던 경전들이
연이어 세상에 나오기 시작했다. 이 때문에 우리가 지금 보는 유가의
여러 경전(經傳)들은 거의 모두가 전한(前漢) 초엽에 다시 정립(定
立)된 판본들이다.

　이것은 유학에 있어 가장 중요한 문제로 경전의 전수(傳授)와 정리
및 그 해석이 대두하게 하였다. 따라서 한대 유학의 가장 큰 특징은
공자의 가르침보다도 오경(五經)이 그 주요 연구대상이 되었다는 것
이다. 이 때문에 공자가 중시하던 도덕적인 수양이나 인류의 평화를
위한 실천의 노력은 경시되는 경향을 보이게 되었다.

또 유학은 무제(武帝) 시대부터 중국의 정치 원리를 설명하는 학문으로 발전하였다고 했지만, 이것은 한편 유학자들로 하여금 개인의 명리(名利)를 위하여 황제에게 아부하고 곡학아세(曲學阿世)하는 경향을 낳기도 하였다. 이것은 곧 한대의 정치가 공자의 정치 이상을 따랐다기보다는, 공자의 유학이 한대 전제군주(專制君主)들의 전제정치를 논리화하고 분식(粉飾)해 주는 경향을 지녔었음을 뜻하기도 한다.

그리고 무엇보다도 큰 유학의 성격변화는 '괴상한 것[怪]·힘을 쓰는 것[力]·어지러운 것[亂]·귀신에 관한 것[神]'에 대하여 얘기하지 않던 공자의 가르침에 허황된 미신적 이론이 많이 섞여들었다는 것이다. 이것은 방사(方士)들을 좋아했던 진(秦)나라 시황(始皇)·한나라 무제로 말미암은 도교(道敎)의 영향도 있지만, 공자의 이상과는 달리 황제의 절대적인 지위를 설명해야만 할 시대적인 요청 때문에 불가피한 일이었던 것 같다.

무제 시대의 대유(大儒)인 동중서(董仲舒, 기원전 179?~기원전 93?)의 '천인합일론(天人合一論)'을 비롯하여, 음양오행설(陰陽五行說) 등이 대두하고,《역경(易經)》의 '효신(爻辰)'에 따른 재이설(災異說),《서경(書經)》의 '홍범오행(洪範五行)',《시경(詩經)》의 '오제육정(五際六情)',《예(禮)》의 '봉선군사(封禪群祀)' 등 알쏭달쏭한 미신적 이론들이 방사(方士)들의 영향으로 유학 속에 끼어든 것이다. 동중서는 심지어《춘추(春秋)》를 이용하여 비가 오게 할 수도 있고 날이 개이게 할 수도 있다고 믿었었다.

더욱이 전한 말 애제(哀帝, 기원전 6~기원전 1 재위)·평제(平帝, 기원후 1~5 재위) 무렵부터 후한에 이르는 기간에는 '참위(讖緯)'가 크게 유행하였다. '참'은 예언을 위주로 하는 도참(圖讖)을 뜻하며, '위'란 육경(六經)에 붙여 이의 미신적인 해설을 위주로 한 위서(緯書)들을 가리킨다. 이러한 미신적인 유학은 한(漢)나라의 존재를 우주의 섭리에 의한 필연적(必然的)인 것으로 설명하고, 유씨(劉氏)네 천하통치를 자연의 원리에 따른 절대적인 것으로 설명하는 데 큰 효용을 발휘하였다.

또 한대에는 유학에 금문(今文)과 고문(古文)의 차이가 있어, 그 다툼은 중국경학사를 통한 일대안건(一大案件)으로 발전한다. 이것은 오경(五經)의 연구가 그 중요 내용으로 변한 한대 유학의 특징이기도 하다. 금문과 고문은 한대 초기에 없어진 경전들을 찾아낼 때, 그것들에 씌어 있는 문자의 차이를 뜻하였다. 한대에 통용되고 있던 예서(隷書)로 쓰인 경전이 금문이고, 그 이전의 옛 자체(字體)로 쓰인 경전이 고문이었다. 이때 일부 경전은 금문과 고문에 약간의 글자나 글귀가 다른 곳이 있는 것도 있었지만, 어떤 경전에는 편수까지도 많고 적은 차이가 있는 것도 있었고, 심지어는 금문은 없고 고문만이 있는 것도 있었다.

이때의 학자들은 자연히 금문을 가지고 공부한 금문파(今文派)와 고문을 가지고 공부한 고문파(古文派)로 나뉘게 되었다. 그리고 한대 초기에는 금문파만이 관학(官學)으로서 행세했기 때문에, 자연 이들 사이에는 경전을 해설하는 태도나 방법에도 큰 차이가 생기게 되었다. 곧 금문파는 관학(官學)으로 행세했기 때문에 그들의 학문은 주로 경전의 대의(大義)를 파악하여 경전을 가지고 그 시대의 정치를 설명하는 방향으로 발전하였다. 반면 고문파들은 경전의 한 글자 한 구절을 착실히 해석하는 훈고(訓詁) 방면에 힘쓰게 되었다.

이 때문에 금문파의 경전 해설은 그 시대가 바뀌면 그 뜻이 거의 가치를 잃게 되고, 고문파의 학문은 후세 학자들에게도 언제나 큰 참고가 될 수 있는 것이었다. 그리하여 후한 말엽에 가서는 금문과 고문을 아울러 공부하는 학자들이 생겨났고, 후세에는 금문경보다 고문경이 더 행세를 하는 경향까지 보이게 되었다. 고문파는 애제(哀帝) 때 유흠(劉歆, 기원전 53~기원후 23)이 비부(秘府)의 책들을 정리하다 많은 고문경을 발견하여 세상에 내놓으면서 고문을 크게 내세운

데서 큰 세력을 이루게 되지만, 지금까지도 우리에게 전하는 고문경 속에는 위작(僞作)들이 많다는 게 큰 흠이다. 이뒤로 금문과 고문은 공자나 경전에 대한 기본 입장에 여러 가지로 큰 차이가 생겨나, 금·고문의 다툼은 청(淸) 말까지도 꼬리를 물고 계속되게 되는 것이다.

이러한 한대 유학의 변화는 공자의 사상에 대한 이해뿐만 아니라 그 시대 사회윤리의 바탕이 된 유가의 윤리사상에도 큰 변화를 가져온다. 예를 들면 '충(忠)'의 사상도 《논어》를 보면 '충실'·'성실'의 뜻으로 공자는 쓰고 있는데, 한대에 와서는 '군주에 대한 신하의 절대적인 복종'에 가까운 뜻으로 이해되게 된다. '효(孝)'도 공자는 《논어》에서 부모와 자식 사이의 자연스런 감정과 사랑을 바탕으로 해설하고 있는 데 비하여 한대에 와서는 '부모에 대한 자식으로서의 무조건 순종'을 뜻하는 것처럼 이해하게 된다. 그리고 가장 중요한 '인(仁)'·'의(義)' 같은 덕목이 경시되는 경향을 드러내면서, 대부분의 유학자들이 절조(節操) 없는 비굴한 지식인으로 전락한다. 이밖에도 임금과 신하, 부모와 자식의 관계는 물론 스승과 제자, 남자와 여자 등 모든 관계에 있어 뚜렷한 변화를 보여주고 있다.

한대의 유학이 공자의 사상 또는 공자의 가르침을 바탕으로 한 것은 사실이지만, 이미 공자의 사상이 곧 유가사상이라는 등식(等式)은 성립될 수가 없게 된 것이다. 한대에 들어와 유학은 이미 도가(道家)·법가(法家) 등 다른 사상가들의 학설을 흡수하여 그 시대의 전제봉건정치(專制封建政治)를 설명해 주고 뒷받침해 주는 새로운 학문으로 변하였던 것이다.

한대 이후로 위(魏)·진(晋)·남북조(南北朝)·수(隋)·당(唐)에 이르기까지 유학은 꾸준한 발전을 전개하지만, 크게 보아 그 학문 방법이 한대 유학의 테두리를 별로 벗어나지 못하는 것이다. 유학은 다시 송(宋)대에 이르러 큰 변전을 일으킨다. 현대 서양의 중국학자들이 송대 이후에 일어난 새로운 방법의 유학을 Neo-Confucianism이라 부르는 것도 그 때문이다. 송대의 유학은 보통 성리학(性理學)이라 부르는데, Neo-Confucianism에는 주희(朱熹) 이후의 육상산(陸象山)·왕양명(王陽明)의 학문도 다 포함된다.

제2절 송(宋)대의 유학

송(宋)대로 들어오면서 많은 학자들이 도교(道敎)와 불교(佛敎)의 영향을 받아 인간의 이성(理性)과 논리(論理)의 한계를 느끼기 시작하였다. 그 결과 그들은 이제껏 유학자들이 관심을 기울여온 인간의 문제에서 한 차원(次元) 더 높은 조화(造化)의 원리 같은 것에 눈을 뜨게 되었다. 송 초 주돈이(周敦頤, 1017~1073)의 《태극도설(太極圖說)》의 태극(太極)과 음양론(陰陽論), 장재(張載, 1020~1077)의 《정몽(正蒙)》에 보이는 기론(氣論), 소옹(邵雍, 1011~1077)의 《황극경세서(皇極經世書)》에 보이는 수리철학(數理哲學), 정호(程顥, 1032~1085)·정이(程頤, 1033~1107) 형제의 성리론(性理論) 등이 그 중요한 업적들이다.

이러한 유학의 근본적인 사변(思辨)의 범주(範疇)의 변화는 도교와 불교의 영향뿐만 아니라, 유학이 뒷받침해 오던 정치·사회의 변화에도 큰 원인이 있다. 당(唐)대 말엽부터 이제까지 중국의 정치와 사회를 지배해 오던 대족(大族)들이 망하면서, 도시의 공상(工商) 계급이 큰 부를 쌓아 새로운 세력으로 대두되고 서민층의 영향력도 급격히 신장하였다. 중당(中唐) 무렵부터 새로운 민간가요가 사(詞)의 형식으로 대두하여 송(宋)대에 크게 발달하고, 또 비슷한 시기에 들어온 변문(變文)이라는 강창(講唱) 형식의 민간예술이 송대에 여러 가지 강창예술로 민간에 크게 성행했고, 또 소설이 발달하기 시작했다는 것 등도 모두 이러한 사회계층의 변동, 곧 중국 문화의 주체세력(主體勢力)의 변화로 말미암은 것이다.

이것은 정치적 지배계층에도 큰 변화를 가져온다. 당대 말엽 이후의 사대부(士大夫)들이란 거의 모두가 서민이나 중산층(中産層) 출신이거나, 적어도 남보다 몇 갑절의 노력을 기울여 학문을 쌓음으로써 지배계층으로 오른 사람들이었다. 족벌(族閥) 때문에 저절로 지배계층으로 오른 사람이란 거의 없다. 모두가 치열한 경쟁을 자기 힘으로 물리치고 윗자리에 오른 사람들이다. 이들에게는 이전의 학자들처럼 무조건의 전제정치(專制政治)가 용납될 수 없었다. 그들은 정치뿐만 아니라 모든 일에 있어, 절대적인 원리에 입각한 합리적인 방법을 찾아야만 하였다. 이 때문에 그들은 모든 현상을 통할하여 설명할 수 있는 어떤 원리를 찾지 않으면 안 되었다.

이래서 송대의 학자들은 한(漢)대의 학자들과 전혀 다른 성격을 보여주고 있다. 한대의 학자들이 거의 모두 정치세력에 아부하는 비굴한 지식인이었던 데 비하여, 송대의 학자들은 거의 모두가 임금 앞에서도 바른 말을 서슴지 않는 절조(節操) 있는 지식인들이었다. 송대에 일어난 새로운 유학인 성리학(性理學)은 이처럼 모든 일에 올바른 길을 찾으려는 학자들에 의하여 이루어졌기 때문에, 한편 후세에 '도학적(道學的)'이라고 말하는 성격도 동시에 갖추게 되었던 것이다.

그러면 송대 성리학의 유학으로서의 특징은 무엇인가?

첫째, 이들은 자기네 학문방법의 정당함을 입증하기 위하여 이른바 도통론(道統論)을 내세운다. 곧 옛 성왕(聖王)들에게서 비롯된 유학의 도(道)는 공자 → 증자(曾子) → 자사(子思) → 맹자(孟子)에게로 전해지다가 한동안 끊어졌었는데, 시운(時運)에 따라 송대에 이르러 다시 계승되었다는 것이다.[1] 그리고 송학(宋學)의 완성자인 주희(朱

---

1) 도론(道論)은 본시 당(唐)대 한유(韓愈, 768~824)의 《원도(原道)》에 보이

熹, 1130~1200)는 이를 뒷받침하기 위하여, 정호(程顥)·정이(程頤) 형제[二程子]의 의견을 계승하여 《논어》·《대학(大學)》·《중용(中庸)》·《맹자(孟子)》의 네 가지 책을 모아 사서(四書)를 이룩하였다.

《논어》는 공자의 사상, 《대학》은 증자의 학문, 《중용》은 자사의 학문,2) 《맹자》는 맹자의 학문을 대표하는 것이어서, 유학의 도통을 가장 잘 드러내는 것이 사서라고 규정한 것이다. 이로부터 이 네 가지 책들은 새로이 유가의 가장 기본적인 경전으로 등장하여 세상에 널리 읽히게 된다. 경전을 놓고 볼 때, 송대 이전 한대까지의 유학을 오경(五經) 중심의 학문이라 한다면, 송대 이후의 유학을 사서(四書) 중심의 학문이라고 말할 수도 있을 것이다.

둘째, 이들은 학문에 있어 공자의 주요 관심사였던 현실적인 문제보다도 공자의 이상의 구명(究明)이나 유학의 원리(原理)의 추구에 힘썼다. 이 경우 송 초의 학자들이 추구하기 시작하였던 우주의 기본 섭리(攝理)는 곧 유학의 원리로도 통하는 것이며, 또 그것은 현실적인 모든 존재와 현상을 설명해 주는 것이기도 하다. 그것은 그들의 이기론(理氣論)을 중심으로 하는 새로운 존재론(存在論)의 구성을 뜻한다.

셋째, 이들의 우주 원리의 추구는 일종의 회의주의(懷疑主義)로부터 출발하고 있는데, 이 회의주의는 직접 옛 유가의 경전을 읽는 태도에도 영향을 미친다. 당(唐) 이전의 학자들은 경(經)뿐만 아니라 전

지만, 주회(朱熹, 1130~1200)에 이르러 성리학의 바탕으로서의 도통론이 완성된 것이다(朱熹의 《大學章句》 序 및 《中庸章句》 序 참조 바람).

2) 주회(朱熹)가 《예기(禮記)》의 한 편이었던 《대학》과 《중용》을 독립시켜 각각 증자와 자사의 저술이라 단정하고, 그 내용까지 정리를 한 데에는 학술적으로는 많은 문제가 있다. 근래 학자들 중에는 《대학》과 《중용》이 모두 증자나 자사의 손으로 이루어진 것이 아니라고 보는 이들이 많다.

(傳)까지도 절대 신성불가침(神聖不可侵)의 것으로 여겨왔었고, 사법 (師法)과 가법(家法)3)을 엄격히 지켜 왔었다. 그러나 송대에 들어오면서 학자들은 경과 전에 대하여도 회의의 눈으로 보기 시작하였고, 사법과 가법의 테두리를 벗어나 적극적으로 올바른 진리를 추구하기 시작하였다. 이 때문에 송대에 들어오면서 많은 경전의 진위(眞僞)문제와 그 작자나 본문의 해석방법 등이 연구과제로 등장하였다. 이러한 적극적인 학문자세는 유학뿐만 아니라 중국학술 전체의 발전에 큰 공헌을 하였다고 할 수가 있다

넷째, 그들은 언제나 올바른 도리를 추구하여 개인의 몸가짐에 있어서나 대인관계(對人關係)에 있어 우주의 원리인 이(理)에 합당한 상태를 유지하려 하였다. 그리고 정치에 있어서도 이러한 개인의 수신(修身)을 바탕으로 한 덕을 확충(擴充)시켜 자기 집안을 올바로 다스리고 나아가서는 나라를 제대로 다스려지게 하며 온 세상을 평화로 이끈다는 유가 본래의 정치적인 질서의 이상을 확인하였다. 특히 주희 (朱熹, 1130~1200)는 '본성이 곧 이(性卽理)'라고 하면서, 인간이 본시부터 지니고 있는 본성으로서의 인(仁)·의(義)·예(禮)·지(知)·신(信)의 오상(五常)을 개발하여, 그것을 사회에 확충시키려 한 것이다. 이러한 그들의 윤리학(倫理學) 내지는 인간학(人間學)은 좀더 적극적으로 인간의 가능성(可能性)과 존엄성(尊嚴性)을 개발하려는 데 특징이 있었다.

다섯째, 그들은 학문방법으로서 이른바 '거경궁리(居敬窮理)'를 주장하였다. '거경'이란 송 초의 학자들이 매우 중시한 학문태도로서 언제나 올바른 길을 유지하기 위한 일종의 정신통일(精神統一) 같은 것

---

3) 사법은 자기 스승으로부터 전해 오는 학문, 가법은 자기 할아버지·아버지로부터 전해 내려오는 학문. 당대 이전 학자들은 사법이나 가법에 틀린 데가 있다 하더라도 이를 정면으로 공격하지 않고, 그대로 사법·가법을 계승하여 발전시켰다.

이다. 여기에서 그들의 이른바 도학자적(道學者的)인 몸가짐과 학문태도가 생겨난 것이다. '궁리'란 만물의 이치를 연구한다는 뜻으로서,《대학》에서 개인의 수신(修身)의 출발로 삼고 있는 '격물치지(格物致知)'에 바탕을 두고 있다. 주희(朱熹)의 해설에 의하면 '격물치지'란 '모든 사물(事物)에 대하여 그 원리를 추구함으로써, 완전한 지식 또는 지혜를 이룬다'는 뜻이다.

이상과 같은 특징을 지닌 성리학(性理學)은 송 초의 주돈이(周敦頤)·소옹(邵雍)·이정자(二程子)·장재(張載) 등을 거쳐 남송(南宋)의 주희(朱熹)에 이르러 집대성(集大成)된 것이다. 그리고 그는 '궁리(窮理)'의 결과로서 중국의 고전(古典)들에 대하여 광범하게 방대한 양의 주석(注釋)과 저술(著述)을 남기고 있다.

주희의 학문 기초로서의 '격물치지'는 사물(事物)이 무한한 이상, 인간으로서는 완성할 수 없는 것이며, 주희처럼 광범하고 막대한 연구결과로써도 도저히 그 완성에는 접근조차도 할 수 없는 것이라는 반성이 생겨났다. 그 대표적인 인물이 육구연(陸九淵, 字가 象山, 1139~1192)으로서, 그는 주희가 '성이 곧 이(性卽理)'라고 한 데 대하여 '마음이 곧 이(心卽理)'라고 주장하면서 진리(眞理)의 탐구로부터 실천 원리의 발견에 이르기까지 모든 학문의 바탕을 자기 개인의 본심(本心)의 자각(自覺)에 두었다. 그래서 흔히 그의 학문을 심학(心學)이라고도 부르는데, 그 방법은 불교의 선(禪)의 방법과 비슷한 것이었다.

명(明)대에 들어와서는 왕양명(王陽明, 1472~1528)이 나와 육구연의 심학을 더욱 발전시켜 이른바 양명학(陽明學)을 이룩하였다. 왕양명은 40 가까운 나이에 정좌(靜坐)하여 명상을 하다가 '성인(聖人)의 도는 내 본성(本性) 자체로서 족한 것이다. 전에 모든 사물에 대하여 이치를 추구하려던 것은 잘못이다'4)라는 것을 깨닫고, '마음이 곧 이(心卽理)'이며 '앎과 행동은 하나로 합치하여야만 된다(知行合

一)'는 내용의 새로운 학문체계를 이룩한 것이다. 그리고 그는 학문
이란 사람의 마음속에 있는 '양지(良知)'를 이르게 하는 것이라 하였
다. 《대학》의 '격물치지(格物致知)'를 그는 '격'은 '바로잡는다[正]'라
풀이하며, '물'은 '일[事]'이라 하고, '치'는 '이르는 것[至]'이며, '지'
는 '참된 앎' 곧 '양지(良知)'라 하였다. 그리하여 그는 '내 마음의 양
지(良知)를 모든 사물에 이르게 하면 모든 사물은 올바른 이(理)를
얻게 된다. 내 마음의 양지를 이르게 하는 것이 치지(致知)이고, 모든
사물이 올바른 이를 얻도록 하는 것이 격물(格物)이다'라고 설명하고
있다. 그리고 실제의 학문방법은 역시 불교의 선(禪)에 가까운 것이
될 수밖에 없다.

송대 이후의 새로운 유학(Neo-Confucianism)을 사람의 내면주의
(內面主義)적인 전개로서 파악한다면, 그 내면주의는 왕양명에게서
절정을 이루고 있는 것이다. 그런 의미에서 주자학(朱子學)은 양명학
(陽明學)으로 발전할 수밖에 없는 운명이었는지도 모른다. '천하에 어
찌 마음 밖의 일이 있고 마음 밖에 이(理)가 있겠느냐?'하고 그는 내
면적인 마음의 만능을 구가했던 것이다. 그리하여 왕양명 스스로 '광
(狂)'에의 의식을 선언하고 있지만, '거리의 사람들이 모두 성인'이란
각성에 이를 정도로 자유롭고 적극적인 정신상태를 지니고 있었던 것
이다.

그런데 이 신유학은 《대학(大學)》에서,

사물을 연구한 뒤에야 앎에 이르게 되고, 앎에 이른 뒤에야 뜻이
정성되이 되고, 뜻이 정성되이 된 뒤에야 마음이 바르게 되고, 마음
이 바르게 된 뒤에야 몸이 닦이어지고, 몸이 닦이어진 뒤에야 집안
이 가지런해지고, 집안이 가지런해진 뒤에야 나라가 다스려지고, 나

---

4) 이하에 인용된 왕양명(王陽明)의 말들은 모두 《전습록(傳習錄)》에서 인용
한 것임.

라가 다스려진 뒤에야 천하가 화평케 될 수 있다.

> 物格而後知至, 知至而後意誠, 意誠而後心正, 心正而後身修,
> 身修而後家齊, 家齊而後國治, 國治而後天下平.

고 했듯이, 수신(修身)에서 제가(齊家)·치국(治國)을 거쳐 평천하(平天下)라는 최후 목표에 도달하는 것으로 생각하였다. 따라서 모든 공부하는 사람들은 격물(格物)에서 치지(致知)·성의(誠意)를 거쳐 정심(正心)에 이름으로써 군자로서의 기본이 되는 수신(修身)을 이룩하려고 노력하였다. 이 때문에 새로운 유학은 내면주의적인 경향을 띠게 된 것이다. 모든 학자들이 죽도록 노력해도 격물·치지·성의·정심도 제대로 이룩할 수 없었기 때문에 사회나 나랏일에 대하여는 관심을 돌릴 여유가 없었던 것이다. 심하게 말하면 자기 이외의 남에 대한 생각을 지닐 겨를이 없었다는 것이다. 곧 신유학은 개인적인 수신이나 학문추구에 있어서는 큰 발전을 이룩하였으나, 그 사회에 대하여는 부정적인 결과를 가져왔다고도 할 수 있다.

이처럼 송대 이후의 유학 또는 유가사상은 공자 본래의 학문이나 사상과는 완전히 다른 것으로 변화하고 있는 것이다. 청(淸)대에 와서는 모든 면에서 복고주의(復古主義)가 성행한 시대라서, 유학은 새로운 발전을 이룩하지 못하고 한학(漢學)과 송학(宋學)의 테두리 속으로 되돌아가게 된다.

공 자 연 표 (孔子年表)

서 기	주 (周)	노 (魯)	공자 나이	기　사 (記事)	제자들의 생졸
기원전 551	영왕 (靈王) 21	양공 (襄公) 22	1	공자 탄생.	
549	23	24	3	아버지 숙량흘(叔梁紇) 돌아가 심.	
545	27	28	7		안로(顔路) 생.
544	경왕 (景王) 1	29	8		염경(冉耕) 생.
542	3	31	10	노나라 양공(襄公)이 죽고 소공 (昭公)이 즉위함.	중유(仲由) 생.
540	5	소공 (昭公) 2	12		칠조개(漆雕開)
537	8	5	15	공자가 학문에 뜻을 둠(志于學).	생.
536	9	6	16		민손(閔損) 생.
533	12	9	19	송(宋)나라 계관씨(丌官氏)에게 장가듦. 노나라에 벼슬하여 위리 (委吏)가 됨.	
532	13	10	20	아들 공리(孔鯉)를 낳음.	원헌(原憲) 생.
531	14	11	21	벼슬이 승전리(乘田吏)로 바뀜.	
528	17	14	24	어머니 안징재(顔徵在) 돌아가 심. 아버지와 함께 방(防)에 합 장함.	
525	20	17	27	가을에 담자(郯子)가 노나라로 와서, 공자는 찾아가 옛 관제(官 制)에 대하여 배움.	

서기	주(周)	노(魯)	공자 나이	기 사 (記事)	제자들의 생졸
기원전					
523	22	19	29	사양자(師襄子)에게 금(琴)을 배움.	
522	23	20	30 31	공자 스스로 '나는 30세에 자립하였다'(吾三十而立)고 말함.	염옹(冉雍)·염구(冉求) 생.
521	24	21			고시(高柴)·무마시(巫馬施)·복부제(宓不齊) 생.
520	25	22	32		단목사(端木賜) 생.
	경왕(敬王)				
519	1	23	33		공서적(公西赤) 생.
518	2	24	34	노나라 맹희자(孟僖子)가 죽으면서 그의 두 아들들에게 꼭 공자에게 공부할 것을 유언하다.	유약(有若) 생.
517	3	25	35	이해 겨울 노나라에 난이 일어나 제(齊)나라로 가다.	
516	4	26	36	제(齊)나라에서 순(舜)의 음악 소(韶)를 듣다.	
515	5	27	37	제나라로부터 노나라로 돌아오다. 이후로는 벼슬하지 않고 교육에 전념하여 제자들이 늘어남.	
513	7	29	39		안연(顔淵) 생.
512	8	30	40	공자 스스로 '40세에는 미혹되지 않게 되었다'(四十而不惑)고 말함.	담대멸명(澹臺滅明) 생.

서 기	주 (周)	노 (魯)	공자 나이	기 사 (記事)	제자들의 생졸
기원전 510	10	32 정공 (定公)	42	노나라 소공(昭公)이 죽고 정공 (定公)이 왕위에 오름.	
507	13	3	45		복상(卜商) 생.
506	14	4	46	주(周)나라로 가서 노자(老子) 에게 예에 대하여 배우고, 장홍 (萇弘)에게 음악을 배웠다.	언언(言偃) 생.
505	15	5	47	노나라로 돌아오다. 이해 계평자 (季平子)가 죽고 그들의 가신 양 호(陽虎)가 날뛰어 노나라 정치 가 극도로 어지러워지다.	증삼(曾參)·번 수(樊須) 생.
503	17	7	49		전손사(顓孫師)
501	19	9	51	노나라의 벼슬을 하여 중도재 (中都宰)가 됨.	생.
500	20	10	52	노나라 정공(定公)이 제(齊)나 라 경공(景公)과 협곡(夾谷)에 서 회견할 때, 외교적으로 큰 공 을 세우다.	
499	21	11	53	노나라 사공(司空)이 됨.	
498	22	12	54	노나라 사구(司寇)가 됨. 삼환씨(三桓氏)네 세 도성(都城) 을 허물다.	
497	23	13	55	사구로서 다시 재상의 일도 겸직 함. 벼슬을 모두 버림.	
496	24	14	56	노나라를 떠나 위(衛)나라로 감. 10개월 만에 진(陳)나라로 가려 고 위나라를 떠났다가 광(匡)에 서 수난을 당함. 포(蒲)를 거쳐 다시 위나라로 되돌아옴.	

서기	주 (周)	노 (魯)	공자 나이	기　사 (記事)	제자들의 생졸
기원전 495	25	15	57	봄에 위나라를 떠나 조(曹)나라를 거쳐, 여름에 송(宋)나라를 지나다 환퇴(桓魋)의 난을 당함. 본시 진(陳)나라가 목적지였으나, 방향을 바꾸어 정(鄭)나라로 갔다가 다시 진나라로 감.	
493	27	애공 (哀公) 2	59	위나라로 되돌아가려고 진나라를 떠나 포(蒲)를 지나다 또 수난을 당함. 1개월 뒤 위나라에 도착. 다시 진(晋)나라로 가려고 길을 떠났다가 위나라로 되돌아오다.	
492	28	3	60	위나라를 떠나 봄에 진(陳)나라에 도착함. 염구(冉求)가 계강자(季康子)의 초빙으로 노나라로 먼저 돌아감.	
491	29	4	61	진나라를 떠나 채(蔡)나라로 감.	
490	30	5	62	채나라를 떠나 섭(葉)나라로 갔다가 다시 채나라로 돌아옴.	
489	31	6	63	채나라를 떠나 진(陳)나라와 채나라 사이에서 다시 큰 수난을 겪음. 초(楚) 소왕(昭王)이 공자를 초빙하려 하였으나 실패함. 진나라와 채나라 사이를 떠나 위(衛)나라로 감.	
484	36	11	68	계강자(季康子)의 정중한 초청으로 위나라를 떠나 노나라로 돌아옴.	

서 기	주 (周)	노 (魯)	공자 나이	기　사 (記事)	제자들의 생졸
기원전 483	37	12	69	아들 공리(孔鯉)가 죽음.	
482	38	13	70		안회(顔回) 죽음.
481	39	14	71	노나라 서쪽으로 사냥 나갔다가 기린(麒麟)을 잡음.	
480	40	15	72		자로(子路) 죽음.
479	41	16	73	공자 졸함.	

참 고 서 목

한 국	《공자》	車柱環 著	三星文化文庫
	《공자》	李錫浩 〃	知文閣
	《논어 이야기》	金學主 〃	韓國自由敎育協會
	《東洋의 智慧》(四書)	車柱環 譯	乙酉文化社
	《論語》	張基槿 〃	明文堂
	《孟子》	車柱環 〃	〃
	《大學》	金學主 〃	〃
	《中庸》	〃 〃	〃
	《書經》	車相轅 〃	明文堂
	《易經》	金敬琢 〃	〃
	《詩經》	金學主 〃	〃
중 국	《十三經註疏》		藝文印書館影印
	《史記》	漢 司馬遷	〃
	《孔叢子》	秦 孔 鮒	世界書局影印
	《新序》	漢 劉 向	〃
	《說苑》	〃 〃	〃
	《孔子家語》	魏 王 肅	〃
	《闕里誌年譜》	明 陳 鎬	
	《洙泗考信錄》	淸 崔 述	
	《孔子》	淸 梁啓超	中華書局
	《經學歷史》	〃 皮錫瑞	藝文印書館影印
	《經典通論》	〃 〃	世界書局影印
	《孔學論集》 二卷	民國 陳大齊 等	中華文化事業出版 委員會
	《孔子年譜》 二卷	〃 許同箂	〃
	《孔子》	民國 杜呈祥	協志工業振興會
	《孔子新傳》	〃 張基昀	華岡出版部

중 국	《先秦諸子繫年》	民國	錢　穆	商務印書館
	《論孟槪述》	〃	俞啓藩	黎明文化事業公司
	《儒家倫理思想》	〃	顧兆駿	正中書局
	《孔子學說》	〃	陳大齊	〃
	《孔子學說論集》	〃	〃	〃
	《中國哲學史》	〃	馮友蘭	商務印書館
	《中國古代哲學史》	〃	胡　適	〃
일 본	《論語の世界》		金谷　治	日本放送出版協會
	《朱子學と陽明學》		島田虔次	岩波新書
	《孔子の新硏究》		大月隆仕	新民書房

서 양 Confucius and the Chinese Way.

　　　　H. G. Creel, New York: Harper, 1960.

　　The Chinese Classics. 5 Vols.

　　　　James Legge, Reprint: University of Hong Kong Press, 1960.

　　Three Ways of Thought in Ancient China.

　　　　Arthur Waley, N.Y.: Doubleday, Anchor Books (Reprints), 1956.

　　The Analects of Confucius.

　　　　Arthur Waley, London: Allen and Unwin, 1938.

　　Mencius, A New Translation.

　　　　W.A.C.H. Dobson, Toronto, University of Toronto Press, 1963.

　　Hsün Tzu ; Basic Writings.

　　　　Burton Watson, New York, Columbia University Press, 1963.

　　The Wisdom of Confucius.

　　　　Lin Yu Tang, New York, Modern Library, 1938.

색 인(索引)

공자의 생애와 사상

修訂增補版 發行●1997年　2月　10日
再修訂 增補版 發行●2003年　4月　10日

著　者●金 學 主
發行者●金 東 求

發行處●明 文 堂
　　　서울특별시 종로구 안국동 17~8
　　　대체　010041-31-001194
　　　전화　(영) 733-3039, 734-4798
　　　　　　(편) 733-4748
　　　FAX 734-9209
　　　Homepage www.myungmundang.net
　　　E-mail mmdbook1@myungmundang.net
　　　등록　1977. 11. 19. 제1~148호

●낙장 및 파본은 교환해 드립니다.
●불허 복제.

값 12,000원
ISBN 89-7270-731-7 93150